U0959894

权威·前沿·原创

皮书系列为

“十二五”“十三五”国家重点图书出版规划项目

BLUE BOOK

智库成果出版与传播平台

考试蓝皮书

BLUE BOOK OF
EXAMINATION

中国高考报告
（2020）

CHINA'S NATIONAL COLLEGE ENTRANCE EXAMINATION REPORT (2020)

主　　　编／杨学为
执 行 主 编／吕文利　吴四伍　徐尚昆
学术支持单位／华中科技大学创新教育与批判性思维研究中心
联合研究单位／湖南文津教育研究院
好未来教育研究院
北京志鸿教育考试研究院

社会科学文献出版社
SOCIAL SCIENCES ACADEMIC PRESS (CHINA)

图书在版编目(CIP)数据

中国高考报告. 2020 / 杨学为主编. -- 北京：社会科学文献出版社，2020. 1（2020. 11 重印）
（考试蓝皮书）
ISBN 978 - 7 - 5201 - 5869 - 5

Ⅰ. ①中… Ⅱ. ①杨… Ⅲ. ①高考 - 教育改革 - 研究报告 - 中国 - 2020 Ⅳ. ①G632. 474

中国版本图书馆 CIP 数据核字（2019）第 278912 号

考试蓝皮书
中国高考报告（2020）

主　　编 / 杨学为
执行主编 / 吕文利　吴四伍　徐尚昆

出 版 人 / 谢寿光
责任编辑 / 郑庆寰
文稿编辑 / 梁　赟

出　　版 / 社会科学文献出版社 · 历史学分社（010）59367256
地址：北京市北三环中路甲 29 号院华龙大厦　邮编：100029
网址：www. ssap. com. cn
发　　行 / 市场营销中心（010）59367081　59367083
印　　装 / 三河市东方印刷有限公司

规　　格 / 开 本：787mm × 1092mm　1/16
印 张：29. 25　字 数：483 千字
版　　次 / 2020 年 1 月第 1 版　2020 年 11 月第 3 次印刷
书　　号 / ISBN 978 - 7 - 5201 - 5869 - 5
定　　价 / 128. 00 元

《中国高考报告（2020）》
编　委　会

主要编撰者简介

杨学为　教育部考试中心研究员，原国家教委考试中心主任。主要研究领域：高考组织管理、命题与测量、考试史。主要代表作：《高考标准化改革研究》《中国考试史文献集成》《中国考试通史》《高考文献》《中国考试改革研究》《中国高考史述论》《中国考试简史》《中国考试史图志》等。

吕文利　博士，中国社会科学院研究员、中国社会科学院研究生院教授。主要研究领域：高考学科测量、历史教材编写、中国边疆史、疆域理论。参与教育部高中新课标的制订以及有关教材的审订工作，主要研究成果：《论价值观考查与高考考试内容改革》等各类文章100余篇。主持国家社科基金等各类项目10余项，对考试测量、历史教材等有深入研究。

吴四伍　博士，中国社会科学院助理研究员，2008～2015年任职于教育部考试中心。主要研究领域：高考组织管理、历史学科测量、考试史。主要研究成果：《中国考试史图志》《清代仓储的制度困境与救灾实践》《深化历史学科高考内容考查改革的思考》《高考“减负”再思考》《批判性历史思维的学科化特征及测量路径》《教考矛盾与高考恢复》等。

徐尚昆　博士，中国人民大学哲学院管理哲学教研室主任。主要研究领域：制度与文化、教育与经济发展、信任与治理等。获北京市教学成果一等奖、国家教学成果二等奖，主持国家自然科学基金等国家及省部级课题多项，在*Journal of Business Ethics*、*International Journal of Psychology*、《中国工业经济》、《中国人民大学学报》等国内外期刊发表学术论文30余篇，出版专著及教材多部。

序

以 2019 年 12 月中国高考评价体系的公布和践行为标志，发轫于 2014 年的新高考综合改革，历经五年摸索、五年试验，终于落地生根、开花结果，高考改革正式启动了新赛制、开启了新征程，全国考试和教育都将面临前所未有的契机和挑战。

2019 年是教育改革的破局之年，顶层设计持续发力：先是基础教育的学前教育、高中育人和义务教育三大纲领性文件出台，给基础教育发展提出全新的要求；后是考试领域集中爆发，中国高考评价体系研制和推出，高考改革真正进入无纲可依、有章可循、标准引领、体系建设的新时代。

中国高考评价体系是考试人多年思考、实践的智慧结晶。自 2014 年 9 月国务院颁布《关于深化考试招生制度改革的实施意见》，启动新一轮最系统、最全面、最深刻的高考改革，教育部考试中心全面贯彻党的教育方针，突出对学生德智体美劳全面发展的要求，依据高校人才选拔要求和国家课程标准，广泛征求国内外专家和群众意见，深入了解中国特色社会主义新时代的人才培养需求，以考试为本位，服务选才、引导教学，推出新时代高考改革的新标准、新体系，即中国高考评价体系。2019 年全国高考命题是催生和孕育中国高考评价体系的重要考试实践，考试人在真刀真枪中总结经验、修改准则、摸索规律、创新题型，建立符合中国实际、中国国情的考试标准体系。

《中国高考报告（2020）》（考试蓝皮书），作为社会科学文献出版社的著名图书品牌“皮书”中的一种，立足高考无与伦比的热点效应和社会影响力，以专业的角度、专家的视野和扎实的实证研究，针对教育领域的高考改革现状与发展态势展开权威分析与预测，力争为全国人民提供一份权威的行业分析报告。在信息泛滥、卓识难觅的网络时代，为国人提供专业、权威的指导意见，夯实国人齐聚共识、多方发力、上下贯通的高考改革良好局面，践行中国高考评价体系的核心理念，做好人民满意的高考，是考试蓝皮书创作的奋斗目标所在。

全书内容主要分为以下三大部分。一是高考改革政策的最新解读，以中国高考评价体系为抓手，全面深化教学—考试—招生三位一体高考改革的全局观，准确分析和观测高考改革的破局点、发力点和生长点，依据大量的实地调查经验，利用大数据，全面解析高考改革的新举措、新进展和新经验，深刻分析未来高考面临的新机遇、新挑战，实证研究和分析预测高考改革的现状与未来趋势（详见政策篇、教改篇、升学篇和评价篇）。二是高考命题实践的整体观察和分科解读，从语文、数学、英语、物理、化学、生物、政治、历史、地理九大学科，展示2019年命题践行中国高考评价体系的思路、成绩与特点，理解高考评价体系的建立和发展趋势。特别是从数据验证、价值引领、关键能力、学科素养等核心视角，展示当下高考学科考试内容创新的中长期趋势（详见考试篇）。三是精心阐述新中国成立70年来高考、人才战略与经济社会发展的内在关系，从高考影响下的教育与经济发展、教育与阶层流动、教育与产业升级及教育与科技创新等范畴，实证考察高考助力中国改革开放的伟大历史成绩。教育的发展、人民素质的提升是持久的事业，需要长远规划，高考和教育是实现阶层跃升的最根本推动因素，教育回报率是当下高效的人生投资（详见影响篇）。

本书创作采取集体构思，合力攻关的模式。《中国高考报告》课题组团队的核心成员来自国内一流大学或学术科研机构，他们多年参与、组织高考工作，或多年从事高考与教育的研究工作，从各自的专业视角，收集、研读大量高考最新数据与专业信息，融会贯通，合力创作。全书既注重政策研究的理论高度，又关注政策实施的本土经验，在实践中检验理论，在实施中发现问题，在前行中解决问题，以翔实的数据和科学的理论，分析高考助力改革开放40多年来教育科学发展的巨大贡献。

作为奋战多年，且始终心系高考事业的老同志，我乐见此书的出版，希望它能成为当下高考改革的重要政策依据，成为国人认识高考、了解高考的案头书。

杨学为

2019年12月17日

摘　要

高考是国家基本教育制度，在党和国家事业发展战略全局中具有重要地位和作用。2014 年启动的新高考改革，着力于教 - 考 - 招等领域的全景式改革，探索出了一条分类考试、综合评价、阳光招生、多元录取的道路。2018 年 9 月 10 日召开的全国教育大会，是中国教育发展史上重要的里程碑，标志着中国教育进入了现代化建设新阶段，开启了加快发展教育现代化的新征程。2019 年 12 月，教育部考试中心出台“中国高考评价体系”，为深化新时代高考内容改革和命题工作提供了可靠的理论支撑和实践指南，昭示着高考综合改革进入新赛道。未来新高考改革将在认真总结十八届三中全会以来高考改革取得的积极进展和成效的基础上，全面贯彻党的教育方针，突出对学生德智体美劳全面发展的要求，同时依据高校人才选拔要求和国家课程标准，深化高考内容改革、助推高中育人方式改革。

2019 年的高考综合改革，走过了一条务实前行的艰苦奋进之路。学前教育、高中教育、义务教育三大领域顶层设计悄然完成、全面发力；新高考改革省份考试大纲废弃，学科评价体系新立，高考命题标准发生深刻变化；规范学业考试，改善综合素质评价，提升综合素质评价在高考录取体系的重要性，多元录取的录取体系全面升级。职业教育扩招百万，助力高考综合改革。新高考改革在中国教育现代化前进的大道上，稳步迈进。

2019 年是教育领域落实全国教育大会精神的开局之年，高考内容改革也开启了一个新时代。“五育并举”“六个下功夫”“八统一”是中国共产党新时代教育工作的根本方针，也是 2019 年甚至更长时间内高考内容改革的根本遵循。2019 年高考，进一步深化立德树人考查要求，进一步加强从“考知识”到“考能力”的考查，尤其加强了创新与批判性思维能力的考查。2019 年，教育领域重磅政策不断发布，实施普通高中新课程的省份不再制订考试大纲，以“一核四层四翼”为标识的高考评价体系发布，未来的高考内容改革方向已经确定。

正向引导教学，创新育人方式，是高考综合改革的核心目标。新高考改革对高中教学提出了新的要求、新的目标，教育理念、价值导向、教学模式、学科内容等正发生悄然变化。新的课程标准，《关于新时代推进普通高中育人方式改革的指导意见》等纲领性文件的出台，标志着普通高中教育进入育人方式改革的内涵发展新时代。紧紧围绕 2019 ~ 2020 年课程教学改革的背景、课程改革的重点和教学改革主题，展示中国高中教育教学改革的良好态势，发掘教学创新的珍贵经验，及时正视改革中存在的若干问题，为未来教学发展和育人方式创新提供必要的智力支持与经验基础。

招生工作是此轮新高考综合改革的关键环节之一。招生工作平稳有序是 2019 ~ 2020 年高考综合改革的焦点所在。2019 年招生工作稳步推进，录取规模稳中有升，录取工作平稳有序，适时突破人才培养瓶颈，实现职教百万扩展创举，继续扩大阳光招生工程范围，扩大信息公开范围，提高考生服务水平，严格规范特殊型招生，进一步规范高校自主招生，落实高校办学自主权，诸多领域的改革颇有成效，有效提升了人民的获得感。未来的招生改革中，要坚持国家的统一招生政策主导地位，有效落实教育资源分配的公平性，大力发展职业教育，实现职教分流，切实配合高考改革，稳步推进高考多元录取，建设多渠道、多路径的合理、科学的招生录取体系，将是发展的重要方向。

高考与国家的人才战略和经济社会发展息息相关。高考与国运相连。高考改革既是改革开放的先行者，又是改革开放的受益者，更是改革开放的助力者。如今，中国已经建成世界最大规模的教育体系，总体水平跃居世界中上行列。置身世界各国教育发展之列，中国教育的发展规模和速度堪称奇迹，与经济增长和国家综合实力提升相匹配。但是，因为教育有着很强的正外部性，教育无法以一般的市场机制来提供和达到均衡，需要政府这只“大手”来协调。未来将是以制度和创新为核心竞争力的模式，在普遍性的制度竞争、成本竞争之外，创新水平将成为决定一个经济体综合实力的最重要因素。高考改革撬动教育改革，教育推动创新。

中国高考评价体系明确了高考内容改革的方向、着力点和要求，是制定命题标准的重要依据，是评价试卷、考生水平和考试目标达成度的量尺。高考评价体系是深化新时代高考内容改革的基础工程、理论支撑和实践指南，对发展素质教育、推进教育公平、实现教育现代化、建设教育强国、办好人民满意的教育具有重要意义；对实现学生健康成长、国家科学选才、社会公平公正的有机统一以及协调推进教育领域综合改革，都将发挥重要作用。

本报告依托国内权威高考命题与研究机构，从七个部分（包括总报告和六大专题板块）分别讨论了2019年中国高考改革的政策分析、命题实践、教学改革、升学渠道、社会影响和评价体系，为高考的再设计、再出发提供有力的智力支撑。总报告总结了2019年高考改革的三大内容，强调高考命题标准的深刻变化。第一板块为高考政策解读，系统阐述了2019年新高考综合改革的内容创新，展示高考内容改革的根本原则、考查重点和未来发展方向。第二板块为高考命题分析，综合阐释高考命题的宏观趋势与学科测量前景，分别从语文等九大学科深入探讨了高考命题的理论依据与实践经验，为广大教师、学生及家长准确把握高考命题要义与趋势提供参考。第三板块为教学改革经验，强调新高考改革对高中教学提出了新的要求、新的目标，教育理念、价值导向、教学模式、学科内容等正发生悄然变化；着力展示中国高中教育教学改革的良好态势，发掘教学创新的珍贵经验，及时正视改革中存在的问题。第四板块是升学与招生，充分肯定2019年招生工作稳步推进，录取规模稳中有升，录取工作平稳有序；强调坚持国家的统一招生政策主导地位，有效落实教育资源分配的公平性，大力发展职业教育，实现职教分流，切实配合高考改革，提升考试服务，稳步推进高考多元录取，建设多渠道、多路径的合理、科学的招生录取体系。第五板块是社会影响，通过规范的实证分析，研究改革开放40余年来高考给中国经济社会发展带来的巨大变化，经验证据表明，以高考为导向的教育是中国改革开放取得辉煌成就最重要的动力因素。第六板块是专业解读中国高考评价体系，它明确了高考内容改革的方向、着力点和要求，是制定命题标准的重要依据，是评价试题试卷、考生水平和考试目标达成度的量尺。各部分内容紧扣改革政策方向，扎根中国高考改革实践经验，以团队合力攻关的模式，力图为社会提供一份权威、专业的高考改革研究报告。

关键词： 新高考改革　立德树人　“五育并举”　高考评价体系

目 录

Ⅰ 总报告

Ⅱ 政策篇

Ⅲ 考试篇

Ⅳ 教改篇

Ⅴ 升学篇

Ⅵ 影响篇

Ⅶ 评价篇

Ⅷ 附录

皮书数据库阅读使用指南

总 报 告

General Report

B.1

破局与发力：务实前行的新时代高考

——2019~2020年高考实践分析与预测

《中国高考报告》课题组

摘　要： 2019年的高考综合改革，走过了一条务实前行的艰苦奋进之路。学前教育、高中教育、义务教育三大领域顶层设计悄然完成、全面发力；新高考改革省份考试大纲废弃，学科评价体系新立，高考命题标准发生深刻变化；规范学业考试，改善综合素质评价，提升综合素质评价在高考录取体系的重要性，多元录取的录取体系全面升级。职业教育扩招百万，助力高考综合改革。新高考改革在中国教育现代化前进的大道上，稳步迈进。

关键词： 学前教育　高中教育　学科评价体系　职业教育　高考

1949 年，新中国成立，社会主义教育启航；50 年后，1999 年高等教育扩招百万，高等教育逐步进入大众化阶段；70 年后，2019 年高考综合改革全面深化、职业教育扩招百万，中国教育现代化昂首迈进新时代。新中国成立 70 年来，中华民族迎来了从站起来、富起来到强起来的伟大飞跃，我国教育事业也发生了翻天覆地的变化，取得了举世瞩目的成绩，实现了“一快二公”的历史性跨越发展。

新中国成立初期，4.5 亿人口中 80% 以上是文盲，学龄儿童入学率只有 20%，1949 年全国接受高等教育的在校人数只有 11.7 万。① 而到了今天，中国的教育事业已经取得了很大的成就。根据 2018 年全国教育事业统计，全国共有各级各类学校 51.89 万所，比上年增加了 5128 所，各级各类学历教育在校生 2.76 亿人。各级各类学校共有专任教师 1673 万人。高等教育毛入学率 48.1%。2018 年全国共有普通高等学校 2663 所，各种形式的高等教育在学总规模为 3833 万人。全国普通本专科招生 790.99 万人。其中，普通本科招生 422.16 万人，普通专科招生 368.83 万人。全国普通本专科共有在校生 2831.03 万人，其中普通本科在校生 1697.33 万人，普通专科在校生 1133.70 万人。此外，全国共招收成人本专科 273.31 万人，在校生 590.99 万人。招收网络本专科 320.91 万人，在校生达到 825.66 万人，比上年增长 12.19%。全国普通高等学校共有专任教师 167.28 万人，成人高等学校专任教师 2.19 万人。普通高校研究生以上学位教师占比为 73.65%。② 2019 年，全国高考报名人数达 1031 万（不含高职扩招补报名人数），高等教育毛入学率第一次超过 50%。

与此同时，国家教育投入力度越来越大，从 2012 年起实现了国家财政性教育经费占 GDP 4% 的目标并保持持续增长。同时，我国教育的国际影响力不断增强，从国际学生能力测试（PISA）的优异表现，到成为本科工程教育国际互认协议《华盛顿协议》正式成员，国际社会对中国教育的关注度越来越高。③ 总体

① 陈宝生：《国之大计　党之大计——新中国教育事业的历史成就与现实使命》，《人民日报》2019 年 9 月 10 日。

② 2019 年 2 月 26 日，中华人民共和国教育部新闻发布会，“介绍 2018 年教育事业发展有关情况”，教育部网站，http://www.moe.gov.cn/fbh/live/2019/50340/，访问时间：2019 年 8 月 28 日。

③ 陈宝生：《国之大计　党之大计——新中国教育事业的历史成就与现实使命》，《人民日报》2019 年 9 月 10 日。

而言，中国已经建成了世界上规模最大的高等教育体系，中国即将由高等教育大众化阶段迈入普及化阶段。

教育是国之根本，党之大计。高考作为一种国家大规模的高利害考试制度设计，在很大程度上决定了国家未来的人才战略储备，并进一步决定了国家的兴衰强弱。正如习近平总书记指出，“当今世界的综合国力竞争，说到底是人才竞争，人才越来越成为推动经济社会发展的战略性资源，教育的基础性、先导性、全局性地位和作用更加突显。”① 教育关乎国计民生，几乎每一项改革，都与亿万家庭息息相关。高考又是教育中人们最关心的焦点，可谓重中之重。

40 年前，恢复高考成为中国改革的先声；40 年后，以高考为龙头的教育评价改革，再次将成为深化教育改革的先声。高考综合改革被推到前所未有的重要位置。“唯分数、唯升学、唯文凭、唯论文、唯帽子”，这“五唯”是当前教育评价“指挥棒”方面存在的根本问题，是当前教育改革中最难啃的“硬骨头”。唯有抓住考试评价等关键环节，深化高考、中考改革，形成更加科学的考试制度、更加多维的评价体系、更加公平的选拔机制，发挥教育评价改革领头雁作用，才能以立促破、破立结合，从教育规律和人才成长规律出发，在“唯”与“不唯”之间找到平衡，拿出整体设计，把教育评价改革的大逻辑理出来，搞清楚从哪里突破、规则是什么、路径是什么。

2019 年的高考综合改革，走过了一条务实前行的艰苦奋进之路。学前教育、高中教育、义务教育三大领域顶层设计悄然完成、全面发力；新高考改革省份考试大纲废弃，学科评价体系新立，高考命题标准发生深刻变化；规范学业考试，改善综合素质评价，提升综合素质评价在高考录取体系的重要性，多元录取的录取体系全面升级。职业教育扩招百万，助力高考综合改革。新高考改革在中国教育现代化前进的大道上，稳步迈进。

一　举“五育”，基础教育改革全面发力

关于培养什么人、怎样培养人、为谁培养人这一根本问题有了回答。2018

① 《习近平同北京师范大学师生代表座谈会时发表重要讲话》，新华网，2014 年 9 月 9 日，http：//www. xinhuanet. com//politics/2016 – 05/06/c – 128957250. htm。

年9月10日，党中央召开全国教育大会，习近平总书记在大会上发表重要讲话，系统回答了关系教育现代化的重大理论和实践问题，对加快教育现代化、建设教育强国、办好人民满意的教育做出了全面部署，向全党全国全社会发出了加快教育现代化的动员令，为新时代教育改革和发展提供了根本遵循。

培养德智体美劳全面发展的社会主义接班人，是未来人才培养的主导方向。2019年，是全面贯彻落实全国教育大会精神的开局之年，一年来，为突破原来“唯智育”的旧教育格局，从学前教育、高中教育和义务教育三个不同领域，党中央、国务院和各级教育行政部门做了大量工作。

（一）学前教育补齐短板

学前教育是终身学习的开端，是国民教育体系的重要组成部分。目前学前教育正是整个教育体系的短板，发展不平衡不充分问题十分突出，“入园难”“入园贵”仍是困扰老百姓的烦心事。

2018年11月7日，中共中央、国务院出台《关于学前教育深化改革规范发展的若干意见》（以下简称《学前教育三十五条》），要求各地严格落实立德树人根本任务，遵循学前教育规律，牢牢把握学前教育正确发展方向，完善学前教育体制机制，健全学前教育政策保障体系，推进学前教育普及普惠安全优质发展。① 分步实现系列发展目标：到2020年，全国学前三年毛入园率达到85%，普惠性幼儿园覆盖率（公办园和普惠性民办园在园幼儿占比）达到80%。到2035年，全面普及学前三年教育，建成覆盖城乡、布局合理的学前教育公共服务体系，形成完善的学前教育管理体制、办园体制和政策保障体系。

针对学前教育发展的突出问题，《学前教育三十五条》进行深入调研，提出科学对策。关于规范小区配套幼儿园的建设问题，提出：2019年6月底前，各省（自治区、直辖市）要制定小区配套幼儿园建设管理办法，健全发展改革、自然资源、住房城乡建设、教育等部门联动管理机制，做好配套幼儿园规划、土地出让、园舍设计建设、验收、移交、办园等环节的监督管理。各省（自治区、直辖市）要对小区配套幼儿园规划、建设、移交、办园等情况进行

① 《中共中央　国务院关于学前教育深化改革规范发展的若干意见》，中国政府网，http://www.gov.cn/zhengce/2018-11/15/content_5340776.htm，访问时间：2019年11月7日。

专项治理，2019 年年底前整改到位。关于社会力量办园问题，要求政府加大扶持力度，引导社会力量兴办更多的普惠性幼儿园。2019 年 6 月底前，各省（自治区、直辖市）要进一步完善普惠性民办园认定标准、补助标准及扶持政策。通过购买服务、综合奖补、减免租金、派驻公办教师、培训教师、教研指导等方式，支持普惠性民办园发展，并将提供普惠性学位数量和办园质量作为奖补和支持的重要依据。

（二）高中教育承上启下

普通高中教育是国民教育体系的重要组成部分，在人才培养中起着承上启下的关键作用。

为贯彻落实全国教育大会精神，统筹推进普通高中新课程改革和高考综合改革，全面提高普通高中教育质量，2019 年 6 月 11 日，国务院办公厅发布《关于新时代推进普通高中育人方式改革的指导意见》（以下简称《高中育人二十三条》），要求各地全面贯彻党的教育方针，落实立德树人根本任务，发展素质教育，遵循教育规律，围绕凝聚人心、完善人格、开发人力、培育人才、造福人民的工作目标，深化育人关键环节和重点领域改革，坚决扭转片面应试教育倾向，切实提高育人水平，为学生适应社会生活、接受高等教育和未来职业发展打好基础，努力培养德智体美劳全面发展的社会主义建设者和接班人。[①] 力争到 2022 年，德智体美劳全面培养体系进一步完善，立德树人落实机制进一步健全。普通高中新课程、新教材开始实施，适应学生全面而有个性发展的教育教学改革深入推进，选课走班教学管理机制基本完善，科学的教育评价和考试招生制度基本建立，师资和办学条件得到有效保障，普通高中多样化有特色发展的格局基本形成。

构建全面培养体系，是普通高中教育的核心内容。《高中育人二十三条》要求高中教育突出德育的时代性，坚持把立德树人融入思想道德教育、文化知识教育、社会实践教育各环节。深入开展习近平新时代中国特色社会主义思想

① 《国务院办公厅关于新时代推进普通高中育人方式改革的指导意见》，中国政府网，http：//www. gov. cn/zhengce/content/2019 - 06/19/content_ 5401568. htm，访问时间：2019 年 11 月 7 日。

教育，强化理想信念教育，引导学生树立正确的国家观、历史观、民族观、文化观，切实增强“四个自信”，厚植爱党爱国爱人民思想情怀，立志听党话、跟党走，树立为中华民族伟大复兴而勤奋学习的远大志向。积极培育和践行社会主义核心价值观，深入开展中华优秀传统文化教育，加强学生品德教育，帮助学生养成良好个人品德和社会公德。《高中育人二十三条》要求高中教育强化综合素质培养，培养学生创新思维和实践能力，提升人文素养和科学素养。强化体育锻炼，修订学生体质健康标准及评价办法，丰富运动项目和校园体育活动，培养体育兴趣和运动习惯。加强美育工作，积极开展舞蹈、戏剧、影视与数字媒体艺术等活动，培养学生艺术感知、创意表达、审美能力和文化理解素养。重视劳动教育，制定劳动教育指导纲要，统筹开展好生产性、服务性和创造性劳动，使学生养成劳动习惯、掌握劳动本领、树立热爱劳动的品质。

完善考试和招生制度的改革，是引领高中教育改革的关键抓手。《高中育人二十三条》要求完善综合素质评价。把综合素质评价作为发展素质教育、转变育人方式的重要制度，强化其对促进学生全面发展的重要导向作用。强化对学生爱国情怀、遵纪守法、创新思维、体质达标、审美能力、劳动实践等方面的评价。把综合素质评价作为招生录取的重要参考，并充分考虑城乡差异和不同群体学生特点，研究制订高中学生综合素质评价使用办法，提前向社会公布。《高中育人二十三条》要求规范学业水平考试。除综合实践活动课程纳入综合素质评价外，国家课程方案规定的其他科目均实行合格性考试，考试内容为必修内容。语数外、政史地、理化生等科目合格性考试由省一级相关部门统一命题、统一组织实施，鼓励有条件的地方将技术科目和理化生实验操作纳入省级统一考试。高校招生录取所需学业水平考试科目实行选择性考试，考试内容分为必修和选择性必修内容，由省一级相关部门统一组织实施。《高中育人二十三条》要求深化考试命题改革。学业水平选择性考试与高等学校招生全国统一考试命题要以普通高中课程标准和高校人才选拔要求为依据，实施普通高中新课程的省份不再制定考试大纲。优化考试内容，突出立德树人导向，重点考查学生运用所学知识分析问题和解决问题的能力。创新试题形式，加强情境设计，注重联系社会生活实际，增加综合性、开放性、应用性、探究性试题。科学设置试题难度，命题要符合相应学业质量标准，体现不同考试功能。

加强命题能力建设，优化命题人员结构，加快题库建设，建立命题评估制度，提高命题质量。

（三）义务教育注重质量

义务教育质量事关亿万少年儿童健康成长，事关国家发展，事关民族未来。为深入贯彻党的十九大精神和全国教育大会部署，加快推进教育现代化，建设教育强国，办好人民满意的教育，深化教育教学改革、全面提高义务教育质量，2019年6月23日，中共中央、国务院出台《关于深化教育教学改革全面提高义务教育质量的意见》（简称《义务教育二十六条》），要求各地树立科学的教育质量观，深化改革，构建德智体美劳全面培养的教育体系，健全立德树人落实机制，着力在坚定理想信念、厚植爱国主义情怀、加强品德修养、增长知识见识、培养奋斗精神、增强综合素质上下功夫。[①] 坚持德育为先，教育引导学生爱党爱国爱人民爱社会主义；坚持全面发展，为学生终身发展奠基；坚持面向全体，办好每所学校、教好每名学生；坚持知行合一，让学生成为生活和学习的主人。

坚持“五育”并举，全面发展素质教育，是确保义务教育质量提升的关键所在。《义务教育二十六条》要求各地，一要突出德育实效。完善德育工作体系，认真制订德育工作实施方案，深化课程育人、文化育人、活动育人、实践育人、管理育人、协同育人。二要提升智育水平。着力培养认知能力，促进思维发展，激发创新意识。加强监测和督导，坚决防止学生学业负担过重。三要强化体育锻炼。坚持健康第一，实施学校体育固本行动。严格执行学生体质健康合格标准，健全国家监测制度。四要增强美育熏陶。实施学校美育提升行动，严格落实音乐、美术、书法等课程，结合地方文化设立艺术特色课程。五要加强劳动教育。充分发挥劳动综合育人功能，制订劳动教育指导纲要，加强学生生活实践、劳动技术和职业体验教育。

深化关键领域改革，切实减轻师生负担，是义务教育健康发展的重要保

① 《中共中央 国务院关于深化教育教学改革全面提高义务教育质量的意见》，中国政府网，http：//www. gov. cn/zhengce/2019－07/08/content_ 5407361. htm，访问时间：2019年11月7日。

障。《义务教育二十六条》要求各地，一要完善作业考试辅导。统筹调控不同年级、不同学科作业数量和作业时间，促进学生完成好基础性作业，强化实践性作业，探索弹性作业和跨学科作业，不断提高作业设计质量。杜绝将学生作业变成家长作业或要求家长检查批改作业，不得布置惩罚性作业。从严控制考试次数，考试内容要符合课程标准、联系学生生活实际，考试成绩实行等级评价，严禁以任何方式公布学生成绩和排名。二要完善招生考试制度。严禁以各类考试、竞赛、培训成绩或证书证明等作为招生依据，不得以面试、评测等名义选拔学生。高中阶段学校实行基于初中学业水平考试成绩、结合综合素质评价的招生录取模式，落实优质普通高中招生指标分配到初中政策，公办民办普通高中按审批机关统一批准的招生计划、范围、标准和方式同步招生。稳步推进初中学业水平考试省一级相关部门统一命题，坚持以课程标准为命题依据，不得制订考试大纲，不断提高命题水平。三要健全质量评价监测体系。建立以发展素质教育为导向的科学评价体系，国家制定县域义务教育质量、学校办学质量和学生发展质量评价标准。坚持和完善国家义务教育质量监测制度，强化过程性和发展性评价，建立监测平台，定期发布监测报告。

在高考综合改革的撬动下，全国基础教育的改革全面发力，可谓搅动一池春水。2019 年 7 月 29 日，国务院召开全国基础教育会议，国务院副总理孙春兰指出，未来教考招发展的重要方向在于：加快补齐基础教育短板，多渠道增加学前教育资源供给，着力解决“乡村弱”“城镇挤”“大班额”问题。① 深化教育教学改革，提高课堂教学质量，拓宽实践育人渠道。完善教育评价体系，扭转以升学指标评价学校的办法，树立正确的教育政绩观。

二　破“五唯”，高考命题评价全新升级

打破旧式教育评价体系，打破“唯分数”的顽瘴痼疾，构建全新的“一核四层四翼”高考评价体系，充分发挥高考“指挥棒”的正向引导功能，实现公平科学评价和选拔人才，助力德才兼备、全面发展的人才培养体系，实现

① 《李克强就基础教育改革发展作出重要批示》，中国政府网，http://www.gov.cn/premier/2019-07/30/content_5416730.htm，访问时间：2019 年 11 月 7 日。

立德树人的根本任务，是新时代高考改革的核心内涵。2019 年，高考改革在命题标准建设、命题导向发展、命题内容改革方面不断发力。

（一）全面落实“一核四层四翼”高考评价体系

自 2014 年新高考综合改革以来，为了贯彻立德树人的根本任务，瞄准公平科学选才的核心目标，发挥引领基础教育教学的功能，教育部考试中心于 2019 年年底正式推出了全新的“一核四层四翼”高考评价体系。2019 年 6 月 11 日，国务院办公厅印发《关于新时代推进普通高中育人方式改革的指导意见》明确指出，“实施普通高中新课程的省份不再制定考试大纲”，这意味着原来指导考试命题和教学的考试大纲将在全国范围内逐步取消。“一核四层四翼”高考评价体系一定程度上将成为新的命题和教学指南。

2019 年在高考功能定位、评价体系内涵具体化方面，教育部考试中心做出了明确的答复①。高考评价体系是高考命题的理论基础和实践指南。高考评价的核心内容是“一核四层四翼”，即“为什么考、考什么、怎么考”的具体要求：“一核”为考查目的，即“立德树人、服务选才、引导教学”，是对素质教育中高考核心功能的概括，回答“为什么考”的问题；“四层”为考查内容，即“必备知识、关键能力、学科素养、核心价值”，是素质教育目标在高考内容中的提炼，回答“考什么”的问题；“四翼”为考查要求，即“基础性、综合性、应用性、创新性”，是素质教育的评价维度在高考中的体现，回答“怎么考”的问题。

“为什么考”，就是要坚持立德树人、服务选才和引导教学。具体说来，立德树人是人才培养的根本任务。高考紧紧围绕立德树人，有效链接基础教育与高等教育，科学创新人才选拔机制，促进教育改革的健康发展。服务选才是高考的核心功能。高考是教育领域中最重要的选拔性考试，是人才评价、人才分流的关键阀门。把好选才关，实现高校人才培养与基础教育人才培养无缝对接。引导教学是高考的天然功能，是基础教育发展的“指挥棒”。要用好这个“指挥棒”，发挥良性的引导功能。高考的每一步，无论是前端的内容设计、

① 参见本书评价篇，2019 年 12 月，教育部考试中心向全社会公布《高考评价体系》，并进行专业、权威解读，在《中国考试》2019 年 12 期上专刊讨论。

素材选择、试题命制，还是后期的评分流程、评分方式，都要考虑如何引导教学，共同助力学生健康成长、全面发展。

“考什么”，就是要重点考查必备知识、关键能力、学科素养和核心价值。高考根据国家课程标准和高校人才选拔需要，遵循考试测评的规律，考查学生所具备的综合素质。核心价值是正确的思想观念和健康的情感态度的综合，要求学生坚定理想信念、厚植爱国主义情怀、提升品德修养、培养奋斗精神、健全人格、锤炼意志、提高审美、培育劳动精神、践行社会主义核心价值观，其内涵覆盖了德、智、体、美、劳五大领域。与必备知识、关键能力、学科素养强调学科特性不同，核心价值强调的是学科共性。学科素养是指经过高中阶段学习后，学生面对复杂现实问题情境或复杂学术问题情境时，能够在正确思想观念指导下，运用学科的知识与技能、思维方式方法高质量地认识问题、分析问题、解决问题的综合品质。学科素养是在对有关国家政策文件、国家课程标准、高校培养方案和国际相关教育测评框架进行文献分析研究，以及对高等教育相关群体、基础教育相关群体进行实证调查研究的基础上提出并初步形成的。必备知识和关键能力指经过高中阶段学习后，学生在应对现实问题情境或学术问题情境时，认识问题、分析问题和解决问题必须具备的知识和能力。通过学科素养定向，对考查内容中知识和能力进行调整，提高学生知识能力的获取效率并促进所掌握知识能力的有效运用，减少不必要的精力消耗和时间花费。必备知识是在梳理高校专业学习要求的知识内容、国家课程标准中的内容标准、历年高考考查的知识内容的基础上，删繁就简、掇菁撷华形成的。

“怎么考”，就是要分别从基础性、综合性、应用性、创新性对高考考查对象进行评价。高考重点关注主干内容，关注学生今后生活、学习和工作所必须具备、不可或缺的知识、能力和素养。高考要求学生能够触类旁通、融会贯通，既包括同一层面、横向的融会贯通，也包括不同层面之间的、纵向的融会贯通。在知识、能力和素养中，关注与国家经济社会发展、科学技术进步、生产生活实际等紧密相关的内容。高考重视情境载体，尤其关注与创新相关度高的能力和素养，比如独立思考能力、发散思维、逆向思维等，考查学生敏锐发觉旧事物缺陷、捕捉新事物萌芽的能力，考查学生进行新颖推测和设想并周密论证的能力，考查学生探索新方法积极主动解决问题的能力，鼓励学生勇于摆脱思想的束缚，大胆创新。

（二）创新与批判性思维成为考查重心

2014 年国务院发布的《国务院关于深化考试招生制度改革的实施意见》（以下简称《实施意见》），奠定了此次高考综合改革的基调和方向，《实施意见》明确指出，高考“着重考查学生独立思考和运用所学知识分析问题、解决问题的能力”①，这也成为当前高考命题的基本指导方针和高考评价体系的主要基准。2017 年《国家教育事业发展“十三五”规划》提出：要培养学生创新创业精神和能力，“从中小学做起，注重激发学生学习兴趣、科学兴趣和创新意识，加强科学方法的训练，逐步培养学生逻辑思维与辩证思维的能力”②。2018 年 9 月 10 日，习近平总书记在全国教育大会上强调：“要在增强综合素质上下功夫，教育引导学生培养综合能力，培养创新思维。”③ 并提出了破“五唯”的具体要求。2018 年 10 月 26 日，教育部主管高考改革事宜的林蕙青副部长撰文学习全国教育大会精神时进一步强调：“改革考试内容，构建着眼全面发展的综合考查内容体系。特别要加强理想信念、爱国主义、品德修养、奋斗精神的考查，加强信息加工、独立思考、逻辑推理、阅读理解和应用写作能力的考查。”④ 2019 年 6 月 23 日，中共中央、国务院发布《关于深化教育教学改革全面提高义务教育质量的意见》，明确要求提升智育水平，着力培养认知能力，促进思维发展，激发创新意识。突出学生主体地位，注重保护学生好奇心、想象力、求知欲，激发学习兴趣，提高学习能力。

综观上述中央关于高考综合改革的系列政策文件，本轮高考综合改革的主要指导思想之一就是要实现学生“知识”考核向“能力”考核的转化，打破应试教育的顽瘴痼疾，突出创新型人才的选拔和培养，高考选拔中的能力要求

---

① 《国务院关于深化考试招生制度改革的实施意见》，中国政府网，http：//www. gov. cn/zhengce/content/2014 -09/04/content_ 9065. htm，访问时间：2019 年 9 月 10 日。

② 《国务院关于印发国家教育事业发展“十三五”规划的通知》，中国政府网，http：//www. gov. cn/zhengce/content/2017 -01/19/content_ 5161341. htm，访问时间：2019 年 9 月 10 日。

③ 《习近平在全国教育大会上强调　坚持中国特色社会主义教育发展道路　培养德智体美劳全面发展的社会主义建设者和接班人》，教育部官网，http：//www. moe. gov. cn/jyb_ xwfb/s6052/moe_ 838/201809/t20180910_ 348145. html，访问时间：2019 年 9 月 10 日。

④ 林蕙青：《努力实现新时代高校人才培养新作为》，《中国教育报》2018 年 10 月 26 日。

与批判性思维强调的核心主张高度一致，批判性思维的核心主张成为本轮高考综合改革及命题改革的主方向之一。

为贯彻落实国务院《实施意见》及系列中央政策的基本方针，教育部考试中心制定出台了高考评价体系，集中回答了高考“为什么考”“考什么”“怎么考”的核心问题。具体来讲，高考评价体系由“一核”“四层”“四翼”三部分内容构成，“一核四层四翼”决定了高考改革的基本方向、高考命题的主要内容以及高考综合评价的基本标准。“四层”决定了高考改革的基本方向，规定了高考的主要内容，是高考命题的内容指南。“四层”中的“关键能力”是指在学生掌握基础知识和基本技能的过程中，培养支撑学生终身发展、适应时代要求的能力，主要包括独立思考、逻辑推理、信息加工、语言表达、文字写作与创新能力等。“学科素养”是指学生在社会生活实践或科学研究的复杂情境中，能在正确的思维观念指导下综合运用学科知识能力处理并解决复杂任务的综合品质，它是知识、能力和情绪态度的综合，包括以下核心素养。

（1）“科学思维”指采用严谨求真的、实证性的逻辑思维方式应对各种问题。能够根据对问题情境的分析，运用实证数据分析事物的内部结构和问题的内在联系，以抽象的概念来反映客观事物的本质特征和内在联系。运用抽象与联想、归纳与概括、推演与计算、模型与建模等思维方法来组织、调动相关的知识与能力，解决生活实践情境或学习探索情境的各种问题。

（2）“创新思维”指运用开放性、创新性的思维方式应对问题情境，组织相关的知识与能力，注重独立性、批判性、发散性的思考。综合运用直觉的、顿悟的、灵感的、形象的、逻辑的方法，提出新视角、新观点、新方法、新设想，创新性地解决生活实践情境或学习探索情境的各种问题。

（3）“信息获取”是指适应社会信息化趋势，通过各种方式与渠道获取信息，根据应对问题情境的需要，合理地组织、调动各种相关知识与能力，完成信息获取活动。

（4）“理解掌握”指根据应对问题情境的需要，合理地组织、调动各种相关知识与能力，系统化、多层面、多角度地对新信息进行加工处理，融会贯通地把握新信息的实质，把握新旧信息的联系，形成对新信息的准确判断、分析与评价。

（5）“研究探索”指根据应对新的问题情境的需要，合理地组织、调动各种相关的知识与能力，实施调研、探究或实验活动。分析结果，提出新观点或发现新问题，寻求有效的问题解决方法。

（6）“语言表达”指根据应对问题情境的需要，合理地组织、调动各种相关的知识与能力，准确传达信息并进行交流沟通。能够根据具体情境的不同，选用口语、书面语等不同语体并灵活转换。熟练运用图像、图表、图画表达思维、观点，借助口头语言、书写或绘图工具等表达抽象的概念。灵活运用各种文本形式准确表达个人的情感、思维和观点。能够根据情境需要，运用外语进行交流。①

2019 年 6 月 11 日，国务院办公厅印发《关于新时代推进普通高中育人方式改革的指导意见》指出，“实施普通高中新课程的省份不再制定考试大纲”，这意味着考试大纲在全国范围内分步取消，教育部考试中心制定的“高考评价体系”将成为高考命题和学生应考的重要指南，这对引导教学和高考综合改革具有纲领性的意义。② 通过对上述高考评价体系，尤其是“关键能力”和“学科素养”的分析，我们不难发现，本轮高考命题改革的主要指导方针和内容规定充分体现了创新和批判性思维的要求，包括独立思考、敢于质疑、科学思维、实证精神、逻辑推理、信息识别与加工等核心要素。值得指出的是，高考评价体系突出了对学生“思维认知能力（思维品质）”的要求和考核，“思维认知能力”是指学习者在面对生活实践和学习探索问题情境时进行学科认知加工的、稳定的个性心理特征，是学习者在秉持科学态度，运用严谨的理性思维和丰富的感性思维，发现新问题、运用新方法、解决新问题、获得新结论的过程中表现出来的思维能力，是激发个体好奇心、想象力、塑造创新人格所必须具备的能力基础。主要包括：形象思维能力、抽象思维能力、归纳概括能力、演绎推理能力、批判性思维能力等。

创新与批判性思维成为本轮高考改革的主旋律之一，应该引起教师、学生以及社会的充分重视，这与培养具有创造性的高水平人才的国家人才战略紧密相关。从 2019 年的高考试题分析来看，创新与批判性思维的考查，已经成为各个

① 教育部考试中心：《中国高考评价体系》，人民教育出版社，2019，第 6～9 页。

②《国务院办公厅关于新时代推进普通高中育人方式改革的指导意见》，中国政府网，http：//www.gov.cn/zhengce/content/2019－06/19/content_5401568.htm，访问时间：2019 年 11 月 7 日。

学科高考内容改革的重要方向，无论是全国卷，还是北京、浙江等地方卷，都历史性地凸显了对创新与批判性思维的考查，信息识别与加工、逻辑推理、清晰表达、科学思维、独立思考，以及归纳提炼等批判性思维的核心要素，成为各个试卷最为重视的考查对象。“批判性思维”作为2019年高考内容改革的亮点，已经受到了高度的关注，下文“试题分析”部分我们会做更详尽的解读。

三　扩百万，多元录取全线开通

2019年3月5日，李克强总理在政府工作报告中宣布，中国职业教育扩招百万，教育部对此积极落实。① 2019～2020年招生录取体系建设迎来新机遇。首先是职业教育迎来发展的黄金机遇，扩招100万人的规模，职业技能全面升级；其次是综合评价开始进入高考录取体系，成为重要录取依据，改革范围不断扩大，切实突破高考分数“一考定终身”的顽疾，为基础教育与高等教育的衔接开辟新的人才培养指标体系与录取通道。

（一）职业教育发展迎来新浪潮

对于2019年教育工作来说，职业教育的突破性发展是全局工作的重中之重、亮点所在。2019年职业教育迎来历史上发展的最好机遇。国务院对此高度重视，持续发布重要文件，精心部署。

2019年1月24日，国务院印发《国家职业教育改革实施方案》（以下简称《方案》），精心部署和全力推进职业教育发展。②《方案》将职业教育的战略地位提到前所未有的高度，指出：没有职业教育现代化就没有教育现代化。与发达国家相比，与建设现代化经济体系、建设教育强国的要求相比，我国职业教育还存在着体系建设不够完善、职业技能实训基地建设有待加强、制度标准不够健全、企业参与办学的动力不足、有利于技术技能人才成长的配套政策尚待完善、办学和人才培养质量水平参差不齐等问题，到了必须下大力

① 《政府工作报告》，中国政府网，http：//www. gov. cn/premier/2019－03/16/content_ 5374314. htm，访问时间：2019年11月7日。

② 《国务院关于印发国家职业教育改革实施方案的通知》，中国政府网，http：//www. gov. cn/zhengce/content/2019－02/13/content_ 5365341. htm，访问时间：2019年11月7日。

气抓好的时候。随着我国进入新的发展阶段，产业升级和经济结构调整不断加快，各行各业对技术技能人才的需求越来越紧迫，职业教育重要地位和作用越来越凸显。

《方案》强调此次职业教育改革的总体要求与目标：坚持以习近平新时代中国特色社会主义思想为指导，把职业教育摆在教育改革创新和经济社会发展中更加突出的位置。牢固树立新发展理念，服务建设现代化经济体系和实现更高质量、更充分就业需要，对接科技发展趋势和市场需求，完善职业教育和培训体系，优化学校、专业布局，深化办学体制改革和育人机制改革，以促进就业和适应产业发展需求为导向，鼓励和支持社会各界特别是企业积极支持职业教育，着力培养高素质劳动者和技术技能人才。经过 5～10 年时间，职业教育基本完成由政府兴办为主向政府统筹管理、社会多元办学的格局转变，由追求规模扩张向提高质量转变，由参照普通教育办学模式向企业社会参与、专业特色鲜明的类型教育转变，大幅提升新时代职业教育现代化水平，为促进经济社会发展和提高国家竞争力提供优质人才资源支撑。

《方案》强调此次职业教育改革具体指标：到 2022 年，职业院校教学条件基本达标，一大批普通本科高等学校向应用型转变，建设 50 所高水平高等职业学校和 150 个骨干专业（群）。建成覆盖大部分行业领域、具有国际先进水平的中国职业教育标准体系。企业参与职业教育的积极性有较大提升，培育数以万计的产教融合型企业，打造一批优秀职业教育培训评价组织，推动建设 300 个具有辐射引领作用的高水平专业化产教融合实训基地。职业院校实践性教学课时原则上占总课时一半以上，顶岗实习时间一般为 6 个月。“双师型”教师（同时具备理论教学和实践教学能力的教师）占专业课教师总数超过一半，分专业建设一批国家级职业教育教师教学创新团队。从 2019 年开始，在职业院校、应用型本科高校启动“学历证书＋若干职业技能等级证书”制度试点（以下称“1＋X”证书制度试点）工作。

2019 年 3 月 5 日，国务院总理李克强在《政府工作报告》中正式宣布，2019 年职业教育扩招 100 万人，加快发展现代职业教育。

实施职业技能提升行动，从失业保险基金结余中拿出 1000 亿元，用于 1500 万人次以上的职工技能提升和转岗转业培训。健全技术工人职业发展机制和政策。加快发展现代职业教育，既有利于缓解当前就业压力，也是解决高技能人才短缺的战略之举。改革完善高职院校考试招生办法，鼓励更多应届高中毕业生和退役军人、下岗职工、农民工等报考，2019 年大规模扩招 100 万人。扩大高职院校奖助学金覆盖面、提高补助标准，加快学历证书和职业技能等级证书互通衔接。改革高职院校办学体制，加强师资队伍建设，提高办学质量。引导一批普通本科高校转为应用型大学。中央财政大幅增加对高职院校的投入，地方财政也要加强支持。设立中等职业教育国家奖学金。支持企业和社会力量兴办职业教育，加快产教融合实训基地建设。我们要以现代职业教育的大改革大发展，加快培养国家发展急需的各类技术技能人才，让更多青年凭借一技之长实现人生价值，让三百六十行人才荟萃、繁星璀璨。①

2019 年 5 月 18 日，国务院办公厅发布《职业技能提升行动方案（2019 ~ 2021 年）》，大力推行终身职业技能培训制度，大规模开展职业技能培训，加快建设知识型、技能型、创新型劳动者大军。具体任务为：2019 ~ 2021 年，持续开展职业技能提升行动，提高培训针对性实效性，全面提升劳动者职业技能水平和就业创业能力。三年共开展各类补贴性职业技能培训 5000 万人次以上，其中 2019 年培训 1500 万人次以上；经过努力，到 2021 年年底技能劳动者占就业人员总量的比例达到 25% 以上，高技能人才占技能劳动者的比例达到 30% 以上。②

教育部积极落实国务院关于职业教育发展的部署。2019 年 1 月 18 日，陈宝生部长宣布 2019 年的职业教育要瞄准高质量发展，做好深化改革。2019 年 2 月，教育部公布的《教育部 2019 年工作要点》对于职业教育改革单列条目，实施国家职业教育改革实施方案的目标任务是加强中央部门的政策联动和制度协同，强化地方政府统筹发展职业教育的责任。改善办学条件，深化职业教育产教融合、校企合作。2019 年 3 月 20 日，教育部印发《职业教育改革成效明显的省（区、市）激励措施实施办法》，希望充分调动各地推进职业教育改革发展的积极性、主动性和创造性，激励职业教育改革成效明显的省（区、市）。对于省级政府发展职业教育，提出硬性要求，最刚性条件的有：按照党

① 《政府工作报告》，中国政府网，http：//www. gov. cn/premier/2019 - 03/16/content_ 5374314. htm，访问时间：2019 年 11 月 7 日。

② 教育部相关文件。

中央国务院部署，落实全国教育大会精神、《国家职业教育改革实施方案》及党中央国务院关于发展职业教育的决策部署，同步制定完善适应区域发展需求的相关制度及实施办法，明确省内任务分工和督察要点。加强对本行政区域内职业教育工作的领导，把职业教育摆在经济社会发展和教育改革创新中更加突出的位置，保障资金资源支持，营造职业教育良好发展氛围。完成好上一年度中央交办的重大任务。5 年内建立完善省内职业教育跨部门协商（调）工作机制。2019 年 3 月 29 日，教育部、财政部发布《关于实施中国特色高水平高职学校和专业建设计划的意见》，提出发展的具体目标：围绕办好新时代职业教育的新要求，集中力量建设 50 所左右高水平高职学校和 150 个左右高水平专业群，打造技术技能人才培养高地和技术技能创新服务平台，支撑国家重点产业、区域支柱产业发展，引领新时代职业教育实现高质量发展。2019 年 4 月 4 日，教育部会同国家发展改革委、财政部、市场监管总局四部门印发《关于在院校实施“学历证书 + 若干职业技能等级证书”制度试点方案》，启动“学历证书 + 若干职业技能等级证书”（简称“1 + X”证书）制度试点工作。2019 年 5 月 6 日，教育部发布关于深入学习贯彻《国家职业教育改革实施方案》的通知，逐项推进“职教 20 条”。2019 年 5 月 7 日，教育部发布《关于做好 2019 年高职扩招专项考试招生工作的通知》专门部署职业教育 2019 年扩招 100 万人的重大决策。2019 年 5 月 14 日，教育部办公厅发布《关于全面推进现代学徒制工作的通知》，按照《教育部 2019 年工作要点》部署，要求各地总结现代学徒制试点成功经验和典型案例，在国家重大战略和区域支柱产业等相关专业，全面推广政府引导、行业参与、社会支持、企业和职业学校双主体育人的中国特色现代学徒制。2019 年 6 月 5 日，教育部发布《关于职业院校专业人才培养方案制订与实施工作的指导意见》，要求各地以职业教育国家教学标准为基本遵循，贯彻落实党和国家在课程设置、教学内容等方面的基本要求，强化专业人才培养方案的科学性、适应性和可操作性。

（二）综合评价在高考录取中愈显重要

为积极落实习近平总书记在全国教育大会上提出的“五育并举”“六个下功夫”，教育部着力解决薄弱环节，落实立德树人的根本任务。高中学生的德智体美劳的综合素质培养和评价成为新时代高考和录取改革的核心内容。2019

年 1 月 18 日，陈宝生部长谈道：

> 2019 年，要以凝聚人心、完善人格、开发人力、培育人才、造福人民为工作目标，朝着“改过来”的目标下功夫，重点针对长期以来疏于德、弱于体和美、缺于劳的问题，换脑筋、换思路、换办法，改环境、改途径、改习惯，让立德树人回归社会、回归家庭、回归生活，以新的方式推进立德树人工作，培养德智体美劳全面发展的社会主义建设者和接班人。①

显然，针对当下教育的薄弱环节，加强德育、体育和美育的建设，成为新时代教育改革和高考综合改革的重要方向。2019 年 2 月教育部颁布的《教育部 2019 年工作要点》，专项讨论深化高考改革，强调核心目标就是要落实构建德智体美劳全面培养教育体系的要求，以立德树人为鲜明导向，重点突破考试内容改革，稳妥推进高考综合改革。② 重点是要进一步深化高考内容改革，充分体现德智体美劳全面考查要求。积极探索综合素质的考核评价。2019 年 6 月 11 日，国务院办公厅发布《关于新时代推进普通高中育人方式改革的指导意见》。《高中育人二十三条》的主要目的是贯彻落实全国教育大会精神，统筹推进普通高中新课程改革和高考综合改革，全面提高普通高中教育质量。《高中育人二十三条》对高中育人中综合素质的培养和评价提出了具体的目标和任务。

随着高考改革的深入推进，综合评价改革试点工作逐步展开，范围不断扩大，招生人数也不断上升。2020 年的高考综合改革中，综合评价作为高考录取的重要依据，在全国的使用范围越来越广，在高校录取中扮演更加重要的角色。据不完全统计，2019 年全国共有 99 所高校开展综合评价招生试点，其中有 14 所高校面向多地区进行综合评价招生，剩余 85 所高校在其省内进行综合评价招生。

---

① 陈宝生：《落实　落实　再落实——在 2019 年全国教育工作会议上的讲话》，教育部官网，http：//www. moe. gov. cn/jyb_ xwfb/moe_ 176/201901/t20190129_ 368518. html，访问时间：2019 年 9 月 25 日。

② 《教育部 2019 年工作要点》，教育部官网，http：//www. moe. gov. cn/jyb_ xwfb/gzdt_ gzdt/s5987/201902/t20190222_ 370722. html，访问时间：2019 年 11 月 7 日。

四　未来高考综合改革全面发力的重点方向

按照党中央、国务院的部署，高考改革有序高效推进，2020 年高考改革将在以下方向全面发力。

（一）构建全新高考评价体系

取消考纲大纲，出台高考评价体系，发挥高考新的“指挥棒”作用，是 2020 年高考改革中最重要的政策方向。新的中国高考评价体系，不仅是高考实施的根本指南，是对接高等教育的重要保障，也是引领高中教育的重要参考。中国高考评价体系全面地体现立德树人的根本要求，为基础教育与高等教育的衔接牵线搭桥，构建人才成长的大通道。

中国高考评价体系，不同于以往任何《考试大纲》《考试说明》，具有自身鲜明的特色。一是全新的评价理念。对学生思维的考查远大于知识的考查，不仅考查知识的记忆、储存、理解，更考查知识的迁移、素养的培育和能力的提升，贴近生活，德智体美劳的综合素质考查，将成为新的评价理念，直接瞄准学生的全面发展、全面培养、科学考查。二是独立的学科化操作。实施多年的文综、理综考试，最终将被全新的独立学科评价所替代，建立新的单科评价体系，根据学科特色，建立符合自身学科素养培育的评价体系。三是标准化测量。新的考试评价体系对考试内容不再简单框定，高考评价体系向全社会公开发布，明确界定对考生的能力要求和测量标准，有效联结学习和考试，打破原有考试的“神秘性”。

新高考全国改革践行路线图、时间表更加明确，“2（上海、浙江）” + “4（山东、海南、北京、天津）” + “8（河北、辽宁、江苏、福建、湖北、湖南、广东、重庆）”的格局更加清晰，山东、海南 2020 年高考命题实践将对未来全国其他各省（包括浙江等）命题实践起到标杆与示范作用，值得特别重视。

（二）省级命题发展迎来机遇

规范学业水平考试，提升综合素质评价在高中录取依据中的重要性，是

《高中育人二十三条》的重要内涵。《高中育人二十三条》明确规定，考试分为合格性考试和选择性考试，语数外、政史地、理化生等科目合格性考试由省级相关部门统一命题、统一组织实施；高校招生录取所需学业水平考试科目实行选择性考试，由省级相关部门统一组织实施。

目前的学业水平合格性考试，主要是由各省市考试机构负责命题，除自主命题的几个省份外，高考主要由教育部考试中心统一命题。由于历史原因、经济发展等诸多因素，各省市考试机构在命题经验、命题技术、命题队伍等方面，仍存在较大的差异。对于中西部地区的考试机构，单独省级命题乃至具体实施，仍具有一定的难度。但是，对于各省来说，学业水平考试，特别是各科的省级相关部门命题及其考试，将是未来高考拓展的重要方向。

（三）减负依然任重道远

建好人民满意的教育，必须先建好人民满意的考试、人民满意的高考。让人民群众切切实实感受到教育改革的好处，最贴心的莫过于给师生减负，特别是不能让老师和学生互相伤害，不能让学习和考试互相掣肘。

为教师减负是前提，教育部 2019 年提出了非常明确的目标。要下大力气为教师减负，将教师减负作为一件大事来抓，准备专门出台中小学教师减负政策，全面清理和规范进学校的各类检查、考核、评比活动，实行目录清单制度，将教师从“表叔”“表哥”中解脱出来，把时间和精力还给教师。经过一年的艰苦努力，成绩喜人，但是，为教师减负不是一个阶段性任务，仍是未来教育工作的核心内容。

为学生减负是根本，人才分类培养、考试分类实施，在不同的航道中良性竞争，尽量减少孩子们参加不必要的考试和进行不必要的陪考。因人而异、因材施教，使得每个学生在自己的成长轨道上健康发展，而不是一刀切、一张卷。在招生录取的立交桥上，给每个孩子开设自己的特别通行证，让人才的成长实现无缝链接、进行个性培养，显得尤为迫切。

政 策 篇

Policy

B.2
2019 ~2020年高考命题政策解读

《中国高考报告》课题组

摘 要： 2019年是教育领域落实全国教育大会精神的开局之年，高考内容改革也开启了一个新的时段。“五育并举”“六个下功夫”“八统一”是中国共产党新时代教育工作的根本方针，也是2019年甚至更长时间内高考内容改革的根本遵循。2019年高考，进一步深化立德树人考查要求，进一步加强从“考知识”到“考能力”的考查，尤其加强了创新与批判性思维能力的考查。2019年，教育领域重磅政策不断发布，实施普通高中新课程的省份不再制订考试大纲，“一核四层四翼”的高考评价体系发布，未来的高考内容改革方向已经确定。

关键词： 高考政策 “五育并举” “六个下功夫” “八统一”

因为高考的高利害性，党中央、国务院高度重视高考工作，对2018年的高考工作给予了充分肯定，习近平总书记等中央领导同志对高考工作进行了重要指示和批示，为2019年高考工作指明了方向，提供了根本遵循。教育部部长陈宝生指出，2019年，“高考改革要再深化，力争‘新进展’。要以高考综合改革助推育人方式变革，以考试内容改革引领素质教育发展，以高职院校考试招生改革落实扩招百万任务，健全立德树人落实机制、扭转不科学的教育评价导向”①。

2019年，是教育领域落实全教会精神的开局之年。2018年9月10日，习近平总书记在全国教育大会上指出，要努力构建德智体美劳全面培养的教育体系，形成更高水平的人才培养体系。他强调“要在坚定理想信念上下功夫，教育引导学生树立共产主义远大理想和中国特色社会主义共同理想，增强学生的中国特色社会主义道路自信、理论自信、制度自信、文化自信，立志肩负起民族复兴的时代重任。要在厚植爱国主义情怀上下功夫，让爱国主义精神在学生心中牢牢扎根，教育引导学生热爱和拥护中国共产党，立志听党话、跟党走，立志扎根人民、奉献国家。要在加强品德修养上下功夫，教育引导学生培育和践行社会主义核心价值观，踏踏实实修好品德，成为有大爱大德大情怀的人。要在增长知识见识上下功夫，教育引导学生珍惜学习时光，心无旁骛求知问学，增长见识，丰富学识，沿着求真理、悟道理、明事理的方向前进。要在培养奋斗精神上下功夫，教育引导学生树立高远志向，历练敢于担当、不懈奋斗的精神，具有勇于奋斗的精神状态、乐观向上的人生态度，做到刚健有为、自强不息。要在增强综合素质上下功夫，教育引导学生培养综合能力，培养创新思维。要树立健康第一的教育理念，开齐开足体育课，帮助学生在体育锻炼中享受乐趣、增强体质、健全人格、锤炼意志。要全面加强和改进学校美育，坚持以美育人、以文化人，提高学生审美和人文素养。要在学生中弘扬劳动精神，教育引导学生崇尚劳动、尊重劳动，懂得劳动最光荣、劳动最崇高、劳动最伟大、劳动最美丽的道理，长大后能够辛勤劳动、诚实劳

① 《2019年全国普通高校招生考试安全工作电视电话会议召开》，教育部网站，http://www.moe.gov.cn/jyb_xwfb/gzdt_gzdt/moe_1485/201905/t20190506_380815.html，访问时间：2019年8月25日。

动、创造性劳动。”①

习近平总书记的讲话提出了德、智、体、美、劳“五育并举”以及“六个下功夫”的人才培养新要求，为我国教育发展指明了方向，是中国共产党新时代教育工作的根本方针，也是2019年甚至更长时间内高考内容改革的根本遵循。

一 2019年高考试题分析

遵循“五育并举”“六个下功夫”，打破旧式教育评价体系，打破“唯分数”的顽瘴痼疾，构建全新的“一核四层四翼”高考评价体系，充分发挥高考“指挥棒”的正向引导功能，实现公平科学评价和选拔人才，助力德才兼备、全面发展的人才培养机制，实现立德树人的根本任务，是新时代高考改革的核心内涵。2019年，高考改革落实立德树人根本任务，继续从“考知识”转向“考能力”，从“解答题目”转向“解决问题”方面积极引导，取得了积极成效。在命题标准建设、命题内容改革、命题形式创新等方面主要表现出如下特征，这也是未来几年高考命题改革的基本方向。

（一）全面对标“一核四层四翼”高考评价体系

2019年在高考功能定位，评价体系内涵具体化方面，教育部考试中心做出了明确的答复。高考评价体系是高考命题的理论基础和实践指南。高考评价的核心内容是“一核四层四翼”，即为什么考、考什么和怎么考的具体要求：“一核”为考查目的，即“立德树人、服务选才、引导教学”，是对素质教育中高考核心功能的概括，回答“为什么考”的问题；“四层”为考查内容，即“必备知识、关键能力、学科素养、核心价值”，是素质教育目标在高考内容中的提炼，回答“考什么”的问题；“四翼”为考查要求，即“基础性、综合性、应用性、创新性”，是素质教育的评价维度在高考中的体现，回答“怎么

① 《习近平在全国教育大会上强调坚持中国特色社会主义教育发展道路　培养德智体美劳全面发展的社会主义建设者和接班人》，教育部网站，http：//www. moe. gov. cn/jyb_ xwfb/s6052/moe_ 838/201809/t20180910_ 348145. html，访问时间：2019年8月25日。

考”的问题。2019 年的高考试题，对标“一核四层四翼”的高考评价体系。

1. “一核”与高考命题

高考的核心功能是立德树人、服务选才、引导教学，以高考试题来体现高考的这三个核心功能，是高考内容改革面向新时代的必然要求。其中，关于立德树人的考查，是历来高考试题的重点。习近平总书记在全国教育大会上指出，要把立德树人融入教育各环节。2019 年的高考试题在立德树人的考查方面，秉承顶层设计，突出各科特色，具体内容已在上文分析，此不赘述。

高考作为高等教育和基础教育的中间环节，一手要服务高校选才，一手要引导基础教学。在服务高校选才方面，以普通高中课程标准 2017 年版为指导，优化题型设计，尤其是在开放性试题答案设计方面，暗含分水平的设计，突出考查考生创新能力，使高水平考生脱颖而出。如 2019 年全国卷历史试题，“开放型试题的评分从分层、分项 2 个维度评价考生作答，并给出不同角度的作答示例，使高水平考生脱颖而出。”[①]

在引导教学方面，孙春兰副总理特别指出，我们的国情决定了高考将继续发挥着“指挥棒”作用，要深化考试内容改革。教育评价对学校办学、教师从教具有导向作用，要突出素质教育评价，坚决克服“唯分数、唯升学、唯文凭、唯论文、唯帽子”的顽瘴痼疾，引导学校将治校办学的重点放到立德树人上来。[②] 教育部考试中心副主任于涵指出，引导教学是高考对于基础教育的现实功能。高考对基础教育具有客观存在的反拨作用，既能通过“考什么教什么”“怎么考怎么教”来促进基础教育，又会因为“不考什么就不教什么”以及固化的考查方式引来诟病。高考的各个环节，包括前端的内容设计、素材选择、试题命制和后期的评分流程、评分方式，均要将促进学生健康成长、全面发展作为出发点和落脚点，与基础教育改革同心同向。[③] 2019 年的高考试题在体美劳方面的重点考查，对创新思维能力、批判性思维能力的考查，都是意在引导中学教学。

---

① 教育部考试中心：《深化考试内容改革　凸显学科育人功能——2019 年高考历史试题评析》，《中国考试》2019 年第 7 期。

② 孙春兰：《深入学习贯彻习近平总书记关于教育的重要论述　奋力开创新时代教育工作新局面》，《求是》2018 年第 19 期。

③ 于涵：《新时代的高考定位与内容改革实施路径》，《中国考试》2019 年第 1 期。

2. “四层”与高考命题

在高考考查内容方面，2019 年的高考试题着重考查必备知识、关键能力、学科素养和核心价值这个“四层”内容，其中，必备知识、关键能力与核心价值，前文已有不同程度涉及，下面主要讲一讲学科素养方面的考查。高考评价体系中的学科素养主要是依据 2017 年版普通高中课程标准来制订的，各学科都有自己的学科化内容。“高考对高中课标的核心素养、课程内容、学业质量水平的规定内容进行全覆盖，做到无差别、无遗漏。”① 以 2019 年的高考历史试题为例，“对学科素养的考查，在唯物史观层面，如文科综合全国Ⅲ卷第 27 题通过对清代江南市镇化进程的描述，要求考生运用历史唯物主义方法分析商品经济的发展，理解经济基础在社会历史发展中的决定性作用。在时空观念层面，如文科综合全国Ⅰ卷第 27 题通过明代棉花产地与棉布生产地、营销地的往来贸易，要求考生理解特定历史时期不同空间在社会生产中的作用，进而考查明清时期区域经济的发展。在史料实证层面，如文科综合全国Ⅱ卷第 28 题强调新闻报道作为史料的价值，要求考生辨别史料真伪，考查其在辨别史料作者意图的基础上运用史料分析历史问题的能力。在历史解释层面，如文科综合全国Ⅰ卷第 25 题通过汉武帝时期朝廷制作‘皮币’的历史现象，解释汉武帝时期为解决财政和王国势力等问题所采取的措施。在历史理解层面，如文科综合全国Ⅱ卷第 35 题要求考生全面、准确地理解史料信息，通过数据分析，指出苏联时期斯大林模式在产业结构方面的严重弊端。”② 通过历史试题关于学科素养的考查可以看出，除了高中历史学科课标要求的唯物史观、史料实证、时空观念、历史解释、家国情怀等方面外，还增加了一个“历史理解”，各学科除了高中课标的内容外，在高考评价体系中，还可能会增加有关学科素养的指标。

3. “四翼”与高考命题

在“四翼”方面，根据国家需要的人才特征和素质教育的培养目标，高考评价体系确定了 4 个方面的考查要求，分别从基础性、综合性、应用性、创

① 于涵：《新时代的高考定位与内容改革实施路径》，《中国考试》2019 年第 1 期。

② 教育部考试中心：《深化考试内容改革　凸显学科育人功能——2019 年高考历史试题评析》，《中国考试》2019 年第 7 期。

新性对素质教育的目标进行评价。实际上，“四翼”不仅是考查要求，也是试题质量指征，从2个维度对考生和考试进行评价。① 基础性主要考查考生对主干知识和基本理论的掌握程度，综合性是指考生对必备知识与关键能力、学科素养、核心价值的融会贯通，形成具备内在逻辑联系的整体网络。应用性是指运用必备知识、关键能力和学科素养解决实际问题，发挥相关学科的应用价值。以上三个方面实际上在多年的高考试题中都着重体现。“四翼”中的创新性，是高考评价体系中着力要求体现的方面，创新性是指创造性地运用必备知识、关键能力、学科素养和核心价值，发现新问题、运用新方法、得出新认识。2019年的全国高考试题，在创新性方面进行了有益探索。如理科综合全国Ⅰ卷和全国Ⅲ卷化学的第38题，“要求学生利用题目给出的合成方法，独立思考，设计有机物的合成路线，体现对创新思维的考查。又如理科综合全国Ⅱ卷第36题聚合物的新颖结构，既不同于常见的加合聚合物，又不同于一般的缩合聚合物，因此对该聚合物聚合度的判断也体现出对创新能力的考查。”② 另外各个学科在开放题方面都在考查批判性思维与创新思维等思维能力。

总之，从2019年的高考试题来看，既有对全国教育大会的落实，继续推进考试内容改革，又有对未来的尝试和开拓，注重考查必备知识、关键能力、学科素养、核心价值，侧重基础性、综合性、应用性、创新性，突出高考的价值引领作用、选拔功能和对高中教学的引导作用，助力夯实学生全面成长的基础。

（二）进一步深化立德树人考查要求

1. 政策依据

在全国教育大会上，习近平总书记特别强调“要把立德树人融入思想道德教育、文化知识教育、社会实践教育各环节，贯穿基础教育、职业教育、高等教育各领域，学科体系、教学体系、教材体系、管理体系要围绕这个目标来设计，教师要围绕这个目标来教，学生要围绕这个目标来学。凡是不利于实现

---

① 教育部考试中心：《深化考试内容改革　凸显学科育人功能——2019年高考历史试题评析》，《中国考试》2019年第7期。

② 教育部考试中心：《精选试题情境素材　深化高考内容改革——2019年高考化学试题评析》，《中国考试》2019年第7期。

这个目标的做法都要坚决改过来。”①

2018 年 10 月 26 日，时任教育部副部长的林蕙青在《中国教育报》上撰文指出，“改革考试内容，构建着眼全面发展的综合考查内容体系。特别要加强理想信念、爱国主义、品德修养、奋斗精神的考查。”② 2019 年的高考，在立德树人方面，主要加强了对理想信念、爱国主义、品德修养、奋斗精神等方面的考查。

2. “理想信念”考查

在理想信念方面，2019 年试题加大力度考查。文科综合全国Ⅱ卷第 40 题展示了平凡劳动者无私奉献的事迹。

> 习近平在 2019 年新年贺词中说：“2019 年，有机遇也有挑战，大家还要一起拼搏、一起奋斗……这个时候，快递小哥、环卫工人、出租车司机以及千千万万的劳动者，还在辛勤工作，我们要感谢这些美好生活的创造者、守护者。”
>
> 四川甘孜藏族自治州有一条往返 1208 公里、平均海拔 3500 米以上的雪线邮路，它是沟通藏区与内地的邮政主动脉，党中央的声音和各种邮件通过邮车送上雪域高原。
>
> 邮车驾驶员其美多吉秉持“人在，邮件在!”的敬业精神，凭借精湛的驾驶技术和丰富的出车经验，克服缺氧、“风搅雪”、孤寂等困难，驾驶邮车奔驰在白雪皑皑的“生命禁区”，服务藏区 30 年，未发生一次责任事故，给雪域高原的人们带去美好生活的希望，“我只是一名普普通通的邮车驾驶员，但看到老百姓拆包裹的样子，心里就开心。”2018 年，其美多吉带领班组的康巴汉子们安全行驶 62.49 万公里，向西藏运送邮件 41 万件，运送省内邮件 37 万件。他们用奉献、忠诚与生命铸就了爱岗敬业、顽强拼搏的雪线邮路精神。2018 年，其美多吉所在的康定－德格邮

① 《习近平在全国教育大会上强调坚持中国特色社会主义教育发展道路　培养德智体美劳全面发展的社会主义建设者和接班人》，教育部网站，http：//www.moe.gov.cn/jyb_ xwfb/s6052/moe_ 838/201809/t20180910_ 348145.html，访问时间：2019 年 8 月 25 日。

② 林蕙青：《努力实现新时代高校人才培养新作为》，教育部网站，http：//www.moe.gov.cn/jyb_ xwfb/moe_ 176/201810/t20181026_ 352793.html，访问时间：2019 年 8 月 25 日。

路被交通部命名为“其美多吉雪线邮路”。

其美多吉被评为“时代楷模”和“感动中国2018年度人物”。

“试题引导学生学习其美多吉心系人民、信念坚定、甘于奉献的精神，学习感悟用奉献、忠诚和生命熔铸的雪线邮路精神，立志在劳动奉献中实现人生价值。”①

3. “爱国主义”考查

2019年是五四运动100周年，语文学科创新设计情境，以此为主题，突出爱国主义情怀。2019年全国Ⅱ卷作文题为“青年与祖国”。

1919年，民族危亡之际，中国青年学生掀起了一场彻底反帝反封建的伟大爱国革命运动。1949年，中国人从此站立起来了！新中国青年投身于祖国建设的新征程。1979年，“科学的春天”生机勃勃，莘莘学子胸怀报国之志，汇入改革开放的时代洪流。2019年，青春中国凯歌前行，新时代青年奋勇接棒，宣誓“强国有我”。2049年，中华民族实现伟大复兴，中国青年接续奋斗……

请从下列任务中任选一个，以青年学生当事人的身份完成写作。

①1919年5月4日，在学生集会上的演讲稿。

②1949年10月1日，参加开国大典庆祝游行后写给家人的信。

③1979年9月15日，参加新生开学典礼后写给同学的信。

④2019年4月30日，收看“纪念五四运动100周年大会”后的观后感。

⑤2049年9月30日，写给某位“百年中国功勋人物”的国庆节慰问信。

“该题精心选择5个标志性历史节点：五四运动、新中国成立、改革开放、五四运动100周年、新中国成立100周年，突出各自的时代主题，启示考生深刻感受中国青年与祖国、民族同呼吸、共命运，在创造青春中国，实现民族复

① 教育部考试中心：《聚焦育人目标　优化考查内容　着力增强高考的积极导向作用——2019年高考思想政治试题评析》，《中国考试》2019年第7期。

兴的伟业中实现自身价值的历史，坚定理想信念，增强‘四个自信’，厚植家国情怀。写作任务设置5种身份，意在引导考生以参与者的身份设身处地体验历史，思考未来，激励他们将个人的理想追求与国家、民族的发展融为一体，让青春在为祖国、为人民、为民族的奉献中焕发出更加绚丽的光彩。”①

4. “品德修养”考查

发挥高考的正向“指挥棒”作用，不仅仅是指高考内容改革，更是指高考在培养和引导学生品德修养方面，发挥积极作用。文科综合全国Ⅲ卷第24题引用古代儒家经典《孝经》中的话：“教民亲爱，莫善于孝；教民礼顺，莫善于悌；移风易俗，莫善于乐；安上治民，莫善于礼。”使考生体味中华优秀传统文化，感受古人的孝悌礼乐观念，“突出传统文化中以家庭和睦、尊老爱幼作为人生不可或缺的内容和人人应尽的职责，鼓励学生注重个人修养，在新的历史时期将传统孝道观转化为现代基本的价值理念。”②

5. “奋斗精神”考查

奋斗精神是中华优秀传统文化的主要内容，也是新时代有为青年的必然要求。只有一代又一代的青年奋斗不息，中华民族的伟大复兴才会实现。2019年高考试题突出考查奋斗精神，通过讲述奋斗故事，弘扬奋斗精神，引导和培养青年学子树立正确的人生观和价值观。

文科综合全国Ⅲ卷第39题，叙述了“亲民爱民、艰苦奋斗、科学求实、迎难而上、无私奉献”的焦裕禄精神，“一方面让考生认识到艰苦奋斗是我们党的优良传统和宝贵精神财富，是克服困难、争取胜利的法宝；另一方面使考生领会到，虽然时代发生了深刻变化，但艰苦奋斗精神仍然没有过时，弘扬艰苦奋斗精神具有重要的现实意义。青春是用来奋斗的，作为青年学生，更需要发扬艰苦奋斗精神，在奋斗中实现人生价值。”③ 2019年上海语文卷，以“士不可以不弘毅，任重而道远”的识记考查开篇，鼓励青年学子要有长期奋斗、

---

① 教育部考试中心：《健全立德树人　促进全面发展——2019年高考语文试题评析》，《中国考试》2019年第7期。

② 教育部考试中心：《深化考试内容改革　凸显学科育人功能——2019年高考历史试题评析》，《中国考试》2019年第7期。

③ 教育部考试中心：《聚焦育人目标　优化考查内容　着力增强高考的积极导向作用——2019年高考思想政治试题评析》，《中国考试》2019年第7期。

艰苦奋斗的精神。精卫填海是中国古代传说故事，弘扬了奋斗精神。2019 年江苏语文卷古诗词鉴赏题选取唐代韩愈《学诸进士作精卫衔石填海》一诗，“鸟有偿冤者，终年抱寸诚。口衔山石细，心望海波平。渺渺功难见，区区命已轻。人皆讥造次，我独赏专精。岂计休无日，惟应尽此生。何惭刺客传，不著报雠名。”全诗表达和传递了坚持不懈、锲而不舍的奋斗精神，激发青年学子的奋斗激情。2019 年天津语文卷的作文题，引用了方志敏、陶行知和黄大年的话，在弘扬爱国主义的同时，也暗含奋斗精神的表达，如黄大年说“若能作一朵小小的浪花奔腾，呼啸加入献身者的滚滚洪流中推动人类历史向前发展，我觉得这才是一生中最值得骄傲做和自豪的事情。”引导青年学子感受奋斗精神，养成砥砺奋斗的坚强品格。

（三）进一步加强从“考知识”到“考能力”的转换

2014 年开始的这一轮新高考综合改革，特别是考试内容改革，就是要从“考知识”到“考能力”，从“解答问题”到“解决问题”，新课标的学科核心素养，也是按照这一思路制订的，经过多年的实践，可以说，能力取向已经被大众所认知和接受。2019 年的高考，进一步加强了从“考知识”到“考能力”的考查。

2019 年的全国卷试题分析中，教育部考试中心命题专家明确表示，2019 年试题突出了对实际问题解决能力、批判性思维等思维能力方面的考查。从具体考题来看，2019 年全国Ⅰ卷语文作文题是一个“反驳 - 立论”的典型题型，对学生的质疑、证据、论证、逻辑、概念辨析等能力提出了较高要求。语文浙江卷作文题是一个“正反”观点的辩论，思辨色彩浓，便于多方面考查考生的思维品质与语言表达能力；北京卷的语文作文题及全国Ⅰ卷文综第 42 题、全国Ⅱ卷文综第 42 题、全国Ⅲ卷文综第 41 题属于典型的开放式题型，明确提出了“持论有据，论证充分，表达清晰，观点明确”等答题要求，对学生的独立思考、逻辑论证、质疑精神、证据识别等能力提出了明确要求。上述高考试题的命题都是基于批判性思维的基本原则，充分体现了批判性思维的核心主张。另外值得指出的是，全国Ⅲ卷文综第 23 题在正确选项中直接用了“批判性思维能够促进认识发展和实践创新”的话语，这是一个对思维品质要求非常明确的信号。

全国Ⅳ卷第24题要求学生懂得扩大开放对国内企业可能造成的挑战，进而运用企业运营的相关知识，从品牌、研发、品质、管理等方面提出自己的思考。试题既贴近社会现实，又富有经济内涵，引导学生学以致用，基于所学知识深刻理解国家战略、关注经济现象、思考应对策略。全国Ⅳ卷第23题，列举了网络时代信息数据急剧增长下出现的认知现象，要求学生运用所学哲学知识对"事实因被忽视而消失"的观点加以辨析，引导学生通过批判性思考，分析整体与部分的关系、认识与事实的区别，以提升思维的品质。①

历史学科非常注意对批判性思维的学科考查。全国Ⅱ卷第32题考查人文主义思想注重人的价值的思想特点，强调对学生认识、分析和解决历史问题所必须具备的知识和能力的考查；全国Ⅱ卷第42题要求考生独立提出历史见解，对已有历史认识进行批判性思考，着重考查历史学科关键能力中的批判性思维；全国Ⅱ卷第28题要求考生辨别史料真伪，考查其在辨别史料作者意图的基础上运用史料分析历史问题的能力；全国Ⅲ卷第40题通过对汉代和罗马帝国国家治理方式的比较，强调汉代在确立中国基本疆域、强化民族认同等方面的重要意义，引导考生树立正确的国家观、民族观和文化观，增强民族自信心和自豪感。2019年高考历史试题充分体现了"四翼"（基础性、综合性、应用性、创新性）的要求，在考查学生主干知识、基本理论的掌握外，注重考查学生对必备知识与关键能力、学科素养、核心价值的融会贯通，以及运用学科知识和思维方法，解决实际问题、发现新问题、得出新认识的能力。②

北京卷理综试题对批判性思维的考查也十分突出。2019年北京卷生物试题注重考查关键能力，强调考查逻辑推理与独立思考。"逻辑推理能力与批判性思维是认知能力的核心要素。生物学研究的对象是生命，生命是自然界中最复杂的现象之一。试题以真实的生物学研究为情境，在提供信息的过程中引导考生进行'抽丝剥茧'式的分析，由浅入深、由简到繁、阶梯设问、层层深入。要求考生结合所学，通过严密的逻辑思考得出合理的推断，或结合实验证据对错误结论提出质疑并阐明理由，以此检验思维品质。第30题，以两个杂

---

① 《凸显育人功能　考查关键能力》，《中国教育报》2019年6月9日，人民网，http://m.people.cn/n4/2019/0609/c645-12802909.html，访问时间：2019年9月25日。

② 《凸显育人功能　考查关键能力》，《中国教育报》2019年6月9日，人民网，http://m.people.cn/n4/2019/0609/c645-12802909.html，访问时间：2019年9月25日。

交实验的过程与结果，逐步引导考生由简单应用到综合运用，由直接进行逻辑推理，到结合多个信息展开复杂阐释。第31题倒数第二问，通过给出有科学漏洞的结论，考查考生运用科学证据，作出严谨推理的逻辑思维过程。要求考生具备证据意识、独立思考能力和敢于质疑的科学精神。这些问题，对考生思维的敏捷性、深刻性、灵活性、批判性和发散性进行了检验，对认知能力的考查较为全面，体现了新课标对科学思维的要求。”“创新型人才是建设创新型国家的重要保障，为建成社会主义强国提供人才支撑。试题依据考试说明中对创新能力的考查要求，进行问题设计，考查考生的创新能力与创新精神，助力创新人才的选拔。如第29题（4），考查考生在对试题给出的研究数据进行分析与综合的基础上，结合所学知识，提出科学假设。试题鼓励考生勇敢探索，大胆假设，对考生的创新思维和创新能力进行了考查。”①

2019年6月8~9日由教育部考试中心和北京教育考试院发布了2019年高考命题分析的官宣通稿，从两份官宣通稿来看，两条主线贯穿2019高考的命题思路：一是包括价值引领、立德树人、铸魂爱国、劳动美育的政治导向；二是信息识别与加工、逻辑推理、清晰表达、科学思维、独立思考，以及归纳提炼等批判性思维的核心要素。特别是“批判性思维”作为官方文件在官宣通稿中被首次正式提出，而且是多次提及。批判性思维作为考查学生综合素质和能力的有效手段，在2019年的高考命题全国卷和地方卷中普遍呈现，形成亮点，对于未来高考命题改革的思维导向具有重要的标杆意义，2019年高考命题在创新和批判性思维上迈出了具有革命性的一步。

总之，以创新和批判性思维为代表的思维品质考核作为考查学生综合素质和能力的有效手段，在2019年的高考命题全国卷和地方卷中普遍呈现，达成共识，这对推动高考命题改革具有重要的意义，2019年高考命题在思维品质考查方面迈出了坚定、关键的一步。

（四）“五育并举”，补齐体美劳

2019年高考命题实现了高考评价体系在卷面上的落地生根，全面考查德

① 《北京教育考试院专家解析2019年高考理综生物试卷北京试题特色》，人民网，http：//edu. people. com. cn/n1/2019/0608/c1053－31125783. html，访问时间：2019年9月25日。

智体美劳，成为2019年命题实践的鲜明特色。各个学科发掘学科特点，设置学科特有情境，尤其在体美劳方面，创新不断。

1. 体育方面

在体育方面，2019年英语“全国Ⅰ卷阅读理解部分第二节语篇介绍呼吸新鲜空气和接近大自然有益于身心健康；全国Ⅰ卷短文改错语篇介绍作者如何通过一次小‘意外’而喜欢上足球运动；全国Ⅱ卷书面表达部分设置了考生作为学校排球队队长写信告知队员近期活动安排的情境，在具体的体育情境中考查考生书面表达能力。这些语篇及所设置的相关试题在考查阅读理解或英语语言综合运用能力的同时，体现了关注体育锻炼、倡导健康意识的理念。”①数学题则通过具体的篮球、乒乓球运动等，来考查数学知识。如数学理科全国Ⅰ卷第15题、数学理科全国Ⅱ卷第18题分别以篮球和乒乓球为背景，“要求学生对相关运动的基本概念有所了解，并运用已学习过的概率知识解决问题；数学文科全国Ⅰ卷第6题设置某中学为了解学生体质状况进行抽样调查的情境，考查学生的抽样调查知识。上述试题考查了与体育竞赛相关的数学知识，同时引导学生热爱体育，加强体育锻炼。”② 中国古代也非常重视体育和健康，历史试题“通过选取与体育运动和健康观念相关的史实作为试题素材，引导学生领悟健康的要义：即强健的体魄是个人实现人生价值和追求幸福生活不可或缺的条件。如文科综合全国Ⅰ卷第26题以拔河运动在唐代的流行，描绘了‘壮徒恒贾勇，拔拒抵长河’的壮观活动场面，突出了唐人崇尚力量的阳刚之气和健康体魄，引导学生树立‘欲文明其精神，先自野蛮其体魄’的观念。又如文科综合全国Ⅲ卷第47题以唐代良将郭子仪的事迹为素材，强调其通过武举考试成为将领，强健的体格支持其驰骋沙场数十年，为挽救国家危亡作出杰出贡献，引导学生树立健康意识，强身健体报效国家。”③

2. 美育方面

在美育方面，各个学科结合学科特点，考查的内容、广度和深度都不一

① 教育部考试中心：《立足全面发展育人导向　引导基础教育英语教学——2019年高考英语试题评析》，《中国考试》2019年第7期。

② 教育部考试中心：《以真情实景落实“五育并举”　以理性思维践行“立德树人”——2019年高考数学试题评析》，《中国考试》2019年第7期。

③ 教育部考试中心：《深化考试内容改革　凸显学科育人功能——2019年高考历史试题评析》，《中国考试》2019年第7期。

样。地理学科通过展示大自然之美，培养考生的审美情趣和审美意识，在生活中感受、鉴赏和创造美。例如文科综合全国Ⅲ卷地理第42题，以日本越后妻有地区“大地艺术祭”旅游活动为背景，“通过一幅《梯田》艺术作品，呈现当地农民农耕生活的原风貌场景，从‘犁田、播种、插秧、除草、割稻、到城里贩卖’等动作状态，使得艺术完全融入乡土大环境之中，形成自然与人文景观和谐融合的美丽田园画卷。在欣赏旅游景观时，了解来龙去脉，对其进行深入分析，运用文化素养和以往经验细心品味，引导考生懂得欣赏自然美、人文美，领悟人地和谐之美，最终实现美育的教育引导。”① 而化学学科则通过丰富试题的呈现形式，“呈现既有美感又有科学意义的物质反应和结构，展示化学反应和物质的绚丽色彩和多姿形态，让学生体验化学之美。如理科综合全国Ⅱ卷第11题考查用化学方程式来表达和解释色彩变幻的化学反应，又如全国Ⅱ卷第26题更是以烘托节日气氛的焰色反应考查元素鉴定方法。物质结构与性质模块试题均呈现具有美感的晶胞结构，让学生分析结构与性质的关系，这些试题让学生在解答问题的过程中，领悟反应的颜色变化美和物质结构对称美之中所蕴藏的化学原理。”② 语文卷则通过文学作品等，让考生感受文学之美、学科之美。2019年语文北京卷选了赵园的散文《北京的“大”与“深”》，使考生领略北京城的“大”与“深”之美。中国的古诗词，既有韵律之美，又有格调之美。北京卷的《和张规臣水墨梅五绝》表现了墨梅清姝气质之美；天津卷选取杜甫的《通泉驿南去通泉县十五里山水作》，表现了自然之美。“全国卷中既有《邹忌讽齐王纳谏》人物的形象美，也有《阿房宫赋》雄壮的建筑美，还有《赤壁赋》中婉转悠长、延绵不尽的乐声美，《题许道宁画》的淡雅之美，《插田歌》中的劳动之美。”③

3. 劳动教育方面

在劳动教育考查方面，生物学科有得天独厚的优势。“劳动实践与生物学

① 教育部考试中心：《彰显地理学科特色　落实“五育并举”要求——2019年高考地理试题评析》，《中国考试》2019年第7期。

② 教育部考试中心：《精选试题情境素材　深化高考内容改革——2019年高考化学试题评析》，《中国考试》2019年第7期。

③ 教育部考试中心：《健全立德树人　促进全面发展——2019年高考语文试题评析》，《中国考试》2019年第7期。

科发展密切相关，相互促进。在劳动实践中积累的经验充实和完善了生物学科体系，劳动实践推动了生物科学的发展；生物学理论和技术可指导劳动生产，解决与劳动相关的实际问题，促进劳动生产率的提高。生物学科鼓励学生自觉运用科技成果改善劳动方式，提高生产效率，倡导劳动光荣的理念，反映出生物学科在劳动教育中独特的育人价值。”① 2019 年理科综合全国Ⅱ卷生物第 38 题，“以植物组织培养技术在农业生产中的应用为素材，涵盖微型繁殖、人工种子、作物脱毒等生物技术，展现植物繁殖的新途径和新方法，体现科学技术进步在解决农业生产问题中的价值。植物微型繁殖技术相对于传统的大田播种繁殖方式，具有繁殖速度快、保持物种遗传特性的优点，能够满足快速繁殖优良品种的需求；人工种子具有可工厂化大规模生产、易于贮藏和推广的优越性；作物脱毒技术可解决无性繁殖作物易感染病毒所造成的产量下降和品质降低的问题。对植物组织培养技术在解决农业生产实际问题的考查，渗透科学劳动、创造性劳动的理念，有助于增强学生运用新思路、新方法解决问题的意识，体现生物学科在劳动教育中的育人价值。”② 地理学科通过设置真实的劳动情境，要求考生在劳动实践中解决问题。文科综合全国Ⅲ卷地理第 44 题，“围绕我国北方地区农用大棚土壤次生盐渍化问题探讨解决方案，考生可以基于土壤次生盐渍化的形成过程和机理，提出自己认为科学可行的防治措施，启发考生在劳动实践中主动运用创造性思维，帮助考生内化劳动认知、增强劳动感悟、形成劳动习惯。”③ 其他各个学科也结合学科特点，积极展现劳动实践场景，引导考生注重劳动教育，促进全面发展。

二　2019年出台的命题政策解读

2018 年 9 月 10 日召开的全国教育大会，是继 1985 年、1994 年、1999 年、

① 教育部考试中心：《彰显学科特质　发挥育人功能——2019 年高考生物试题评析》，《中国考试》2019 年第 7 期。

② 教育部考试中心：《彰显学科特质　发挥育人功能——2019 年高考生物试题评析》，《中国考试》2019 年第 7 期。

③ 教育部考试中心：《彰显地理学科特色　落实“五育并举”要求——2019 年高考地理试题评析》，《中国考试》2019 年第 7 期。

2010年之后，时隔八年，党中央召开改革开放以来第五次、新时代第一次全国教育大会。习近平总书记发表重要讲话，讲话站在新时代坚持和发展中国特色社会主义的战略高度，深刻阐明了教育在党和国家工作大局中的战略地位，集中阐述了“九个坚持”，科学回答了教育根本性问题，为加快推进教育现代化、建设教育强国、办好人民满意的教育，指明了前进方向、提供了根本遵循。大会承前启后，举旗定向，是一次写入历史、进入人心、改变生活、开启未来的大会，具有划时代、里程碑的深远影响。①

2019年，重磅政策频出。2019年6月11日，国务院办公厅发布《关于新时代推进普通高中育人方式改革的指导意见》；2019年6月23日，中共中央、国务院发布《关于深化教育教学改革全面提高义务教育质量的意见》；据8月14日新华社报道，中共中央办公厅、国务院办公厅印发了《关于深化新时代学校思想政治理论课改革创新的若干意见》。进入9月，高中阶段语文、思想政治、历史三科统编本教材在北京、天津、辽宁、上海、山东、海南六省市的高一年级开始使用。11月，教育部发布高考评价体系。以上的重磅政策，都是与基础教育阶段每位学生息息相关的。

2019年，是落实全国教育大会的开局之年。一个个重磅政策发布，其中有关考试招生制度改革尤为引人瞩目，这牵扯千家万户的利益。

（一）《中国教育现代化2035》和《加快推进教育现代化实施方案（2018～2022年）》

2019年2月，中共中央、国务院印发了《中国教育现代化2035》，中共中央办公厅、国务院办公厅印发了《加快推进教育现代化实施方案（2018～2022年）》。重大战略，规划先行，这是落实全国教育大会精神的重要举措。这两个文件，各有侧重。作为我国第一个以教育现代化为主题的中长期战略规划，《中国教育现代化2035》的出台为教育现代化绘就了宏伟蓝图。同时发布的《加快推进教育现代化实施方案（2018～2022年）》，提出了今后5年推进

① 陈宝生：《落实　落实　再落实——在2019年全国教育工作会议上的讲话》，教育部官网，http：//www. moe. gov. cn/jyb_ xwfb/moe_ 176/201901/t20190129_ 368518. html，访问时间：2019年9月25日。

教育现代化的十大重点任务，为实现2035年教育现代化目标制订基础的行动计划、绘制施工图。

改革开放以来，党中央、国务院先后颁布《中国教育改革和发展纲要》《国家中长期教育改革和发展规划纲要（2010～2020年）》等纲领性文件，在不同历史时期有力指导推动了教育改革发展。2035年是我国基本实现社会主义现代化的重要时间节点，面向2035目标描绘好教育发展的远景蓝图，为新时代开启教育现代化建设新征程指明方向，培养造就新一代社会主义建设者和接班人，具有重要的现实意义和深远的历史意义。编制《中国教育现代化2035》，也是我国积极参与全球教育治理、履行我国对联合国2030年可持续发展议程承诺，为世界教育发展贡献中国智慧、中国经验、中国方案的实际行动。①

教育现代化文件起草工作于2016年年初启动，历时两年多时间，王沪宁同志多次对文件起草做出指示批示，孙春兰同志多次就相关工作进行具体部署。教育现代化文件在起草过程中深刻学习领会习近平新时代中国特色社会主义思想和习近平总书记关于教育的重要论述，系统学习党的十九大和十九届二中和三中全会、全国教育大会精神，认真总结党的十八大以来在以习近平同志为核心的党中央坚强领导下教育改革发展取得的历史性成就，深入贯彻中央关于未来发展特别是教育改革发展的战略部署，努力将中央精神和国家战略贯彻落实到文件中。文件是在组织专题研究、深入开展调研、广泛征求意见的基础上逐渐形成的。②

《中国教育现代化2035》分为五个部分：一是战略背景；二是总体思路；三是战略任务；四是实施路径；五是保障措施。《中国教育现代化2035》提出，推进教育现代化的总体目标是：到2020年，全面实现“十三五”发展目

① 《绘制新时代加快推进教育现代化建设教育强国的宏伟蓝图——教育部负责人就〈中国教育现代化2035〉和〈加快推进教育现代化实施方案（2018～2022年）〉答记者问》，教育部网站，http://www.moe.gov.cn/jyb_xwfb/s271/201902/t20190223_370865.html，访问时间：2019年8月25日。

② 《绘制新时代加快推进教育现代化建设教育强国的宏伟蓝图——教育部负责人就〈中国教育现代化2035〉和〈加快推进教育现代化实施方案（2018～2022年）〉答记者问》，教育部网站，http://www.moe.gov.cn/jyb_xwfb/s271/201902/t20190223_370865.html，访问时间：2019年8月25日。

标，教育总体实力和国际影响力显著增强，劳动年龄人口平均受教育年限明显增加，教育现代化取得重要进展，为全面建成小康社会做出重要贡献。在此基础上，再经过15年努力，到2035年，总体实现教育现代化，迈入教育强国行列，推动我国成为学习大国、人力资源强国和人才强国，为到21世纪中叶建成富强民主文明和谐美丽的社会主义现代化强国奠定坚实基础。2035年主要发展目标是：建成服务全民终身学习的现代教育体系、普及有质量的学前教育、实现优质均衡的义务教育、全面普及高中阶段教育、职业教育服务能力显著提升、高等教育竞争力明显提升、残疾儿童少年享有适合的教育、形成全社会共同参与的教育治理新格局。

《中国教育现代化2035》聚焦教育发展的突出问题和薄弱环节，立足当前，着眼长远，重点部署了面向教育现代化的十大战略任务，其中与考试招生制度有关的条目如下。

一是学习习近平新时代中国特色社会主义思想。把学习贯彻习近平新时代中国特色社会主义思想作为首要任务，贯穿到教育改革发展全过程，落实到教育现代化各领域各环节。以习近平新时代中国特色社会主义思想武装教育战线，推动习近平新时代中国特色社会主义思想进教材进课堂进头脑，将习近平新时代中国特色社会主义思想融入中小学教育，加强高等学校思想政治教育。加强习近平新时代中国特色社会主义思想系统化、学理化、学科化研究阐释，健全习近平新时代中国特色社会主义思想研究成果传播机制。

二是发展中国特色世界先进水平的优质教育。全面落实立德树人根本任务，广泛开展理想信念教育，厚植爱国主义情怀，加强品德修养，增长知识见识，培养奋斗精神，不断提高学生思想水平、政治觉悟、道德品质、文化素养。增强综合素质，树立健康第一的教育理念，全面强化学校体育工作，全面加强和改进学校美育，弘扬劳动精神，强化实践动手能力、合作能力、创新能力的培养。完善教育质量标准体系，制定覆盖全学段、体现世界先进水平、符合不同层次类型教育特点的教育质量标准，明确学生发展核心素养要求。完善学前教育保教质量标准。建立健全中小学各学科学业质量标准和体质健康标准。健全职业教育人才培养质量标准，制定紧跟时代发展的多样化高等教育人才培养质量标准。建立以师资配备、生均拨款、教学设施设备等资源要素为核心的标准体系和办学条件标准动态调整机制。加强课程教材体系建设，科学规划大中小学课程，分类制定课程标准，充分利用现代信息技术，丰富并创新课程形式。健全国家教材制度，统筹为主、统分结合、分类指导，增强教材的思想性、科学性、民族性、时代性、系统性，完善教材编写、修订、审查、选用、退出机制。创新人才培养方式，推行启发式、探究式、参与式、合作式等教学方式以及走班制、选课制等教学组织模式，培养学生创新精神与实践能力。大力推进校园文化建设。重视家庭教育和社会教育。构建教育质量评估监测机制，建立更加科学公正的考试评价制度，建立全过程、全方位人才培养质量反馈监控体系。①

以上两条为未来15年考试招生领域的指导思想，着力解决“培养什么人、怎样培养人、为谁培养人”这一根本问题。在高考内容改革方面，将会着力解决如何考查“五育并举”“六个下功夫”等问题，以及探索启发式、探究式、参与式、合作式等命题新形式，着力考查学生的创新思维与实践能力，并构建教育质量评估监测机制，建立更加科学公正的考试评价制度，建立全过程、全方位人才培养质量反馈监控体系。

与此同时，中共中央办公厅、国务院办公厅印发了《加快推进教育现代化实施方案（2018～2022年）》（以下简称《实施方案》）。《实施方案》提出了推进教育现代化的十项重点任务，其中与考试招生制度有关的内容如下。

一是实施新时代立德树人工程。全面推动习近平新时代中国特色社会主义思想进教材进课堂进头脑，把习近平新时代中国特色社会主义思想贯穿课程教材建设全过程，把教材体系、教学体系有效转化为学生的知识体系、价值体系。增强中小学德育针对性实效性，从中小学生身心特点和思想实际出发改进德育方式方法，注重循序渐进、因材施教、潜移默化，开展喜闻乐见、入脑入心的德育活动。提升高等学校思想政治工作质量。将思想政治工作体系贯穿于学科体系、教学体系、教材体系、管理体系当中，深入构建一体化育人体系。大力加强体育美育劳动教育。加强劳动和实践育人，构建学科教学和校园文化相融合、家庭和社会相衔接的综合劳动、实践育人机制。

二是深化重点领域教育综合改革。加快重点领域和关键环节改革步伐，为

① 《中共中央、国务院印发〈中国教育现代化2035〉》，新华网，http：//www.xinhuanet.com/politics/2019－02/23/c_ 1124154392.htm，访问时间：2019年8月25日。

加快推进教育现代化提供制度支撑。积极稳妥推进考试招生制度改革，坚定高考改革方向，完善普通高中学业水平考试制度。①

《实施方案》是未来五年的规划，未来五年是实现两个百年目标的历史交汇期，是贯彻落实党的十九大精神和全国教育大会精神、实现2035年教育现代化目标奠定基础的关键时期，也是中长期教育规划纲要、“十三五”规划收官和“十四五”规划起步的衔接期。《实施方案》定位于行动计划和施工图，是本届政府任期内加快推进教育现代化、建设教育强国的时间表、路线图，突出行动性、操作性，重在问题导向，按照可操作、可落地、可监测、可评估的原则，聚焦未来五年教育发展的战略性问题、当前教育发展面临的紧迫性问题和人民群众关心的问题，按照可实施、可量化、可落地的原则，将教育现代化远景目标和战略任务细化为未来五年的具体目标任务和工作抓手，指导推进今后五年教育改革发展，确保新时代教育现代化建设开好局、起好步。②

“坚定高考改革方向”，意味着未来五年要稳步推进2014年以来的新一轮高考改革。2017年，上海、浙江第一批高考综合改革试点平稳落地，北京、天津、山东、海南第二批改革试点顺利启动。2019年4月，作为第三批启动高考综合改革试点的8个省份，河北、辽宁、江苏、福建、湖北、湖南、广东、重庆皆发布本省实施方案，明确从2018年秋季入学的高中一年级学生开始实施。截至目前，全国已有14省市进入高考综合改革试点。到2022年，此轮高考综合改革要覆盖大部分省份。

（二）《关于新时代推进普通高中育人方式改革的指导意见》

2019年6月11日，国务院办公厅发布《关于新时代推进普通高中育人方式改革的指导意见》。这是21世纪以来国务院办公厅出台的第一个关于推进普通高中教育教学改革的重要纲领性文件。《指导意见》设立的改革目标为到

---

① 《中共中央办公厅、国务院办公厅印发〈加快推进教育现代化实施方案（2018～2022年）〉》，新华网，http：//www. xinhuanet. com//politics/2019 －02/23/c_ 1124154405. htm，访问时间：2019年8月25日。

② 《绘制新时代加快推进教育现代化建设教育强国的宏伟蓝图——教育部负责人就〈中国教育现代化2035〉和〈加快推进教育现代化实施方案（2018～2022年）〉答记者问》，教育部网站，http：//www. moe. gov. cn/jyb_ xwfb/s271/201902/t20190223_ 370865. html，访问时间：2019年8月25日。

2022年，德智体美劳全面培养体系进一步完善，立德树人落实机制进一步健全。普通高中新课程新教材全面实施，适应学生全面而有个性发展的教育教学改革深入推进，选课走班教学管理机制基本完善，科学的教育评价和考试招生制度基本建立，师资和办学条件得到有效保障，普通高中多样化有特色发展的格局基本形成。基本上与《加快推进教育现代化实施方案（2018～2022年）》同步，设定的是到2022年的不到五年的规划。

其中在“完善考试和招生制度”一条中包括如下内容。

（1）规范学业水平考试。普通高中学业水平考试主要检验学生达到国家规定学习要求的程度，考试成绩是学生毕业和升学的重要依据。除综合实践活动课程纳入综合素质评价外，国家课程方案规定的其他科目均实行合格性考试，考试内容为必修内容。语数外、政史地、理化生等科目合格性考试由省级部门统一命题、统一组织实施，鼓励有条件的地方将技术科目和理化生实验操作纳入省一级统一考试。体育与健康科目合格性考试按照省级部门要求由地市统一组织实施；艺术（或音乐、美术）科目合格性考试由省级部门确定具体组织实施方式。省级部门统一组织实施的合格性考试应安排在学期末，高一学生参加考试的科目原则上不超过4科。高校招生录取所需学业水平考试科目实行选择性考试，考试内容为必修和选择性必修内容，由省级部门统一组织实施。

这一条规定的是命题主体方面的要求，即实施新一轮高考综合改革的省份，将会在合格性考试和选择性考试命题方面，由省级部门统一组织实施。

（2）深化考试命题改革。学业水平选择性考试与高等学校招生全国统一考试命题要以普通高中课程标准和高校人才选拔要求为依据，实施普通高中新课程的省份不再制订考试大纲。优化考试内容，突出立德树人导向，重点考查学生运用所学知识分析问题和解决问题的能力。创新试题形式，加强情境设计，注重联系社会生活实际，增加综合性、开放性、应用性、探究性试题。科学设置试题难度，命题要符合相应学业质量标准，体现不同考试功能。加强命题能力建设，优化命题人员结构，加快题库建设，建立命题评估制度，提高命题质量。

“学业水平选择性考试与高等学校招生全国统一考试命题要以普通高中课程标准和高校人才选拔要求为依据，实施普通高中新课程的省份不再制定考试大纲”，这一条规定为重磅信息，原来的考试都是“依纲考试”，考试内容不能超纲，不考“偏、难、怪、深”的试题，注重基础知识和主干知识，没有考试大纲，一时让基础教育尤其是高中教育难以适从。没有考试大纲，考试内容“以普通高中课程标准和高校人才选拔要求为依据”，这一方面说明高考由原来的检验基础教育成果的职能转变为主要服务高校选才，另一方面也说明普通高中课程标准的指导意义，促进教考有效衔接，防止简单的、片面的考什么就教什么、学什么的倾向。但普通高中课程标准所要求的指标是否都可测量？如何测量？尤其是，2019 年 12 月发布的高考评价体系与普通高中课程标准是什么关系，这些都需要在摸索中得出答案。“创新试题形式，加强情境设计，注重联系社会生活实际，增加综合性、开放性、应用性、探究性试题”，这一条说明，将来的试题会注重往解决现实问题方面探索，尤其是无标准答案的开放性试题，会加大分数份额。

（3）稳步推进高校招生改革。进一步健全分类考试、综合评价、多元录取的高校招生机制，逐步改变单纯以考试成绩评价录取学生的倾向，引导高中学校转变育人方式、发展素质教育。加强高等学校招生工作能力建设，不断提高招生录取工作科学化专业化水平。高等学校要根据人才培养目标和专业学习基本需要，结合实施高考综合改革省份学生选考情况，不断完善招生专业选考科目要求；把综合素质评价作为招生录取的重要参考，并充分考虑城乡差异和不同群体学生特点，研究制订高中学生综合素质评价使用办法，提前向社会公布。

无论高考内容怎么改革，万变不离其宗的只有一条，就是如何把不同层次的考生选拔到不同层次的大学去，“逐步改变单纯以考试成绩评价录取学生的倾向”，就是要改变“只见分数不见人”的现实，“把综合素质评价作为招生录取的重要参考”，扭转高校自主招生乱象，逐渐把自主招生往综合素质评价方向靠拢。在落实高中综合素质评价方面，上海进行先行先试，他们的经验可作参考。上海主要以推进学生社会实践和研究性学习为两个主要抓手，积极引导学生学习方式和对学生进行评价方式的变革。在推进社会实践上，上海明确提出高中志愿服务，公益劳动三年不少于 60 学时的课程要求，这 60 学时就是 8 天半。这项活动并由上海市文明办、团市委和校外联共同牵头，为学生社会实践提供组织保障。据初步统计，99% 的学生是能够完成 60 学时的课程要求，而且绝大多数的学生都是超学时完成，还有不少优秀学生把参加公益劳动也作为一种自己生活方式来对待。截至2019年6月，上海市共建立了1930个市、区两级社会实践基地，发布了729439个社会实践岗位，像暑托班助教、医院导医、博物馆讲解员、图书馆管理员、地铁协管志愿者等都成为学生社会实践的“热门岗位”，也有不少学生把社会实践与自身的生涯规划结合起来。在推进研究性学习上，上海力求让每一个学生在高中阶段至少有一次完整的课题研究经历，高考改革以来，历届学生连续三年100%有课题，研究内容涉及语言文学、数学、自然科学、社会科学、工程技术、艺术、体育等各个领域。同时，为研究性学习的过程做到保真和可信可用做了一些探索，上海为此开发了高中生研究性学习自适应平台和第三方认证平台，为学生提供基于信息技术的研究性学习全过程指导和第三方专家远程视频答辩认证服务。在综合素质评价的运用上，积极与各高校对接，借助综合素质评价的信息平台，将综合素质评价运用到春季高考、专科自主招生、高水平高校自主招生和综合评价录取等多种类型的招生中。目前，已有近30所本科高校和多所专科院校制定并发布了《综合素质评价信息使用办法》，综合素质评价成为高校招生录取中校测面试、同分录取、专业调剂、资格初审等环节的重要参考。①

《关于新时代推进普通高中育人方式改革的指导意见》实际上仍是以五年为规划设计的，对未来五年的高考综合改革进行布局，对高考内容改革进行要求。

（三）《关于深化教育教学改革全面提高义务教育质量的意见》

2019年6月23日，中共中央、国务院发布《关于深化教育教学改革全面提高义务教育质量的意见》（以下简称《意见》），其基本要求就是落实“五育并举”和“六个下功夫”：树立科学的教育质量观，深化改革，构建德智体美劳全面培养的教育体系，健全立德树人落实机制，着力在坚定理想信念、厚植爱国主义情怀、加强品德修养、增长知识见识、培养奋斗精神、增强综合素质上下功夫。坚持德育为先，教育引导学生爱党、爱国、爱人民、爱社会主义；

① 《教育部新闻发布会解读〈国务院办公厅关于新时代推进普通高中育人方式改革的指导意见〉》，中华人民共和国中央人民政府网站，http://www.gov.cn/xinwen/2019-06/20/content_5401960.htm，访问时间：2019年8月25日。

坚持全面发展，为学生终身发展奠基；坚持面向全体，办好每所学校、教好每名学生；坚持知行合一，让学生成为生活和学习的主人。

在坚持“五育并举”，全面发展素质教育方面，《意见》有明确要求。

一是突出德育实效。完善德育工作体系，认真制订德育工作实施方案，深化课程育人、文化育人、活动育人、实践育人、管理育人、协同育人。大力开展理想信念、社会主义核心价值观、中华优秀传统文化、生态文明和心理健康教育。加强爱国主义、集体主义、社会主义教育，引导少年儿童听党话、跟党走。加强品德修养教育，强化学生良好行为习惯和法治意识养成。打造中小学生社会实践大课堂，充分发挥爱国主义、优秀传统文化等教育基地和各类公共文化设施与自然资源的重要育人作用，向学生免费或优惠开放。广泛开展先进典型、英雄模范学习宣传活动，积极创建文明校园。健全创作激励与宣传推介机制，提供寓教于乐的优秀儿童文化精品；强化对网络游戏、微视频等的价值引领与管控，创造绿色健康网上空间。突出政治启蒙和价值观塑造，充分发挥共青团、少先队组织育人的作用。

二是提升智育水平。着力培养认知能力，促进思维发展，激发创新意识。严格按照国家课程方案和课程标准实施教学，确保学生达到国家规定学业质量标准。充分发挥教师主导作用，引导教师深入理解学科特点、知识结构、思想方法，科学把握学生认知规律，上好每一堂课。突出学生主体地位，注重保护学生好奇心、想象力、求知欲，激发学习兴趣，提高学习能力。加强科学教育和实验教学，广泛开展多种形式的读书活动。各地要加强监测和督导，坚决防止学生学业负担过重。

三是强化体育锻炼。坚持健康第一，实施学校体育固本行动。严格执行学生体质健康合格标准，健全国家监测制度。除体育免修学生外，未达体质健康合格标准的，不得发放毕业证书。开齐开足体育课，将体育科目纳入高中阶段学校考试招生录取计分科目。科学安排体育课运动负荷，开展好学校特色体育项目，大力发展校园足球，让每位学生掌握 1 ~ 2 项运动技能。广泛开展校园普及性体育运动，定期举办学生运动会或体育节。鼓励地方向学生免费或优惠开放公共运动场所。通过购买服务等方式，鼓励体育社会组织为学生提供高质量体育服务。精准实施农村义务教育学生营养改善计划。健全学生视力健康综合干预体系，保障学生充足睡眠时间。

四是增强美育熏陶。实施学校美育提升行动，严格落实音乐、美术、书法等课程，结合地方文化设立艺术特色课程。广泛开展校园艺术活动，帮助每位学生学会1～2项艺术技能、会唱主旋律歌曲。引导学生了解世界优秀艺术，增强文化理解。鼓励学校组建特色艺术团队，办好中小学生艺术展演，推进中华优秀传统文化艺术传承学校建设。通过购买服务等方式，鼓励专业艺术人才到中小学兼职任教。支持艺术院校在中小学建立对口支援基地。

五是加强劳动教育。充分发挥劳动综合育人功能，制订劳动教育指导纲要，加强学生生活实践、劳动技术和职业体验教育。优化综合实践活动课程结构，确保劳动教育课时不少于一半。家长要给孩子安排力所能及的家务劳动，学校要坚持学生值日制度，组织学生参加校园劳动，积极开展校外劳动实践和社区志愿服务。创建一批劳动教育实验区，农村地区要安排相应田地、山林、草场等作为学农实践基地，城镇地区要为学生参加农业生产、工业体验、商业和服务业实践等提供保障。

《意见》在完善招生考试制度方面要求，严禁以各类考试、竞赛、培训成绩或证书证明等作为招生依据，不得以面试、评测等名义选拔学生。民办义务教育学校招生纳入审批地统一管理，与公办学校同步招生；对报名人数超过招生计划的，实行电脑随机录取。高中阶段学校实行基于初中学业水平考试成绩、结合综合素质评价的招生录取模式，落实优质普通高中招生指标分配到初中政策，公办民办普通高中按审批机关统一批准的招生计划、范围、标准和方式同步招生。稳步推进初中学业水平考试省级部门统一命题，坚持以课程标准为命题依据，不得制订考试大纲，不断提高命题水平。①

目前我国大部分地区实行九年制义务教育，这个《意见》主要是针对小学和初中阶段深化教育教学改革的，积极回应人民群众由“有学上”向“上好学”的诉求转变，提高义务教育质量，促进学生全面发展、健康成长。《意见》落实全国教育大会提出的“五育并举”“六个下功夫”，强化育人理念，强化体系构建，强化课堂变革，强化评价导向，强化组织保障。《意见》强调

---

① 《中共中央　国务院关于深化教育教学改革全面提高义务教育质量的意见》，教育部网站，http：//www.moe.gov.cn/jyb_xxgk/moe_1777/moe_1778/201907/t20190708_389416.html，访问时间：2019年8月25日。

严禁以各类考试、竞赛、培训成绩或证书证明等作为招生依据，不得以面试、评测等名义选拔学生。高中阶段学校实行基于初中学业水平考试成绩、结合综合素质评价的招生录取模式。稳步推进初中学业水平考试省级部门统一命题，坚持以课程标准为命题依据，不得制订考试大纲，不断提高命题水平，等等，这些政策措施实际上与《关于新时代推进普通高中育人方式改革的指导意见》相衔接，与高考相衔接，以综合素质来考查人，杜绝考什么就教什么、学什么的不良倾向。

（四）《关于深化新时代学校思想政治理论课改革创新的若干意见》

在落实立德树人根本任务方面，2019 年 8 月，中共中央办公厅、国务院办公厅印发了《关于深化新时代学校思想政治理论课改革创新的若干意见》（以下简称《意见》），这是落实 2018 年 9 月 10 日全国教育大会精神和 2019 年 3 月 18 日习近平总书记在学校思想政治理论课教师座谈会上的重要讲话精神的重大举措，主要就解决好培养什么人、怎样培养人、为谁培养人这个根本问题进行规划的纲领性文件。

《意见》中关于完善思政课课程教材体系方面的举措主要有以下四个方面。

一是整体规划思政课课程目标。在大中小学循序渐进、螺旋上升地开设思政课，引导学生立德成人、立志成才，树立正确世界观、人生观、价值观，坚定对马克思主义的信仰，坚定对社会主义和共产主义的信念，增强中国特色社会主义道路自信、理论自信、制度自信、文化自信，厚植爱国主义情怀，把爱国情、强国志、报国行自觉融入坚持和发展中国特色社会主义事业、建设社会主义现代化强国、实现中华民族伟大复兴的奋斗之中。高中阶段重在提升政治素养，引导学生衷心拥护党的领导和我国社会主义制度，形成做社会主义建设者和接班人的政治认同。初中阶段重在打牢思想基础，引导学生把党、祖国、人民装在心中，强化做社会主义建设者和接班人的思想意识。小学阶段重在启蒙道德情感，引导学生形成爱党、爱国、爱社会主义、爱人民、爱集体的情感，具有做社会主义建设者和接班人的美好愿望。

二是调整创新思政课课程体系。加强以习近平新时代中国特色社会主义思想为核心内容的思政课课程群建设。在保持思政课必修课程设置相对稳定基础上，结合大中小学各学段特点构建形成必修课加选修课的课程体系。高中阶段开设“思想政治”必修课程，围绕学习习近平总书记最新重要讲话精神开设“思想政治”选择性必修课程。初中、小学阶段开设“道德与法治”必修课程，可结合校本课程、兴趣班开设思政类选修课程。

三是统筹推进思政课课程内容建设。坚持用习近平新时代中国特色社会主义思想铸魂育人，以政治认同、家国情怀、道德修养、法治意识、文化素养为重点，以爱党、爱国、爱社会主义、爱人民、爱集体为主线，坚持爱国和爱党爱社会主义相统一，系统开展马克思主义理论教育，系统进行中国特色社会主义和中国梦教育、社会主义核心价值观教育、法治教育、劳动教育、心理健康教育、中华优秀传统文化教育。遵循学生认知规律设计课程内容，体现不同学段特点，高中阶段重在开展常识性学习，初中阶段重在开展体验性学习，小学阶段重在开展启蒙性学习。

四是加强思政课教材体系建设。国家教材委员会统筹大中小学思政课教材建设，科学制定教材建设规划，注重提升思政课教材的政治性、时代性、科学性、可读性。国家统一开设的大中小学思政课教材全部由国家教材委员会组织统编统审统用，在教材中及时融入马克思主义中国化最新成果、坚持和发展中国特色社会主义最新经验、马克思主义理论学科最新研究进展。地方或学校开设的思政课选修课教材，由各地负责组织审定。研究编制习近平新时代中国特色社会主义思想进课程教材指导纲要，研究编制中华优秀传统文化、革命文化、社会主义先进文化、科技创新文化及总体国家安全观等进课程教材指南，编制中华民族古代历史和革命建设改革时期英雄人物、先进模范进课程教材图谱，分课程组织编写高校思政课专题教学指南，组织专家编写深度解读教材体系的示范教案，实施思政课优秀讲义出版工程，开列马克思主义经典著作、当代中国马克思主义理论著作、中华优秀传统文化典籍书单，建设思政课网络教学资源库。①

以上关于立德树人的相关内容，不仅是教材体系建设及教学的内容，

① 《中共中央办公厅　国务院办公厅印发〈关于深化新时代学校思想政治理论课改革创新的若干意见〉》，新华网，http：//www. xinhuanet. com//politics/2019 － 08/14/c _ 1124876294. htm，访问时间：2019 年 9 月 15 日。

也是高考内容改革的重点方向，对立德树人的考查，将在未来高考中加大比重。

（五）语文、思想政治、历史三学科统编本高中教材开始使用

2019年9月，万众瞩目的统编高中语文、思想政治和历史教材正式在北京、天津、辽宁、上海、山东、海南等六省市高中起始年级使用，其他省份也将陆续使用。三科教材意识形态属性强，是国家意志和社会主义核心价值观的集中体现，具有特殊重要的育人作用。在义务教育三科统编教材投入使用后统编高中三科教材，有利于把落实立德树人根本任务在整个基础教育阶段贯通起来，形成一体化人才培养格局。统编高中三科教材的编写工作是2017年由教育部启动的，经过两年多努力，完成编写工作。一是组建编写队伍。按照政治立场坚定、学术造诣精深、编写经验丰富的要求，经推荐、评议并报中央批准，确定三科教材总主编，同时组建起由相关学科知名专家、优秀教研员和一线教师等组成的编写团队。二是精心组织编写。编写组按照研制大纲—编写样章—编写教材—试教试用—修改完善的基本流程，认真开展编写工作。先后组织东中西部13个省份的412所学校开展试教试用，检验教材的适宜性。三是广泛征求意见。教材送中央马克思主义理论研究和建设工程咨询委员会、国家教材委高校哲学社会科学（马工程）专委会以及有关民主党派推荐的专家征求意见，同时，每科组织140名特级教师进行精细审读，反复打磨，不断修改完善。

这三科以习近平总书记提出的教材建设“一个坚持、五个体现”为遵循，以普通高中课程标准为依据，充分体现习近平新时代中国特色社会主义思想，全面融入社会主义核心价值观，弘扬中华优秀传统文化、革命文化和社会主义先进文化，让学生都有一颗中国心，都有满满的中国情，做德智体美劳全面发展的社会主义建设者和接班人。

三个学科教材的主要特点如下。

（1）思想政治教材。坚持正确政治方向，符合课程标准要求，落实学科核心素养，内容科学，结构合理，难易适宜。采用集中与分散相结合的融入方式，显性和隐性相结合的呈现方式，引导和灌输相结合的教育方式，契合青少年“拔节孕穗期”成长特点，有利于引导学生在自主学习中爱党、爱国、爱

社会主义，提高思想政治水平。

（2）语文教材。政治方向和价值导向正确，体现课程改革的基本理念，选文丰富厚重，具有经典性、时代性、代表性，古今中外比例合理，突出了中华优秀传统文化和革命文化，创造性地设计了学习任务群，实现了继承传统与改革创新的统一。

（3）历史教材。围绕课程标准、学科核心素养设计栏目，形式活泼、内容丰富，知识覆盖面广；坚持正确的历史观、国家观、民族观、文化观，反对历史虚无主义、文化虚无主义和民族虚无主义，将正确的价值判断融入历史叙述与阐释之中，做到了思想性和科学性的统一；生动展现了中国共产党领导中国人民进行革命、建设和改革的波澜壮阔的历史画卷。①

下面以统编高中历史教材为例，来详细解读。

统编高中历史教材由中国社会科学院学部委员张海鹏、首都师范大学教授徐蓝担任总主编，编写组成员来自中国社会科学院、北京大学、北京师范大学、首都师范大学、复旦大学、华东师范大学、中央党史文献研究院、人民教育出版社以及高中一线教师。

为落实习近平总书记有关教材建设的讲话精神，中共中央办公厅在2016年发出《关于加强和改进新形势下大中小学教材建设的意见》，决定对中小学道德与法制（思想政治）、语文、历史三门教材实行统一编写、统一审查、统一使用。这决定了这轮统编本教材编写是国家意志的体现；是党的十八大以来，围绕培养什么人、怎样培养人、为谁培养人这一根本问题，全面加强党对教育工作领导的深刻体现；是坚持把立德树人作为根本任务，坚持社会主义办学方向的生动体现。

统编高中历史教科书主要有以下新特点。

一是必修《中外历史纲要》以通史的体例编纂，更符合高中阶段学生的认知水平。与上一轮多家出版社的高中历史必修教材分为政治、经济、历史三本教材、下面又分为若干专题相比，这次统编高中历史教材立足于高中历史教

① 《编好三科教材　培育时代新人——教育部教材局负责人就普通高中三科教材统编工作答记者问》，教育部网站，http：//www. moe. gov. cn/jyb_ xwfb/s271/201908/t20190827_ 395984. html，访问时间：2019 年 9 月 15 日。

学和学生的实际，以编年体通史的体例编纂，有利于教学，也有利于学生形成时空观念基础上的知识体系，更有利于适应这轮新高考改革由“考知识”到“考能力”、由“解答问题”到“解决问题”的要求。以中国史为例，分为“从中华文明起源到秦汉统一多民族封建国家的建立与巩固”“三国两晋南北朝的民族交融与隋唐大一统的发展”“辽宋夏金多民族政权的并立与元朝的统一”“明清中国版图的奠定与面临的挑战”“晚清时期的内忧外患与救亡图存”“辛亥革命与中华民国的建立”“中国共产党成立与新民主主义革命的兴起”“中华民族的抗日战争和人民解放战争”“中华人民共和国的成立和社会主义建设”“改革开放与社会主义现代化建设新时期”等单元，时间序列一目了然，反映了中国统一多民族国家的形成、争取国家独立的斗争、中国共产党领导的革命斗争、建设中国特色社会主义的伟大实践、实现中华民族伟大复兴等历史过程，他们构成了中国历史发展的内在联系，这是中国历史发展的大趋势，使学生对中华优秀传统文化、革命文化、社会主义先进文化有更加直接的认知。

二是全面落实核心素养的要求。

2018 年 1 月 16 日，教育部发布了《普通高中历史课程标准（2017 年版）》，这为统编本高中历史教材的编写提供了指导。“核心素养是知识与技能、过程与方法、情感态度与价值观的综合表现。凝练学科核心素养，厘清本学科教育对学生成长和终身发展的独特贡献，通过基于核心素养的教学，帮助学生形成必备品格和关键能力。”这是这轮普通高中课程修订工作的主要任务。总而言之，这轮新课标的修订有一个终极之问，即“如果学生把本学科的基本知识忘记之后，这门学科还会留给学生什么样的素养?”正是基于这样的考量，教育部制定了《普通高中课程标准》。在《普通高中历史课程标准（2017 年版）》中，历史学科的核心素养是唯物史观、时空观念、史料实证、历史解释和家国情怀。

唯物史观是揭示人类社会历史客观基础及发展规律的科学历史观和方法论。从长时段来看，马克思主义根据人类社会生产力与生产关系基本矛盾的不同性质，把人类历史发展分为原始社会、奴隶社会、封建社会、资本主义社会和共产主义社会几种社会形态。虽然不是所有民族、国家的历史都完整地经历了这五个阶段，但是这个发展趋势具有普遍性、规律性的意义。统编高中历史教材以唯物史观为指导，将唯物史观贯穿始终，同时又注意吸收学术界最新的成果。关于原始社会，教材叙述“中国原始社会经历了约200万年的历史，分为原始人群、母系氏族社会和父系氏族社会三个阶段”；对于奴隶社会，教材认为“商和西周是我国奴隶制社会经济发展并走向繁荣的时期”。对于学术界还有争议的问题，教材用“有专家认为”“很有可能”等词语来叙述这个问题，给学生以一定的探讨空间。从横向来看，马克思主义认为人类历史是逐步从分散走向整体的。这一点也在统编本高中教材中贯彻始终。尤其是必修《中外历史纲要》下册的第三单元中，题目就叫“走向整体的世界”，叙述了新航路开辟的过程，人类社会随之建立了世界性的交通网络，世界各地形成了广泛的直接联系，在人类历史逐步从分散走向整体的过程中迈出了重要一步。

时空观念是在特定的时间联系和空间联系中对事物进行观察、分析的意识和思维方式。统编本高中历史教材重视时空观念的培养，尤其是把中国疆域的形成作为重点，直面问题，不回避，不欺隐，叙述了蒙古、新疆、西藏等地区与中央政府的关系，描述了清朝疆域版图奠定的历史过程，说明钓鱼岛、南海诸岛都是中国的疆域，并附以地图来明确表达。这对于学生准确理解中国统一多民族国家的形成具有重要意义。

统编本高中历史教材对其他核心素养也注意培养，如培养史料实证和历史解释的基本方法，深化对中华民族多元一体发展趋势的认识，深入学习和理解中华优秀传统文化、革命文化和社会主义先进文化，增强爱国主义教育功能和提高家国情怀内涵。

三是选修课程教材是以专题的体例设计的，适合学生进一步学习的要求。历史选修课程教材设计了三个模块，即《国家制度与社会治理》6个单元18课，《经济与社会生活》6个单元15课，《文化交流与传播》6个单元15课，是学生根据个人兴趣、升学需求而选择修习的课程。各模块由若干学习专题构成，根据每一册的主题，采取中外历史混编形式，在各专题下依照时序的发展进行表述，呈现中外历史上的重要内容，引领学生从政治、经济与社会生活、文化等不同视角对中外历史有更加深入的认识。选修课程教材单元设计基本与课标专题相对应，体现了新课标的指导作用。

四是总体体量偏大，引领教学创新。统编高中历史教科书总体体量偏大，必修《中外历史纲要》上册共29课，下册共23课，而且在这52课中很多课的主题还不止一个，内容涵盖面广，知识点密度大，导致教师若按传统的教学方法教学时课时明显不够。这实际上也是培养学生具有核心素养的要求，是引领教学创新的举措。一是要让学生通过自主学习，理解历史脉络，探究历史真相，了解历史大趋势，培养学生发现问题、分析问题、解决问题的能力；二是对教师的能力有更高的要求，教师要在现有教材的基础上对教材内容重新整合，从学生形成历史知识体系的角度，以发展学生历史学科核心素养为目标，创造性地使用教材。

总之，统编高中历史教材全面落实核心素养的要求，创新体裁体例，引领教学创新，注意阐述有关国家主权、海洋权益等爱国主义教育的内容，注意体现历史上的民族关系问题，加强民族团结意识，正确处理宗教问题，注意中外法治历史演变的表述，引导学生树立正确的法治观，注意生态文明发展的表述，引领学生自觉养成热爱自然、热爱劳动、热爱生活、热爱祖国和珍爱生命的优良品质。统编高中历史教材是党的十八大以来党中央在教育方面实现“立德树人”根本目标的体现，是历史学科核心素养具体要求的体现，是与这轮新高考改革从“考知识”到“考能力”、由“解答问题”到“解决问题”的要求相衔接的体现。

（六）高考评价体系发布

2019年12月，高考评价体系正式发布。

高考评价体系是近年来教育部考试中心所着力研究的评价体系。2015年，教育部考试中心根据中央精神和教育部党组的要求，提出了加强“一点四面”考查的改革重点，即以立德树人为核心，加强对社会主义核心价值观、依法治国理念、中华优秀传统文化与创新能力的考查，不断强化高考的育人功能和积极导向作用。在此基础上，2016年，教育部考试中心进一步提出构建“一体四层四翼”的高考评价体系，这是落实立德树人根本任务的又一重大举措。2017年，把“一体”调整为“一核”，这样就形成了“一核四层四翼”的高考评价体系。从“一点四面”考查到“一核四层四翼”高考评价体系是教育部考试中心落实立德树人根本任务的系列组合创新。

高考评价体系是高考命题的理论基础和实践指南。“一核四层四翼”的高考评价体系涵盖了考查目的、考查内容和考查要求：“一核”为考查目的，即“立德树人、服务选才、引导教学”，是对素质教育中高考核心功能的概括，回答“为什么考”的问题；“四层”为考查内容，即“核心价值、学科素养、关键能力、必备知识”，是素质教育目标在高考内容中的提炼，回答“考什么”的问题；“四翼”为考查要求，即“基础性、综合性、应用性、创新性”，是素质教育的评价维度在高考中的体现，回答“怎么考”的问题（见图1）。①

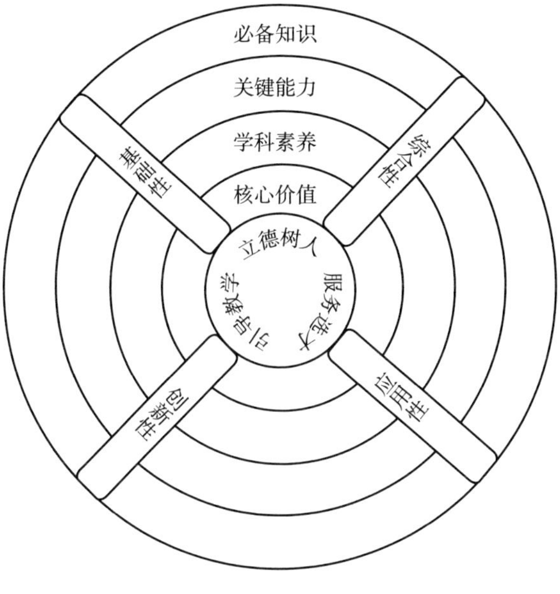

图1　“一核四层四翼”示意＊

＊据于涵《不忘初心　推进新高考改革面向未来　构筑现代化考试》（《中国高教研究》2018年第3期）一文图例制作。

关于高考评价体系的具体内容，因为下文还有详细介绍，本部分暂不赘述。但高考评价体系与普通高中课程标准到底是什么关系，这是个大问题，也是个棘手的问题。教育部考试中心副主任于涵撰文指出，高考评价标准要处理好上下游的关系，首先要处理好高考评价体系与高中课标之间的关系。“高考

① 于涵：《新时代的高考定位与内容改革实施路径》，《中国考试》2019年第1期。

评价体系与高中课标具有统一性，体现在 3 个方面：一是大局的统一。二者都统一在全面贯彻党的教育方针、落实立德树人根本任务、发展素质教育、推进教育公平上，统一在国家的人才培养战略和服务经济社会发展大局上。二是方向的统一。高考评价体系通过科学的评价手段全面衡量学生核心素养发展水平，与高中课标的方向是一致的，内在根基始终相通，从而实现学生成长、国家选才、促进公平的有机统一。三是内容的统一。高考对高中课标的核心素养、课程内容、学业质量水平的规定内容进行全覆盖，做到无差别、无遗漏。高考评价体系与高中课标又具有一定的差异性，体现在 3 个方面：一是内涵存在差异。课程标准是国家对学生接受一定教育阶段之后的结果所做的具体描述，是国家教育质量在特定教育阶段应达到的具体指标，是纲领性教学文件；高考评价体系是普通高等学校招生全国统一考试的规范性文件和标准，是高考命题的理论基础和实践指南。二是功能存在差异。高中课标要构建具有中国特色的普通高中课程体系，高考评价体系要构建满足立德树人和教育改革要求的科学考试评价体系。三是适用人群存在差异。高中课标面向的是接受普通高中教育的在校学生，高考评价体系面向的是普通高中、中等职业院校、同等学力、特殊学校的毕业生。上述差异决定了二者在设计时的关切点和重点考虑的边界条件是不同的。在处理与高中课标关系时，高考评价体系要坚持统一性，不断章取义，正视差异性，不照本宣科，并积极灵活处理差异带来的系列问题，做到齐头并进、教考相长、以考促学，形成教学与考试的良性互动，共同实现育人目标。”①

高考评价体系将首先在上海、浙江、北京、天津、山东、海南、河北、辽宁、江苏、福建、湖北、湖南、广东、重庆 14 个启动高考综合改革试点的省份使用。

小　结

通过上述 2019 年的高考试题分析以及政策解读，我们可以看出，在启动高考综合改革试点的省份实行了一系列重磅政策，无论是开始使用统编本高中

① 于涵：《新时代的高考定位与内容改革实施路径》，《中国考试》2019 年第 1 期。

教材，还是不发布考试大纲，以及实行高考评价体系，一系列重磅政策的发布，昭示着未来已来。

2020 年的高考，无论是在高考综合改革试点的省份，还是实行“老高考”的省份，都将在高考评价体系的框架下命题，这也是深化考试招生制度改革，发挥好高考正向“指挥棒”作用，引导学生全面发展的积极探索。

考试篇

Examination

B.3
语文学科命题理论与实践*

《中国高考报告》课题组

一 2019年高考语文试题情况概述

2019 年全国高考语文科共有 8 套试卷，其中教育部考试中心统一命制 3 套，北京、天津、上海、江苏、浙江分省市自主命制 5 套，所有试题均保持较高质量及合理难度。

2019 年是全面贯彻落实全国教育大会精神的开局之年。习近平总书记在全国教育大会上强调“要努力构建德智体美劳全面培养的教育体系，形成更高水平的人才培养体系”“要深化教育体制改革，健全立德树人落实机制”。2019 年高考语文试题全面贯彻和体现党的教育方针与全国教育大会精神。教育部考试中心命制的全国Ⅰ、Ⅱ、Ⅲ卷试题依托高考评价体系，推进高考内容

* 本文主要参考：教育部考试中心《健全立德树人　促进全面发展——2019 年高考语文试题评析》，《中国考试》2019 年第 7 期；张开《基于高考评价体系的语文科考试内容改革实施路径》，《中国考试》2019 年第 12 期。

改革，落实立德树人根本任务，促进德智体美劳全面培养，充分体现高考语文以文化人、全面育人的鲜明导向。试题以德育为魂，积极回应时代重大主题，重点展现五四运动后100年来中国青年的爱国精神和接续奋斗历程，突出新中国成立70年来的辉煌成就，发掘新时代立德树人的深刻内涵；试题以智育为基础，持续深化新时代高考考试内容改革，精准落实高考评价体系，紧密衔接高中课程标准，贴近学生现实生活及认知实际，在增长知识见识、注重能力考查、凸显应用导向、突出情境设计等方面进行积极探索；试题助力体美劳教育，精心撷取素材，科学体现素质教育的全面育人理念。北京、江苏、浙江等省市命制的试题，落实立德树人根本任务，深化考试内容改革，坚持正确价值导向，试卷难度合理，考后反响平和，发挥了良好的选拔功能和对课程改革的积极导向作用，为所在省份的高考内容改革及综合改革的稳步推进奠定了基础。

二 2019年高考语文试题的特点

（一）坚持立德树人根本任务，强化语文试题育人的功能

高考语文考试的考查内容方面既要服务于中学语文课程的内容设置和素养要求，又要在能力要求上对接高校人才选拔的需要。尤其是在当前高考综合改革、高中育人方式改革、高中课程改革多改并举的交汇点上，对高考语文命题的设计需要站在整体教育改革的高度上进行通盘、系统的考虑，这也为2019年命题与考试内容的改革设计提出了明确的要求。因此，2019高考语文试题贯彻落实全国教育大会精神，坚持立德树人的价值导向，立足高考评价体系，结合语文学科特点，深入挖掘语文学科落实立德树人的意涵，通过科学设计试题，厚植家国情怀，倡导品德修养，讲述奋斗故事，引导考生传承爱国精神，谱写新时代中国青年的奋进之歌。

2019年高考语文试题严格遵照2019版《考试大纲》的学科考查目标与考查范围要求，试卷结构设置、题型题量保持不变，难度稳定。同时，从全国语文试题整体情况看，又呈现出以下特点。

1. 厚植家国情怀，培育追梦赤子

2019年高考语文命题抓住五四运动100周年和中华人民共和国成立70周

年的历史节点，特别是抓住中国共产党创始人之一李大钊在五四时期号召青年“以青春之我创建青春之家庭、青春之国家、青春之民族、青春之人类”，中国共产党中央委员会总书记习近平做出“五四运动以来的100年，是中国青年一代又一代接续奋斗、凯歌前行的100年，是中国青年用青春之我创造青春之中国、青春之民族的100年”这一动人心魄、感人至深的百年回应，将其中极其丰富的思想，以贴近现实、贴近青年学生的方式融入命题之中。无论是试题材料，还是试题任务与要求的提出，都将培养社会主义建设者和接班人的任务渗透到每一个细节。例如，全国Ⅱ卷作文试题。

> 1919年，民族危亡之际，中国青年学生掀起了一场彻底反帝反封建的伟大爱国革命运动。1949年，中国人从此站立起来了！新中国青年投身于祖国建设的新征程。1979年，“科学的春天”生机勃勃，莘莘学子胸怀报国之志，汇入改革开放的时代洪流。2019年，青春中国凯歌前行，新时代青年奋勇接棒，宣誓“强国有我”。2049年，中华民族实现伟大复兴，中国青年接续奋斗……
>
> 请从下列任务中任选一个，以青年学生当事人的身份完成写作。
>
> ①1919年5月4日，在学生集会上的演讲稿。
>
> ②1949年10月1日，参加开国大典庆祝游行后写给家人的信。
>
> ③1979年9月15日，参加新生开学典礼后写给同学的信。
>
> ④2019年4月30日，收看“纪念五四运动100周年大会”后的观后感。
>
> ⑤2049年9月30日，写给某位“百年中国功勋人物”的国庆节慰问信。
>
> 要求：结合材料，自选角度，确定立意；切合身份，贴合背景；符合文体特征；不要套作，不得抄袭；不得泄露个人信息；不少于800字。

试题向考生展现了从新民主主义革命的开端（1919年）到中华民族实现伟大复兴（2049年）的特定历史时空，并且精心选择了中国青年参与中华民族从民族独立到复兴的标志性历史节点：五四运动、中华人民共和国成立、改革开放、五四运动100周年、中华人民共和国成立100周年，提炼出能够凸显时代主题的生动句子来标示它们。启示考生从中深刻领悟中华民族站起来、富起来、强起来，实现伟大复兴的历史进程；中国青年在民族独立、国家建设、民族复兴进程中的积极投入与历史贡献；中国青年与祖国、民族同呼吸、共命运，在创造青春中国，实现民族复兴的伟业中实现自身价值的历史，从而坚定理想信念，增强四个自信，厚植家国情怀。写作任务包含的四种文体、五个时期中的五种身份，意在引导考生能够以参与者的身份设身处地地体验和思考不同时期的青年怎样与国家、民族同呼吸、共命运，培养他们形成自觉领悟时代精神、思考青年历史使命的责任意识，将自己的理想追求与国家、民族的发展融为一体，在创造青春中国、实现民族复兴的伟业中实现自身价值。

习近平总书记指出："培养什么人，是教育的首要问题"。培养社会主义建设者和接班人，实现新时代青年的接续奋斗目标，就要把人民放在首位，以人民为中心，在为人民服务中实现个人价值。2019 年的语文试题有意识地选取既贴近生活实际，又渗透着鲜明的人民性内涵的材料。全国Ⅰ卷论述类文本阅读材料摘编自铁凝《照亮和雕刻民族的灵魂》一文。文章提出了所有文学艺术创造者都会遇到的一个核心问题：为谁创作、为谁立言？命题有意识地将这个问题提到考生面前，通过设置的问题与考生共思考、同分析。文章中提出的以人民为中心、以精品奉献人民，与新时代伟大历史进程同频共振，作家和艺术家要把自己看成人民的儿子并积极投身于人们争取美好未来的壮阔征程中去等观点，就渗透在语文能力的考查过程中，使其潜移默化地引导考生建立为人民服务的理想信念。

2. 讲述奋斗故事，激励接棒追梦

把我国建设成为社会主义现代化强国，实现中华民族的伟大复兴，需要一代又一代有志青年接续奋斗。高考语文试题通过讲述奋斗故事、弘扬奋斗精神，引导考生树立正确的人生观，感受新时代青年的历史使命与责任，成为中华民族复兴梦想的接棒跑者。

营造奋斗情境，激励青年的奋斗精神。全国Ⅱ卷作文试题"青年与祖国"，从五四青年奋起，到新时代青年奋勇接棒，再到民族复兴、中国青年接续奋斗，"奋斗"的主线贯穿于整个中华民族伟大复兴的历史进程。通过材料与任务驱动，营造真实的奋斗情境，让考生感知青年奋斗与现当代中国历史进程的相互关系，体会青年奋斗精神的价值与意义，正面引导考生增强担当意识，激励奋斗精神。上海卷积累应用题中的“士不可以不弘毅，任重而道远”，鼓励青年要有坚持不懈、艰苦奋斗的精神。江苏卷古诗词鉴赏题选用韩愈《学诸进士作精卫衔石填海》一诗，通过精卫填海的故事，赞扬了坚定信念、全力以赴、埋头苦干的奋斗精神。这些题目的设置通过营造奋斗情境，激发青年的奋斗热情。

讲述奋斗故事，砥砺奋斗品格。全国Ⅰ卷名篇名句默写题要求默写李白《蜀道难》中“地崩山摧壮士死，然后天梯石栈相钩连”两句，隐含的是传说中“五丁开山”的奋斗故事。3套全国卷文言文阅读题所选3篇文章展现了贾谊、商鞅、吴起3位古代改革家的事迹，他们锐意进取、敢于改革的精神对中国古代特定历史时期产生过较大影响。全国Ⅰ卷文学类文本阅读材料选用了鲁迅的《理水》，小说塑造的大禹及其随员正是“埋头苦干、拼命硬干”的实干家、奋斗者的真实写照。试题着意引导考生思考“中国的脊梁”，进一步强化奋斗者形象。

感受奋斗喜悦，增强奋斗意识。全国Ⅱ卷实用类文本阅读选用1954年2月6日《人民日报》社论《努力修好武汉长江大桥》、2018年10月24日《光明日报》报道的《港珠澳大桥背后的科技支撑》和研究报告《港珠澳大桥岛隧工程智能建造探索与实践》3则材料，无论是国家修建的万里长江第一桥，还是新时代竣工的港珠澳大桥，都是中华人民共和国在不同历史时期的国家工程、国之重器，代表着不同时期的“中国速度”与“中国技术”，从中可以感受到我国桥梁建设由技术落后、依靠外国援助到技术领先、完全自主设计建造的历史巨变，使考生在阅读材料过程中为我国建设的伟大成就感到自豪和喜悦，自觉增强奋斗意识。

3. 关注传统与现实，拓宽德育汲养范围

立德树人，铸就社会主义建设的时代先锋，必须准确传递核心价值观念，紧密契合学生的品德教育养成。2019年高考语文试题关注从传统文化和日常事件中生发出动人的道德力量，对考生的品德修养起到潜移默化的引导作用。

全国Ⅰ卷名篇名句默写题要求默写范仲淹《渔家傲（塞下秋来风景异）》中的“浊酒一杯家万里，燕然未勒归无计”一句，这句话表达的是为国戍边、牺牲自我的奉献精神。全国Ⅲ卷名篇名句默写题要求默写《论语·子罕》中的“三军可夺帅也，匹夫不可夺志也”一句，这句话喻示的是青少年要有坚定的理想，要有百折不回的意志。浙江卷文化经典阅读题材料《孟子·滕文公上》中的孟子关爱社会、心忧天下。江苏卷文言文阅读材料《临川汤先生传》中的汤显祖持身端洁、不慕权贵。上海卷文言文阅读材料《项经传》中的项经爱护百姓、敢于担当。这些材料中的人物都是当代青少年品德修行的榜样。试题充分发挥优秀文化的浸润功能，利用传统的优秀品格启发考生、感染考生、影响考生。

全国Ⅲ卷作文试题“画里话外，师生情长”所选材料内容直接触发考生的生活体验，倡导尊师重教，引导考生品格修行。作文试题选取一则漫画，通过特定情景的引入，拉近考生与教育主题的距离，使考生在感受师生情谊、体验情感温度的同时，产生强烈共鸣。漫画中老师的神情和言语饱含对即将毕业的学生的期待与希望、眷恋与不舍，考生可以从中解读出老师对学生的关爱、期待与祝福，领悟老师的奉献精神、园丁品格和责任意识，教师作为榜样人物的品德示范将在学生成长历程中留下深深的烙印。

（二）落实高考评价体系，持续深化语文学科考试内容改革

高考评价体系是根据新时代党的教育方针与国家教育改革相关政策文件部署，所构建的符合素质教育全面发展育人要求的科学测评系统。它是新时代高考内容改革的理论基础，高考命题的实践指南，高考测试评价的科学依据。高考评价体系以高校选拔人才要求和国家课程标准为依据，是深化高考内容改革、推进高中育人方式改革的顶层设计。高考评价体系由“一核四层四翼”组成，从高考的核心功能、考查内容、考查要求三个方面回答“为什么考、考什么、怎么考”的考试本源性问题，从而给出“培养什么人、怎样培养人、为谁培养人”在高考领域的回答。其中，核心功能包括“立德树人、服务选才、引导教学”，考查内容包括“核心价值、学科素养、关键能力、必备知识”，考查要求包括“基础性、综合性、应用性、创新性”，并通过生活实践情境和学习探索情境加以呈现，落实考查和培养学生核心素养的要求。

2019 年高考语文试题紧密衔接《普通高中语文课程标准（2017 年版）》，落实高考评价体系对“基础性、综合性、应用性、创新性”的考查要求，持续深化考试内容改革，增长考生知识见识，提高考生能力素养，凸显语文学科的应用导向，突出试题命制的情境设计。在服务高校人才选拔的同时，引导基

础语文教育的改革方向，促进素质教育的全面发展。

1. 重视基础，在增长知识见识上下功夫

习近平总书记在全国教育大会上强调教育“要在增长知识见识上下功夫”，要教育引导学生“增长见识，丰富学识，沿着求真理、悟道理、明事理的方向前进”。2019 年高考语文试题选取丰富素材，将基础性考查要求与知识、能力与素养融会贯通，引导考生增长知识见识。

追求融会贯通，综合语文知识、能力与素养。2019 年全国高考语文试题借鉴以往成功经验，不直接设置单独的知识考查试题。全国卷统一遵循顶层设计原则，分别设置现代文阅读、古代诗文阅读、语言文字运用、写作四大模块，以对语文学科最为核心的阅读素养、表达素养及语文关键能力的考查为导向，将对语文必备知识的考查贯穿其中。试题引导考生系统掌握扎实的必备知识，诸如词汇、语法、文化常识、标点符号用法，各种文体及相关的修辞手法、表现手法、论证手法等，并将这些知识融会贯通，形成优秀的语文能力和素养。

萃聚古今中外，引导考生增长知识见识。试题取材覆盖古今中外，涉及文学、艺术、历史、科技等领域，内涵丰富广博。3 套全国卷 3 道文言文阅读题均取材于《史记》，全国Ⅱ卷论述类文本节选自叶嘉莹《论杜甫七律之演进及其承先启后之成就》，全国Ⅰ、Ⅱ卷文学类文本分别选取鲁迅《理水》和莫泊桑的《小步舞》，试卷中的文本经典荟萃，名家云集。全国Ⅱ卷作文试题“青年与祖国”要求考生对五四运动、中华人民共和国成立、改革开放等祖国重要发展节点展开细节想象，全国Ⅱ、Ⅲ卷材料分别选取港珠澳大桥建成、“嫦娥四号”探测器飞抵月球背面等反映国家进步的标志性事件，忆往思今，国强民新。此外，命题材料还包括中国传统音乐、中国书画艺术等大量内容。命题充分发挥语文学科试题素材的载体优势，使考生在答题的同时领略文化经典、铭记革命历史、感受当代伟绩，进而增长知识见识，增强四个自信。

2. 凸显应用，提高关键能力强导向

关键能力是对必备知识的运用，也是形成学科素养的必要前提。中共中央办公厅、国务院办公厅印发的《关于深化教育体制机制改革的意见》指出：“要注重培养支撑终身发展、适应时代要求的关键能力。在培养学生基础知识和基本技能的过程中，强化学生关键能力培养。”

因此，在材料的选择上，坚持应用导向，避免考试和生活学习脱节，重点选择与国家经济社会发展、科学技术进步、生产生活实际等紧密相关的内容，增强学生适应时代、参与社会、服务社会的能力，鼓励学生运用知识、能力和素养去解决实际问题，充分体现语文的实用性导向，引导学生由注重文本内容理解接受能力转向侧重对文本传递的各类信息的审视阐释能力。同时，也着重体现了具备学习能力的重要性。关键能力不仅包括学生已经获得的能力，还包括能够在未来获取新知识、新技能的学习能力。高考语文试题关注与创新相关度高的能力和素养，比如独立思考能力、发散思维、逆向思维等，考查学生敏锐发觉旧事物缺陷、捕捉新事物萌芽的能力，考查学生进行新颖推测和设想并周密论证的能力，考查学生探索新方法积极主动解决问题的能力，鼓励学生勇于摆脱思想的束缚，大胆创新。

与往年作文试题文体不限的要求不同的是，2019 年全国Ⅰ卷作文试题“热爱劳动，从我做起”、Ⅱ卷作文试题“青年与祖国”，都明确规定了考生必须采用演讲稿、家信、书信、观后感及慰问信等文体。这些文体都是学生日常生活中经常遇到的实用性文体。全国Ⅲ卷作文试题“画里话外，师生情长”虽然并未明确规定文体，却是取材于每个考生都最熟悉、最有感触的毕业之际的最后一节课，非常容易触发学生的真实情感，引导学生进行真正的写作。3 道作文试题以此对写作教学显示出强烈的文体导向：对写作能力的考查，要植根于学生的实际生活需求，侧重于实用文体写作，避免言之无物、大而无当的所谓“高考体”。此外，全国Ⅰ卷第 20 题采用一段新闻报道作为命题材料，要求考生对材料进行概括，保留关键信息，使句子简洁流畅。第 17 ~ 19 题的命题形式是在一个文段中，设计 3 个选择题，使考查的落脚点从句子变为相对独立的篇章，从而突出对实用能力的考查，有助于引导学生活学活用，也对学生的逻辑思维能力提出了更高的要求。全国Ⅱ卷第 20 题考补写，重点考查学生的逻辑思维和表达能力。全国Ⅲ卷第 21 题给出一段新闻报道，要求学生在保留关键信息的基础上，压缩到规定的字数。这三道语言文字运用试题要求考生提取关键信息并用简洁流畅的语言表达出来，重点考查考生正确运用语言文字进行准确表达的能力。

另外，在现代文阅读试题中也渗透了对应用能力的考查，如第一大题为论述类文本阅读，重点考查考生筛选并整合文中信息的能力、分析原文论证的能力以及综合运用文中信息进行推断的能力。在实用类文本阅读中，主要使用包含图表在内的非连续性文本类型，选择了科普类的知识性和新闻类的信息性材料，注重真实性和实用性，要求考生能够了解材料的基本特征，准确解读材料，筛选整合信息，分析本部分内容。实用类文本的目的性非常明确，文本材料要基于一定的逻辑进行谋篇布局。考生在阅读时应该认识到材料背后的逻辑架构，对其行文内容进行分析，重点了解新闻、传记、报告、科普文章的文体基本特征和主要表现手法。阅读实用类文本，应注重真实性和实用性，准确解读文本，筛选整合信息，分析思想内容、构成要素和语言特色，评价文本的社会功用，探讨文本反映的人生价值和时代精神。教育部制定的《普通高中语文课程标准（2017 年版）》将“实用性阅读与交流”作为 18 个学习任务群之一，而且列为必修课程。“实用类阅读与交流”强调社会情景和参与体验，注重探究学习与合作学习，学习内容有“社会交往类”“新闻传媒类”“知识性读物类”。就考生未来的需要看，实用类文本阅读可以丰富他们的生活经历与情感体验，增强适应时代、参与社会、服务社会的能力，体现了语文的实用性与综合性。因此，2019 年全国卷实用类文本阅读考查，延续了 2018 年的考查导向与命题思路，仍以新闻、报告和知识性读物为实用类阅读的考查文本。

在文学类文本阅读考查中，如全国Ⅰ卷选用鲁迅小说《理水》。这篇小说创作于 1935 年 11 月，后收入小说集《故事新编》。试题共 3 个小题，考查考生分析文学作品的表现手法、赏析作品的内涵、品味语言表达艺术的能力，掌握文学作品人物形象塑造、综合赏析作品内涵的能力，这是从不同文体阅读的角度考查了文体阅读的应用能力。

3. 创设情境，聚焦学科素养求创新

学科素养反映核心价值，是以情境为载体对必备知识和关键能力的综合运用。2019 年高考语文试题聚焦语文学科素养，紧密衔接《普通高中语文课程标准（2017 年版）》，扩展素材选取范围，突出试题的情境化设计，落实综合性、创新性考查要求，引导考生勇于探索、大胆创新。

将作答要求与人生体验相结合，创设真实的任务情境。全国Ⅰ卷作文试题“热爱劳动，从我做起”要求考生“面向本校（统称‘复兴中学’）同学”写一篇演讲稿；Ⅱ卷作文试题“青年与祖国”设置 5 个具体写作任务，要求考生任选其中之一，准确把握历史背景，在特定的情境中以特定的身份、特定的文体展开想象与思考，完成写作。这些任务要求通过设置与真实生活高度接近的写作情境，对考生的语言文字表达能力提出更高要求，也清晰指示了语文素养提升的具体方向。全国卷3套试卷的第17～19题都是重点考查对词语运用、语篇衔接、语病修改或标点符号的运用，但这种考查并非单独、简单、直接展开，而是被设置在具体的阅读情境之中，有助于考生结合人生体验进行理解，推动语文关键能力和核心素养考查的落地、落实。

将试题材料与教材内容相结合，创设综合的探究情境。全国Ⅰ卷文学类文本阅读第8题考查对鲁迅《理水》中人物形象的理解，借用教材中鲁迅《中国人失掉自信力了吗》中的话，引导考生在鲁迅的作品群中进行综合思考。全国Ⅲ卷古诗文阅读第15题要求考生将刘禹锡原诗与教材背诵篇目《酬乐天扬州初逢席上见赠》进行语言风格对比，使学生置身于刘禹锡的作品群这一特定情境中进行审美感知、理性思考的迁移和整合。全国Ⅰ卷论述类文本阅读第3题考查对铁凝原文内容的推断，引入老舍的名言，进行比较和判断。这种综合的探究情境创设可以帮助考生由此及彼，由试题到教材，连点成面，在综合思考中获取新知，实现高考语文对创新性的考查要求。

将试题设置与生活现实相结合，创设开放的问题情境。全国Ⅲ卷实用类文本阅读第6题要求考生对“单车猎人可以看作‘新型’的志愿者”的说法进行分析。但“‘新型’的志愿者”这一说法并未直接出现在材料之中，是试题结合生活实际而设定的特殊问题情境，考生必须结合生活实际才能理解考查内容。全国Ⅱ卷实用类文本阅读第6题“为什么说今天的中国桥梁已经成为体现国人自信心的一张名片”将考生从材料中迁移出来，结合中国当代的伟大成就来深刻理解考查内容。这些试题设置都着力于引导考生在更广阔的视野中探究问题，在更开放的情境中解决问题，为考查和提升考生的语文学科素养拓展了更大的空间。

（三）强化体美劳教育引导，贯彻全面发展理念

新时代新形势，改革开放和社会主义现代化建设、促进人的全面发展和社会全面进步对教育和学习提出了新的更高的要求，要培养德智体美劳全面发展的社会主义建设者和接班人。习近平总书记强调努力构建德智体美劳全面培养的教育体系，形成更高水平的人才培养体系。注重落实“五育并举”要求，加强体美劳教育引导。2019年的高考语文命题，体现了德智体美劳“五育并

举”全面发展要求，在充分考查德、智的基础上，进一步加强对体、美、劳教育的引导，使高考成为促进学生全面发展的强劲助推器。

1. 博采古今艺术，丰富审美体验，彰显美育化人功能

以美育人、以美化人是语文教学的有效途径和方法，也是语文学科的特色和优势。2019 年高考语文试题突出了教育方针中“美育”的功能和导向，通过选取古今中外优秀文学作品增强文化浸润，在文化之美、艺术之美、景物之美、生态之美、物质之美的审美鉴赏与艺术熏陶中，不断提升考生的审美判断力、审美表现力和审美创造力，陶冶审美情趣，增强正确辨析美与丑、真与假、善与恶的能力；进而发挥以美启真、以美向善的美育功能，以美育促进素质教育实施，培养学生全面发展。优秀的文学作品在给人艺术享受的同时，还能够培养审美情趣、陶冶情操、涵养正气、升华人生境界。

徜徉艺术经典，享受审美愉悦。2019 年高考语文试卷秉持以“艺术经典”为载体的原则，让考生在审美熏陶中感受美、体悟美，净化心灵与陶冶情操，引导学生更多地阅读经典名著，在美的海洋中畅游，汲取丰富的精神食粮。综观 2019 年高考语文试题，既有《邹忌讽齐王纳谏》主人公的形象美，也有杜牧《阿房宫赋》中的阿房宫雄壮的建筑美，还有苏轼《赤壁赋》中的婉转悠长、延绵不尽的乐声美，陈与义《题许道宁画》诗所描绘的淡雅之美，刘禹锡《插田歌》中“齐唱郢中歌，嘤咛如《竹枝》”的劳动之美，这些都让考生流连于语言艺术构建的美的世界，获得美的滋润。

2019 年高考语文全国Ⅱ卷文学类文本阅读为莫泊桑的短篇小说《小步舞》，塑造的舞蹈师夫妇形象，栩栩如生，跃然纸上。全文以其“不露声色”的写作风格娓娓道来，清新的笔触下勾勒出视艺术为生命的执着追求和激情澎湃的艺术家，令人敬佩，使考生再次品尝世界艺术经典的“盛宴”。2019 年高考语文全国Ⅰ卷文学类文本阅读部分选取的鲁迅《故事新编》中的《理水》章节，以诙谐幽默的语言、匠心独运的情节和入木三分的深刻思想，使考生再次感受文学巨匠笔下经典作品的不朽魅力，以此提升考生的艺术鉴赏水平，培养考生的审美力和审美情趣。

以美向善，提升人生境界。中华优秀传统文化积淀了中华民族最深沉的精神基因，是中华民族绵绵不绝、生生不息的驱动力，中华民族也正是在对优秀传统文化的传承和发展中不断前行。传统美德是中国传统文化的精华，蕴含着

丰富的立德树人、升华境界之学养。2019 年语文试题将艺术审美与价值导向紧密结合，在完成审美能力考查目标的同时，实现对考生人生观、价值观的正面引导。考生在欣赏《庄子・逍遥游》“汪洋恣肆”美学风格中树立“鸿鹄之志”，在李白《蜀道难》中领悟到只有奋斗才能创造幸福生活，在范仲淹《渔家傲》中学习为国戍边牺牲自我的精神，在《论语・子罕》篇中受到坚定理想、百折不回的启迪。

何士光的作品《到梨花屯去》，艺术地展现了新时期中国命运转折时刻的历史场景，赞美了人民是推动改革大潮的中坚力量，他们的“肩膀最硬”；鲁迅《理水》以审美的方式刻画的“禹”这一艺术形象，同样使考生认识到中华民族千百年来能够生生不息，依靠的中流砥柱就是“中国的脊梁”，就是深深蕴含于其中的埋头苦干、拼命硬干、为民请命以及舍身求法等优秀传统文化的基因。考生在漫步艺术世界、体悟艺术魅力、感受审美愉悦中陶冶情操，不断升华人生境界。

秉持以美启真，洞悉社会与自然。文学艺术博大精深，润泽后世，优秀的文化传统是化人之本。2019 年高考语文全国Ⅱ卷现代文阅读部分的叶嘉莹《论杜甫七律之演进及其承先启后之成就》一文，通过论述我国伟大诗人杜甫“健全才性”，指明艺术家取得成就的关键是“感性与理性兼长并美”的艺术素养，这就需要博采众长并继承发展。全篇文笔优美，旁征博引、信手拈来，剖析中蕴含作者的真知灼见，使考生在审美陶冶中增长诗词文化知识。2019 年高考语文全国Ⅰ卷现代文阅读部分的材料《照亮和雕刻民族的灵魂》，使考生认识到，作为历史创造者的人民才是文艺创作的“源头活水”。

优秀传统文化的创造性继承与创新性发展是构建新时代具有中国特色社会主义文化的重要路径，也是高考语文试题充分体现的审美文化导向。全国Ⅰ卷实用类文本阅读部分给出的 3 则有关非物质文化的材料，使考生认识到任何优秀文化的传承都以文化的保护为前提，并初步了解保护和修复可移动文化遗产的科学原理；语言文字运用部分对中国传统音乐的古琴艺术与传统文人阶层的介绍，使考生加深了对中国传统艺术文化的把握程度。2019 年高考语文全国Ⅱ卷语言文字运用部分，使考生可以知晓中国画是融中国哲学思想、美学精神、绘画理念于一体的民族艺术；面对新的文化思潮和艺术观念的冲击，画家要凭借自己的生活积累和艺术感觉，让传统文化的内涵与现代人文精神不断融合，使中国画保持鲜活的生命力。

以美向善，提升人生境界。优秀的文学作品有助于增强考生辨析美与丑、真与假、善与恶的能力，升华人生境界。2019 年语文试题将艺术审美与价值导向紧密结合，在完成审美能力考查同时，实现对考生人生观、价值观的正面引导。天津卷现代文阅读《萨丽娃姐姐的春天》一文，考生从中可以领略到呼伦贝尔草原春天的旖旎风光，感受萨丽娃姐姐的奋斗精神，激发对美好人生的追求向往。北京卷的微写作题，直接考查考生对《呐喊》《红岩》《平凡的世界》《老人与海》《边城》《红楼梦》等名著的理解，启发考生品味经典，思考社会，发挥美育“润物细无声”的作用。

2. 弘扬劳动精神，倡导劳动实践，落实劳动育人理念

2019 年的全国高考语文试卷，立足于中华民族热爱劳动的优秀传统文化特点，通过对有关抒写劳动传统的诗词、金句的梳理，在试题中体现了尊重劳动、崇尚劳动、歌颂劳动的理念。

引导学生思考劳动意义，树立热爱劳动的信念。如全国Ⅰ卷作文试题。

阅读下面的材料，根据要求写作。(60 分)

“民生在勤，勤则不匮”，劳动是财富的源泉，也是幸福的源泉。“夙兴夜寐，洒扫庭内”，热爱劳动是中华民族的优秀传统，绵延至今。可是现实生活中，也有一些同学不理解劳动，不愿意劳动。有的说：“我们学习这么忙，劳动太占时间了！”有的说：“科技进步这么快，劳动的事，以后可以交给人工智能啊！”也有的说：“劳动这么苦，这么累，干吗非得自己干？花点钱让别人去做好了！”此外，我们身边也还有着一些不尊重劳动的现象。

这引起了人们的深思。

请结合材料内容，面向本校（统称“复兴中学”）同学写一篇演讲稿，倡议大家“热爱劳动，从我做起”，体现你的认识与思考，并提出希望和建议。要求：自拟题目，自选角度，确定立意；不要套作，不得抄袭；不得泄露个人信息；不少于 800 字。

这则作文材料既着眼于思想的历史溯源，也关注问题的现实呈现，以在青

少年学生中倡议并落实“热爱劳动，从我做起”的观念，通过将中华民族热爱劳动的优秀传统与当下社会一些人对劳动的偏差认识、错误态度进行对比，旨在引导考生对这一现象及劳动本身进行深入思考，自觉弘扬劳动精神，充分发挥了高考作文在推动劳动教育方面的积极导向功能。

歌颂劳动价值，展现劳动之美。苏联教育家马卡连柯曾指出，“劳动永远是人类生活的基础，是创造人类文化幸福的基础”。劳动教育的贯彻重在观念的改变和素养的提高，要让学生真正认识到凡是辛勤、诚实的劳动，哪怕最普通者的体力劳动，但凡有益于社会，有利于个人，应当得到崇尚、受到尊重，而且劳动本身是美的。2019 年全国Ⅲ卷的古代诗歌阅读部分，节选的是唐代诗人刘禹锡一首具有民歌风味的《插田歌》，描述的正是农人田间劳作的美景：“冈头花草齐，燕子东西飞。田塍望如线，白水光参差。农妇白纻裙，农父绿蓑衣。齐唱郢中歌，嘤咛如《竹枝》。”所选诗句通过简练的笔触勾勒出一幅意趣盎然的插田画面，其中七、八两句更是通过听觉描写，表现农民们劳动时的愉悦心情。整道试题无论是选材还是问题设计都贯彻着对劳动和劳动者的颂扬与礼赞。

3. 关注体坛热点，激扬体育精神，引领健体励志风尚

体育教育在培养全面发展的高素质人才中具有重要地位，体育教育有助于学生增强体质、健全人格、锻炼意志。2019 年全国高考语文试题在引导学生重视体育活动、树立正确体育观念、提升参与体育的意识等诸多方面也有精心的照应。

2019 年高考语文全国Ⅲ卷的语言文字运用模块第 21 题以第 55 届世乒赛这一振奋人心的热点赛事为素材，试题设计突出中国队包揽全部 5 枚金牌、马龙成为 50 多年来首位实现男单三连冠的选手等信息，意在展示国球骄人成就，弘扬刚健有为的体育精神，提振青年学子的民族自信心和自豪感。

而全国Ⅲ卷的实用类文本阅读的材料一是选取了关于“鸟巢一代”志愿者的内容，介绍了 2008 年北京奥运会、残奥会志愿服务群体，材料指出奥运志愿服务集体记忆作为潜在的精神遗产必将对北京 2022 冬奥会有所助益，不但深深地呼应了奥运精神，也从志愿服务的角度激发了青年“重在参与”的热情。

三　重点突出写作应用功能、透析语文学科改革理念

《国务院办公厅关于新时代推进普通高中育人方式改革的指导意见》在深化考试命题改革的部分明确指出，高等学校招生全国统一考试命题要创新试题形式，加强情境设计，注重联系社会生活实际，增加综合性、开放性、应用性、探究性试题。“强化学生关键能力培养”是新一轮高考内容改革的重点。高考内容改革需要发挥考试的正向引导作用，避免考试和理论学习、实践应用的脱节，在命题时应坚持理论联系实际的导向，使用贴近时代、贴近社会、贴近生活的素材，考查考生运用知识、能力和素养解决实际问题的能力，让考生体会课堂所学内容的应用价值。

《普通高中语文课程标准（2017 年版）》对语文课程性质的描述为“语文课程是一门学习祖国语言文字运用的综合性、实践性课程”。其中的实践性，应具有学习过程和学习结果的双重属性。在写作素养的培养过程中，实践与应用有着极为密切的关系，对其进行考查既符合教育改革总体目标的需要，也符合语文学科课程改革与考试内容改革的要求。但高考作文对应用性的考量，在以往不同阶段有着不同的理解和表现。一般而言，以 20 世纪 80、90 年代的应用文小作文的形式为代表，反映出高考作文对应用性的理解——直接映射为应用文体。从另一个角度看，作文的评价标准明显带有提炼写作要素的特点，与写作的外显形式与具体表达功能相统一的效果保持一定距离。仅以各省份试卷评分参考所能体现出的主要关键信息看，“内容”“表达”“发展”仍是评判的核心维度，这种判断的标准充分符合语文学科写作教学的基本情况，也适用于“不限制文体”这一要求对考生多元表达的鼓励。但从教育改革的要求和学科发展看，无论是写作题型设计，还是作文评分量表设计，都应思考写作的应用性功能，这是十分必要和迫切的。

2019 年高考语文作文试题全面考查考生逻辑思辨、探究创新、语言表达等语文学科的关键能力，对应用性考查要求进一步增强，把应用作为写作的一个目标和评判表达效果的一个预设维度，引导考生重视实践，学以致用。全国Ⅰ卷作文试题“热爱劳动，从我做起”、Ⅱ卷作文试题“青年与祖国”都明确

规定考生必须采用演讲稿、书信、观后感及慰问信等特定的实用性文体。这些实用性文体与考生的实际生活息息相关，也更符合新形势下社会对人才的能力需求。写作任务的设置前后呼应，环环相扣，力求通过指令的分层引导，实现对考生真实写作水平的科学考查。“面向本校（统称‘复兴中学’）同学写一篇演讲稿，倡议大家‘热爱劳动，从我做起’”是作文的核心任务。无论是“面向本校（统称‘复兴中学’）同学”的具体情境、“演讲稿”的特定文体，还是“热爱劳动，从我做起”的倡议主题，都是所有考生在日常学习、生活中非常熟悉的内容，使他们能够顺利、迅速进入写作状态。但“体现你的认识与思考，并提出希望与建议”则针对这一核心任务发出了强指令、强驱动，它实际上是强调考生发出的倡议必须既能使对方从认识上、情感上接受“热爱劳动”，又能在实践上、行动上落实“从我做起”，二者缺一不可。这意味着考生的倡议既不能流于空泛说教，也不能流于空洞口号，而必须能够明之以真理、动之以深情、倡之以实行，真正做到知行合一。“结合材料内容”则为“体现你的认识与思考，并提出希望与建议”的指令提示了具体的展开途径。它首先意味着考生不能脱离给定材料泛泛空谈，甚至随意套作；同时又意味着考生不必局限于给定材料，而是可以在此基础上联系生活实际，展开丰富联想。这些指令和核心任务前后关联，彼此照应，方案的实施和路径的选择使思维具体化、可操作化，更加体现思考结果的实际效果，有助于对不同写作能力的考生进行科学区分。另外，“面向本校（统称‘复兴中学’）同学”的情境设定在给考生带来亲切感的同时，也对考生的写作能力提出了更高要求。它意味着考生不仅必须考虑建议内容在“本校（统称‘复兴中学’）”的现实可行性，还要特别考虑倡议的对象是“本校（统称‘复兴中学’）”同学的特殊性，在行文中要格外注意措辞、语气的把握。这就在有效规避套作的同时，为写作能力突出的考生提供了更多的发挥空间。全国Ⅲ卷作文试题“画里话外，师生情长”虽未明确规定文体，但漫画材料直接取材于每个考生都深有感触的场景，有助于激发考生的写作热情，抒发真实情感。全国卷3套试卷，文体应用性强，便于考生设身处地地展开想象和思考，充分体现写作水平。无论是演讲稿、书信还是慰问信、观后感，都是源于生活实际需求的应用性文体。2019年高考语文全国三套试卷3套作文试题对中学写作教学释放出强烈信号：写作要立足实际生活需求，强调实际应用，需要言之有物、言之成理，避免言之无物、大而无当。

2019 年高考语文命题全面贯彻党的新时代教育方针和全国教育大会精神，积极呼应中华人民共和国成立 70 周年、五四运动 100 周年的重大时代主题，健全高考立德树人落实机制，探索高考助力德智体美劳全面育人的方式，持续推进高考语文学科内容改革，为服务高校科学选才、引导基础教育改革方向做出积极贡献。

B.4
数学学科命题理论与实践*

《中国高考报告》课题组

一　总体情况

2019年普通高等学校招生全国统一考试数学学科共有6个卷种，分别是全国卷、北京卷、天津卷、江苏卷、上海卷和浙江卷，其中全国卷又分为Ⅰ、Ⅱ、Ⅲ卷，分别用于26个省份。全国卷、北京卷、天津卷是现行高考试卷，分文科卷和理科卷；江苏卷是现行高考试卷，不分文理科；上海卷和浙江卷是新高考试卷，不分文理科。

2019年普通高等学校招生全国统一考试的数学试卷遵循2019年版《考试大纲》和《考试说明》的各项要求，注重体现考试内容的基础性、综合性和全面性，重点考查考生的逻辑思维能力、运算求解能力以及综合运用数学知识解决问题的能力，考查考生的数学素养和探究意识，体现数学的科学价值和理性价值。试卷针对不同地区考生的特点，合理控制试卷难度，有利于不同水平考生能力的发挥，有较好的信效度和区分度。试题科学、规范，设问新颖、灵活，答案准确、合理。试卷有利于高校科学选拔新生，有利于中学实施素质教育，培养全面发展的社会主义建设人才。

（一）试卷结构

各卷种的试卷结构如下。

全国Ⅰ、Ⅱ、Ⅲ卷：第1~12题为选择题，每题5分；第13~16题为填

* 本文主要参考：教育部考试中心《以真情实景落实“五育并举”以理性思维践行“立德树人”——2019年高考数学试题评析》，《中国考试》2019年第7期；任子朝、赵轩《基于高考评价体系的数学科考试内容改革实施路径》，《中国考试》2019年第12期。

空题，每题5分；第17～21题为必做解答题，每题12分；第22～23题为选做解答题，考生从两个试题中任选一题作答，共10分。全卷满分150分。

北京卷：第1～8题为选择题，每题5分；第9～14题为填空题，每题5分；第15～20题为解答题，每题12分、13分或14分。全卷满分150分。

天津卷：第1～8题为选择题，每题5分；第9～14题为填空题，每题5分；第15～20题为解答题，每题13分或14分。全卷满分150分。

江苏卷：第Ⅰ卷第1～14题为填空题，每题5分；第15～20题为解答题，每题14分或16分。全卷满分160分。第Ⅱ卷第21题为选做解答题，包含A、B、C三个小题，每题10分，考生从中任选两题作答。第22题、第23题为必做解答题，每题10分。全卷满分40分。

上海卷：第1～12题为填空题，其中，第1～6题每题4分，第7～12题每题5分；第13～16题为选择题，每题5分；第17～21题为解答题，每题14分、16分或18分。全卷满分150分。

浙江卷：第1～10题为选择题，每题4分；第11～17题为填空题，每题4分或6分；第18～22题为解答题，每题14分或15分。全卷满分150分。

各卷种各题型分值见表1。

表1　2019年高考数学试卷结构统计

单位：个，分

卷种	总分	选择题		填空题		解答题		附加题(解答题)	
		题数	分值	题数	分值	题数	分值	题数	分值
全国卷	150	12	60	4	20	6	70	—	—
北京卷	150	8	40	6	30	6	80	—	—
天津卷	150	8	40	6	30	6	80	—	—
江苏卷	160	—	—	14	70	6	90	4	40
上海卷	150	4	20	12	54	5	76	—	—
浙江卷	150	10	40	7	36	5	74	—	—

注：本表中所列题数是考生实做的题数。

（二）试卷分析

高考数学学科多年来试题难度保持稳定，理科数学总体难度在0.55左右，文科数学总体难度在0.45左右。2015～2019年高考数学实考难度统计见表2。

表 2　2015～2019 年高考数学各卷种难度统计

年度	全国Ⅰ卷理科	全国Ⅰ卷文科	全国Ⅱ卷理科	全国Ⅱ卷文科	全国Ⅲ卷理科	全国Ⅲ卷文科
2015	0.516	0.412	0.541	0.441	—	—
2016	0.527	0.441	0.565	0.368	0.442	0.352
2017	0.540	0.417	0.474	0.454	0.486	0.402
2018	0.581	0.494	0.571	0.469	0.575	0.488
2019	0.556	0.462	0.551	0.483	0.538	0.379

二　试题分析

2019 年普通高等学校招生全国统一考试数学试卷以全国教育大会精神为指引，认真贯彻“五育并举”方针，落实“立德树人”根本任务，突出数学学科特色，着重考查考生的理性思维能力和综合运用数学思维方法分析问题、解决问题的能力。试题突出学科素养导向，注重能力考查，全面覆盖基础知识，增强综合性、应用性；以我国社会经济建设中的重大项目和传统文化的情景为载体，情境真实多彩，贴近生活；联系社会实际，彰显“四个自信”，落实数学教育中“立德树人”的根本任务。试题以高考评价体系为指导，科学确定学科素养和关键能力等考查内容，目标明确，全域覆盖，重点突出。贯彻落实高考评价体系的考查要求，全面体现基础性和综合性，重点突破应用性和创新性，加强对学科内知识的综合、学科间知识的综合、社会常识与学科知识的综合等综合应用能力的考查。试题布局设计科学合理，稳中有变，助力改变僵化的应试教育，考查考生的灵活应变能力，展现其学习潜能，发挥高考的区分和选拔功效。

（一）明确方向，落实“五育”方针

习近平总书记在全国教育大会上强调，要深化教育体制改革，健全立德树人落实机制，从根本上解决教育评价“指挥棒”问题。深入贯彻党的教育方针，全面落实“五育并举”要求是 2019 年高考命题的重点任务。高考数学学科结合自身特点，在学科考查中体现“五育”要求，进行整体的设计与布局。

1. 发挥学科特点，展现德育要求

全国Ⅱ卷理科数学第13题以高铁列车等我国科技发展成果为背景，反映了我国高速铁路的建设成果。全国Ⅱ卷文科数学第5题以“一带一路”知识测验为情境，引导学生关注社会现实和经济发展。全国Ⅱ卷理科数学第4题以“嫦娥四号”探测器实现人类历史上首次月球背面软着陆为背景，从数学的角度对航天科技中的问题进行解读。在着陆过程中，为解决与探测器通信这一关键技术问题，发射了中继星“鹊桥”，它围绕地月拉格朗日 L_2 点运行。高考数学试题关注了 L_2 点到月球距离的近似计算，体现了数学在科技发展中的应用。北京卷理科数学第17题选用移动支付为背景设置统计试题，反映了改革开放以来，我国人民生活方式发生的巨大转变。这些试题都发挥了思想教育功能，体现了对学生“德育”的渗透和引导。浙江卷第4题，选取了我国南北朝时期的伟大科学家祖暅提出的“祖暅原理”，结合三视图，考查几何体体积的计算，弘扬中国传统数学文化，增强学生的民族自豪感。这些试题都发挥了思想教育功能，体现了对考生“德育”的渗透和引导。

2. 强调理性思维，重点考查智育

考查考生的理性思维能力、分析和解决问题的能力是数学学科对“智育”的重要考查要求。逻辑思维能力是理性思维的重要体现，是数学学科考查的主旨。2019年的高考数学试卷对考生逻辑思维能力的考查深入、具体、到位，每一道题的设计都是知识的有机结合与运用，是对不同程度思维能力的考查。试题分步设问，逐步推进，考查由浅入深，层次分明，重点突出，内容丰富，使理性思维深度、知识掌握牢固程度、运算求解娴熟程度不同的考生都得到充分展示，考查考生进一步学习的能力，发挥了数学作为重要的基础学科和工具学科的区分和选拔功能。

3. 合理创设情境，解决体育问题

篮球、乒乓球在我国非常普及，是大众化的体育运动与锻炼项目。全国Ⅰ卷理科数学第15题、全国Ⅱ卷理科数学第18题分别以篮球比赛和乒乓球比赛为背景，要求考生对相关运动的基本概念和常识有所了解，并运用已学习过的概率知识解决问题。全国Ⅰ卷文科数学第6题设置了某学校为了解学生体质状况进行抽样调查的情境，考查考生的抽样调查知识。这些试题考查了与体育竞赛和体育活动相关的数学知识，同时引导考生热爱体育，加强体育锻炼。

4. 结合学科知识，展示数学之美

数学美包括对称美、和谐美、简洁美等，数学在培养学生发现美、欣赏美的过程中起着重要作用。全国Ⅱ卷文、理科数学第 16 题融入了中国悠久的金石文化，赋予几何体真实背景，有助于增强考生对这个全新几何体的认知，在解决问题的过程中，考生要借助几何体的对称性，这就使考生不仅感受到数学的对称美，更感受到这种美对于解决问题的真实力量。全国Ⅰ卷文、理科数学第 4 题以著名的雕塑“断臂维纳斯”为例，探讨人体黄金分割之美。北京卷理科数学第 8 题以心形线为代表，展示了数学中形状优美、寓意美好的曲线。这些试题都在“美育”方面进行了大胆探索，有助于引导考生关注美育，培养审美意识。

5. 理论联系实际，引导劳动教育

全国Ⅰ卷文科数学第 17 题以商场服务质量管理为背景，体现了统计学基础知识的实际应用，通过提高服务质量的要求，倡导高质量的劳动成果。全国Ⅲ卷文、理科数学第 16 题再现了学生到工厂劳动实践的场景，考查考生的空间想象能力、运算求解能力和逻辑思维能力。北京卷理科数学第 14 题以李明自主创业，在网上经营水果店为背景，引导考生关注劳动、尊重劳动、参加劳动，展现了劳动教育的要求。天津卷文科数学第 15 题结合我国在 2019 年新实行的个人所得税专项附加扣除政策，调查一个单位的个人所得税专项附加扣除的享受情况，利用数学知识解决生活中的实际问题。这些试题通过创设贴近学生生活的情境，展现了数学广阔的应用范围，引导学生关注生产、生活中的数学问题，培养他们的劳动意识和劳动观念。

（二）突出重点，灵活考查数学本质

高考评价体系是高考命题的理论基础和实践指南。贯彻高考评价体系要加强“基础性、综合性、应用性、创新性”的考查要求，2019 年的高考数学试题贯彻落实高考评价体系学科化的具体要求，突出学科素养导向，将理性思维作为重点目标，将基础性和创新性作为重点要求，以数学基础知识为载体，重点考查考生的理性思维和逻辑推理能力。考查目标明确，重点突出。

1. 固本强基，夯实发展基础

对于基础知识的考查主要体现在选择题、填空题的前几道题。在试题设计

上，单个试题涉及的知识点相对较少、思维相对简单，易于作答。全国Ⅰ、Ⅱ、Ⅲ卷数学第1~7题和第13、14、17题都是考查基础知识和基本方法的基础试题。如全国Ⅱ卷理科数学第5题，以演讲比赛评委打分为背景，去掉1个最高分、1个最低分后，比较有效评分与原始评分的数字特征，考查中位数、平均数、方差、极差的基本概念，试题设计精巧，考查全面。全国Ⅰ卷理科数学第5题、全国Ⅲ卷理科数学第7题都是让考生在给出的4个选项中找出所给函数的大致图像，虽然所给的函数比较复杂，但考生只要掌握研究函数性质的方法，深入分析函数的基本性质，就能迅速作答。

试题注重对高中所学内容的全面考查。集合、复数、常用逻辑用语、线性规划、平面向量、算法、二项式定理、排列组合等内容在选择题、填空题中得到了有效的考查。在此基础上，试卷强调对主干内容的重点考查，体现了对数学知识考查的基础性、综合性和全面性。如在解答题中重点考查了函数、导数、三角函数、概率统计、数列、立体几何、直线与圆锥曲线等主干内容。

2. 稳中有变，助力破解僵化的应试教育

2019年的高考数学试卷，在整体设计上保持平稳，包括考查内容的布局、题型的设计、难度和区分度的把控等。在试题排列顺序上依然是由易到难，循序渐进。在整体平稳的基础上，全国卷有了适当的变化，主要体现在主观题的设计上。往年主观题的内容和顺序形成了一定的规律，只在小的范围内进行调整和轮换。2019年的主观题对试题内容和考查顺序进行了调整。对概率统计内容的考查，全国Ⅱ卷理科数学将其放在第18题的位置，全国Ⅰ卷文科数学和全国Ⅲ卷文科数学将其放在第17题的位置，而全国理科Ⅰ卷则将其放在第21题的位置，也就是所谓压轴题的位置。对立体几何知识的考查，全国文科Ⅲ卷及理科Ⅲ卷将其放在第19题的位置，全国Ⅱ卷理科数学将其放在第17题的位置，较为靠前。主观题中各知识内容的位置安排进行了调整，难度也有相应变化。往年理科数学试卷常把考查函数与导数内容的试题作为第21题，而2019年则发生了明显变化。全国Ⅰ卷理科数学把考查概率内容的试题作为第21题，而全国Ⅱ、Ⅲ卷理科数学则把考查解析几何内容的试题作为第21题。往年文科试卷的第21题，大都是关于函数及导数知识的考查，而2019年的全国Ⅰ卷文科数学和全国Ⅲ卷文科数学均是关于解析几何知识的考查。这释放了一个明显的信号：对重点内容的考查，在整体符合《考试大纲》和《考试说明》要求的前提下，在各部分内容的布局和考查难度上会进行动态设计，有助于学生全面学习并掌握重点知识和重点内容，同时有助于破解僵化的应试教育。

（三）情境真实，综合考查应用能力

2019 年的高考数学试题突出体现试题的综合性和应用性。试卷设置的情境真实，贴近生活，体现数学知识和方法在解决问题中的价值和作用。全国Ⅱ卷理科数学第 4、13 题，分别以“嫦娥四号”探测器发射成功、高铁建设等我国科技建设成果为背景，情境真实，具有浓厚的时代气息和鲜明的中国特色，体现了数学在解决现实问题中的实际应用。全国Ⅰ卷理科数学第 6 题以我国古代典籍《周易》中描述事物变化的“卦”为背景设置了排列组合试题，体现了中国古代的哲学思想，宣传了中国的传统文化。全国Ⅲ卷理科数学第 3 题，以中学生阅读“四大名著”的调查数据为背景设计，情境贴近实际，为考生所熟悉。全国Ⅲ卷文、理科数学第 17 题以离子在生物体内残留情况为背景设计，反映了数学知识和统计知识在其他学科的广泛应用。这些情境来源于我国社会主义建设的不同领域，贴近生活，反映社会现实，展现了数学应用的广阔领域，充分体现了数学的应用价值，有利于在高中数学教育中激发学生学习数学的热情，提高对数学应用价值的认识，提升数学素养。

2019 年高考数学试卷的一大亮点是体现了数学结论确定和应用广泛的特点。数学来源于实际、应用于实际，问题来源广，应用领域多，2019 年高考数学试题的设计具有较强的综合性，体现了数学与其他学科及现实社会的广泛联系，反映了数学的应用价值和工具性。

1. 数学学科内知识的综合运用

全国Ⅰ卷理科数学第 21 题，综合考查了考生对概率论基础知识的掌握、概率意义的理解，同时，也考查了考生对数列知识的掌握，很好地将概率知识与数列知识有机结合，综合考查。全国Ⅱ卷文科数学第 12 题，主要考查了两圆相交的位置关系，圆的标准方程，双曲线的实轴、焦点、离心率、标准方程等基本概念。考生只有在对这些基本知识及其相互关系有很好理解的基础上，综合运用这些知识，才能正确解答问题。江苏卷第 20 题，将数列和函数知识进行结合，通过对等差和等比数列的定义、通项公式、性质等基础知识的应用，考查数学推理、转化、化归及综合运用数学知识探究与解决问题的能力。

2. 与其他学科知识的交叉综合

全国Ⅱ卷理科数学第18题涉及体育知识，要求学生对11分制乒乓球比赛的规则进行了解，当某局打成10∶10平后，改变得分方式之后的每球都交换发球权，先多得2分的一方获胜，由此只能发偶数个球后才能结束比赛，考生可以应用在体育锻炼中学到的知识解决这个数学问题。全国Ⅱ卷理科数学第4题，涉及牛顿运动定律和万有引力定律等物理学知识以及地月关系等天文知识，要求考生综合其学到的各学科知识解决实践中遇到的问题。全国Ⅰ卷理科数学第21题涉及化学、生物和医学背景，该题实验设计精细，环节较多，描述的文字较长，考生必须具有较强的文字阅读理解能力才能理解题意、顺利作答。全国Ⅲ卷文、理科数学第16、17题分别涉及物理知识、化学知识和生物学知识，考查考生综合应用不同学科知识的能力。

3. 与社会、生活常识的综合

全国Ⅱ卷文科数学第5题，设计了3人预测成绩的场景，通过甲、乙、丙三人的对话，给出相关信息，考生需要通过逻辑推理，得出甲、乙、丙三人成绩的高低次序。在这个逻辑问题的解决过程中，考生要从文字叙述（对话）中精确抽取和加工有用信息，利用各信息中的逻辑关系，最终做出判断。此类题一般针对全体考生设计，叙述中没有数字、符号和图表等元素，只用生活语言叙述问题、提出问题。文科考生和理科考生都需要运用逻辑分析的思维方法解决问题，在文理即将合卷的大背景下，创设了这样一些有特色的试题，更关注思维能力的考查，适合文理不分科后偏向文科性的考生的特点，使得这些考生有充分的发挥平台和展示空间，从而取得理想的成绩。

三　改革展望

按照新一轮高考内容改革的要求，教育部考试中心研制了符合新时代党的教育方针和具有中国特色的中国高考评价体系。高考评价体系是根据党的教育方针与国家教育改革相关政策文件部署，所构建的符合素质教育全面发展育人要求的科学测评系统，主要包括高考的核心功能、考查内容、考查要求和考查载体等内容，它是新时代高考考试内容改革的理论基础、高考命题的实践指南、高考测试评价的科学依据。

高考评价体系依据高校人才选拔要求和国家课程标准，体现各类高校选拔人才的共性需求，衔接普通高中育人方式改革，准确把握教育教学规律和人才成长规律，确立了“一核四层四翼”的整体框架。其中“一核”是“立德树人、服务选才、引导教学”这一高考核心功能，“四层”是“核心价值、学科素养、关键能力、必备知识”，是为考查内容；“四翼”是“基础性、综合性、应用性、创新性”，是为考查要求。数学学科命题标准基于高考评价体系的理论基础和整体框架，结合高校人才选拔要求和国家高中课程标准，对考查内容和考查要求进行了学科化的研究和阐释。

（一）考查内容

“四层”考查内容中，“核心价值”指的就是社会主义核心价值观，数学学科高考要主动发挥价值引领作用和教育功能，体现出数学的科学价值、教育价值、社会价值和文化价值，助力学生形成正确的人生观、价值观、世界观。“学科素养”指的是在正确的思想观念指导下综合运用学科知识能力处理并解决复杂任务的综合品质，包括理性思维、数学应用、数学探究、数学文化四个方面。“关键能力”指的是学生学习与运用知识解决问题需要的能力，包括逻辑推理能力、运算求解能力、直观想象能力、数学建模能力和创新能力五个方面。“必备知识”指的是学生长期学习的知识储备中的基础性、通用性知识。新高考数学学科的必备知识与《普通高中数学课程标准（2017 年版）》中必修和选择性必修两部分课程内容的要求一致。

（二）考查要求

新高考数学学科命题标准提出了数学学科的“四翼”考查要求。

基础性：强调数学的通用性和工具性；关注工作、学习中必须具备的知识基础和学科主干内容；通过考查核心概念、基本原理和基本方法，增强考试内容的基础性，全面系统地考查基础知识，使考生形成牢固的知识基础。

综合性：强调融会贯通；强调各分支内容和学科之间的联系，既包括学科知识的内部联系，也包括与其他学科的紧密结合，促进考生从整体上建构知识框架，形成合理的认知结构。

应用性：强调学以致用；将抽象的数学概念与实际生活相结合，运用数学知识、思想和方法对实际问题进行分析研究，进而解决问题；以紧密联系生产、生活实际的内容为背景设计题目，考查考生掌握解决实际问题的方法和能力，有效解决实际问题。

创新性：强调对知识的灵活运用，发挥数学学科独特的区分和选拔功能；命制开放性试题、筛选结构不良试题，发挥选拔功能。

（三）试题情境

高考评价体系中规定了高考的考查载体——情境，以此来承载考查内容，实现考查目的与考查要求。高考数学学科的情境包括三类：课程学习情境、探索创新情境和社会实践情境。

课程学习情境关注学生已有知识基础和入学准备程度，包括数学概念、数学原理、数学运算、数学推理等问题情境。探索创新情境关注与未来学习的关联，以及对数学学科内部进行更深入的探索，包括数学实验、数学探究、数学创新等问题情境。社会实践情境关注数学与其他学科和社会生活的关联，包括现实生活、生产实际、科学研究等问题情境，需要考生将问题情境与数学知识、数学方法建立联系，应用数学工具解决问题。

（四）考查理念

2019 年以后，高考数学学科命题要实现从能力立意到素质导向的转变。

第一，高考更加重视考生作为社会人的健康成长。高考考查目的从关注知识转变为关注人，不但强调知识的了解与掌握，更强调知识的迁移和应用。考查情境从学科知识化到真实情境化，目的在于更清晰、准确地考查考生的智力水平、思考深度、思维习惯和科学态度。

第二，高考更加重视学科观念、规律的考查，考查考生的学科基础，引导他们去形成思维中的惯性观念，并且能够合理地进行转化，将这些学科知识作为素养养成和发展的基础及先决条件。

第三，高考更加注重科学思维的考查。要求考生以严谨的科学思维、严肃的科学态度去思考每一个实际问题。科学思维是对客观事物的本质属性以及潜在规律和相互之间关系的一种认知方式，这种方式必须建立在实际的事实之上去建构相应的模型，从而理解抽象化的概念，并且通过合理的推理与客观的经验来培养质疑精神，以此来形成创新性的思维方式和思维品质。

第四，高考更加注重科学探究能力的考查，通过研究开发探究型、开放型试题，发挥各种题型的组合功能，拓展考生思维空间；通过创设新的情境，变换设问角度和知识的组合方式，考查学科探究能力；通过提供新的信息，考查考生获取信息、加工信息的能力。从考生已有的知识结构出发，推陈出新，考查考生的创新能力，使考生形成合作创新的学习意识。

第五，高考更加注重情境化试题的设计。情境活动指能够表现出考生学科素养的情境活动，是学科素养的载体，包括现实的生活实践情境活动与学术探究情境活动。要理论结合实践，特别是结合生产生活实际设计试题，采用源于社会、源于生活的真实情境，考查考生分析和解决具有实际意义的问题的能力。基于核心素养的高考命题更加注重考生解决问题的能力，要求考生在生活化的实际场景中，能够依靠科学的方法、科学的态度进行推理，进而得到最终的答案。

参考文献

习近平：《坚持中国特色社会主义教育发展道路　培养德智体美劳全面发展的社会主义建设者和接班人》，《紫光阁》2018 年第 10 期。

于涵：《新时代的高考定位与内容改革实施路径》，《中国考试》2019 年第 1 期。

姜钢：《探索构建高考评价体系，全方位推进高考内容改革》，《中国教育报》2016 年 10 月 11 日，第 3 版。

任子朝、赵轩：《高考试题创新设计的研究与实践》，《中学数学教学参考》2019 年第 7 期。

B.5

英语学科命题理论与实践*

《中国高考报告》课题组

自1977年恢复高考以来，英语学科专家在不断发展的语言教学和测试理论的指导下，基于当时的教育政策和中学英语教学状况，对高考英语学科的试卷结构进行过多次不同程度的调整。高考英语考试改革一直在路上，综合改革稳步推进，内容改革进一步深化。

一　高考英语学科基本情况概述

2018年9月，习近平总书记在全国教育大会上对教育改革发展做出战略部署，提出“要努力构建德智体美劳全面培养的教育体系，形成更高水平的人才培养体系”的要求。① 考试招生制度改革要以立德树人为鲜明导向，重点突破考试内容改革。

高考英语学科以习近平新时代中国特色社会主义思想为指导，贯彻落实党的十九大精神和全国教育大会精神，立足全面发展育人目标，落实构建德智体美劳全面培养教育体系。②按照教育部“一纲多卷”的要求，在确保高考公平公正和科学规范的基础上，2019年高考英语学科试卷共8套，其中4套在全国范围内使用，分别是全国Ⅰ、Ⅱ、Ⅲ卷和浙江卷；北京、天津、上海、江苏使用自主命制试卷。

---

* 本文主要参考：教育部考试中心《立足全面发展育人导向　引导基础教育英语教学——2019年高考英语试题评价》，《中国考试》2019年第7期；陈康、吴泓霖、李新煜、乔辉《基于高考评价体系的英语科考试内容改革实施路径》，《中国考试》2019年第12期。

① 习近平：《坚持中国特色社会主义教育发展道路　培养德智体美劳全面发展的社会主义建设者和接班人》，新华网，2018年9月10日，http://www.xinhuanet.com/politics/leaders/2018-09/10/c_1123408400.htm。

② 姜钢：《落实立德树人根本任务　进一步深化高考内容改革》，《中国教育报》2018年12月25日。

（一）全国卷

恢复高考以来，高考英语经历了由不计入高考总分到按100%计入总分的变化。高考英语对题型、题量进行了10次较大幅度的调整，考查内容不断改进和完善，其测试重点逐渐由语言基础知识变为语言运用能力，单词或单句层次试题逐渐向篇章层次试题过渡，愈来愈重视所提供语言材料和测试任务的真实性。① 近年来高考英语全国卷试卷结构见表1。

表1　高考英语全国卷试卷结构

部分	题型	题目数量（个）	分数（分）	考试时长
第一部分 听力	第一节：短对话（三选一）	5	7.5	约20分钟
	第二节：长对话或独白（三选一）	15	22.5	
第二部分 阅读理解	第一节：篇章阅读（四选一）	15	30	约100分钟
	第二节：句子回填（七选五）	5	10	
第三部分 语言知识运用	第一节：完形填空（四选一）	20	30	
	第二节：语法填空	10	15	
第四部分 写作	第一节：短文改错	10	10	
	第二节：书面表达	1	25	
总计		80+1	150	120分钟

表1显示的是近年来高考英语全国卷一直沿用的试卷结构。2019年是采用这一试卷结构的第5年。从表1中可以看出，试卷由四部分组成：第一、二部分和第三部分的第一节为选择题，第三部分的第二节和第四部分为非选择题。具体来说，听力部分分为两节，主要考查考生听懂英语口语的能力：第一节要求考生根据所听到的5段简短对话，从每题所给的3个选项中选出最佳选项；第二节共15小题，要求考生根据所听到的5段对话或独白从每题所给的3个选项中选出最佳选项。阅读理解部分有两节，主要考查考生阅读理解书面英语的能力：第一节共15小题，要求考生根据所提供的4篇短文内容从每题所给的4个选项中选出最佳选项；第二节5小题，要求考生从所给的7个选项中选出最佳选项，使补全后的短文意思通顺、前后连贯、结构完整。语言知识运

① 刘庆思：《高考英语学科40年》，《中国考试》2017年第2期。

用部分分为两节，主要考查考生在阅读理解基础上运用词汇和语法的能力：第一节完形填空共20小题，要求考生从每题所给的4个选项中选出最佳选项；第二节语法填空共10小题，要求考生根据上下文在空白处填写1个适当的单词或所给单词的正确形式。写作部分也分为两节，主要考查书面表达能力：第一节短文改错要求考生对一篇短文的每个句子进行判断，如有错即将其改正，错误类型包括词法、句法、行文逻辑等；第二节书面表达要求考生根据所给情境，用英语写一篇100个单词左右的短文。

2019年高考英语全国Ⅰ卷的数据分析情况见表2。表2中显示2019年全国Ⅰ卷的全卷经典CTT难度为0.589，标准差为30.48。就4个部分来说，听力部分最容易，语言知识运用部分最难，阅读理解和写作部分难度居中。与往年试卷相比，全卷难度在保持稳定的基础上，稳中略升。

表2　2019年高考英语全国Ⅰ卷统计数据

部分	分值	平均分	CTT 难度	标准差	区分度
听力	30	21.1	0.703	6.43	0.889
阅读理解	40	24.28	0.607	8.36	0.919
语言知识运用	45	22.8	0.507	9.34	0.937
写作	35	20.2	0.577	9.1	0.915
总体	150	88.38	0.589	30.48	—

（二）浙江卷

2014年，上海市和浙江省作为第一批试点省份推行高考综合改革，包括文理不分科，英语“一年两考”等一系列政策。2016年11月，浙江省实施了高考综合改革试点后高考英语的第一次“一年两考”。浙江省使用的全国统一命题试卷采用了新的试卷结构，在基本保持全国卷试卷结构的基础上，引入了新题型，即读写结合的综合性题型。读写结合的题型突出对考生综合语言运用能力的考查，要求考生在阅读一篇文章的基础上按照试题要求进行短文续写或完成一篇内容概要。从服务高校人才选拔的角度看，读写结合的任务要求更加贴近考生进入高校后使用英语的实际，对考生的综合语言运用能力提出了更高的要求；从积极引导中学英语教学的角度看，读写结合题型有利于引导中学教师和学生把英语阅读和写作有机地结合起来，在读与写的协同中不断提高综合语言运用能力。

表3显示，与全国卷相比，浙江卷的阅读理解部分第一节由15小题减为10小题，每小题的分值有所提高；同时，取消了短文改错，增加了读后续写（或概要写作），并将书面表达的范围明确为应用文写作，降低了该项任务的字数要求，也减少了分值。这样，写作部分的分值由原来的35分变为40分。实践证明，这一调整更加符合英语教育教学的实际情况，有助于促进学生综合语言运用能力、思维能力和综合素质的提高。①

表3　高考英语浙江卷试卷结构

部分	题型	题目数量（个）	分数（分）	考试时长
第一部分 听力	第一节：短对话（三选一）	5	7.5	约20分钟
	第二节：长对话或独白（三选一）	15	22.5	
第二部分 阅读理解	第一节：篇章阅读（四选一）	10	25	约100分钟
	第二节：句子回填（七选五）	5	10	
第三部分 语言运用	第一节：完形填空（四选一）	20	30	
	第二节：语法填空	10	15	
第四部分 写作	第一节：应用文写作	1	15	
	第二节：短文续写（或概要写作）	1	25	
总计		65+2	150	120分钟

（三）自主命制试卷

2019年高考采用自主命制英语试卷的省份包括北京市、上海市、天津市和江苏省。

自2018年起，北京市的高考英语听力与统考笔试分离，采取计算机化考试，分值保持30分不变，时间安排在每年12月和次年3月。每名考生有两次参加考试的机会，取其中一次最高分计入高考总分。听力考试不再安排在6月

① 乔辉：《高考英语改革的进展研究》，《课程·教材·教法》2018年第3期。

“高考期”举行，而是安排在之前举行，一方面因为听力考试的组织和实施相对复杂和烦琐，安排在6月之前考试可以减轻考务部门组考的压力；另一方面因为听力考试录音播放过程中较易出现突发状况，放在每年6月之前举行，能够使得“高考期”更加顺利，不至于对其他科目的考试产生影响。

上海市是第一批进行高考综合改革试点的省份之一。从2017年1月第一次英语“一年两考”开始，英语学科采用了新的试卷结构，主要特点包括：(1）引入了概要写作题型，占10分，强调读写结合，考查高阶的阅读和写作能力；(2）保留了翻译题型（汉译英），占15分；(3）写作为指导性作文，占25分。上海市高考英语内容改革的另一大亮点是增设了听说测试部分。虽然听说考试分值只占满分150分中的10分，但其对高考英语测试理念和试卷结构的进一步改革完善将起到非常重要的引导作用。在试卷的命制过程中，上海市严谨的试题命制程序不仅保证了试题的质量，符合政治性、科学性、公平性与规范性的要求，也保证了试题难易度的合理性。

自2017年高考起，天津高考英语实行“一年两考”。第一次考试包含一次笔试和两次英语听力考试，考试时间安排在每年3月；第二次考试只考一次笔试，时间安排在每年6月高考期间。高考英语天津卷除了注重对考生的语言能力、文化意识、学习能力的考查外，还特别关注学生思维品质的考查。试题命制与实际生活相结合，所选语言素材是学生所了解、所熟悉的。天津卷写作部分第一节为阅读表达，要求考生在阅读一篇300个单词左右的短文以后回答后面的5个问题，考查考生的书写和表达能力，有一定的挑战性。

江苏省英语考试在每年6月考一次。江苏卷在“英语知识运用”部分保留了单项填空题目，主要考查考生对词汇知识、语法知识和语用知识的掌握情况。“任务型阅读”是江苏卷的一大特色，文章主要为科普类短文，试题呈现为短文加表格的形式，要求考生认真阅读短文，并根据所读内容在文章的表格中的空格里填入一个最恰当的单词，考查考生提炼段落提纲、概括分论点和寻找论据的能力。书面表达为读写型写作，试题呈现形式多样，要求考生通过阅读文章，明晰要解决的问题，在比较和分析的基础上表明自己的态度，做出价值判断。

二 2019年高考英语试卷特点

2019 年高考英语全国卷及分省份命制试卷以考查考生综合语言运用能力为目标，落实立德树人的教育根本任务，进一步深化考试内容改革，严格控制试卷难度，为高校人才选拔服务，积极引导中学英语教学，助力发展素质教育。

（一）立足全面发展育人方向，加强德智体美劳全面考查

纵览全国 8 套试卷，各套试卷基本都围绕人与自我、人与社会、人和自然三大主题全面考查英语综合运用能力，[①] 取材广泛、体裁多样、时代性强，在巩固德育、坚守智育的考试内容改革基本命题指导思想的基础上，加强对健康意识、审美情趣和劳动精神的考查，体现了高考坚持立德树人、引导素质教育的功能。

第一，关注体育锻炼，倡导健康意识。全国Ⅰ卷阅读理解第二节语篇介绍呼吸新鲜空气和接近大自然有益于身心健康；全国Ⅰ卷短文改错语篇介绍作者如何通过一次小“意外”而喜欢上足球运动；全国Ⅱ卷书面表达设置了考生作为学校排球队队长写信告知队员近期活动安排的情境，在具体的体育情境中考查考生的书面表达能力，该题在作文中属于偏难一些的试题；上海市 6 月卷阅读理解 C 节介绍人们为自己喜欢的球队喝彩这一活动与身心健康的关系。这些语篇及所设置的相关试题在考查阅读理解或英语语言综合运用能力的同时，体现了关注体育锻炼、倡导健康意识的理念。

第二，融入美育知识，提高审美情趣。全国Ⅰ卷书面表达题目设置了考生得知伦敦的美术馆要举办中国画展览，给美术馆写信申请做志愿者的情境；全国Ⅲ卷书面表达题目设置了邀请外国朋友参加校内音乐节的情境；全国Ⅲ卷阅读理解 B 篇以国外视角报道中国文化及中国美学对国际时尚的影响，展现了中国对国际时尚和设计发展的引领作用。这些语篇通过在试题情境中融入中华优秀传统文化和美育知识，引导考生关注和提高审美情趣。

第三，宣传劳动精神，引导工作意识。全国Ⅰ卷阅读理解部分一个语篇介

---

① 教育部：《普通高中英语课程标准（2017 年版）》，人民教育出版社，2018。

绍了四则面向学生的暑期工作公告；全国Ⅱ卷短文改错语篇介绍作者希望未来所从事的职业及喜欢的原因；全国Ⅲ卷短文改错语篇介绍作者要开办多家咖啡馆的工作梦想；全国Ⅱ卷语法填空语篇报道一位年逾 90 的英国女士仍然每周坚持工作而获得“年度女性奖”的事迹；北京卷书面表达第二节科学地融入了劳动的元素，要求考生记叙以“劳动最光荣”为主题的社会实践活动。这些语篇以积极工作为切入点，宣传劳动精神，引导考生培养劳动意识。

（二）体现高考评价体系总体要求，重视学科素养和道德品质养成

各套试卷都较好地体现了高考评价体系“一核四层四翼”要求，[①] 以英语学科听、说、读、写四项关键能力为重心，突出文化意识、思维品质和学习能力的学科核心素养导向。通过选择难度合适且与考生日常学习生活息息相关的语篇，将人际和谐、生态环保等具有鲜明时代特征的理念以及批判性思维、辩证思维和创新性思维等高阶思维能力的考查融入语言能力的综合考查中，积极引导中学英语教学和素质教育。

第一，重视思维能力考查培养。全国Ⅰ卷阅读理解 B 篇讲述了一位小学教师通过组织学生演讲来帮助学生提高自信心的教学实践；全国Ⅱ卷阅读理解 B 篇介绍了作者自己参与并鼓励他人参与志愿者工作的经历，论述了志愿者工作的独特意义；全国Ⅱ卷阅读理解 D 篇介绍了美国一所中学与 NASA 合作的联合科研项目，鼓励学生开发创新思维，学习生活技能。江苏卷“任务型阅读”部分的文章主要讲述了人类直立行走和智力思考的进化历程及其带来的结果。这些语篇对于启发学生、培养学生的良好思维品质有积极的引导作用。

第二，倡导和谐人际关系。全国Ⅱ卷完形填空语篇通过介绍一位男士不辞辛苦帮助素不相识的人找回走失的宠物狗的故事，体现了和谐的人际关系；全国Ⅰ卷阅读理解 D 篇从社会心理学的视角叙述青少年在小学与中学阶段的成长经历，论述了个体受欢迎程度对青少年成长的影响，属于较难的语篇；全国Ⅲ卷阅读理解第二节语篇介绍在选修网络课程时如何与授课教师进行健康有益的互动交流。天津市 3 月卷完形填空语篇选择了一个建立公益项目“抱抱的伙伴”的故事。全国Ⅱ卷这些语篇视角独特，积极倡导和谐的人际关系和人文

---

① 于涵：《新时代的高考定位与内容改革实施路径》，《中国考试》2019 年第 1 期。

情怀。

第三，关注生态环境保护。全国Ⅰ卷完形填空语篇介绍了非洲乞力马扎罗山的环境污染以及当地机构努力治理之后环境的改观；全国Ⅰ卷语法填空语篇介绍了北极熊种群数量越来越少、亟须保护的现状；全国Ⅲ卷完形填空语篇报道了挪威小城 Rjukan 一年中几乎有半年时间都无法得到阳光照射的现状，这个现象通过利用高科技设备后得到了改善；北京卷阅读理解 D 篇介绍了全球气候变化对海洋颜色的影响，引导考生从生态文明的视角思考环境保护的意义和价值。这些文章及所设题目让考生在阅读文章内容的同时，深入思考在生活日趋便利的当今社会，更应该关注生态和环境保护，探索人与自然的和谐相处之道。

第四，重视高阶思维能力和辩证思维能力的考查。各卷在阅读理解部分均设置有关考查篇章主旨的试题，这一考查形式能够引导考生积极思考并归纳和总结文章观点。浙江卷写作部分第二节为概要写作，该题型要求考生能够在阅读文本的基础上提炼文中的要点并使用一定的连贯手法将其表述为一段短文。概要写作题型对于高中生来说属于练习较少、难度较大的题型。江苏卷书面表达试题为读写型写作，该题引导考生思考在欢迎外国交换生时是否身着中国传统服饰这一问题，贴近当代热点和学生心理，要求考生能够概括文本内容、明确写作论点以及合理运用论证方式。这都需要考生具备一定的批判性思维能力和创新能力。

（三）贯彻深化内容改革要求，确保试题质量不断提升

英语试卷充分考虑不同地区考生群体的能力水平，合理控制试卷难度与试题区分度；同时，注意改变相对固化的设问方式，以促使考生着力发展学科能力，提高思辨能力，避免考生形成思维定式，降低考生通过海量刷题的受益程度，有利于减轻学生过重的学业负担。

1. 稳定试卷结构，全面考查综合语言运用能力

2019 年高考英语科 8 套试卷基本保持稳定的试卷结构，通过恰当的选材和巧妙的设问，以考查英语学科必备知识为基础，不仅考查听、说、读、写等语言能力，还渗透着对考生的文化意识、思维品质和学习能力等学科核心素养的考查。各套试卷在试卷结构设计上既有针对各单项语言技能的专门考查，如

听力部分、阅读理解部分和写作部分，又有针对综合语言技能的考查，如语言知识运用部分，体现了基础性和综合性的考查要求；在试题情境的设计上，既有基于真实口语语境的听力理解任务，又有需要考生发挥想象力和创造性的书面写作任务。部分省市自主命制口语考试试卷，如上海市和广东省，加强了口语表达能力的考查，体现了应用性和创新性的考查要求。①

2. 控制试卷难度，稳步提升试题命制质量

各套试卷所采用篇章材料的难度水平呈阶梯分布，材料难度与往年基本持平。试卷题目类型多样且难易搭配合理，考查要点覆盖面广，试卷中难、较难、较易和容易各难度层级试题比例进一步优化。浙江卷采用了一系列调控试卷难度的方法，确保 2019 年第二次英语考试难度稳定。上海卷也保证了当年试题与以往试题难度的稳定以及“一年两考”试卷难易度的一致性。同时，各套试卷通过创新选择题设问方式及合理设置干扰项等方式，稳步提升试题命制质量。

（四）推动素质教育，积极引导基础教育英语教学

高考命题全面落实高考评价体系，充分体现立德树人的教育根本任务，倡导德智体美劳五育并举，推动素质教育和考试内容改革的持续深化。高考英语学科通过进一步深化考试内容改革，强调学习必备知识、培养关键能力、养成学科素养、内化核心价值，合理发挥高考的正向“指挥棒”作用。

1. 以必备知识为基础，重点培养关键能力

高考英语学科通过真实情境的设计在语篇基础上深入考查综合语言运用能力，引导中学英语教学重视和回归教材，在夯实学生必备语言知识和文化知识的基础上，促进学生综合语言运用能力的提升。听、说、读、写四项关键能力既相互独立又相互影响，任何一项能力的不足都会影响到综合语言运用能力的整体提高。高考英语通过基于语篇情境的能力考查引导英语教学要有意识地渗透语篇知识，帮助学生形成语篇意识，提高理解语篇意义的能力；同时，通过创设与主题密切相关的语境，引导英语教学将语言知识教学与语言技能培养结

---

① 教育部考试中心：《2019 年普通高等学校招生全国统一考试大纲》，高等教育出版社，2019。

合起来，最终达到改变应试教育，发展素质教育的目的。

2. 以学科核心素养为导向，强化核心价值引领

学科核心素养是英语语言学习者应具有的最关键、最必要的综合品质，是通过基础教育阶段的英语教学培养形成的。它既是基础教育培养目标的要求，也是高校人才选拔的要求。英语学习有利于学生开阔视野，从全球和全人类的角度及跨文化交际的角度看待问题。高考英语学科考试内容改革通过精心选材和巧妙设问强化考试的育人功能和价值导向作用，引导学生在学习语言知识和文化知识的同时，坚定理想信念；在内化和养成学科核心素养的同时，增强对中华优秀传统文化、革命文化、伟大民族精神的认同感；在不断提高语言能力的同时，增长知识见识，厚植爱国主义情怀，养成良好的道德品质。

三　紧扣高考评价体系的高考英语内容改革

中国高考评价体系的科学构建，是深化新时代高考内容改革的基础性工程，这一体系也是高考内容改革的理论基础和实践指南，对发展素质教育、推进教育公平具有重要意义。构建中国高考评价体系是从根本上解决教育评价“指挥棒”问题的重大举措，也是健全立德树人落实机制、建立德智体美劳全面培养的教育体系的必由之路。

依据中国高考评价体系，高考将立德树人根本任务的要求融入考试的各个环节，加强对社会主义核心价值观、依法治国理念、中华优秀传统文化、革命文化和社会主义先进文化的考查，加强对习近平新时代中国特色社会主义思想等内容的考查。同时，高考英语各套试卷的选材也围绕普通高中英语课程标准提出的人与自我、人与社会和人与自然三大主题，全面考查考生的英语综合运用能力，在巩固德育、坚守智育的考试内容改革基本命题指导思想的基础上，加强对健康意识、审美情趣和劳动精神的考查，体现高考坚持立德树人、引导素质教育的功能。

高考英语加强了对学科素养的考查。高考英语学科的学科素养包括交际素养、学习素养和思辨素养。交际素养指在相对熟悉或不太熟悉的主题语境中，使用英语与来自不同文化背景的人进行书面和口头交流，从而达到交际目的的意识和能力；学习素养指在相对简单或较为复杂的主题语境中，运用多种策略

学习英语，并使用英语学习新知识、新技能、新思维方法等的意识和能力；思辨素养指在使用英语进行交际或学习时，独立思考与判断，运用科学的思维方式发现问题、分析问题并解决问题的意识和能力。

高考英语学科以核心价值为引领，强调学科素养导向，它既是基础教育培养目标的要求，也是高校人才选拔的要求；以培养关键能力为重点，突出必备知识的基础作用。下面以一篇阅读理解文章具体分析高考英语试题如何考查学科核心素养。

【例 1】（2017 年高考英语全国 Ⅰ 卷阅读理解 D 篇）

A build-it-yourself solar still（蒸馏器）is one of the best ways to obtain drinking water in areas where the liquid is not readily available. Developed by two doctors in the U. S. Department of Agriculture, it's an excellent water collector. Unfortunately, you must carry the necessary equipment with you, since it's all but impossible to find natural substitutes. The only components required, though, are a 5′ × 5′ sheet of clear or slightly milky plastic, six feet of plastic tube, and a container-perhaps just a drinking cup-to catch the water. These pieces can be folded into a neat little pack and fastened on your belt.

To construct a working still, use a sharp stick or rock to dig a hole four feet across and three feet deep. Try to make the hole in a damp area to increase the water catcher's productivity. Place your cup in the deepest part of the hole. Then lay the tube in place so that one end rests all the way in the cup and the rest of the line runs up-and out-the side of the hole.

Next, cover the hole with the plastic sheet, securing the edges of the plastic with dirt and weighting the sheet's center down with a rock. The plastic should now form a cone（圆锥体）with 45 – degree-angled sides. The low point of the sheet must be centered directly over, and no more than three inches above, the cup.

The solar still works by creating a greenhouse under the plastic. Ground water evaporates（蒸发）and collects on the sheet until small drops of water form, run down the material, and fall off into the cup. When the container is full, you can suck the refreshment out through the tube, and won't have to break down the still every time you need a drink.

试题 1. What do we know about the solar still equipment from the first paragraph?

A. It's delicate.　　　　B. It's expensive.

C. It's complex.　　　　D. It's portable.

试题 2. What does the underlined phrase "the water catcher" in paragraph 2 refer to?

A. The tube.　　B. The still.　　C. The hole.　　D. The cup.

试题 3. What is the last step of constructing a working solar still?

A. Dig a hole of a certain size.

B. Put the cup in place.

C. Weight the sheet's center down.

D. Cover the hole with the plastic sheet.

试题 4. When a solar still works, drops of water come into the cup from ________.

A. the plastic tube　　　　B. outside the hole

C. the open air　　　　D. beneath the sheet

这篇文章是一篇说明文，主题语境属于人与自然，选自网络上一篇题为"At Home In the Wilderness Part Ⅱ：Water"的文章。该语篇详细介绍了在野外自制蒸馏装置，收集饮用水的过程和工作原理。通过阅读该语篇，考生可以理解相关科学知识和工作原理，进而提升对自然和科学研究的兴趣和爱好，促进良好思维品质的养成，有利于激发学习英语的兴趣，养成热爱科学、热爱自然的人文情怀，勇于探究的科学精神以及理性思维。

根据国家需要的人才特质和素质教育的培养目标，中国高考评价体系确定了四个方面的考查要求，分别从基础性、综合性、应用性、创新性四个方面对素质教育的目标进行评价。突出基础性，指的是高考围绕学科主干内容，加强对基本概念、基本思想方法的考查，杜绝偏题、怪题和繁难试题，引导教学重视教材，夯实学生学习基础，给学生提供深度学习和思考的空间；突出综合性、应用性和创新性，指的是高考通过设置真实的问题情境，考查学生灵活运用所学知识分析问题和解决问题的能力，从而降低“死记硬背”“机械刷题”“题海战术”的收益，引导学生从“解题”向“解决问题”、从“做题”向“做人做事”转变。下面以一道写作题具体分析高考英语试题如何体现“四翼”考查要求。

【例2】（2018年6月浙江卷读后续写）

阅读下面短文，根据所给情节进行续写，使之构成一个完整的故事。

It was summer, and my dad wanted to treat me to a vacation like never before. He decided to take me on a trip to the Wild West.

We took a plane to Albuquerque, a big city in the state of New Mexico. We reached Albuquerque in the late afternoon. Uncle Paul, my dad's friend, picked us up from the airport and drove us up to his farm in Pecos.

His wife Tina cooked us a delicious dinner and we got to know his sons Ryan and Kyle. My dad and I spent the night in the guestroom of the farm house listening to the frogs and water rolling down the river nearby. Very early in the morning, Uncle Paul woke us up to have breakfast. “The day starts at dawn on my farm,” he said. After breakfast, I went to help Aunt Tina feed the chickens, while my dad went with Uncle Paul to take the sheep out to graze（吃草）. I was impressed to see my dad and Uncle Paul riding horses. They looked really cool.

In the afternoon, I asked Uncle Paul if I could take a horse ride, and he said yes, as long as my dad went with me. I wasn't going to take a horse ride by myself anyway. So, my dad and I put on our new cowboy hats, got on our horses, and headed slowly towards the mountains. “Don't be late for supper,” Uncle Paul cried, “and keep to the track so that you don't get lost!” “OK!” my dad cried back. After a while Uncle Paul and his farm house were out of sight. It was so peaceful and quiet and the colors of the brown rocks, the deep green pine trees, and the late afternoon sun mixed to create a magic scene. It looked like a beautiful woven（编织的）blanket spread out upon the ground just for us.

注意：

1. 所续写短文的词数应为150左右；
2. 至少使用5个短文中标有下划线的关键词语；
3. 续写部分分为两段，每段的开头语已为你写好；
4. 续写完成后，请用下划线标出你所使用的关键词语。

Suddenly a little rabbit jumped out in front of my horse.

We had no idea where we were and it was getting dark.

从题型来说，本题是一道读写结合题，所提供的阅读材料以户外活动为主题，讲述作者和父亲两人外出郊游，进行了骑马等活动。任务要求考生阅读材料后进行续写，考查了考生的英语综合运用能力，包括：理解文章内容、结构和上下文逻辑关系，合理发挥想象力创造新内容，运用丰富的词汇和语法结构进行准确、连贯的表达等。这一试题重点考查考生的学习和思辨能力，既落实了基础性和综合性，更突出了创新性的考查要求。

中国高考评价体系从一个更为宏观的角度清晰阐述了高考的目的、内容和方法，为基础教育教学、考试内容改革以及课程改革提供了有力的支持。高考不只是单纯考查考生的课程内容掌握情况，更是对考生可持续发展能力、发展情况的考查。中国高考评价体系进一步明确了高考立德树人、服务选才和引导教学的三重目的，也为高考内容改革的进一步深化提供了强大的理论支撑。高考内容改革的进一步深化势必带来评价模式的进一步变革。

参考文献

习近平：《坚持中国特色社会主义教育发展道路　培养德智体美劳全面发展的社会主义建设者和接班人》，新华网，2018年9月10日，http：//www.xinhuanet.com/politics/leaders/2018-09/10/c_1123408400.htm。

姜钢：《落实立德树人根本任务　进一步深化高考内容改革》，《中国教育报》2018

年 12 月 25 日。

刘庆思：《高考英语学科 40 年》，《中国考试》2017 年第 2 期。

乔辉：《高考英语改革的进展研究》，《课程 · 教材 · 教法》2018 年第 3 期。

中华人民共和国教育部：《普通高中英语课程标准（2017 年版）》，人民教育出版社，2018。

于涵：《新时代的高考定位与内容改革实施路径》，《中国考试》2019 年第 1 期。

教育部考试中心：《2019 年普通高等学校招生全国统一考试大纲》，高等教育出版社，2019。

教育部考试中心：《2019 年普通高等学校招生全国统一考试大纲的说明》，高等教育出版社，2019。

姜钢：《发挥高考内容改革导向作用　助力推进素质教育评价改革》，《中国考试》2019 年第 6 期。

于涵、陈康、高升：《新高考外语科的功能定位与改革方向》，《课程 · 教材 · 教法》2018 年第 6 期。

教育部考试中心：《立足全面发展育人导向　引导基础教育英语教学——2019 年高考英语试题评析》，《中国考试》2019 年第 7 期。

程晓堂：《基于问题情境的英语考试命题理念与技术》，《中国考试》2018 年第 12 期。

B.6
物理学科命题理论与实践*

《中国高考报告》课题组

一 基本情况

2019年高考物理全国卷共分为4套，全国Ⅰ、Ⅱ、Ⅲ卷为理科综合试卷，依据适用于全国卷的《考试说明》命题；Ⅳ卷为单科卷，依据适用于海南省的《考试说明》命题。全国4套卷供26个省份使用，其中，全国Ⅰ卷供安徽、福建、江西、河北、山西、山东、河南、湖北、湖南、广东10个省份使用，全国Ⅱ卷供内蒙古、辽宁、吉林、黑龙江、重庆、陕西、甘肃、青海、宁夏、新疆10个省份使用，全国Ⅲ卷供广西、四川、贵州、云南、西藏5个省份使用，全国Ⅳ卷供海南省使用。

全国Ⅰ、Ⅱ、Ⅲ卷物理部分试卷结构相同，均为选择题8道（包含单项选择题和多项选择题），实验题2道，计算题2道，选考模块2个（每个模块有2道小题，学生任选一个模块作答），满分110分。理科综合满分300分，考试时长150分钟。全国Ⅳ卷的试卷结构如下：单项选择题6道，多项选择题4道，实验题2道，计算题2道，选考模块2个（每个模块有2道小题，学生任选一个模块作答），满分100分，考试时长90分钟。

2019年全国4套试卷的考后数据见表1，所有数据均为全样本数据。从表1中可以看出，3套理科综合的难度值为0.49～0.53，而物理的难度值为0.40～0.45各套卷纵向比较，物理比理科综合难度值低0.079～0.097，是理科综合3科中难度最大的科目。

---

* 本文主要参考：教育部考试中心《注重理论联系实际　加强物理学科素养考查——2019年高考物理试题评析》，《中国考试》2019年第7期；程力、李勇《基于高考评价体系的物理科考试内容改革实施路径》，《中国考试》2019年第12期。

表 1　2019 年高考物理全国卷难度值一览

难度＼卷种	全国Ⅰ卷	全国Ⅱ卷	全国Ⅲ卷	全国Ⅳ卷
理科综合	0.521	0.504	0.498	—
物理	0.442	0.407	0.414	0.427

2019 年继续实施分省命题的省份有 5 个，分别是北京、上海、天津、浙江、江苏。其中，上海和浙江实施新高考，物理为学业水平选择性考试科目；北京、天津和江苏实施老高考，北京和天津采用“3 + 文综/理综”方案，物理作为理综的一部分计入总成绩；而江苏采用本省的“08 方案”，物理为学业水平必测科目。2019 年是北京和天津实施老高考的最后一年，从 2020 年起两市将实行“3 + 3”的新高考方案，物理作为选考科目以等级分计入高考总成绩；江苏从 2021 年起实行“3 + 1 + 2”的新高考方案，物理作为“1”中的一门科目以原始分计入高考总成绩。5 个省份精心组织，周密部署，物理试卷均保持较高质量，整体难度合理，社会反响良好。

二　2019年高考物理试卷特点分析

2019 年是中华人民共和国成立 70 周年，是贯彻习近平总书记在全国教育大会上重要讲话精神的第一年，是推进高考综合改革和高考内容改革的重要年份。面对新形势新任务，2019 年高考物理深入贯彻全国教育大会精神，落实立德树人根本任务，促进学生德智体美劳全面发展。以高考评价体系为基础,① 在考查内容方面突出“价值引领、素养导向、能力为重、知识为基”，合理设计试卷结构，突出学科主干内容；在考查要求方面突出基础性、综合性、应用性、创新性；在考查载体方面，创新试题情境设计，加强理论联系实际，增强试题与体育运动、生产劳动、科学技术发展的联系，引导学生综合素质的提升。高考物理更加主动地融入高中物理教学，有效衔接高中物理育人方

① 于涵：《新时代的高考定位与内容改革实施路径》，《中国考试》2019 年第 1 期。

式改革，促进学生学科素养的形成，助力素质教育发展，彰显高考的育人功能和积极导向，正确发挥高考的“指挥棒”作用。

（一）以物理学科核心素养为导向，突出基础性

物理学科的基础内容是学生物理学科核心素养形成和发展的基础，是学生提升分析问题、解决问题能力的关键。2019 年高考物理试题严格遵循考试大纲，密切衔接高中物理课程改革理念，以物理观念、科学思维、科学探究、科学态度与责任四个方面的物理学科核心素养为导向，[①] 更加注重对核心物理概念和规律的考查，鉴别学生的基本学科素养，引导学生夯实学习发展的基础，促进高中重视培养学生的基础知识、基本技能以及提升学生的基本素养。[②]

2019 年高考物理全国卷重视对基本概念和规律的考查。例如，全国Ⅰ卷第 14 题提供了可见光光子能量的范围，要求考生了解氢原子能级间跃迁时吸收或辐射的能量情况，考查考生对玻尔原子模型的理解。全国Ⅰ卷第 15 题，以两个带电小球在匀强电场中的平衡状态为情境，要求考生根据场景判断带电小球所带电荷的正负，考查内容涉及电荷间的相互作用规律、带电小球在静电场中的受力分析等基本物理规律和方法，考查学科核心素养中的科学思维水平。全国Ⅱ卷第 14 题利用探测器“奔向”月球的情境，考查考生应用万有引力公式，分析人造航天器飞离地球过程中，其离开地球表面的距离与受到的地球引力大小的关系，并考查考生能否依据关系式确定相应图像。全国Ⅱ卷第 15 题，以太阳内部核反应的主要模式之一的“质子 - 质子循环”过程为背景设计试题，将核反应和爱因斯坦质能方程有机结合，考查考生对核反应方程、质量亏损和爱因斯坦质能方程等基本概念和规律的理解和掌握程度。全国Ⅲ卷第 14 题，要求考生判断电磁学中的基本规律——楞次定律是哪个定律在电磁感应现象中的具体体现。该题设问方式新颖，考查内容涉及电磁学的基本定律和能量守恒定律，要求考生深刻理解楞次定律，引导考生从物理学科核心素养中的物理观念出发，加深对物理现象所蕴含的规律本质的理解，使考生对重要

---

① 教育部：《普通高中物理课程标准（2017 年版）》，人民教育出版社，2018，第 4 ~5 页。

② 教育部考试中心：《注重理论联系实际　加强物理学科素养考查——2019 年高考物理试题评析》，《中国考试》2019 年第 7 期。

物理概念和规律融会贯通，促进考生物理观念的构建与发展。这道试题难度为0.19，区分度为0.3，接近一半的考生错选B选项。全国Ⅳ卷第1题给出静电场中一条电场线上的两点，考查考生对电场线、电场强度、电场力电势、电势能等静电场基本概念的理解能力。全国Ⅳ卷第3题呈现汽车在平直公路上刹车的情境，考查考生对匀变速直线运动基本规律的理解和掌握能力。

2019年高考物理分省份命题试卷也重视对基础性的考查。例如，北京卷第13题要求考生比较简谐横波波形图中三个质点的速度、加速度大小，并确定运动方向，考查考生对简谐波基本物理量和基本规律的理解能力。北京卷第14题提供干涉和衍射的图样，要求考生反推与之对应的光学元件，考查考生对光的干涉和衍射现象的产生装置、产生原理以及结果的理解能力。北京卷第15题考查考生对温度、内能、压强等热力学重要概念的理解能力。北京卷第19题以入射光照射在光电管中的金属板上产生光电流的实验为情境，考查考生对光电效应以及爱因斯坦光电效应方程的理解能力。天津卷第8题呈现单匝闭合矩形线框在磁场中匀速转动时，穿过线框的磁通量与时间的关系图像，考查考生对中性面、感应电动势、有效值、平均值等基本概念的理解能力。江苏卷第2题以一只气球在风中处于静止状态为情境，考查考生对共点力的平衡、受力分析、力的分解等物理概念和方法的掌握能力。

各套试卷中的计算题也注重基础，淡化解题技巧，突出考查考生运用基本物理规律解决问题的能力，促进考生学科核心素养的提升。例如，全国Ⅰ卷第24题以带电粒子在有界磁场中的偏转以及离开磁场后的直线运动为背景，考查考生对洛伦兹力、匀速圆周运动规律、牛顿第二定律和基本几何知识的掌握能力。全国Ⅱ卷第24题设计了带电粒子在匀强电场中偏转的情境，并且试题推陈出新，在两平行金属板正中间增加一接地的水平金属网，考查内容涉及电场强度与电势的关系、平抛运动规律、动能定理等重要物理规律；该题第（2）小题要求考生在对物理过程分析的基础上，根据题给条件（或题图）判断出电场分布的对称性，认识到带电粒子穿过金属网一次就从电场中射出时金属板的长度最短，引导高中物理教学加强对称性等科学方法的培养。全国Ⅲ卷第24题以小球在匀强电场和重力场的复合场中运动为背景，考查内容涉及平抛和类平抛运动、牛顿运动定律、动能定理等基本物理规律。全国Ⅳ卷第13题以做圆周运动的物体与静止的另一物体相碰撞为情境，考查考生对动能定理、动量守恒定律、机械能守恒定律等重要物理和规律的理解和运用能力。北京卷第22题以一正方形线框在拉力作用下匀速进入磁场为背景，考查考生对感应电动势、焦耳热、功率等概念的掌握。天津卷第10题以航空母舰上舰载机起飞为情境，考查考生对匀变速直线运动、动能定理牛顿第二定律等规律的运用能力。江苏卷第14题以用软导线制成的单匝闭合线圈在匀强磁场中的形状发生变化为情境，考查考生对法拉第电磁感应定律、楞次定律等重要规律的理解和掌握能力。

（二）发挥物理学科特点，加强对体育和劳动精神的引导

2019年高考物理试题贯彻德智体美劳全面发展的要求，发挥物理学科特点，设计与体育运动和生产劳动相联系的实际情境，引导考生热爱体育和劳动，增强体育健康意识，树立劳动观念。

研究自然界物质的相互作用和运动规律是物理学的重要组成部分，通过物理学可以更好地研究和认识体育运动的规律。2019年高考物理试题通过结合运动情境，考查考生运用物理概念和规律解决实际运动中的相关问题的能力，引导考生热爱体育运动，增强参加体育锻炼的意识。例如，全国Ⅰ卷第18题，利用篮球运动员原地起跳扣篮的情境，考查考生对竖直上抛运动规律的理解能力和应用数学知识处理物理问题的能力。这些试题情境的创设能够较好地考查考生运用物理规律分析解决实际运动问题的能力，有利于提高考生对体育运动的兴趣，激发考生参与体育运动的热情。全国Ⅱ卷第19题以跳台滑雪项目为背景设计试题情境，通过给出运动员先后两次空中滑翔时，其在竖直方向上的速度－时间图线，要求考生分析判断两次滑翔时所受的阻力、位移和平均加速度的大小，从而考查考生对运动相关概念与图像中不同元素的物理意义的理解，考查内容涉及匀变速直线运动、位移、加速度、牛顿第二定律速度－时间图像等基本概念和规律。

物理学科中许多知识来源于生产劳动实践，上升为理论后又反过来指导生产实践，从而更好地为生产实践服务。2019年高考物理试题加强与生产劳动的结合，引导考生关注生产劳动中的物理现象，运用物理知识解决生产劳动中的实际问题，树立劳动观念。例如，全国Ⅰ卷第33题的第（2）小题以材料加工中广泛应用的热等静压设备为素材设计情境。热等静压设备工作时，要在

室温下把惰性气体用压缩机压入一个预抽真空的炉腔中，然后炉腔升温，利用高温高气压环境对放入炉腔中的材料加工处理，改善其性能。试题要求考生分析设备使用过程中的气体变化过程，建立相应的物理模型并应用气体实验定律解决问题，引导考生关注生产劳动中的物理原理。

（三）加强情境化设计，注重理论联系实际

情境化试题是考查考生物理学科核心素养的重要载体。高考物理命题一直注重理论联系实际，结合生产生活、现代社会及科技发展设计试题情境，反映当代科学技术发展的重要成果和科学思想，考查考生学以致用的能力，凸显物理学科在解决实际问题特别是重大科技问题中的应用价值。2019 年高考物理试题除了有意识地加强与体育运动、生产劳动的结合之外，继续加强紧密联系科学技术进步和日常生活实践的试题情境设计，考查考生灵活运用所学物理知识解决实际问题的能力，[①] 特别是在实际问题情境中考查考生通过抽象概括提取关键信息、建构物理模型的能力，同时也能促进考生培养正确的情感态度与价值观，从而有效促进考生学科核心素养的发展。

当前，我国的航空航天技术快速发展。我国为“长征九号”研制的大推力新型火箭发动机联试成功，这标志着我国重型运载火箭的研发取得突破性进展。全国Ⅰ卷第 16 题以此重大事件为背景，要求考生计算发动机在单位时间内喷射的气体质量，考查考生对动量定理、牛顿第三定律等重要物理规律的理解和应用能力。全国Ⅳ卷第 4 题、北京卷第 18 题，均以我国发射的北斗卫星为背景，要求学生利用万有引力定律和圆周运动规律分析解决实际问题。全国Ⅱ卷第 14 题和天津卷第 1 题均以“嫦娥四号”探测器在月球背面成功着陆为情境，考查考生对万有引力定律等重要规律的应用能力。天津卷第 2 题以港珠澳跨海大桥单面索（所有钢索均处在同一竖直面内）斜拉桥为背景，考查考生对共点力的平衡、力的合成与分解等规律的应用；第 4 题以笔记本电脑中的磁体和霍尔元件为研究对象，考查带电粒子在电场和磁场的复合场中的运动；第 6 题以我国核聚变反应研究大科学装置“人造太阳”在 2018 年获得重大突破为背景，考查考生对核聚变、质量亏损、比结合能等概念的理解。北京卷第

① 程力、李勇：《恢复高考 40 年物理考试内容改革述评》，《中国考试》2017 年第 9 期。

20题和天津卷第9题的第（1）小题均以2018年第26届国际计量大会决定7个基本单位全部用基本物理常量来定义为背景，考查学生对国际单位制的认识。江苏卷第4题以我国第一颗人造地球卫星“东方红一号”仍在轨运行为情境，考查学生对机械能守恒定律、线速度等知识的理解；第6题以摩天轮悬挂的座舱在竖直平面内做匀速圆周运动为背景，考查考生对匀速圆周运动中周期、线速度、向心力等概念的理解能力。这些试题旨在引导学生关注人类在航空航天、科技应用、生产生活等方面的重要进展，提升学生学习物理的兴趣，增强学生的民族自信心和自豪感。

各套试卷加强对考生模型建构能力的考查。例如，全国Ⅱ卷第25题，以汽车在平直公路上刹车的运动情况为背景，要求考生在分析实际问题的过程中主动构建物理模型，考查考生应用牛顿运动定律、匀变速直线运动规律、动能定理、动量定理等物理规律解决实际问题的能力，引导考生关注日常生活中的物理问题，从而增强应用意识，培养实践能力。北京卷第24题探究雨滴在下落过程中受到空气阻力的影响因素，要求考生根据题意构建合理的模型研究最大速度与半径的关系以及空气阻力与速度的关系。天津卷第12题以2018年人类历史上第一架由离子引擎推动的飞机诞生为情境，要求考生建立模型计算单位时间内飘入匀强电场中的正离子数目，考查考生对牛顿运动定律、动能定理等规律的应用能力。

情境化的试题设计还包括一些理论化、模型化、典型化的学习探索情境，用来考查考生对一些重要物理概念和规律的理解和应用能力。例如，全国Ⅰ卷第19题，细绳跨过定滑轮，一端悬挂物块，另一端与斜面上的物块相连，通过对悬挂木块施加水平作用力，考查考生对共点力平衡的理解及应用数学知识处理物理问题的能力。该题情境比较常规、典型，但对考生从多角度分析问题的能力有较好的考查。又如，全国Ⅱ卷第20题通过给出静电场中的仅在带电粒子电场力作用下运动的简单情境，考查考生对电场线的理解和一些典型电场的电场线分布情况的熟悉程度，以及对带电粒子在电场中运动时相关物理量变化情况的分析能力。试题呈现的物理情境非常简单，但要求考生通过举出相关的例子对选项进行分析和判断，能够较好地考查考生对静电场中相关概念和规律的掌握和应用程度。全国Ⅳ卷第5题以两物块在外力作用下在粗糙地面上运动为模型，考查考生对受力分析、整体法、隔离法等基本物理方法的应用。江苏卷第 8 题以物块压缩弹簧的模型进行设计，考查考生对胡克定律、动能定理等规律的应用能力；第 9 题以点电荷模型为基础，考查考生对电势、电势能等知识的理解和应用能力。

（四）突出图像的呈现方式，考查信息加工能力

当前正是信息大爆炸的时代，能够从大量的、多种形式的信息中提取有用信息并利用其解决问题，是学生适应时代和实现终身发展的必然要求。2019 年高考物理试题注重利用图像呈现丰富的物理信息，增加试题信息的广度，要求考生能够从图像中获取信息，建立文字、图像等不同信息呈现方式之间的联系，从而构建正确的物理模型，提高考生的信息加工、逻辑推理等关键能力。

2019 年高考物理设计了许多涉及“图像语言”的选择题。例如，全国Ⅰ卷第 21 题，通过把物体放置在弹簧上端并且给出物体的加速度与弹簧的压缩量之间的关系图像，要求考生结合图像中斜率、截距等关键信息，以及万有引力定律、牛顿运动定律、胡克定律、动能定理等进行综合分析，判断两个物体的密度、质量的大小关系以及动能、弹簧压缩量之间的大小关系，从而考查考生从图像中获取信息并利用关键信息进行推理判断的能力。该题对考生信息加工能力要求较高。全国Ⅱ卷第 18 题，给出竖直上抛物体运动过程中机械能和重力势能随它离开地面高度而改变的变化图像，要求考生能从图像中寻找机械能、重力势能和动能的变化规律，利用图像提供的信息进行分析判断并解决问题，较好地考查考生的理解能力、推理能力以及从图像中提取信息的能力。全国Ⅲ卷第 20 题，呈现细绳对物块的拉力随时间变化的图像和木板速度随时间变化的图像，要求考生在分析物理过程的基础上，通过两个图像建立联系并获取有用信息，考查考生准确理解图像的物理意义并运用摩擦力的性质和牛顿运动定律解决问题的能力。该题对考生处理图像的能力要求较高。全国Ⅳ卷第 7 题给出钠和钙两种金属的遏止电压与入射光频率之间的关系图像，要求考生根据爱因斯坦光电效应方程，确定两条直线的斜率、截距代表的物理意义和关系，从而解决问题。江苏卷第 5 题以带电粒子垂直电场方向射入匀强电场中为背景，要求考生应用类平抛运动的规律、功率的表达式等，分析电场力对粒子做功的功率与时间的关系图像。

2019 年高考物理通过在计算题中运用图像呈现信息，增加考试的综合性。

比如，全国Ⅰ卷第25题，以考生相对比较熟悉的两个物块的碰撞和多过程运动为情境，且呈现方式推陈出新，通过图像展示碰撞前后物块的速度—时间关系，要求考生提取图像中的关键信息如面积等进行分析，考查内容涉及匀变速直线运动规律、动能定理、动量守恒定律、机械能守恒定律等重要物理规律。试题通过图像方式呈现关键信息，增加考查的综合性，要求考生将图像信息与物理过程紧密联系起来，通过对物理过程的分析，建立清晰的物理情境，进而运用重要的物理规律分析解决问题，较好地考查考生的科学推理等关键能力。全国Ⅱ卷第25题给出刹车过程中汽车所受阻力大小随时间变化而发生变化的图线，要求考生能够结合文字和图像构建汽车刹车的过程模型，并且定性画出从司机发现警示牌到刹车系统稳定工作后汽车运动的速度—时间图线，对学生从图像中获取信息、加工信息并将信息再次转换为图像的能力要求较高。北京卷第23题要求考生画出电容器电压与电量之间的关系，并且类比直线运动速度—时间图像求位移的方法，求解两极间电压为 U 时电容器存储的电能。

（五）增强开放性和探究性，加强实验能力的考查

实验探究是培养学生物理学科核心素养的重要途径。2019年高考物理加强实验能力的考查，引导高中开好实验课，促进学生实验操作能力和实践能力的培养。在实验题中要求学生根据实验目的，自主挑选实验器材，分析评价结果的合理性，提出改进的措施。通过增强试题的开放性和探究性，引导学生培养意识。

2019年高考物理全国卷加强实验题设计，考查考生的动手能力和创新思维能力。例如，全国Ⅰ卷第23题以微安表改装成电流表为情境，考查电流表改装实验中电阻的连接、电表的校准、问题的分析与排除等，全面考查考生的实验探究能力。全国Ⅱ卷第23题，利用所给电路研究硅二极管在恒定电流条件下的正向电压与温度的关系，要求考生在掌握基本电学实验比如描绘小灯泡的伏安特性曲线等实验的基础上，能够迁移和灵活运用所学的实验理论和方法分析解决实验中遇到的新问题。全国Ⅲ卷第22题，要求考生通过数码相机的连拍功能探究小球自由下落的位移，从而测量当地的重力加速度大小，考查学生在给定的实验情境下挑选实验器材，进行实验设计以及实验数据处理的能力；第（2）小题是一个开放性问题，考查考生如何测量小球在相同时间下落

的位移。参考答案中给出的是一个比较常用的方法，即让甲同学将米尺竖直放置，然后尽量在靠近米尺的位置把小球释放，让小球靠近米尺刻度下落。其他的一些方法，如也可以选择让小球沿实验室内墙壁下落，实验前先用米尺把小球自由下落路径标上刻度等，均是合理答案。问题具有一定的开放性、探究性，鼓励考生从多角度思考问题，培养考生的创新意识。全国Ⅳ卷第 11 题要求用提供的器材设计一个测量电流表内阻的电路，试题没有考查具体的实验步骤和数据处理方法。实际上，如果对于测量结果的精确度要求不太高，可以利用“半偏法”直接得到电流表内阻；如果要求高，则可以通过对测得数据进行准确的计算而求得电流表内阻。试题的设计具有一定的灵活性。

2019 年高考物理分省份命题试卷也加强了实验能力的考查，引导高中加强物理实验的教学，提升学生的动手能力。北京卷第 21 题用所提供的装置研究平抛运动，全面考查考生对实验必须满足的条件、实验细节的处理、实验数据的处理、实验方案的可行性、平抛运动和圆周运动规律的理解和掌握程度，对考生的实验探究能力要求较高。天津卷第 9 题的第（2）小题研究测定玻璃的折射率实验，考查提高实验准确程度的措施、正确的实验操作以及实验数据的处理；第 9 题的第（3）小题是一道测量金属丝电阻率的实验题，要求考生能够正确读取运用螺旋测微器的示数，能够根据测量出的物理量推导电阻丝电阻的计算式，并能够分析测量值和真实值之间的大小关系。江苏卷第 10 题要求用所提供的装置验证动能定理，考查实验仪器的选择、实验应满足的条件、实验数据的处理等；第 11 题是测量一段长度已知的电阻丝的电阻率的实验题，考查螺旋测微器的使用、电阻丝直径的测量方法、通过图像处理实验数据的方法等方面的知识水平，对考生实验探究能力要求较高。

为了引导高中开设好选修模块的实验，加强选修模块实验的教学，全国Ⅱ卷第 34 题考查利用双缝干涉测量单色光波长的实验，全国Ⅲ卷第 33 题考查用油膜法估测分子大小的实验。两道实验试题均为选考模块的试题，都取自教材中的基本实验，注重实验的操作性，考查考生对实验原理、实验步骤和关键实验方法的理解和掌握。在选考模块中加强实验试题的设计和实验能力的考查，打破以往相对固化的试题命制方式，有利于减少高中教学中存在的反复刷题、机械训练的现象，引导高中物理教学遵循教学规律，回归课堂和教材，发挥高考对高中教学积极的引导作用。

三 展望

新时代高考是落实立德树人的重要载体和推进素质教育的关键环节，深化高考内容改革对发展素质教育、推进教育公平、实现教育现代化、建设教育强国、办好人民满意的教育具有重要的意义。依据普通高中课程标准和高校人才选拔要求，教育部考试中心研究构建了“一核四层四翼”的高考评价体系。它是深化新时代高考内容改革的基础性工程。“一核四层四翼”的高考评价体系将为高考内容改革提供坚实的理论支撑和实践指南，对实现学生健康成长、国家科学选才、社会公平公正的有机统一，以及协调推进教育领域综合改革，都将发挥重要作用。高考评价体系是高考各学科深化改革的旗帜。

在考查内容上高考物理将实现从知识能力目标向“核心价值、学科素养、关键能力、必备知识”的综合考查转变。物理学科考试参考高考评价的框架，依据国家课程标准和高校人才选拔要求，遵循学生认知规律和学科考试特点，构建“四层”考查内容。比如，在关键能力上，提出理解能力、推理论证能力、模型建构能力、实验探究能力、创新能力，这是对课程标准关键能力的对接和具体化。同时，新的五种关键能力也是对现行五种物理能力的继承与发展。

在评价模式上高考物理将实现从主要基于“考查内容”的一维评价模式向“考查内容、考查要求、考查载体”三位一体评价模式的转变。情境是实现“四层”考查内容和“四翼”考查要求的载体，对考查和培养学生的物理学科核心素养具有关键的作用。情境是运用文字、数据、图表等形式，围绕一定主题加以设置的，为呈现解题信息、设计问题任务、达成测评目标而提供的载体。情境的创设，影响学生分析与解决问题的策略与表现。落实“价值引领、素养导向”的考查，需要测评学生在不同情境下综合利用所学知识和技能处理复杂任务的表现能力，要求学生不仅要具备扎实的学科观念和宽阔的学科视野，更要具有很强的创新精神和实践能力。结合学科考试实际，物理情境可分为生活实践问题情境和学习探索问题情境，每一类情境又可进行细化。

创新题型设计，打破固化结构，更加积极主动地融入高中物理育人方式改革。考试本身并不是目的，它是教育的一个环节，是促进学生学习与成长、提升教学质量的重要途径，而考试改革的出发点和落脚点正是促进学生学习与成长、提升教学质量。高考物理要实现立德树人、服务选才、引导教学的核心功能，必须要在引导教学上下更多功夫，从《普通高中物理课程标准（2017年版)》中提出的物理学科核心素养、学业质量标准的落实出发，根据考试的特点和教学的实际，研究实现的途径和方式。通过丰富试题的呈现方式和设问方式，增强开放性和探究性，提升学生批判性思维、创新思维等高阶认知能力和素养。不断创新题型设计，打破固化的试卷结构和考查布局，降低机械刷题、反复训练的收益，引导学生从“解题”向“解决问题”转变，从“做题”到“做人做事”素养的提升，引导高中物理教学更加关注学生的健康成长和综合素质的培养，从而助力高中育人方式改革。

B.7

化学学科命题理论与实践*

《中国高考报告》课题组

2019 年高考化学试题包括教育部考试中心命制的全国Ⅰ、Ⅱ、Ⅲ卷理科综合卷和全国Ⅳ化学试卷，北京教育考试院命制的北京理科综合卷、天津教育考试院命制的天津理科综合卷。① 这几套化学试卷均积极贯彻落实全国教育大会精神，以高考评价体系为指导，从考试内容和课程两个方面把握改革方向，落实新时代的育人要求，助力培养德智体美劳全面发展的人。一是积极对接新普通高中课程方案和普通高中化学课程标准，链接化学学科核心素养，落实高中育人方式改革理念，选取典型的情境案例，在真情实境中突出对应用实践能力和创新思维能力的考查，发挥高考积极的育人选人功能。二是持续深化高考考试内容改革，全面落实"一核四层四翼"高考评价体系的命题要求，突出价值引领和素养导向，加强对关键能力的考查，选取古代化工方面的优秀成果，增强民族自豪感；选取我国化学工作者在化学领域的科研成就，弘扬爱国主义情怀和奋斗拼搏精神，实现良好的选拔功能和积极的育人效果。

一　高考化学命题的基本情况

2019 年各高考试卷的化学考试内容均包括必修 1、必修 2 和选修 4，全国卷将选修 3 和选修 5 作为选考模块（考查内容见表 1）。北京和天津的试卷将选修 5 作为必考内容，全卷没有设置选考模块（考查内容见表 2）。全国理科综合卷和北京理科综合卷均为合卷的模式；而天津理科综合卷采用物理、化

* 本文主要参考：教育部考试中心《精选试题情境素材　深化高考内容改革——2019 年高考化学试题评析》，《中国考试》2019 年第 7 期；单旭峰《基于高考评价体系的化学科考试内容改革实施路径》，《中国考试》2019 年第 12 期。

① 这里没分析江苏的学业水平考试试卷，以及新高考后的上海和浙江的学业水平等级考试化学试卷。

学、生物同场分卷的形式，完全把各个学科试题分开，这是对理科综合试卷中各科试题顺序安排的创新。对比考试说明解读中给出了特别的解释，明确指出“学科考试内容更加集中，试题更加突出学科特色，学科内综合更强，可减少作答过程中思维在不同学科间的跳跃，使学生注意力更加集中，方便作答”。

表 1　2019 年高考全国理综化学试卷结构及考查内容

题号		考查内容		
		Ⅰ卷	Ⅱ卷	Ⅲ卷
7		陶瓷的性质	古诗中的化学知识	化学与生活
8		2 - 苯基丙烯的结构和性质	阿伏加德罗常数	有机物结构与性质
9		溴苯制备实验	元素周期律	元素周期律
10		HCl 气体分子冰表面吸附和溶解	分析实验现象与实验操作	离子交换法净化水过程
11		NaOH 溶液滴定邻苯二甲酸氢钾过程分析	判断化学方程式的书写	阿伏加德罗常数
12		室温下合成氨的生物燃料电池原理分析	硫化镉在水中的沉淀溶解平衡	实验操作与实验目的分析
13		新物质结构与性质分析	同分异构体	三维多孔海绵状 Zn 电池原理分析
26		硼镁矿的利用	立德粉的合成	高纯硫酸锰的制备
27		硫酸铁铵的合成实验	二茂铁的反应原理	乙酰水杨酸的合成实验
28		水煤气合成的反应原理	咖啡因的提取	氯化氢转化氯气的反应原理
选考题	35	镁、铜及相关物质结构性质	铁系超导材料及相关物质结构性质	磷酸亚铁锂及相关物质结构性质
	36	药物中间体的合成	新型环氧树脂的合成	Heck 反应合成氧化白藜芦醇

表 2　2019 年高考北京和天津理综化学试卷结构及考查内容

题号	北京卷考查内容	题号	天津卷考查内容
6	合成材料的成分分析	1	化学与社会发展
7	化学用语	2	离子方程式
8	元素周期律	3	金属及其化合物的应用
9	高分子	4	实验或操作

续表

题号	北京卷考查内容	题号	天津卷考查内容
10	物质除杂实验	5	弱酸电离平衡
11	草酸性质探究实验班	6	锌——碘溴液流电池
12	电解质的电离	7	物质结构与周期律
25	抗癌药托瑞米芬前体的合成	8	中草药活性成分茅苍术醇的
26	废水中苯酚的含量测定	9	环已烯的实验室合成
27	氢制取的反应原理	10	粗硅提纯中的反应原理
28	二氧化硫与硝酸银溶液的反应探究		

二　高考化学考查特点分析

（一）挖掘爱国情境素材，体现社会主义核心价值观，弘扬爱国主义情怀

高考化学试题中的爱国情境素材主要包括两个方面：一是挖掘我国古代文化和科技典籍中化学化工的独特成果；二是选取近现代我国化学工作者发表的具有重大影响力的文章。

1. 高考化学试题自觉传承科学文化

注重挖掘中华民族优秀文化中的工匠精神和技术创新思想，选取我国古代的陶瓷制造、物质鉴别等化学技术方面的成果设置情境，展示中华优秀科技成果对人类发展和社会进步的贡献，厚植爱国主义情怀，激发学生为中华民族伟大复兴而奋斗的责任感和使命感。

高考化学试题从 2015 年就开始选取古代文献和科技典籍中的工艺或技术成果，这些成果主要包括我们的祖先在创造新物质或加工天然物质和认识自然界方面取得的巨大成就，例如陶瓷、青铜、硝、矾等。这些新材料、新发现或者新产品都极大改善了当时人类的生产、生活条件，有力推动了社会发展的进程。例如，教育部考试中心命制的 2019 年全国Ⅰ卷第 7 题和 2019 年全国Ⅱ卷第 12 题，以陶瓷及无机颜料性质为载体，考查不同材质硅酸盐及化学颜料的物理、化学性质。尤其题目中对“雨过天晴云破处”所描述的瓷器青色的考查，既考查考生对中华优秀传统文化中化学知识的了解，又考查考生对常见化

合物性质的掌握情况。全国Ⅳ卷第2题以古代典籍中记载的石胆鉴别方法为素材，考查盐的物理化学性质。$CuSO_4 \cdot 5H_2O$ 俗称胆矾，唐代以前称为“石胆”。由于其颜色与绿矾 $FeSO_4 \cdot 7H_2O$ 相似，易与其相混淆。唐代方士提出“石胆……浅碧色，烧之变白色者真”的鉴定方法。该方法利用了结晶水合物受热易脱水的性质，蓝色的五水硫酸铜变成无水白色固体硫酸铜。这种利用化学反应过程中的颜色变化鉴定物质的方法，非常接近现代化学中的定性分析方法，体现了古代中国劳动人民的聪明智慧。

2. 选择我国科学家取得的世界领先科技成果为情境，增强民族自豪感

新中国成立以来，特别是改革开放以来，经过我国科技工作者的不懈努力，我国科技发展取得举世瞩目的伟大成就。我国化学和材料科学工作者在相关领域同样取得了举世瞩目的成果。2019年高考化学试题精选我国科学家的最新研究成果为素材，借以增强考生的科技成就感和民族自豪感。

自21世纪初以来，我国的研究团队致力于发展高临界温度铁基超导体，并取得了举世瞩目的成果。2008年国际顶级科学刊物 *Nature* 刊载的一种 Fe－Sm－As－F－O 铁基化合物的超导体，就是我国科学家在铁基超导材料领域所取得的重大科学发现。全国Ⅱ卷第35题以这一铁基超导化合物的晶体及相关化合物为载体，考查原子结构、分子结构、分子间力和氢键以及晶体结构等核心知识点，考查凸显了考生综合分析问题和自主学习能力。

在普通铝材中加入少量 Cu 和 Mg 后，形成一种称为拉维斯相的 $MgCu_2$ 微小晶粒，其均匀分散在铝材中可使铝材的硬度明显增加，形成“坚铝”。这种坚铝是制造飞机和高铁车厢的主要材料。全国Ⅰ卷第35题以我国科学家在国际顶级科学刊物 *Nature* 发表的“双相纳米高强度镁合金的形成方法”为情境，以拉维斯相的 $MgCu_2$ 晶体结构为主线，考查原子核外电子排布和能级、化合物中成键原子的轨道杂化形式、分子构型、晶体结构及其性质等。

单原子催化方法是我国科学家提出的一种高效的催化技术。传统的水煤气转化反应温度高、耗能大。全国Ⅰ卷第28题第（3）小题取材于我国化学工作者发表在国际顶级科学刊物 *Science* 中的论文《沉积在 α－MoC 上单层金原子对水煤气的低温催化反应》。该催化方法使得水煤气转化反应在303K的温度下就可以进行，远远低于其他已有催化方法中的温度。试题以单原子催化能量变化的理论计算模型为情境，让考生认识、分析催化吸附机理及反应过程中

的能量变化，同时感受到现代信息计算机模拟技术在化学研究中的应用。

北京卷第 6 题，以我国工程技术领域中与化学化工材料相关的重大科研成果为情境，考查考生对科研成果中物质组成和元素的关系的理解和认识，引导考生以化学的视角关注身边的事物，关注我国化学化工及材料能源领域的发展，体现科研创新可促进科技进步，材料的进步给人类带来福祉的理念。第 8 题以我国科学家北京大学教授张青莲院士在元素及同位素的原子质量研究中所做出的重要贡献为背景，有助于增强民族自豪感，弘扬爱国主义情怀。

液流电池作为一种新型的电化学储能技术，是清洁能源大规模储能的首选技术之一。锌碘液流电池是其中的一种，传统电池的锌负极在不断地充放电过程中，会产生不规则的锌枝晶，这种“树状结构”的枝晶会在循环过程中不断生长，最终刺穿电池的膜，造成电池的短路，严重影响电池循环使用寿命。中国科学院大连化学物理所利用了廉价的聚烯烃多孔膜来替代昂贵的全氟磺酸离子交换膜，研发出新型的寿命长、可自我恢复的锌碘液流电池，有效解决了目前储能电池存在的循环寿命短、功率密度低，以及风能、太阳能等发电不连续、不稳定、不可控等难题，实现了清洁能源高效利用。天津高考理综化学卷第 6 题以这种新型的高比能量锌 - 碘溴液流电池为情境素材，让考生认识、分析复杂电池的电化学原理的过程，并感受我国研发新型大高能量密度清洁能源电池的巨大成就，激发考生的爱国情怀。

（二）选取工业生产和化学基础研究最新成果，在考查综合应用的基础上，增长学生的知识见识

化学是研究物质的组成、结构、性质和反应规律的一门科学，其根本特征是合成新分子和创造新物质，是与能源科学、材料科学、环境科学以及生命科学等密切交叉和相互渗透的核心科学。2019 年的高考化学试题，通过巧选载体，多维呈现化学研究的新物质、新功能和新技术，让学生充分认识化学科学是人类了解世界的工具，让考生深刻了解化学的发展对推进经济的发展、人类生存条件的改善以及社会的进步做出的巨大贡献。除了考查基础知识和基本概念的少量试题外，大部分试题来自学术专著、科技期刊、会议论文、技术专利等资料。这些资料素材反映了化学发展的特点和发展趋势，其中顶级刊物中的

文献展现了化学对物质世界客观规律的最新研究成果。以这些文献为基础命制的试题，有利于开阔考生的科学视野，让考生通过试题情境认识化学学科价值，了解化学工作者不懈奋斗的意志品质以及不断创新的科学精神，从而增长知识见识，进而不断探索、勇于创新、敢于质疑、勤于实践，激发学习化学理论和技术的动力，为化学学科的发展做出更大的贡献。

1. 方式独特，以新颖物质和模型结构图考查原理，效果良好

课程标准中的宏观辨识与微观探析素养是指能从不同层次认识物质的多样性，并对物质进行分类；能从元素和原子、分子水平上认识物质的组成、结构、性质和变化，形成“结构决定性质”的观念；能从宏观和微观相结合的视角分析与解决实际问题。

2018 年 *Science* 杂志报道了一种新化合物——双（三氯甲基）磷阴离子，该阴离子可作为制备高附加值有机磷化物的良好中间体。全国Ⅰ卷第 13 题以新型反应中间体为载体，考查新型反应中间体中相关元素及化合物的结构和性质。

多相化学是广泛应用于环境、催化、材料科学等领域的重要研究课题。大气化学研究发现，平流层臭氧空洞的形成以及对流层臭氧的消耗，均与氢卤酸在大气中冷冻冰界面上的解离有关。全国Ⅰ卷第 10 题以少量 HCl 气体分子在 253K 冰表面吸附和溶解过程的多层结构模型为情境，考查考生对酸的解离、质子传递、氢键的形成等化学基本问题的理解以及解决实际问题的能力。

2. 呈现与生活密切相关的新功能物质，展示化学在生活中的巨大价值

化学是一门创造新物质的学科，其魅力在于能够不断合成新分子、创造新物质，又与人类的衣、食、住、行密切相关。化学试题以物质的新功能为载体，考查考生应用化学知识解决实际问题的能力，充分认识化学与生活、生产、社会发展的关系。

如全国Ⅱ卷第 36 题，以新型环氧树脂的合成为情境，考查有机物分子结构和性质之间的关系。既让考生深刻理解聚合物的性质与聚合度的密切关系，又让他们感受到精湛的合成技术对于特殊功能化合物的重要性。

氧化白藜芦醇（又称氧化芪三酚）是反式二苯乙烯的多羟基衍生物。有研究表明，氧化白藜芦醇低毒，具有较高的水溶性，能预防疱疹、抗病毒、减缓氧化等作用。在自然界中，氧化白藜芦醇主要存在于珍稀植物中，但含量较

低，提取困难，限制了其在医药保健领域中的应用。全国Ⅲ卷第 36 题以获得诺贝尔化学奖的 Heck 反应合成氧化白藜芦醇为载体，进行有机化学知识考查。该研究成果具有合成步骤少、产率高和操作简单的特点，再次折射出科学研究是生产力的真理。

北京卷第 25 题，以抗癌药托瑞米芬的合成路线为情境，呈现了该药物前体的合成过程并进一步给出合成该药物的合成方法，全面地考查了有机化学基础知识、核心能力及学科思想方法，体现了有机化学的实际应用价值。试题将物质组成、结构等信息融合在设问中，引导考生从有机物的组成、官能团和碳骨架变化的角度深入分析和理解有机反应及化学试剂的作用，以正向与逆向思维相结合的方式进行逻辑推理与合成分析。

晶体硅是现代信息与通信技术中应用最广泛、最重要的基础材料。天津卷第 10 题以硅提纯和晶体硅的制备综合考查化学反应原理。该题着重考查了热化学方程式的书写、化学反应方向的判断、化学反应速率判断、化学平衡移动及化学平衡常数、可循环利用的物质等。

3. 以前沿的新技术新方法为考查载体，考查创新意识，促进在教学中培养创新思维能力

合成氨是目前最有效的大规模固氮方法，解决了数十亿人口的粮食问题，是化学化工技术对社会发展和进步的巨大贡献之一。合成氨的理论和技术虽曾先后获得三次诺贝尔化学奖，但是全球科学家对合成氨的研究一直没有停止。究其原因，目前合成氨工业能耗特别高，二氧化碳排量特别大。在节能减排的背景下，降低能耗、提高转化率一直是化学工作者的追求和研究方向。全国Ⅰ卷第 12 题选择 2017 年化学期刊上发表的新型合成氨以生物燃料电池为载体，考查电池相关知识与原理，向考生呈现合成氨反应的电化学新途径。

传统石化能源面临枯竭，能量的高效转化和利用亦是目前化学科学领域研究的热点，新型电池就是该领域的热点方向之一。在新型电池研发中，采用纳米材料制作的电极，可以大大提高电池的工作性能和效率。全国Ⅲ卷第 13 题就将科学研究热点引入考题，以 2017 年 *Science* 报道的具有高稳定性和高循环效率的 Zn－NiOOH 二次电池为载体，考查考生对新型电池结构、充放电工作原理、电极反应等内容的理解和应用。

北京卷第 27 题，以高纯氢制备方法的真实情境为背景素材，呈现传统工

艺和最新研究两种工艺方法。一是呈现传统工艺中高纯氢的制备是化石能源的催化重整；二是利用最新研究的太阳能光伏电池电解水制备高纯氢，拓展考生科学视野。将盖斯定律、化学平衡移动原理、电化学原理及定量分析等进行综合考查。

Ficsher 和 Wilkinson 因对二茂铁的研究做出的卓越贡献而获得 1973 年度的诺贝尔化学奖。二茂铁具有特殊的结构和高稳定性，其合成技术一直在发展，从最早的化学方法合成发展到当前的电解合成。全国Ⅱ卷第 27 题以电解合成二茂铁为情境，考查非水溶液中的新合成方法的电化学原理，让考生了解非水溶液电化学过程的特点。

变化观念和平衡思想指能认识物质是运动和变化的，知道化学变化需要一定的条件，并遵循一定规律；认识化学变化的本质特征是有新物质生成，并伴有能量转化；认识化学变化有一定限度和速率，是可以调控的；能从多角度、动态地分析化学变化，运用化学反应原理解决简单的化学实际问题。全国Ⅰ卷第 28 题突出考查平衡转化观念的素养，该题以重要的化工过程——水煤气变换为研究对象，主要从 Shibaba 的实验数据、我国学者研究的水煤气变换的反应历程图、Shoichi 在 467℃和 489℃时的研究图表等多个角度考查考生对盖斯定律、有效碰撞原理、化学反应速率计算、化学平衡计算、勒夏特列原理等知识的掌握情况。从能力层次上来看，对考生接受、吸收、整合化学信息的能力和分析、解决化学问题的能力以及化学实验与探究能力都有要求，设问层层递进，能力层层筛选。

（三）设问角度独特，落实高考评价体系理念，引领学生全面发展

依据教育部考试中心研制的高考评价体系，设计高考化学试题的考查理念，在考查化学基础知识和基本原理的同时，测评学科关键能力，评价科学态度和价值理念等学科素养，对学生的综合素质进行全面评价，促进学生科学文化素质和思想道德素质的全面提升和发展。

1. 考查作为发展根基的必备知识，夯实全面发展基础

必备知识是实现全面发展的根基，是培养能力、发展素养的支柱。具有扎实和完整的知识储备，才有可能实现全面发展。化学是研究物质的科学，其必备知识是有关物质及反应的基本事实、基本概念、基本方法与基本原理组成的

基本知识体系。高考化学试题在内容上考查学生今后在化学专业发展需要的必备化学知识，包括化学语言与概念、物质结构与性质、反应原理与规律、物质转化与应用、实验原理与方法等方面。对这些必备知识的考查有利于学生打牢地基，巩固发展的基础。以教材中的知识为蓝本进行改造，既可以实现对基础知识的考查，又可以引导回归教材，减轻学习负担，提高学生学习的针对性和有效性。例如，北京卷第7题的图示源于教材，用符号模型的形式表达物质转化的微观过程；全国Ⅰ卷第7题和全国Ⅲ卷第7题的试题素材均来自教材，考查考生基础的化学知识。

2. 以考查关键能力为重点，实现能力驱动发展的策略

根据高考评价体系，关键能力是自主发展和全面发展的推动力和引擎，其含义为“学生在掌握基础知识和基本技能的过程中，培养起来的支撑学生终身发展、适应时代要求的能力”。通过梳理不同专家学者对化学关键能力的表述，化学学科的关键能力包括：理解与辨析能力、分析与推测能力、归纳与论证能力、探究与创新能力等。这些关键能力要求的内涵与新的课程标准要求基本一致。2019年高考化学试题对这些关键能力进行了重点考查。

理解与辨析能力的基本内涵通过辨析化学基本概念及判断常见物质在生产生活中的应用来实现。全国Ⅰ卷第7题辨析陶瓷及相关元素的物理、化学性质；全国Ⅲ卷第7题辨析碘酒、铝合金、活性炭及高纯硅在生产生活中的应用。对于“辨识模型、图表等各种类型信息，从中提取关键内容与已学知识进行整合”也属于理解与辨析能力。全国Ⅰ卷第36题提供手性碳定义，要求考生辨析并标注陌生有机物中的手性碳；再如全国Ⅱ卷第35题给出原子分数坐标的定义，要求考生根据定义和提供的原子分数坐标样例，写出其他位置的原子分数坐标。

分析与推测能力是指基于对化学反应规律的认识，能运用比较和分类等方法，预测物质的性质或可能发生的反应及产物；根据物质性质或反应现象等，判断物质的结构特征；结合化学原理，推测简单反应的过程和机理。全国Ⅰ卷第28题以水煤气变换为载体，要求考生在掌握化学反应原理的基础上，根据实验数据关系图表、运用化学基本原理来正确分析反应过程的能量变化、判断反应历程和机理、推测温度等因素对反应速率及化学平衡变化的影响。北京卷第12题，用图示的方式展现醋酸钠溶液、硫酸铜溶液和水的pH值随温度升

高而变化的情况，考查考生运用电离理论推测水的电离变化和 pH 值变化的逻辑关系，以及两种盐溶液 pH 值变化与酸碱性变化的关系。

归纳与论证能力是指对于不同呈现方式的数据和信息，归纳总结出变化特征和规律；比较不同方式得到的结果，论证并得出科学合理的结论。全国Ⅲ卷第 36 题要求对比分析不同碱、不同溶剂对合成反应的影响，进而论证不同条件对 Heck 反应的影响，归纳出条件温和、试剂简单、转化率高的合成反应条件。

探究与创新能力包括实验基本操作方法、实验及方案设计等能力。该能力是化学试题坚持考查的重点，每套试卷均设置一道选择题和非选择题专项考查基本实验探究能力。而对于创新能力的考查是通过新情境来实现的。全国Ⅰ卷和全国Ⅲ卷第 36 题，要求考生利用题目给出的合成方法，独立思考，设计有机物的合成路线，体现对创新思维的考查。全国Ⅱ卷第 36 题中的聚合物结构新颖，既不同于常见的加成聚合物，也不同于一般的缩合聚合物，所以，对该聚合物的聚合度的判断也体现了创新能力的考查。北京卷第 28 题，探究二氧化硫的实验室制备和二氧化硫与硝酸银溶液反应的产物，在物质制备的基础上进行物质性质探究。以实验探究的方式展现考生在解决问题过程中应具备的基于实验现象的证据推理意识，考查考生在面对具体情境及与化学相关事实时，能够在观察与辨识的基础上提出问题、开展探究并得出结论；能够根据物质的性质预测其可能的变化，应用对立统一、联系发展和动态平衡的观念、分析化学反应，运用多种方法对物质及其变化进行分类并揭示其本质属性。

3. 以考查化学方法为依托，促进“学会学习”核心素养的培养

2019 年是门捷列夫发现元素周期律和发表元素周期表 150 周年。为此，联合国将 2019 年确定为国际化学元素周期律年。元素周期律精辟阐明了元素性质的周期性地递变规律，反映了量变到质变以及共性和个性关系的科学思想，是化学学习和研究的有力工具。2019 年的高考化学试题有意识凸显元素周期律和元素周期表在化学学习中的重要作用，多卷多题目设置情境，让学生通过类比、对比的方法，温故而知新，预测和自主学习新（不熟悉）物质、新结构和新性质。全国Ⅰ卷第 35 题考查分类比较的方法，分析 Li_2O、MgO、P_4O_6、SO_2 熔点的差异。全国Ⅲ卷第 35 题考查分类比较的方法，分析苯

胺和甲苯的结构及分子间差异，阐释熔沸点差异的原因。全国Ⅱ卷第9题设置周期表情境，考查元素及其化合物的性质对比；全国Ⅱ卷第35题通过考生熟悉的氮元素类比预测与氮同族元素砷的化合物的结构和性质等。

三 高考化学答题情况分析及思考和建议

（一）全国Ⅰ卷考生答题情况分析（湖南）

第26题第（2）小题第一空，滤渣1的主要成分应填“SiO_2、Fe_2O_3、Al_2O_3”，较多考生答出“$Fe(OH)_3$”“$Al(OH)_3$”。错答“$Fe(OH)_3$”“$Al(OH)_3$”的考生可能是根据平时考试中做过的工艺流程题经常出现“调pH到3~4使Fe^{3+}沉淀”，故在此处直接套用此思路，而罔顾题目流程示意图提供的信息。

第27题第（3）小题第一空，应填“将Fe^{2+}全部氧化为Fe^{3+}；不引入杂质”，很多考生没有注意到题干中“选用足量的H_2O_2”中的“选用”和“足量”2个关键词，在答题时没有答出“全部”的意思，也没有答出使用H_2O_2“不引入杂质”这一优点。其实无论是“选用”还是“足量”，都是为了获得高纯度的硫酸铁：“足量”是确保无Fe^{2+}残余；“选用H_2O_2”是不引入新的杂质。制备实验中产品的纯度是重要标准之一。

答题时未按题目要求答题。如第28题第（1）小题、第（3）小题要求填“大于”“小于”，但是有些考生回答“$>$”“$<$”等答案。35题第（2）小题要求填“Cu^{2+}”或“Mg^{2+}”，有考生写的是“Cu”。还有第35题第（4）小题计算晶体密度时，题干中给的晶胞参数是“a pm”，而问题问的是“密度是____$g\cdot cm^{-3}$”。

部分考生答题的位置出现错误，导致阅卷老师无法判断是哪一空的答案。高考试卷的必做题有画线的格子，若有考生某题前面有些空未做，后面的空在答题时就容易出现错位。如果考生答题顺序很乱，就容易造成失分现象。

（二）全国Ⅱ卷学生答题情况分析（重庆）

第27题中答题主要情况及存在的主要问题如下：（1）a. 精确度不够，

b. 书写不规范；（2）a. 未带百分号，b. 表达不规范；（3）a. 错选 BCD，b. 漏选；（4）漏选。

第 28 题中答题主要情况及存在的主要问题如下：（1）①“易挥发”错答为“沸点低、燃点低”，“易燃”错答为“自燃”“易爆炸”；②a. 少答，b. 笼统地答，如“环保”“操作简便”“节约原料”。（2）学生审题不清，错写“乙醇的沸点比咖啡因的升华温度低”，“沸点低”错答为“易挥发、易气化、易干燥、易沸腾、沸点高”“可以降低沸点使产品产率提高”，“易浓缩”错答为“易蒸馏”。（3）错选 B. 球形冷凝管。（4）a. 笼统答“中和酸、中和有机酸”，b. 错答为“吸收色素、吸收纤维素”。（5）错答为“蒸发结晶、渗析、重结晶、过滤、蒸馏、盐析”“升化”“升华提纯法”。

第 35 题中答题主要情况及存在的主要问题如下：（1）a. 化学用语不规范，“三角推、维”，b. 错答为“氨气沸点低”，c. 错答为“H 键”“NH_3分子中/内存在氢键”“N－H 存在氢键”；（2）a. 只写“s”，b. 价层电子排布式，画的排布图；（3）不能比较离子半径；（4）不能用均摊法计算化合物的化学式。

36 题中答题主要情况及存在的主要问题：（1）a. 错写为“卤素原子、氯基”；（2）a. 只写“加成”，b. 错写为“加层反应”；（3）a. 没写产物“H_2O”，b. 反应物不是与 NaOH 反应，c. 结构不规范，如“CH”“CH_2”多写或者少写“H”；（4）和（5）a. 未推正确，b. 醛基结构书写不规范，c. 苯环取代基不连线；等等。

（三）进一步思考及针对答题情况的教学建议

在教学方面，第一，训练学生的书写基本功，减少非化学因素失分。以评卷现场考生的答题情况看，考生在元素符号、有机物的结构简式、化学用语的书写时存在不规范、不清晰或者不准确的事实，从答题的基本情况看这些考生基本上达到了要求，但是在答题中却因书写不规范等非智力因素而失分。因此，今后要加强学生的学科基本功的训练，确保学生能正确、清晰、规范表达其对试题的解答，提高学生的得分。第二，减少答题套路，要培养学生结合实际问题进行具体分析的习惯和能力。从 2019 年全国Ⅰ卷的第 13 题答题情况看，试题难度超过预期。分析其原因是该题调整了考查结构及周期律的考查思路，要求考生通过元素的成键性质去分析判断元素，这种考查思路对考生的惯性思维提出了挑战。因此，今后在教学过程中要加强思维方法的培养，提高学生具体问题具体分析的能力。

四　高考化学内容改革对教育教学的启示

（一）贯彻党的教育方针，全面落实课程改革理念和课程标准要求

1. 基于模块化的教学内容构建学科知识体系

化学是研究物质的组成、结构、性质和反应规律的一门科学，中学化学教学是以具体物质为载体介绍结构理论和反应原理，并介绍研究物质结构、性质和转化规律的实验方法，这些内容和化学学科的基本概念构成了中学化学知识体系。在教学过程中，课程内容的设置是按照章节有层次地螺旋式进行的，部分章节内容存在交叉，例如对于实验内容的教学，需要借助物质的性质或者反应原理的内容才能系统全面地进行。因此在教学和复习时不能单一地、孤立地、静态地讲学，而是要根据内容特点适时补充知识并回顾其他内容，从而综合地、动态地和全面地进行教学，注重处理物质结构和性质的关系，分析其在生产生活中的应用并利用对应的物质性质或者原理，辨识实验操作与物质性质、理论的联系，系统构建化学语言与概念、物质结构与性质、反应变化与规律、物质转化与应用、实验原理与方法的化学学科知识体系。

2. 基于化学学科核心素养培养学生学科能力

课程标准中的化学学科核心素养体系包括化学知识与技能的学习、化学思想观念的建构、科学探究与解决问题能力的发展、创新意识和社会责任感的形成等方面，与高考评价体系、学科命题指导思想及学科素养中的化学观念、思维方法、实践创新、态度责任等完全对应。这些内容是今后实施课程标准下的教学目标、实施学业水平考试的重要指南，也是目前高考考查内容的重要方面。化学观念是学科能力的基础，思维方法和实践创新是培养能力的手段和途径，态度责任是培养能力的驱动力，学业要求和质量水平是检测能力的依据。在单元教学中要紧紧围绕学业要求进行能力的培养，同时基于学业质量水平和

考试的能力要求进行能力的提升。因为学科核心素养是关键能力的综合性的抽象化要求，学业要求是针对学科内容的具体化能力要求，学业质量水平是宏观的标准化的能力要求，而考试中的能力要求则融合了学科核心素养、学业要求、学业质量水平重要的可测评的能力要求。高考评价体系的命题指南将化学的关键能力归结为理解与辨析能力、分析与推测能力、归纳与论证能力及探究与创新能力。而《考试大纲》中的能力表述为接受、吸收、整合化学信息的能力，分析问题和解决（解答）化学问题的能力，化学实验与探究能力。虽然部分省份还没进入新课程改革，考试或者课程标准对学科能力要求的表述有些差异，但是核心要求是一致的，所以在教学中要基于学科素养，培养学生的化学学科能力，提升学生的学科水平和解决学科问题的能力。

3. 基于真实情境素材促进学生全面发展

从 2019 年的高考化学试题看，不同考查内容采用不同的情境呈现策略，积极探索不同知识内容的情境呈现方式，联系工业生产、科学研究以及生活实际，以真实问题考查学生的学科能力。对于电化学原理内容，选取新型化学电源研发中的高性能电池、实际中的电化学装置作为试题素材，考查电化学反应、导电微粒迁移及能量转化过程；对于热力学和动力学内容，呈现工业或者科研的图表（如北京卷第 27 题、全国Ⅰ卷第 28 题和全国Ⅱ卷第 27 题），考查考生基于图表分析判断并选择适宜的工业生产条件的能力。在有机化学方面，则是以对功能有机物的合成路线的考查模式为主，在真实物质合成路线中分析物质性质、辨析反应条件、推理物质功能等。对于理论化和抽象程度较高的选考模块“物质结构与性质”试题，也结合国际化学元素周期表（如北京卷第 9 题）、最新功能材料（如全国Ⅰ卷 13 题无机合成中间体和第 35 题的超硬材料以及全国Ⅱ卷第 35 题的超导材料），从物质的功能或者材料的性能的角度考查物质的结构、性质及两者之间的关系。

《普通高中化学课程标准（2017 年版）》（以下简称《课程标准》）中增加了关于情境的要求，明确了基于情境的教学建议和考试命题要求。对于教学，要求课程内容情境化。在教学提示中增加了情境素材建议，这是编写教科书以及教学案例设计的重要参考依据。基于考试的实际情况以及课程标准的情境素材，在教学过程中要呈现真实问题情境，还原知识产生和应用的真实场景，让学生充分认识化学的价值，奠定学生对知识的理解和应用的现实基础，有利于学生将已学、未学的知识紧密联系在一起，从而实现培养其关键能力，促进养成科学精神和优秀的价值观念，促进学生化学学科核心素养的形成和发展。

（二）加强对高考评价体系的研究和学习，深入开展学科命题思路研究

1. 贯彻核心价值的引领作用，实施以价值为引领的命题理念

高考的立德树人核心功能定位要求试题设计必须围绕“为谁培养人”“培养什么人”“怎样培养人”的要求设计问题。试题的素材选取和问题的呈现必须发挥对学生真实的情感态度价值观的教育和引领功能。根据考查内容和要求选取我国科学家的最新科研成果，展现我国化学工作者在基础化学理论研究和化学工程技术等方面对世界科技进步和社会发展做出的巨大贡献，既能增长学生的知识见识还能厚植学生的爱国主义情怀，激发学生学习化学科学及化学工程技术的动力，树立为国家做贡献的远大抱负和理想信念。

2. 发挥学科素养的导向功能，落实学科素养导向的试题设计

以素养导向的实际问题作为测试任务，重点考查关键能力。测试目的是以真实情境的呈现形式和实际问题的展现方式为依据，不同目的的测试应采用不同的真实情境和实际问题。对与生活相关且较为简单的实际问题，考查学生对简单问题所体现的知识的应用能力和辨识能力。对于科研前沿和生产实际的真实情境，展现研究过程或者生成过程的实际问题，考查学生的探究与创新能力。

3. 充分认识情境的重要地位，践行基于真实情境的命题思路

高考中的情境是实现高考评价体系中“价值引领、素养导向”的命题理念的载体。以真实情境为载体的考试，可将问题回归到人类生产过程的本源，还原到知识应用的实际过程，符合人类知识再生产过程的规律。截至2019年，课程标准中给出了情境教学素材和案例，此后高考命题和新高考改革下的学业水平等级考试必须践行从科研期刊、博士论文和专业书籍中选取合适的素材，在真实的问题情境下考查学生运用知识解决问题并创造新理论的能力。

参考文献

教育部考试中心:《精选试题情境素材　深化高考内容改革——2019 年高考化学试题评析》,《中国考试》2019 年第 7 期。

单旭峰等:《真实情境的高考化学命题理论与实践》,《中学化学教学参考》2019 年第 9 期。

单旭峰:《从试题命制和能力考查的角度看中学化学教学》,《中学化学教学参考》2018 年第 Z1 期。

《2019 全国高考Ⅰ卷理综化学分析报告节选》(湖南师大附中 李莉), https://www.docin.com/p-2244045048.html。

《2019 年全国化学Ⅱ卷重庆考场阅卷分析报告》, http://www.zxxk.com/soft/11457646.html。

B.8

生物学科命题理论与实践*

《中国高考报告》课题组

一 2019年高考生物学科概况

2019年高考生物学科试卷分成两大类，第一类是教育部考试中心负责命制的高考全国卷，共分为4套，全国Ⅰ、Ⅱ、Ⅲ卷为理科综合试卷，海南卷为生物单科试卷。第二类是分省命题的试卷，有北京卷、天津卷、浙江卷、上海卷、江苏卷。

（一）全国卷中生物考试的特点

1. 理综考试

理综全国卷共有3套试卷。全国Ⅰ卷供河北、河南、湖北、湖南、山东、广东、山西、江西、安徽、福建10个省份使用。全国Ⅱ卷供辽宁、吉林、黑龙江、内蒙古、重庆、陕西、甘肃、宁夏、青海、新疆10个省份使用。全国Ⅲ卷供云南、贵州、四川、广西、西藏5个省份使用。生物试题贯彻落实全国教育大会精神，坚持以立德树人为核心，着重发挥生物高考选才和导向教学的功能。遵循《考试说明》，凸显学科特色，聚焦科学探究、必备知识、关键能力等方面，坚持稳中有进、学以致用的原则。试题在原创性、科学性、规范性等方面都较好地体现了教育部考试中心构建的“高考评价体系”框架，试题受到了社会的肯定和欢迎。

（1）落实全国教育大会精神，强调科学生产的重要性

高考生物学科注重考查考生的知识、能力和素养，注重理论联系实际

* 本文主要参考：教育部考试中心《彰显学科特质 发挥育人功能——2019年高考生物试题评析》，《中国考试》2019年第7期；杨帆、郭学恒《基于高考评价体系的生物科考试内容改革实施路径》，《中国考试》2019年第12期。

等，促进学生德智体美劳全面发展。例如，2019 年高考中，全国Ⅲ卷第 29 题围绕植物生长发育所必需的矿质元素（N）知识点进行设计。第（1）小题考查含氮有机物蛋白质、核酸在细胞内的合成场所等内容。第（2）小题要求考生设计实验验证作物对 NH_4^+ 和 NO_3^- 的吸收具有偏好性。这一实验提示考生在以后的农业生产中，要具体问题具体分析，根据作物对氮元素吸收的偏好进行施肥，避免盲目施肥造成资源浪费。试题体现了生物学理论在指导农业生产劳动中的积极作用，提示人们要重视运用生物学理论指导农业生产。

（2）按照《考试说明》命题，体现生物学科特色

必备知识是学科体系必不可少的组成部分，是发展学科能力的基础。考查必备知识是生物高考的目标之一，也是引导高中教学重视基础的有效方式。例如，2019 年高考理科综合全国Ⅰ卷第 30 题围绕排尿反射进行设计，对排尿反射的初级和高级中枢等基础知识进行了考查。

生物高考加强了对实验与探究能力的考查。2019 年高考理科综合全国Ⅰ卷第 29 题第（3）小题要求考生验证植物在干旱条件下气孔开度减小不是由缺水直接引起的，而是由脱落酸（ABA）引起的，考生需要根据给定的实验材料设计实验；全国Ⅱ卷第 37 题第（3）小题要求考生设计实验探究细菌能否利用空气中的氮气作为氮源。上述两个试题一个属于验证实验，一个属于探究实验，这些试题不但设计思路新颖，而且很好地考查了学生的实验能力。

（3）科学设计试题，体现国家卷水平

2019 年高考生物试题很好地体现了《考试说明》的要求。所考查的必修知识内容没有超出分子与细胞、遗传与进化、稳态与环境三个必修模块的范围。选做题中的两道试题没有超出生物技术与实践、现代生物科技专题两个选考模块范围，难度和呈现形式也大致相当。试题具有很好的原创性、科学性、规范性和逻辑性。

2. 生物单科考试

2019 年生物单科试卷使用于海南省。单科生物试题努力贯彻落实全国教育大会精神，坚持以立德树人为核心，着重发挥生物高考选才和导向教学的功能。试题关注学科特色，围绕知识、能力要求进行设计，坚持稳中有进、倡导学以致用等命题原则。

（1）落实全国教育大会精神，强调科学生产的重要性

高考生物试题坚持有利于高校对新生的选拔，有利于培养学生的综合能力和创新思维、激发学生学习生命科学的兴趣，培养实事求是的科学态度，帮助学生形成正确的价值观，促进学生德智体美劳全面发展。2019 年高考生物学科根据自身的特点以农业生产劳动（如棉花栽培、果树管理、番茄种植、柳条生根）等素材为载体，考查植物激素等的作用。例如，2019 年高考海南生物单科卷第 10 题表明了在农业生产劳动中遵循生物学理论的重要性，提示人们要重视运用生物学理论指导农业生产，坚持科学种田。

（2）按照《考试说明》命题，体现生物学科特色

知识是生物学科体系的重要组成，是发展学科能力的基础。考查必备知识是生物高考的目标之一，2019 年高考海南卷第 1 题、第 2 题分别考查了蛋白质与核酸、淀粉与纤维素相关的内容。这些物质的合成、组成和功能等均属于学科中的重要内容，是进一步学习生物学的基础，试题有利于引导考生对生物大分子的合成、功能等生物学基础知识的理解。

高考生物试题注重对实验与探究能力的考查。2019 年高考海南卷第 27 题第（3）小题要求考生设计实验确定某一物质的跨膜运输方式。生态学是高中生物的重要内容，是提高考生环境保护意识的重要载体。2019 年高考海南卷第 29 题强调了大熊猫是珍稀动物，为了保护大熊猫，我国建立了自然保护区，提示人们建立自然保护区有利于保护生物多样性。

（3）科学设计试题，体现国家卷的水平

2019 年高考生物试题很好地体现了《考试说明》的要求。所考查的必修知识内容没有超出分子与细胞、遗传与进化、稳态与环境三个模块的范围。选做题共设置两道试题，每道试题满分为 15 分，试题没有超出生物技术与实践、现代生物科技专题两个选修模块的范围和要求，试题的呈现形式大致相对稳定。

（二）分省命题试卷中生物考试的特点

2019 年高考，除全国 26 个省份使用教育部考试中心命制的全国卷外，还有几个分省命题的省市自主命制试卷，如北京、天津、浙江、上海和江苏。

1. 北京和天津的生物高考

北京和天津两地高考实行的是“3 + 文综/理综科目”设置方案，北京高考理综卷中的生物考试按照《考试说明》设计和命制试题，在满分为 300 分的理综试卷中生物学科占 80 分，而全国卷中生物学科占 90 分。天津高考理综实行分卷考试的形式，物理、化学和生物单独成卷，生物卷的总分也是 80 分。从命题和校对的角度看，这一形式有利于避免校对环节出现问题。2020 年，北京和天津的高考生物学科将实行等级考试。

2. 浙江和上海的生物高考

2017 年上海和浙江开始实施高考改革。在新高考的背景下，生物学科在上海、浙江的高考中被归类为学业水平考试科目，试题由两地各自命制。2019 年浙江和上海两地的新高考已进入第 3 个年头。浙江省生物学科的等级考试制定了相关的学科考试说明，试题分为选择题和非选择题两大类。

3. 江苏省的生物高考

在江苏省高考方案中，2019 年生物学科考试属于单科考试，也属于等级考试。生物试题按照《考试说明》进行命制，考试成绩分成不同的等级，不同高校的录取对成绩的等级有不同的要求。题型包括单选题、多选题和非选择题三大类，试卷满分为 120 分。

二　高考生物学科试卷特点

2019 年高考生物试题着眼于服务高校人才选拔需求，贯彻全国教育大会精神，充分发挥生物学科育人功能，积极引导高中生物教学，促进素质教育发展。试题突出学科特征，承续往年题型、表达方式等风格特征，贴近学生认知水平，注重基础性、综合性、应用性维度的综合考查。基于科学探究实验，结合生活实际、生产实践中生物学相关问题，考查考生的思维方式和实践能力。

（一）落实全国教育大会精神，渗透科学劳动观念，增强健康意识

2018 年 9 月 10 日，习近平总书记在全国教育大会上指出，要努力构建德智体美劳全面培养的教育体系；要在学生中弘扬劳动精神，教育引导学生崇尚

劳动、尊重劳动，懂得劳动最光荣、劳动最崇高、劳动最伟大、劳动最美丽的道理，长大后能够辛勤劳动、诚实劳动、创造性劳动。劳动实践与生物学科发展密切相关、相互促进。在劳动实践中积累的经验充实和完善了生物学科体系，劳动实践推动了生物学科的发展；生物学理论和技术可指导劳动生产、解决与劳动相关的实际问题，促进了劳动生产率的提高。要鼓励学生自觉运用科技成果改善劳动方式、提高生产效率，倡导劳动光荣的理念，反映出生物学科在劳动教育中独特的育人价值。

生物学科兼具实验性与实践性，将科学研究成果在生产生活实践中进行转化和应用，体现理论结合实践的重要性。高考生物试题关注高中生物教学的实际情况，精选生物学科在劳动生产实践中的应用实例，着意引导学生热爱劳动，强化科学劳动的意识，树立创造性劳动的观念，弘扬劳动精神。

（1）探究劳动生产问题，增强科学劳动意识

农业生产中合理施用化肥是提高农作物产量的有效措施。氮元素是一种植物生长所必需的矿质元素，合理施用氮肥是农业生产中提高产量的重要措施之一。氮元素是组成植物细胞内生物分子的重要元素，参与多项生命活动的进行。氮肥有多种存在形式，不同农作物对不同形式氮肥的吸收具有一定的偏好性。在实际生产过程中，若疏于考虑施用氮肥的形式，可能会妨碍增产目标的实现；若过量施用会污染环境、影响土质。全国Ⅲ卷第 29 题第（2）小题以探究农作物吸收氮元素的主要形式为素材，要求考生通过实验来探究农作物对铵态氮和硝态氮吸收的偏好性。以植物对不同存在形式氮肥吸收的偏好性为例，展现生物科学与农业生产之间的紧密关联，使考生体会到生物学知识在指导农业生产、提高农作物产量中的魅力。合理施用氮肥可使农业生产效益和环境效益相统一，既提高农作物产量又避免因过量施用氮肥造成的污染环境。试题体现了劳动实践需要科学指导的理念，呈现科学劳动可显著提高劳动效率的优点，有助于增强考生劳动生产的科学意识，促使考生将科学劳动的观念内化于心。

【例 1】2019 年全国Ⅲ卷第 29 题

氮元素是植物生长的必需元素，合理施用氮肥可提高农作物的产量。回答下列问题。

（1）植物细胞内，在核糖体上合成的含氮有机物是________，在细胞核中合成的含氮有机物是________，叶绿体中含氮的光合色素是________。

（2）农作物吸收氮元素的主要形式有铵态氮（NH_4^+）和硝态氮（NO_3^-）。已知作物甲对同一种营养液（以硝酸铵为唯一氮源）中 NH_4^+ 和 NO_3^- 的吸收具有偏好性（NH_4^+ 和 NO_3^- 同时存在时，对一种离子的吸收量大于另一种）。请设计实验对这种偏好性进行验证，要求简要写出实验思路、预期结果和结论。

（2）展现劳动生产新方式，传达创造性劳动理念

生物科学理论与技术的进步和发展有助于解决农业生产中的实际问题。在农业生产中有效利用生物技术有助于达成提高生产量、改善产品品质、避免病虫害的目标。全国Ⅱ卷第 38 题以植物组织培养技术在农业生产中的应用为素材，涵盖微型繁殖、人工种子、作物脱毒等生物技术，展现植物繁殖的新途径和新方法，体现进步的科学技术在解决农业生产问题中的价值。对植物组织培养技术在解决农业生产实际问题方面进行考查，渗透科学劳动、创造性劳动的理念，有助于增强考生运用新思路、新方法解决问题的意识，体现生物学科在劳动教育中的育人价值。

【例 2】2019 年全国Ⅱ卷第 38 题

植物组织培养技术在科学研究和生产实践中得到了广泛的应用。回答下列问题。

（1）植物微型繁殖是植物繁殖的一种途径。与常规的种子繁殖方法相比，这种微型繁殖技术的特点有________（答出 2 点即可）。

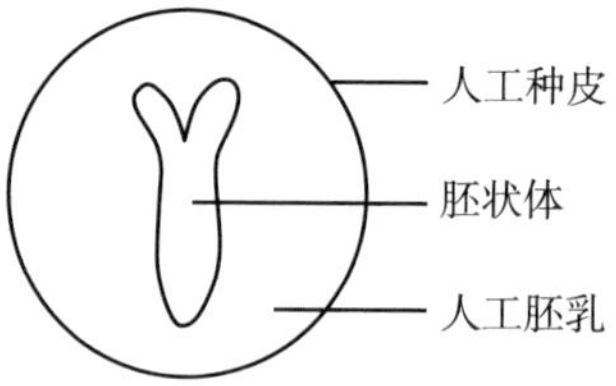

（2）通过组织培养技术，可把植物组织细胞培养成胚状体，再通过人工种皮（人工薄膜）包装得到人工种子（如图所示），这种人工种子在适宜条件下可萌发生长。人工种皮具备透气性的作用是________。人工胚乳能够为胚状体生长提供所需的物质，因此应含有植物激素、________和________等几类物质。

（3）用脱毒苗进行繁殖，可以减少作物感染病毒。为了获得脱毒苗，可以选取植物的________进行组织培养。

（4）植物组织培养技术可与基因工程技术相结合获得转基因植株。将含有目的基因的细胞培养成一个完整植株的基本程序是________（用流程图表示）。

北京卷第30题以中国科学家在发现油菜雄性不育株的基础上，研究其遗传机制并在油菜杂交制种中的应用为主线，围绕培育优质高产油菜杂交种过程中存在操作困难的真实问题，通过分析制种过程中需拔除可育植株的遗传学原理的设问让考生体会到实际劳动生产的不易。试题要求考生设计新遗传性状与育性性状组合，从而降低油菜制种劳作中的人力劳动强度、提高劳动精度以解决实际问题；考查考生通过创造性劳动解决实际问题的能力，使考生深刻体会脑力劳动是创造性劳动的重要组成部分，进而树立艰苦奋斗、创新奉献的劳动观念。

【例3】2019年北京卷第30题

油菜是我国重要的油料作物，培育高产优质新品种意义重大。油菜的杂种一代会出现杂种优势（产量等性状优于双亲），但这种优势无法在自交后代中保持。杂种优势的利用可显著提高油菜籽的产量。

（1）油菜具有两性花，去雄是杂交的关键步骤，但人工去雄耗时费力，在生产上不具备可操作性。我国学者发现了油菜雄性不育突变株（雄蕊异常，肉眼可辨），利用该突变株进行的杂交实验如下：

①由杂交一结果推测，育性正常与雄性不育性状受________对等位基因控制。在杂交二中，雄性不育为________性性状。

②杂交一与杂交二的F_1表现型不同的原因是育性性状由位于同源染色体相同位置上的3个基因（A_1、A_2、A_3）决定。品系1、雄性不育株、

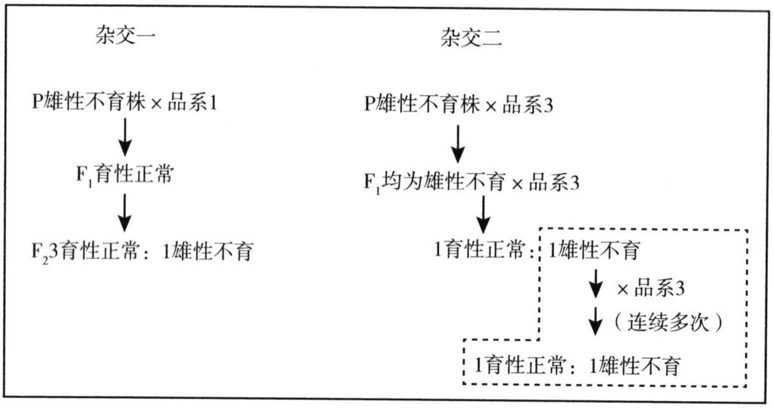

品系3的基因型分别为 A_1A_1、A_2A_2、A_3A_3。根据杂交一、二的结果，判断 A_1、A_2、A_3之间的显隐性关系是________。

（2）利用上述基因间的关系，可大量制备兼具品系1、3优良性状的油菜杂交种子（YF_1），供农业生产使用，主要过程如下：

①经过图中虚线框内的杂交后，可将品系3的优良性状与________性状整合在同一植株上，该植株所结种子的基因型及比例为________。

②将上述种子种成母本行，将基因型为________的品系种成父本行，用于制备 YF_1。

③为制备 YF_1，油菜刚开花时应拔除母本行中具有某一育性性状的植株。否则，得到的种子给农户种植后，会导致油菜籽减产，其原因是________。

（3）上述辨别并拔除特定植株的操作只能在油菜刚开花时（散粉前）完成，供操作的时间短，还有因辨别失误而漏拔的可能。有人设想：“利用某一直观的相对性状在油菜开花前推断植株的育性”，请用控制该性状的等位基因（E、e）及其与A基因在染色体上的位置关系展示这一设想。

（3）融入生活实际问题，倡导健康生活态度

实际生活中的具体问题和真实事例最贴近考生，也最能触动考生。健康关系千家万户的幸福。试题选用运动健康、疾病防控等考生熟悉的话题与考生进行对话，提倡健康文明的生活方式，培养考生成为健康中国的促进者和

实践者。

北京卷第 29 题以流行性感冒防治的研究成果为试题情境，是考生既熟悉又与其自身健康密切相关的素材。其中，第(3)小题引导考生在对流感病毒变异性认识与理解的基础上，阐明每年接种流感疫苗的原理。试题既贴近考生生活，也促使考生用所学生物学知识指导生活实践，主动运用传染病的相关防控知识保护自身健康并向他人宣传。第(5)小题以当你被确诊为流感患者后应采取的具体措施设问，既考查考生在患病后是否关注自身健康、能在医生指导下合理治疗，还期待考生能够考虑到作为社会一员，应具备避免传染他人的社会责任感。江苏卷第 27 题以社区健康日体检发现尿糖超标为背景，考查胰岛素作用、糖尿病原因等，指出定期体检的必要性，倡导关注健康、热爱生活的积极态度。

【例 4】2019 年北京卷第 29 题

流行性感冒（流感）由流感病毒引起，传播速度快、波及范围广，严重时可致人死亡。

（1）流感病毒必须在________内增殖，当侵染人呼吸道上皮细胞时，会经过________、穿入、脱壳、生物合成和成熟释放等几个阶段。

（2）流感病毒的抗原刺激人体免疫系统，使 B 细胞增殖分化为________细胞，后者能产生特异性抗体。

（3）HA 和 NA 是流感病毒表面的两种糖蛋白，甲型流感病毒的 HA、NA 氨基酸序列的变异频率非常高，导致每年流行的病毒毒株可能不同。每年要根据流行预测进行预防接种的免疫学原理是________。

（4）研究者通过实验观察 NA 抗体对病毒侵染细胞的抑制作用。主要实验材料包括：感染流感病毒后 63 天、21 天的两位康复者的 NA 抗体（分别为 D63、D21）、对照抗体、流感病毒和易感细胞。

实验的主要步骤依次是：培养易感细胞、________（选择并排序）等。

a. 将抗体分别与流感病毒混合

b. 将各混合物加入同一细胞培养瓶

c. 将各混合物分别加入不同细胞培养

d. 检测 NA 抗体与易感细胞的结合率

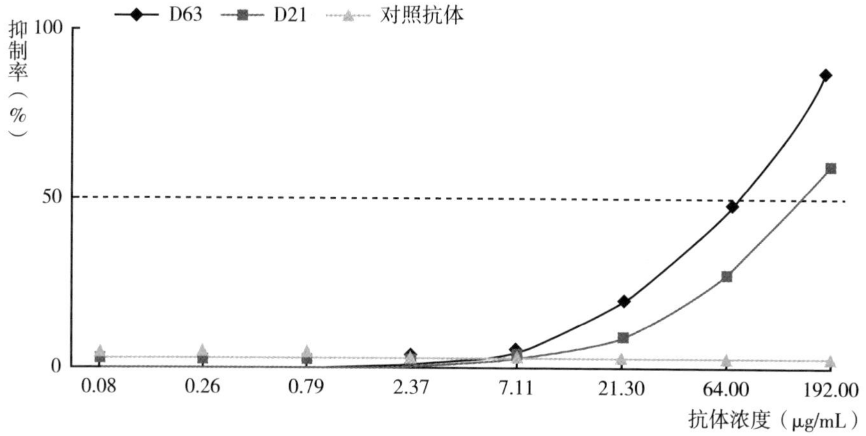

e. 检测培养物中病毒的增殖量

f. 检测细胞对病毒的损伤程度

②图中实验结果表明，这两位康复者均产生了抗 NA 的抗体，其中对流感病毒抑制效果较好的抗体是________。选用的对照抗体应不能与________特异性结合。

③依据本实验结果提出疫苗研制的思路。

（5）若你已被确诊为流感患者，请例举具体的应对措施。

北京卷第 2 题将考生比较陌生的科研结果与考生熟悉的体育运动相联系。通过实验结果，展示体育运动在促进大脑发育和提高学习记忆能力方面所起的作用。以此体现运动在生命活动中的重要性，引导考生认同适量的体育锻炼不仅能够强身健体，还对学习记忆有促进作用，倡导健康文明的生活方式，体现出高考生物试题的育人功能。

【例 5】2019 年北京卷第 2 题

为探究运动对海马脑区发育和学习记忆能力的影响，研究者将实验动物分为运动组和对照组，运动组每天进行适量的有氧运动（跑步/游泳）。数周后，研究人员发现运动组海马脑区发育水平比对照组提高了 1.5 倍，靠学习记忆找到特定目标的时间缩短了约 40%。根据该研究结果可得出

A. 有氧运动不利于海马脑区的发育

B. 规律且适量的运动促进学习记忆

C. 有氧运动会减少神经元间的联系

D. 不运动利于海马脑区神经元兴奋

（二）彰显生物学科特质，聚焦科学探究考查

高考生物试题设计注重发挥生物学科特质与育人优势，体现生物学科育人理念，强调生物学科习得的必备知识、养成的关键能力和发展的学科素养，积极引导高中生物学科教学的有益深化，助力推进素质教育。

（1）考查必备知识，引导夯实学科基础

生物学科体系包含学科概念、原理、方法、规律等内容，必备知识是构建学科体系的根基，是发展学科关键能力的基础。考查必备知识是生物高考的目标之一，也是引导生物学科教学的有效方式。例如，对生物大分子的结构、功能及其在细胞内合成的场所等相关必备知识的考查有助于学生加深对生命现象和生命活动规律的理解。全国Ⅱ卷第 1 题考查真核生物物质合成的位置，全国Ⅰ卷第 30 题考查反射活动，天津卷第 1 题考查脱氧核苷酸的定位和功能，江苏卷第 1 题考查蛋白质和核酸的结构及功能，均指向考查学科必备知识，引导生物学教学注重基础，加强对重要概念的理解。

（2）着意关键能力，指向加强实验教学

关键能力是高考考查的主要目标之一，亦是高校选拔的重要参考。高考生物对实验与探究能力的考查是体现科学思维、科学探究的重要落脚点，是高考生物的显著特征。对实验与探究能力的考查主要涉及实验思路、预期结果、得出结论等维度，此类试题能够反映出学生分析问题和解决问题的能力。

用科学、规范的语言做出逻辑严谨的表述，是科学素养的基础。试题以学科特色鲜明的科学研究为情境，语言科学、逻辑严密。全国卷试题要求“简要写出实验思路、预期结果和结论”，综合考查考生对生物学实验方案的总体制定能力。在现行纸笔考试的测评方式下，要求写出大体思路、预期结果、结论等主要内容，是对考生实验探究能力的测量，对高中生物学科实验教学有积极的导向作用。“简要写出实验思路”等作答要求对语言表达能力提出了一定要求，引导学生注重应用写作能力的培养，使之为今后的发展练好

基本功。

全国Ⅰ卷第29题要求考生验证植物在干旱逆境条件下气孔关闭适应性表现的直接诱发因素，考生需要根据给定的实验材料设计实验；全国Ⅱ卷第37题要求考生设计实验探究细菌能否利用空气中的氮气作为氮源；全国Ⅲ卷第29题要求考生对农作物吸收氮元素形式的偏好性进行确定；北京卷第31题要求考生对特定结论给出判断依据；天津卷第9题要求考生对例外反常的现象给出合理的解释。依托实验方案设计考查实验探究能力，有助于高中生物学科教学注重实验探究中科学思维的训练和科学方法的掌握，助力改善当前普遍存在的生物学科实验教学方式不当、重视不足的问题。

（3）发展学科素养，注重增强社会责任

保护生态环境是学科素养中社会责任的重要体现。高考生物试题坚持学科素养导向，着意传递保护环境的社会责任意识与建设生态文明的使命担当。高考生物对生态系统、生态环境保护等内容进行考查，积极倡导生态文明。全国Ⅱ卷第37题针对土壤污染问题，创设筛选能降解土壤污染物细菌的情境，考查考生对微生物分离、培养、筛选等内容的理解和运用；全国Ⅰ卷第37题要求考生对高效降解环境污染有机物细菌的分离过程进行深入思考，深度考查对微生物分离、纯化等内容的理解；天津卷第7题对人工恢复林状态的调查研究进行考查，凸显环境保护理念，着意体现社会责任担当意识，助力发展学科素养。

（三）稳中有变，发挥育人选才功能

2019年高考生物试题承续往年高考命题风格，坚持稳中有变的原则。试题注重体现生物学科特点，在考查内容、试题呈现方式等方面体现出稳定和新颖的特点，便于考生作答发挥。在试卷设计过程中，根据往年实测结果及评价反馈意见对试卷进行调整和优化，充分考虑一线教学实际情况和考生的认知特点，助力高考改革深化的稳步推进，更好地发挥高考区分选才和育人的重要作用。

（1）注重基础性和综合性，加强思维能力的考查

高考生物试题设计注重基础性和综合性，避免偏题、怪题，突出逻辑推理等思维能力的考查。试题设计依循由浅入深、由易及难、由表及里的原则，为考生作答铺设可为路径、引导作答，帮助考生更好地完成作答任务，增强考生

作答信心。试题在阅读长度、思维深度、作答难度等维度进行梯度设置，增强考生的获得感和成就感，亦可更好地实现试题的区分目标。选择题的题型内和非选择题题目内问题均体现由易到难的位序特征，其中非选择题的简单问题主要考查基本概念、基本过程、基本规律的理解和掌握，后续问题主要考查逻辑推理、获取信息、综合分析与表达的能力。全国Ⅱ卷第32题考查考生对遗传基本规律的理解和运用，体现高考评价体系“四翼”中基础性考查要求，如对相对性状显隐性及基因型的判断。全国Ⅱ卷第31题围绕生态系统能量问题进行设计，综合考查考生对植物光合作用和呼吸作用的理解。江苏卷第13题考查加酶洗涤剂的应用特性，综合测量考生分析问题和解决问题的能力，体现“四翼”中综合性考查要求。

（2）强调应用性，促进学以致用，倡导环境友好理念

高考生物试题讲求学以致用，突出应用性，引导考生能够有意识地将所学知识和技能应用于生产生活相关问题的解决。运用生态学原理解决生产实践问题，鼓励学生积极参与环境保护，是生态文明建设的重要内容之一。全国Ⅰ卷第31题以果园生态系统为例考查食物链、物种间关系等生态系统基本概念，以及运用生态学原理进行生物防治的实例。此题将生态系统信息传递功能理论用于指导果园害虫生物防治，反映出生物防治害虫的快速高效、环境友好的特点，突出理论联系实际的应用性导向。全国Ⅲ卷第37题第（4）小题考查废弃培养基的处理方式，强调实验材料的合理处理和环境保护意识，渗透生产生活中注重环境友好的理念。

（3）凸显创新性，提高创新意识，助力增长知识见识

习近平总书记在全国教育大会上指出，积极投身实施创新驱动发展战略，着重培养创新型、复合型、应用型人才。创新型人才是建设创新型国家的重要保障，为建成社会主义强国提供人才支撑。引导教学是高考的核心功能，是基础教育的现实功能。试题考查考生的创新能力与创新精神，助力创新人才的选拔。创新试题表述方式、呈现形式、考查内容，增强题目新颖性，体现试题创新性。高考生物试题注重创新性考查，例如，全国Ⅰ卷第29题要求考生在干旱条件和脱落酸两种因素存在的情况下设计实验验证干旱条件下引起植物气孔关闭的直接因素，基于实验探究能力的考查反映创新性考查要求。全国Ⅱ卷第31题以生态系统生产量的实验测定为素材进行设计，

恰当描述生产量这一相对陌生的概念，贴近考生认知水平，要求对所得相关结果进行分析，有助于激发考生思考，拓宽知识范围，增强在新情境中解决问题的能力。

三　基于高考评价体系的能力考查

2014 年 9 月，国务院颁布了《关于深化考试招生制度改革的实施意见》（以下简称《实施意见》），为贯彻和落实《实施意见》的要求，教育部考试中心提出了“一核四层四翼”的高考评价体系，该体系通过确立“立德树人、服务选才、引导教学”这一高考核心立场，回答了“为什么考”的问题，通过明确“核心价值、学科素养、关键能力、必备知识”四层考查内容以及“基础性、综合性、应用性、创新性”四个方面的考查要求，回答了高考“考什么”和“怎么考”的问题。高考中对生物学科关键能力的考查包括“理解能力、实验探究能力、问题解决能力和创新能力”。这里以关键能力中的“问题解决能力”为例谈一下对其考查的思考。

【例 6】下图是某农业生态系统模式图。

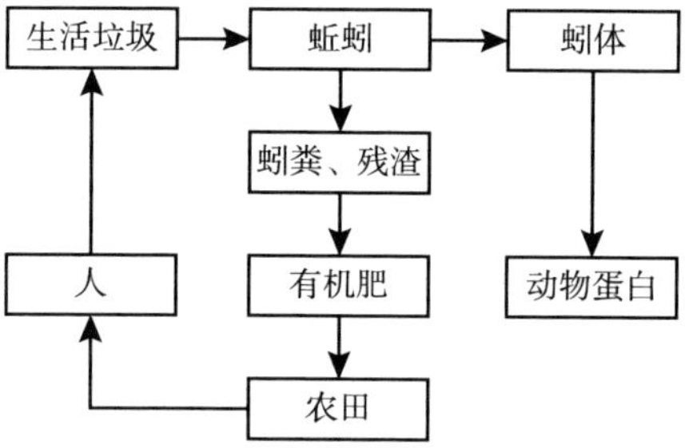

据图回答下列问题：

（1）蚯蚓生命活动所需的能量来自于生活垃圾中的________（填“有机物”或“无机物”）。生活垃圾中的细菌和真菌属于分解者，在生态系统中分解者的作用是________。

（2）根据生态系统中分解者的作用，若要采用生物方法处理生活垃圾，在确定处理生活垃圾的方案时，通常需要考虑的因素可概括为 3 个方面，即________。

(3) 有机肥在土壤中经分解、转化可产生 NO_3^-，通常植物根系对 NO_3^- 的吸收是通过________运输完成的。

【答案】(1) 有机物将动植物遗体和动物的排遗物分解成无机物

(2) 待分解垃圾的性质，引进的分解者生物的种类，处理环境的理化条件

(3) 主动

【点评】第 (2) 小题是一个比较典型的考查“问题解决能力”的试题。其主旨是考查学生运用生态系统中分解者的理论，思考设计垃圾处理方案要考虑的因素。我们知道，将有机物分解成无机物属于化学反应，其是完成垃圾处理的核心环节。从化学反应的角度看，反应物的性质（如垃圾的性质），反应条件（如温度），以及参与反应的生物是与反应完成密切相关的因素。

除了上面提到的四个关键能力外，实际上获取信息能力、文字表达能力也是生物高考不可或缺的。在生物高考命题中，对“问题解决能力”的定义是能综合运用所学知识，解释或解决与生物学相关的生活、生产实践等情境中的问题。上面的例题可以归为考查“问题解决能力”的一个典例。

余　言

教育部于 2017 年颁布了《普通高中生物学课程标准（2017 年版）》。与之配套的普通高中教科书《生物学》也从 2019 年起陆续出版。继 2017 年浙江和上海实施新高考后，2020 年将有北京、天津、山东、海南 4 个省份进入新高考，2021 年将有湖北等 8 个省份实施新高考。在这个过渡期中，生物学科或仍然以理科综合考试的形式出现在高考试卷中，或以等级考试的形式出现在新高考的试卷中。无论以哪种形式呈现，生物高考都将不断进行内容和形式改革，为学生成长、国家选才和社会公平做出贡献。

参考文献

杨学为主编《中国高考报告（2019）》，社会科学文献出版社，2019。

杨帆、王月玲：《2017 年高考方案下的考试评价模式——以生物学高考内容和形式改革为例》，《生物学通报》2018 年第 1 期。

依兰：《新时期生物学科高考评价体系的构建》，《生物学通报》2019 年第 1 期。

教育部考试中心：《2019 年普通高等学校招生全国统一考试大纲的说明（理科）》，高等教育出版社，2018。

教育部考试中心：《2019 年普通高等学校招生全国统一考试大纲的说明（理科）（供海南省使用）》，高等教育出版社，2018。

教育部考试中心：《彰显学科特质　发挥育人功能——2019 年高考生物试题评析》，《中国考试》2019 年第 7 期。

B.9

思想政治学科命题理论与实践*

《中国高考报告》课题组

2018 年 9 月，习近平总书记在全国教育大会上强调，要深化教育体制改革，健全立德树人落实机制，从根本上解决教育评价“指挥棒”问题。高考思想政治学科将落实立德树人根本任务放在首位，不断深化考试内容改革，提高对中学教育教学的指挥水平，推动发展素质教育，助力培养德智体美劳全面发展的社会主义建设者和接班人。2019 年高考思想政治试题贯彻全国教育大会精神，聚焦“六个下功夫”，以高考评价体系为引领，按照全面发展的要求丰富考查内容，推动考查形式创新，在服务高校人才选拔的同时，更好地发挥高考育人功能，增强对基础教育的正面导向作用，引导学生奠定支撑终身发展的坚实思想政治素质基础，促进学生德智体美劳全面发展。思想政治命题坚持“稳中有进”的总基调，命题风格、题型题量、呈现方式在保持基本稳定的基础上，又有所创新。

一　2019年高考思想政治学科基本情况

2019 年高考思想政治学科试题包括全国Ⅰ、Ⅱ、Ⅲ卷和天津卷、北京卷共 5 套文科综合试卷的思想政治部分试题，以及全国Ⅳ卷、江苏卷 2 套思想政治单科卷的试题，共 7 套试题，其中全国卷由教育部考试中心命题。使用全国卷的省份情况如下：安徽、福建、江西、河北、山西、山东、河南、湖北、湖南、广东 10 个省份使用全国Ⅰ卷；内蒙古、辽宁、吉林、黑龙江、重庆、陕西、甘肃、青海、宁夏、新疆 10 个省份使用全国Ⅱ卷；广西、四川、贵州、云南、西藏 5 个省份使用全国Ⅲ卷；海南省使用全国Ⅳ卷。

---

* 本文主要参考：教育部考试中心《聚焦育人目标　优化考查内容　着力增强高考的积极导向作用——2019年高考思想政治试题评析》，《中国考试》2019年第7期；胡传勇、巫阳朔《基于高考评价体系的思想政治科考试内容改革实施路径》，《中国考试》2019年第12期。

二　2019年高考思想政治学科试卷分析

本部分对试卷试题的统计分析只针对全国卷。

（一）试卷统计分析

试卷的基本统计数据包括科目的样本量、科目总成绩的平均分、整卷难度、标准差、内部一致性信度（α 信度）。

1. 全国Ⅰ卷

文科综合Ⅰ卷整卷难度值为 0.548，其中思想政治部分的整体难度值为 0.572，试卷的 α 信度系数为 0.8586，说明其内部一致性较高。

2. 全国Ⅱ卷

文科综合Ⅱ卷整卷难度值为 0.533，其中思想政治部分的整体难度值为 0.546，试卷的 α 信度系数为 0.8536，说明其内部一致性较高。

3. 全国Ⅲ卷

文科综合Ⅲ卷整卷难度值为 0.566，其中思想政治部分的整体难度值为 0.608，试卷的 α 信度系数为 0.8525，说明其内部一致性较高。

4. 全国Ⅳ卷

文科综合Ⅳ卷整卷难度值为 0.500，试卷的 α 信度系数为 0.8100，说明其内部一致性较高。

（二）典型试题分析

1. 选择题

【例 1】全国Ⅰ卷第 19 题

2019 年上映的国产电影《流浪地球》，立足于中华优秀传统文化，融入天下大同、和谐共生的价值理念，借鉴国外科幻电影元素，讲述了全球联合起来拯救地球的故事，获得海内外观众广泛好评，被称为“开启了中国科幻电影元年”。从中获得的启示是

①中华优秀传统文化是支撑文化创新的强大基因

②植根于民族历史的文化就能引领世界文化的发展

③不同国家和民族的文化在交流、借鉴中融为一体

④中华文化在交流、借鉴和融合中能够更好地创新发展

A. ①②　　　　B. ①④　　　　C. ②③　　　　D. ③④

该题以 2019 年热映的国产科幻电影《流浪地球》为素材，从中华文化创新发展和一般的文化发展两个层面，考查考生对文化创新发展相关知识的掌握情况。从题干材料看，电影《流浪地球》之所以能够取得创新成就，是因为它既立足于中华优秀传统文化，又借鉴国外科幻电影元素；从文化知识看，中华优秀传统文化之所以绵延五千年仍然生机勃勃，就是因为它包含着与时俱进、不断创新的基因，同时又重视文化的国际交流、借鉴、融合，故①、④正确。任何民族文化都根植于自己民族的历史，但不一定能引领世界文化发展，故②不正确。文化多样性是人类社会的基本特征。不同国家和民族的文化在交流、借鉴中融合，但不可能融合为一体，故③不正确。因此，该题正确答案为 B。

试题区分度为 0.42，大于 0.4，表明区分度良好，能够有效区分考生。

【例 2】全国Ⅱ卷第 12 题

某国生产新闻纸所需要的纸浆以固废纸为原料，消耗的固废纸 20% 以上依赖进口。出于环保需要，2019 年该国开始限制固废纸进口。不考虑其他因素，正确反映短期内该国新闻纸价格变化的图示是（图中 S 表示供给，D 表示需求）

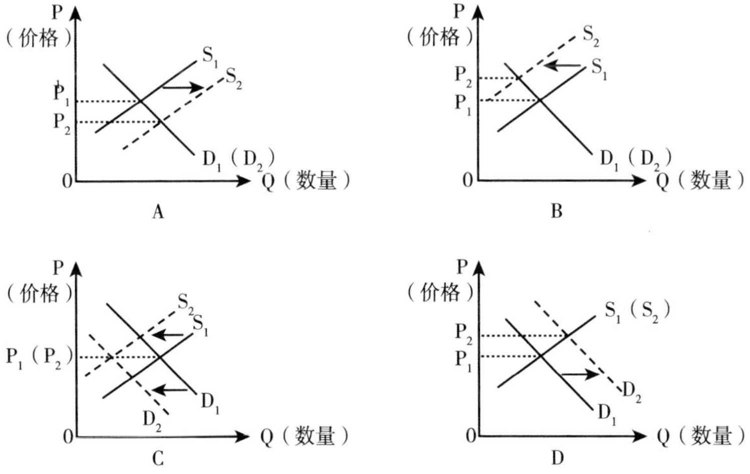

该题以新闻纸生产的案例，要求学生思考当上游原料（固废纸）的进口减少时，对下游新闻纸的价格将产生怎样的影响。当进口受限时，进口将减少，这意味着国内供给减少、价格上升（需求不变）。因此，限废令将使国内固废纸的价格上涨。固废纸价格的上涨，意味着国内新闻纸的生产成本增加、市场供给减少。新闻纸的需求不变、供给减少，意味着市场供不应求，新闻纸的价格将上涨。新闻纸的价格上涨，意味着 $P_2 > P_1$，故选项 A、C 错误。由于新闻纸的供给减少是由非价格因素（限废令）引起的，故供给曲线应向左上方平行移动，而需求曲线不变，故选项 B 正确、选项 D 错误。

试题区分度为 0.45，大于 0.4，表明区分度良好，能够有效区分考生。

2. 主观题

【例 3】全国Ⅲ卷第 38 题

推动形成全面开放新格局是党中央的决策部署。

材料一

党的十九大要求实行高水平的贸易和投资自由化便利化政策，保护外商投资合法权益。制定外资基础性法律列入《全国人大常委会 2018 年立法工作计划》。

商务部、国家发展改革委、司法部经征求中央财办、外交部、财政部、人民银行等 72 个中央有关单位以及地方人民政府等方面的意见，起草形成了《中华人民共和国外商投资法（草案）》。

2018 年 12 月，全国人大常委会初次审议这一草案并在中国人大网公布，向社会征求意见。2019 年 3 月，十三届全国人大二次会议审议通过《中华人民共和国外商投资法》。

材料二

近几年中国新能源汽车发展迅速，生产企业已达 200 多家，产业集群优势明显。2018 年，中国取消新能源汽车外资股比限制，允许该领域实行外资独资经营。新通过的《外商投资法》对外商投资实行准入前的国民待遇加负面清单管理制度。

某公司是国外一家具有全球影响力的新能源汽车企业，其设计与生产理念同当前全球先进制造、绿色能源、智能制造高度契合，2018 年该公司入选世界品牌 500 强。2019 年 1 月，该公司决定在上海投资 70 亿美元开工建设集新能源汽车的研发、制造、销售等功能于一体的超级工厂，预计年生产纯电动汽车 50 万辆。

2018 年，中国新能源汽车产销分别完成 127 万辆和 125.6 万辆，比上年分别增长 59.9% 和 61.7%。市场预测，到 2028 年新能源汽车在中国的销量将超过 1100 万辆。

（1）结合材料一，运用政治生活知识说明外商投资法的制定是如何体现依法治国方略的。

（2）结合材料二，运用经济生活知识分析该公司为何在中国投资建设新能源汽车工厂。

该题以新形势下我国推动形成全面开放新格局为背景，考查考生运用政治生活、经济生活相关知识分析、思考问题的能力。第（1）问以《外商投资法》制定为素材，聚焦于立法环节，考查考生对依法治国方略的掌握。第（2）问呈现国外新能源汽车企业在上海投资建设新能源汽车工厂的情境，考查考生运用经济知识解读归纳情境信息、综合分析现实投资问题的能力。

试题难度为 0.505，区分度为 0.728，表明该题难度适中，区分度很好。

【例 4】全国Ⅳ卷第 23 题

在认识活动中，人们往往关注自己感兴趣的信息，忽视注意力之外的信息和事实。信息大爆炸的网络时代，有的信息发布者借助人工智能，投用户所好进行精准分发，用户慢慢地就只看到自己所关注的信息，认知越来越封闭。有人因此认为“事实因被忽视而消失”。

结合材料，运用所学哲学知识对“事实因被忽视而消失”的观点加以辨析。

该题属于哲学认识论方面的辨析题。认识是主体对客体的反映，主体对客体信息有筛选、过滤、建构等加工处理的方式。所以，人们往往以主体的需要、能力和已有知识储备为基础来选择、加工外部信息，形成了主体的认识方式、认识结果不同的现象。该题以信息大爆炸的网络时代，信息发布方式的变化以及对人们认识产生的负面影响为素材，贴近学生的生活实际，考查考生运用马克思主义认识论的相关知识分析“事实因被忽视而消失”的观点。

要想准确地辨析全国Ⅱ卷第 23 题，要求考生对马克思主义认识论原理有全面的了解。首先，考生要理解，认识是主体的活动，主体的立场观点方法和知识掌握程度不同，会对同一个认识客体产生不同的认识结果。认识的主体性特征往往使人们忽视注意力之外的信息和事实。其次，考生还要理解，认识呈现出主体性特征，并不意味着认识客体、外在信息会因为主体的忽视而消失。认识客体是本原的、第一性的，它的客观性不会因为主体的状态而改变。这是马克思主义认识论的基本观点。最后，考生还要注意认识上偏听偏信、自以为是导致的认识错误，时常反思自己的认识，避免认识的主体性膨胀可能产生的认识误区。总之，考生若能比较娴熟地掌握马克思主义认识论的基本原理，注意培养运用原理分析材料、获取和解读相关信息的能力，对答题较为有利。

试题难度为 0. 302，区分度为 0. 715，表明该题难度较大，区分度很好。

三　2019年高考思想政治学科的试题特点

高考为高校选拔合格新生，是考试招生制度这一国家基本教育制度的重要组成部分。高考上接高等教育，下联基础教育，在服务高校人才选拔的同时，对中学教育教学具有强大的牵引力。在很大程度上，高考“考什么”和“怎么考”，对于高中“教什么”和“怎么教”，具有直接、强有力的影响。高考命题要围绕“培养什么人、怎样培养人、为谁培养人”这一根本问题，聚焦“为什么考、考什么、怎么考”这一考试本源性问题，进一步加强对考试内容的科学设计，改进考试命题的方式方法，全面提升高考的指挥水平，不断增强国家教育考试人才选拔培养的综合效益。2019 年高考思想政治学科命题聚焦全面贯彻党的教育方针，在考试命题中扎实推进德智体美劳五育并举，坚持落实“六个下功夫”，以“立德树人、服务选才、引导教学”高考核心功能为指导，进一步增强高考育人功能；坚持“能力立意、素养导向”，进一步提升试题试卷区分效果，更好地满足高校人才选拔需求；主动对接国家课程标准，着力推动素质教育的发展，进一步发挥对中学教与学的积极导向作用。

（一）落实立德树人根本任务，突出“六个下功夫”基本要求

习近平总书记在全国教育大会上强调，要在坚定理想信念、厚植爱国主义情怀、加强品德修养、增长知识见识、培养奋斗精神、增强综合素质上下功夫。“六个下功夫”是对社会主义建设者和接班人应具备的基本素质和精神状态的凝练概括，为高考思想政治学科推动素质教育明确了基本方向和主要内容。2019 年高考思想政治试题以“六个下功夫”为指导，精选重点考查内容，拓展试题情境来源，考查考生在理想信念等方面的发展水平，引导高中更加关注和加强“六个下功夫”的落实，为学生健康成长成才营造良好的教育环境。

高考思想政治学科坚持以习近平新时代中国特色社会主义思想铸魂育人，培养德智体美劳全面发展的社会主义建设者和接班人。2019 年高考思想政治试题精心选取习近平总书记重要论述为材料，结合高中教学和考生思维实际，创设试题情境，要求考生运用政治、文化、哲学等知识，从多维度进行深入思考，引导考生思考、领悟试题中蕴含的哲学方法、价值取向和国家民族情怀，培育学生树立正确的世界观、人生观、价值观。

高考思想政治学科始终坚持以德为先，强调在高考中充分体现学科的性质和特点，充分发挥思想教育和价值引领作用。命题将立德树人的维度贯穿于整卷设计和试题命制的全过程，精心选取来源于现实生活的材料来设计问题情境，以生动鲜活的先进人物、先进事迹吸引学生、触动学生，弘扬和培育社会主义核心价值观，引导学生树立正确的世界观、人生观和价值观，切实增强“四个自信”。

【例 5】全国Ⅱ卷第 18 题

2018 年 11 月，国家主席习近平在亚太经合组织工商领导人峰会上发表主旨演讲指出，无论是冷战、热战还是贸易战，都不会有真正赢家。这一论断反映我国主张

①处理国际事务必须符合世界多极化发展趋势

②国际组织在解决国际争端中必须维护国家主权

③国家间交往必须顺应世界和平与发展的历史潮流

④在相互依存的当今世界应该摒弃弱肉强食的思维

A. ①②　　B. ①③　　C. ②④　　D. ③④

该题以国家主席习近平的重要论述为材料，考查考生对我国对外政策的理解。试题要求考生对当前我国面临的国际形势有基本的了解，并运用所学政治知识进行思考，认识到在经济全球化深入发展的今天，各国间的相互依存程度日益加深，各种“战争”都没有真正的赢家，弱肉强食不是人类共存之道，穷兵黩武无法带来美好世界。要和平不要战争，要发展不要贫穷，要合作不要对抗，推动建设持久和平、共同繁荣的和谐世界，是各国人民的共同愿望，也是历史潮流。试题促使考生懂得在经济全球化深入发展的今天，必须顺应世界和平与发展的历史潮流，摒弃弱肉强食的思维，培养国际视野，树立合作共赢理念。

【例 6】全国Ⅱ卷第 40 题

习近平在 2019 年新年贺词中说：“2019 年，有机遇也有挑战，大家还要一起拼搏、一起奋斗……这个时候，快递小哥、环卫工人、出租车司机以及千千万万的劳动者，还在辛勤工作，我们要感谢这些美好生活的创造者、守护者。”

四川甘孜藏族自治州有一条往返 1208 公里、平均海拔 3500 米以上的雪线邮路。它是沟通藏区与内地的邮政主动脉，党中央的声音和各种邮件通过邮车送上雪域高原。

邮车驾驶员其美多吉秉持“人在，邮件在！”的敬业精神，凭借精湛的驾驶技术和丰富的出车经验，克服缺氧、“风搅雪”、孤寂等困难，驾驶邮车奔驰在白雪皑皑的“生命禁区”，服务藏区 30 年，未发生一次责任事故，给雪域高原的人们带去美好生活的希望。“我只是一名普普通通的邮车驾驶员，但看到老百姓拆包裹的样子，心里就开心。”2018 年，其美多吉带领班组的康巴汉子们安全行驶 62.49 万公里，向西藏运送邮件 41 万件，运送省内邮件 37 万件。他们用奉献、忠诚与生命铸就了爱岗敬业、顽强拼搏的雪线邮路精神。2018 年，其美多吉所在的康定－德格邮路被交通部命名为“其美多吉雪线邮路”。

其美多吉被评为“时代楷模”和“感动中国 2018 年度人物”。

(1) 以其美多吉为代表的雪线邮路劳动者的事迹，生动诠释了“千千万万的劳动者是美好生活的创造者、守护者”的道理，运用社会历史主体的知识加以说明。

(2) 运用文化生活的知识，谈谈其美多吉先进事迹对我们培育和践行爱岗敬业精神的启示。

(3) 新中国成立70年来，千千万万的劳动者不断为中华民族精神增添新的时代内容，请写出其中两种精神的名称。

该题材料生动地展示了平凡劳动者其美多吉无私奉献的真实事迹。邮车驾驶员其美多吉秉持“人在，邮件在!”的敬业精神，在白雪皑皑的“生命禁区”藏区雪线邮路工作30年，给雪域高原的人们带去美好生活的希望。试题以感人的材料为基础，从哲学、文化多个角度分别设问，引导考生在分析和思考中感受“时代楷模”的人格魅力，主动向其美多吉学习，培育敬业奉献，立志通过劳动奉献实现人生价值。

（二）体现思想政治学科性质特点，聚焦重大时代主题

2019年是中华人民共和国成立70周年。70年来，中国共产党领导全国各族人民砥砺奋进，不断创造伟大奇迹。2019年高考思想政治试题从社会生活各领域精心选材，充分展现中国特色社会主义发展取得的巨大成就，引导学生增强“四个自信”。试题在对考生知识能力进行考查的基础上，基于试题情境和思维导向，进行情感态度价值观的引导，既考出考生联系学科知识思考和解决现实问题的真实能力水平，又引导考生关注生活，培育积极向上的人生态度以及正确的世界观、人生观和价值观。北京卷第38题以“壮丽70年，奋斗新时代”为主题指导语，以31分的大比重分值，从政治优势的充分发挥、经济建设和城镇化的快速发展、70年长歌未央的豪迈三个方面设置试题情境，让学生深刻体会70年来党和人民的奋斗实践，深刻解读新中国70年历史性变革中所蕴藏的内在逻辑，理解历史性成就背后的中国特色社会主义道路、理论、制度、文化优势，学会用中国理论解读中国实践，激发学生跟党走进新时代、奔向新愿景、实现伟大梦想的强大精神动力。

【例7】全国Ⅰ卷第39题

2019年是中华人民共和国成立70周年，人民政协也将迎来70华诞。人民政协是国家治理体系的重要组成部分。

第十三届全国政协委员由34个界别组成，包括中国共产党、8个民主党派、无党派民主人士、人民团体、各少数民族和各界的代表，台湾同胞、港澳同胞和归国侨胞的代表，以及特别邀请的人士。

2018年，全国政协召开了1次全体会议、2次专题议政性常委会会议、2次专题协商会、19次双周协商座谈会、2次网络议政远程协商会、1次网络讨论会、18次对口协商会、4次提案办理协商会，进一步形成常态化、多层次、各方面有序参与的协商议政格局。

结合材料并运用政治生活知识，说明人民政协在国家治理体系中的地位和作用。

中国共产党领导的多党合作和政治协商制度是适合我国国情的基本政治制度之一。试题结合2019年的时事政治热点，在人民政协迎来70华诞之际，以全国政协的协商议政活动为素材，将人民政协与国家治理体系的知识相联系，要求考生思考人民政协在国家治理体系中的地位、发挥作用的实现途径和方式，进而理解中国共产党领导的多党合作和政治协商制度是适合我国国情的基本政治制度，引导考生增强制度自信。

（三）贯彻“五育并举”要求，强化、整合学科劳动教育功能

习近平总书记在全国教育大会上提出，培养德智体美劳全面发展的社会主义建设者和接班人。劳动教育首次被纳入党的教育方针。习近平总书记强调，要在学生中弘扬劳动精神，教育引导学生崇尚劳动、尊重劳动，懂得劳动最光荣、劳动最崇高、劳动最伟大、劳动最美丽的道理，长大后能够辛勤劳动、诚实劳动、创造性劳动。对学生进行劳动教育，是思想政治学科命题的重要理念和使命。2019年思想政治试题以加强劳动价值观教育为核心，深入挖掘学科的劳动教育资源，精选经典论述、典型事迹形成丰富的背景材料，考查学生对劳动价值论、唯物史观等学科主干知识的理解水平，充分发挥学科的劳动教育功能。

【例8】全国Ⅳ卷第25题

西藏隆子县玉麦乡位于喜马拉雅山脉南麓，地处边疆，山陡路险，交通闭塞。1964年至1996年的30多年间，玉麦乡仅有桑杰曲巴一家，成为

“三人乡”，女儿卓嘎、央宗跟着父亲以放牧为生，默默守护着祖国3644平方千米的国土，让五星红旗每天飘扬在玉麦乡上空。作为玉麦乡第一个大学生，央宗的儿子放弃高薪工作，回到乡里继续为国守土。全家接力守边几十年，彰显了对家的热爱，对国的忠诚。

党的十八大以来，在各种惠民稳边政策的扶持下，玉麦乡修筑了标准更高的公路，建起了楼房，成了西藏加快推进边境小康村建设的样本。在卓嘎、央宗姐妹一家的带动下，乡民们逐渐回到家乡，大力开发旅游等产业，建设幸福家园。玉麦乡还接纳了其他乡镇数十位贫困群众落户，帮助他们脱贫。如今，乡里的牧民人人都是义务护边员，放牧、守边、固边成为大家的自觉行动。

2017年10月，中宣部授予卓嘎、央宗姐妹“时代楷模”光荣称号。党的十九大召开之际，卓嘎、央宗姐妹给习近平写信表达了“家是玉麦，国是中国，放牧守边是职责”的情怀和决心。习近平在回信中赞扬她们接力为国守边，鼓励她们“做神圣国土的守护者、幸福家园的建设者”。

（1）在卓嘎、央宗姐妹一家几代人身上是如何体现爱国主义精神的？结合材料并运用文化生活知识加以分析。

（2）结合材料，运用价值观的知识说明玉麦乡民是如何实现人生价值的。

该题以玉麦乡民建设家园与守护边防实现人生价值的事迹为材料，设问（2）要求考生运用价值观的知识进行分析。考生需要运用价值观及其导向作用相关知识，理解价值观是人生的重要导向，要在劳动和奉献中创造价值，在个人与社会的统一中实现价值。在此基础上对试题材料进行分析，获取答题所需的信息，阐述玉麦乡民在实现人生价值方面的具体做法和事迹。试题巧妙地要求考生运用价值观的知识，分析玉麦乡民建设幸福家园的事迹，引导考生学习玉麦乡民，依靠辛勤劳动把梦想变为现实，做新时代的奋斗者。

四　基于高考评价体系的命题实践

为纵深推进高考内容改革，教育部考试中心提出探索构建高考评价体系。

高考评价体系是高考命题的理论基础和实践指南。“一核四层四翼”的高考评价体系涵盖了考查目的、考查内容和考查要求：“一核”为考查目的，即“立德树人、服务选才、引导教学”，是对素质教育中高考核心功能的概括，回答“为什么考”的问题；“四层”为考查内容，即“核心价值、学科素养、关键能力、必备知识”，是素质教育目标在高考内容中的提炼，回答“考什么”的问题；“四翼”为考查要求，即“基础性、综合性、应用性、创新性”，是素质教育的评价维度在高考中的体现，回答“怎么考”的问题。高考评价体系为思想政治学科高考提供了基本方向、价值引领、内容框架和考查要求。2019年思想政治考试命题，以高考评价体系为指导，基于高考核心功能，更加注重对高中教与学的引导，使考试与教学更加紧密地结合起来；基于“四层”考查内容，聚焦学生终身学习的需要和时代发展的要求，在学科能力考查的基础上，进一步强化对高考评价体系关键能力的考查；基于“四翼”考查要求，改进考查思路和试题设计，引导高中转变教学方式方法。

（一）突出关键能力，优化考查方式，助力发展素质教育

根据高考评价体系加强关键能力考查的要求，思想政治学科重点考查学生独立思考和解决问题的能力，强调思维过程和品质，引导学生增强思维的开放性，摆脱追求标准答案的思维倾向，培养创新意识，发展创新思维。

试题从社会生活中选取现实案例，考查考生理论联系实际，运用所学知识分析问题和解决问题的能力。全国Ⅳ卷第24题，要求考生基于所学知识，理解国家战略和经济现象，思考企业的应对策略，引导考生学以致用。试题以我国吸引外商投资的数据、《外商投资法》的内容为背景材料，展现在贸易保护主义抬头的背景下，中国不断扩大对外开放的新思路、新做法。试题要求考生了解扩大开放对国内企业可能造成的挑战，能够运用企业运营的相关知识，从品牌、研发、品质、管理等方面提出自己的思考。试题既贴近社会现实，又富有经济内涵，搭建了促使考生懂得学习与生活联系的平台。

辩证法的革命批判精神要求我们要注重研究新情况，善于提出新问题，寻找新思路，确立新观念，开拓新境界。考查考生的批判性思维是高考思想政治学科试题设计的重要手段和基本特点。全国Ⅳ卷第23题，列举了网络时代信息数据急剧增长下出现的认知现象：人们往往关注自己感兴趣的信息，忽视注

意力之外的信息和事实，并在信息发布者的刻意推动下，导致认知越来越片面、越来越封闭。针对上述现象，要求考生运用所学哲学知识对“事实因被忽视而消失”的观点加以辨析，引导考生通过批判性的思考，辩证地分析整体与部分的关系、认识与事实的区别，以提升思维品质。

（二）强化“四翼”考查要求，全面提升考查效果和考试效益

高考评价体系提出了加强“基础性、综合性、应用性、创新性”的考查要求，为全面提升思想政治学科命题提供了指导思想和基本路径。基于“四翼”考查要求，思想政治学科深化考试内容改革，突出基于多层次试题情境的实践能力考查，并在此基础上培育创新精神，引导学生积累积极情感和社会责任感。

“基础性”要求学生具备适应大学学习和社会生活的基础知识、基本能力和基本素养，包括全面合理的知识结构、扎实灵活的基本能力和健康健全的人格素养。加强基础性，要求对考查的内容选取要聚焦主干知识，对学科情境的设置要突出典型性。加强考查的基础性，有利于学生聚焦学科必备知识的学习，在课堂内多下功夫，为终身学习和适应社会变化发展奠定坚实的知识基础。同时，避免漫无边际、盲目拓展地学习，减轻学习负担和心理压力。2019年高考思想政治学科各套试卷均注重对考生学科主干知识的考查，试卷对学科核心内容具有较好的覆盖面，有利于考生形成系统的知识结构。

“综合性”要求学生能够综合运用不同学科知识、思想方法，多角度地观察、思考，发现、分析和解决问题。加强综合性，要求注重学科内容的整合性，表现为学生能够基于所面对的问题，灵活调动、运用学科不同主题的知识，从不同视角，联系问题的相关信息和线索进行思考。在情境设置方面，要求设置具有多条件关联的学科情境作为测试载体。增强考查的综合性，有利于引导教学更加关注知识的构建与内化，而不仅仅是对知识的反复巩固，将精力更多地放在知识的灵活运用上，从而反对和减少死记硬背现象。全国Ⅱ卷第38题，以“一带一路”建设中的希腊比雷埃夫斯港项目为素材，要求考生分析比港项目获得成功的原因，突出体现了对考生综合运用知识能力的要求。考生需要运用“企业运营和发展”“经济全球化与对外开放”“积极参与国际经济竞争与合作”等不同单元的知识，结合材料信息，全面分析比港项目的优

势所在，鲜明地体现了模块内知识综合的特征。各套试卷通过使用选择题组合的形式、主观题一题多问的形式，引导考生从不同的角度思考问题，既强化模块内知识的灵活运用，又要求运用不同模块的知识综合地分析社会现象和问题。

“应用性”要求学生能够善于观察现象、主动灵活地应用所学知识分析和解决实际问题，具备较强的理论联系实际能力和实践能力。加强应用性，要求以实践为知识内容定向，强调面向现实生活加强主干知识的考查，选取来源于生产生活的真实事迹和典型人物作为素材创设情境，基于情境自然地导出具有现实意义和价值的情境任务。通过增强考查的应用性，强调将考查目标置于丰富的情境中，有利于真正考出学生的能力水平，引导学生学以致用，不断积累兴趣，懂得克服知识与实践脱节的倾向。2019 年思想政治学科各套试卷精心选取来源于社会生活的试题，引导考生建立知识与生活的联系。试题选材涉及“一带一路”、人民政协、脱贫攻坚等国家层面的题材，也涉及微信支付、沟通方式变化等贴近考生的题材，如此选取题材旨在引导考生关注和参与不同层面、不同领域的社会生活。如全国Ⅰ卷第 38 题，以中国进一步扩大进口的相关材料为背景，要求考生联系我国实际，分析对国内经济的积极影响。试题选材来源于现实生活，设问具有很强的现实感，引导考生思考当前经济发展的动态，考核考生的逻辑思维能力、对宏观经济政策影响的判断分析能力，培养学生国际视野。

“创新性”要求学生具有独立思考能力，具备批判性和创新性思维方式。加强创新性，要求学生能够创造性地运用所学知识对问题形成独立的、原创性的思考和成果。在情境设置方面，要创设具有复杂性、挑战性、开放性的情境，为学生自主构建任务、问题、知识、线索之间的联系提供舞台。增强考查的创新性，有利于引导学生增强思维的批判性和开放性，鼓励大胆思考和创新意识，促使学生克服思维的机械化倾向。全国Ⅱ卷第 39 题，以《中共中央国务院关于打赢脱贫攻坚战的决定》中的六项原则为材料，要求考生运用政治生活知识，任选其中三项原则，分别阐述坚持这些原则的理由。与以往试题相比，设问的开放性得到了增强，赋予了考生自由选择的权利。这样的设计，给予了考生构建相关原则、学科内容和支撑理由之间关系更大的思维空间。考生能够更好地结合自己的知识和优势进行思考，能够有话可说、有感而发。这样的设计，也有利于培育考生积极运用所学知识联系生活、分析现实问题的积极态度，培养独立思考能力。

参考文献

习近平:《坚持中国特色社会主义教育发展道路　培养德智体美劳全面发展的社会主义建设者和接班人》,《紫光阁》2018 年第 10 期。

教育部考试中心:《聚焦育人目标　优化考查内容　着力增强高考的积极导向作用——2019 年高考思想政治试题评析》,《中国考试》2019 年第 7 期。

巫阳朔:《贯彻全国教育大会精神　增强学生思想政治素质》,《中学政治教学参考》2019 年第 19 期。

费怡英、蔚国娟:《将“铸魂育人”从课堂教学到考试评价贯彻到底——浅析 2019 年高考思想政治试题的育人元素》,《基础教育课程》2019 年第 16 期。

于涵:《新时代的高考定位与内容改革实施路径》,《中国考试》2019 年第 1 期。

B.10

历史学科命题理论与实践*

《中国高考报告》课题组

一　2019年全国高考历史试卷基本情况

2019 年普通高等学校招生全国统一考试历史科共分 9 种试卷类型。教育部考试中心负责命制全国卷的Ⅰ、Ⅱ、Ⅲ、Ⅳ卷，其中Ⅰ、Ⅱ、Ⅲ卷为文科综合卷，Ⅰ卷使用省份为山东、山西、河北、河南、安徽、湖北、湖南、江西、福建、广东共 10 个省份，Ⅱ卷使用省份为黑龙江、吉林、辽宁、内蒙古、陕西、甘肃、宁夏、青海、新疆、重庆共 10 个省份，Ⅲ卷使用省份为四川、云南、贵州、西藏、广西共 5 个省份，各卷满分均为 300 分，历史试题占 100 分；Ⅳ卷为历史单科卷，满分为 100 分，供海南省使用。其余分省命题试卷有北京卷、天津卷、江苏卷、上海卷和浙江卷，其中北京卷、天津卷为文科综合试卷，历史部分满分为 100 分；江苏卷为历史单科试卷，满分为 120 分；上海卷和浙江卷是新高考学业水平等级性考试试卷，采用等级分。

（一）试卷结构

高考历史各卷的试卷结构不尽相同。（1）全国Ⅰ卷文科综合、全国Ⅱ卷文科综合：第 24 ~ 35 题为选择题，每题 4 分；第 41 题为学科内综合性主观题，25 分；第 42 题为开放性试题，12 分；第 45 ~ 47 题为选考主观题，考生从 3 道试题中选一题作答，每题 15 分。（2）全国Ⅲ卷文科综合：第 24 ~ 35 题

* 本文主要参考：教育部考试中心《深化考试内容改革　凸显学科育人——2019年高考历史试题评析》，《中国考试》2019年第7期；徐奉先《基于高考评价体系的历史科考试内容改革实施路径》，《中国考试》2019年第12期。

为选择题，每题4分；第40题为学科内综合性主观题，25分；第41题为开放性试题，12分；第44～46题为选考主观题，考生从3道试题中任选一题作答，每题15分。（3）全国Ⅳ卷（海南卷）：第1～20题为选择题，每题2分；第21～23题为必做主观题，每题15分；第24～26题为选考主观题，考生从3道试题中任选一题作答，每题15分。（4）北京卷：第一部分第12～23题为选择题，每题4分；第二部分第37题为学科内综合性主观题，38分；第二部分第40～41题为跨学科综合性主观题，历史相关内容占14分。（5）天津卷：第Ⅰ卷第1～11题为选择题，每题4分；第Ⅱ卷第12～14题分别为中国古代史、中国近现代史和世界史主观题，分值分别为19分、19分、18分。（6）江苏卷：第1～20题为选择题，每题3分；第21～23题分别为中国古代史、中国近现代史和世界史必做主观题，分值分别为13分、13分、14分；第24～27题为选考题，考生从4道试题中任选两题作答，每题10分。（7）上海卷：第一部分为选择题，共25题，每小题2分；第二部分为非选择题，形式包括填空、解答、论述等，每题分值不等，共70分。（8）浙江卷：第一部分为选择题，共25小题，每小题2分；第二部分为非选择题，共2小题，每小题10分。

（二）难度分析

2019年全国卷4套文科综合及历史试卷难度都比较合适，其中全国Ⅰ卷、Ⅱ卷、Ⅲ卷难度在0.54～0.56，符合考生的实际认知水平和学情、教情。全国Ⅳ卷作为历史单科卷，难度值为0.501，也保证了与其他3套综合卷难度的基本一致，具有较高信度。

选择题的难度值为0.52～0.62，整体来看难度为中等。选择题的评分客观、失误小，能够比较真实地反映考生的实际水平。必考主观题部分，除了全国Ⅲ卷难度值偏高，其他3套试卷难度值均低于0.5，Ⅳ卷甚至在0.4以下，除了考生实际水平的差异之外，数据也反映出不同省份主观题的评分存在较大误差。而就选考题而言，4套试卷的难度值为0.52～0.66，全国Ⅰ卷的选考题部分难度相对较低，Ⅱ卷偏难。总体而言，2019年高考历史全国卷的难度设计合理，各试卷整体区分功能良好。

就高考分省命题省份的情况来看，上海和浙江实施新高考，历史学科作为学业水平选择性考试科目，考试成绩以等级分形式呈现，作为高校录取的依据。北京、天津和江苏实行老高考，北京和天津采用“3 + 文综/理综”方案，历史学科作为文科综合的一部分计入总成绩；江苏采用本省的“08 方案”，历史学科作为学业水平必测科目。2019 年是北京和天津实行老高考的最后一年，从 2020 年起两市将实行“3 + 3”的新高考方案，历史学科将作为选考科目以等级分计入高考总成绩；江苏从 2021 年起实行“3 + 1 + 2”的新高考方案，历史学科作为“1”中的一门科目以原始分计入高考总成绩。5 个省份精心组织，周密部署，历史试卷均保持较高质量，整体难度合理，社会反响良好。

二 高考历史学科试题特点

2019 年，综览高考各卷种的历史学科命题，均呈现贯彻党的教育方针和落实构建德智体美劳全面培养教育体系要求的鲜明特色，高考考试内容改革持续推进。体现在具体试卷中，就是试题立意强调以立德树人为鲜明导向，注重彰显历史学科在育人方面的独特价值，明确全面发展的育人目标。此外，各卷试题也体现出科学合理的教育评价导向，重点考查核心价值、学科素养、关键能力和必备知识，较好实现了测量功能，有利于高校科学选才，有利于引导中学教学。

（一）发挥历史学科育人功能，体现“六个下功夫”①

2018 年 9 月 10 日，习近平总书记出席全国教育大会并发表重要讲话，强调教育必须把培养社会主义建设者和接班人作为根本任务，必须在坚定学生理想信念、厚植爱国主义情怀、增强品德修养、增长知识见识、培养奋斗精神、增强综合素质六个方面下功夫。② 这“六个下功夫”紧扣新时代青少年成长规律，反映了党和国家对青少年的期望和成才要求，进一步丰富了德智体美劳五育并举的工作目标体系，指向更清晰，方向更明确。从 2019 年高考试题的呈现来看，历史学科较为充分地贯彻了“六个下功夫”方针，结合历史学科注

---

① 本报评论部：《以理想信念塑造挺拔灵魂——如何培养社会主义建设者和接班人①》，《人民日报》2018 年 9 月 17 日，第 5 版。

② 习近平：《坚持中国特色社会主义教育发展道路 培养德智体美劳全面发展的社会主义建设者和接班人》，《紫光阁》2018 年第 10 期。

重客观事实和贴近青少年认知实际的特点，依据高校人才选拔要求和高中课程标准，寻找适切素材，发挥育人价值，实现了对考试内容的优化。

1. 在坚定学生理想信念、厚植爱国主义情怀上下功夫

习近平总书记以“六个下功夫”凝练概括出社会主义建设者和接班人应具备的基本素质和精神状态，把“在坚定理想信念上下功夫”摆在首要位置。这意味着，教育培养的人，必须是拥护中国共产党领导和我国社会主义制度、立志为中国特色社会主义事业奋斗终生的有用人才，必须是树立共产主义远大理想和中国特色社会主义共同理想的有志之才。作为素质教育“指挥棒”的高考，只有在坚定理想信念上下功夫，增强学生的“四个自信”，才能使其立志肩负起民族复兴的时代重任。历史试题注重筑牢考生的精神底座，解决好他们的世界观、人生观、价值观问题，这也是历史学科的使命所系。例如全国Ⅰ卷文科综合第 29 题，考查考生对五四运动前后两段时期新文化运动主要内容的理解，以“革命”一词在不同时期《新青年》杂志中出现的频率为切入口，揭示在寻求救国救民的道路上，中国人民最终选择了马克思主义，引导考生坚定信念，追求真理。又如北京卷文科综合第 17 题，通过考查晋察冀抗日根据地，引导考生认识中国共产党在 14 年抗战中的中流砥柱作用，以培养考生高尚的理想信念和正确的情感态度、价值观念。再如江苏卷第 11 题的材料选自新中国举行开国大典后第三天《解放日报》发表的张乐平新闻漫画《大旗招展全球》，这幅新闻漫画寓意深刻，充分反映了中华人民共和国成立的伟大意义，使当时无数中国人激动万分。2019 年是新中国成立 70 周年，看到这幅漫画，人们仿佛回到了 70 年前中国人民欢欣鼓舞的时刻，激发考生强烈的民族自信心和自豪感。

中国成其为中国，正在于有千千万万中国人生于斯、长于斯，情感系于斯、认同归于斯。可以说，爱国之情是再朴素不过的情感，强国之志是再基本不过的抱负，报国之行是再自然不过的选择。历史试题只有在厚植爱国主义情怀上下功夫，引导学生坚持爱国和爱党、爱社会主义相统一，才能让他们立志听党的话、跟党走，立志扎根人民、奉献国家。例如全国Ⅰ卷文科综合第 41 题，综合考查了中国特色社会主义建设的道路、世界资本主义经济政策的调整、苏联的社会主义建设等多个知识点。钢铁生产能力是一个国家工业化发展水平的重要指标，我国正是在一穷二白的基础上，经过全国人民艰苦卓绝的不

懈努力，才使钢产量迅速增长，科技含量大幅增加，极大地满足了国内建设所需，推动了我国工业化水平的极大提高。这体现出在中国共产党领导下的社会主义制度的优越性，展现了新中国成立以来工业化的伟大成就，能够引导考生增强对祖国的认同、热爱，召唤青年一代投身新时代中国特色社会主义建设伟大事业。又如江苏卷第 22 题以“家国情怀”为主题，反映一位普通知识分子在近代中国这个特定的时代产生的特有的家国情怀。试题彰显考查的德育功能，有利于为高校选拔具有家国情怀和社会主义核心价值观的学生，有利于引导中学教学落实党和国家对历史教育的要求，实现历史教育的育人目标。

2. 在增强学生品德修养、培养奋斗精神上下功夫

“德者，才之帅也”，立德为先，修身为本，是人才成长的基本逻辑。教育不仅要传播知识、传播思想、传播真理，更要塑造学生的品德修养、价值追求和精神品格。因为专业知识往往具有工具性的一面，如果一个人不能用正确的价值观来引导知识的运用，则可能适得其反。高考作为教育“指挥棒”和改革龙头，[①] 只有在加强品德修养上下功夫，引导学生培育和践行社会主义核心价值观，才能让他们成长为有大爱大德大情怀的人。高考历史试题通过先贤的躬身垂范、客观史实和至理名言启示考生：品德修养是需要一个人终身修炼的心灵成长与价值养成。例如全国Ⅰ卷文科综合第 42 题引用钱穆《国史大纲》序言，提倡对本国历史持有正确的态度，反对历史虚无主义；突出历史发展的动力来源于国民素质的提高，引导学生树立正确的历史观、民族观、价值观。又如全国Ⅲ卷文科综合第 24 题引用古代儒家经典《孝经》中的孝悌礼乐观念，强调了传统文化中人与人以及人与社会之间关系所规定的行为准则和规范。《孝经》以家庭和睦、尊老爱幼作为人生不可或缺的内容和人人应尽的职责，鼓励考生注重个人修养，在新的历史时期将传统孝道观转化为现代的基本价值理念。

常言道，“立鸿鹄志，做奋斗者”，在青少年的成长中注入拼搏的精气神，坚定其脚步、强健其精神，是教育立德树人的重要环节，也是培养社会主义建设者和接班人的题中应有之义。高考历史试题通过对历史上众多艰苦奋斗、自强不息的集体和个人事迹的再现，激励考生做新时代的奋斗者，激发他们锤炼

① 于涵：《新时代的高考定位与内容改革实施路径》，《中国考试》2019 年第 1 期。

坚强意志，培养吃苦精神。例如全国Ⅰ卷文科综合第31题，时代背景聚焦在中华人民共和国成立后百废待兴的特定时期，就当时国内外环境和中国的具体国情而言，发挥社会主义制度集中力量办大事、促进生产力快速发展的优越性，是实现工业化的最好选择。该题以新中国成立初期俄语书刊的借阅情况设置情境，表现出在现代化建设中，中国人民努力学习先进文化知识，奋发图强的时代精神，引导考生树立高远志向，历练敢于担当、不懈奋斗的勇气，在今后的人生道路上刚健有为、自强不息。又如全国Ⅱ卷文科综合第24题描述了先秦时期我国劳动人民因地制宜，兴建大型水利工程抵抗自然灾害，发展农业生产的史实，突出了先民革故鼎新、自强不息的伟大民族精神。

3. 在增长学生知识见识、增强综合素质上下功夫

学无止境，业有专攻，在知识更新节奏不断加快的今天，学生不仅要具备知识的宽度，还应具有知识的深度，才能在积累知识的基础上形成卓越的见识。高考历史试题强调对考生知识广度和深度的考查，引导中学教学致力于增长学生见识，丰富其学识，让学生沿着求真理、悟道理、明事理的方向前进。例如全国Ⅰ卷文科综合第24题引用近代学者钱穆对商代、西周王位世系研究的成果，通过对比商代和周代王位传承的代和王的数量，将出土文献和传世文献相结合，分析王位继承方式的变化。在考生日常理解的王的概念之外，增加了代的概念，考查考生对中国国家形成早期社会特点的认识，在引导考生扩大知识半径，避免落入浅尝辄止的学习路径的同时，也激发考生学习历史的兴趣。又如北京卷文科综合第16题、第21题、第22题、第23题、第40题第（1）小题分别涉及“京津冀一体化”、社会改革、世界政治与经济、社会救济等当今世界的重大议题，第20题和第41题第（2）小题则关注了重大的国际文化交流活动。这些议题都有助于引导考生关注社会现实，从历史的角度加深对当今社会重大现实问题的理解，培养考生有意识地深化对现实社会的理解和对现实问题的认识。

通过考试引导青少年追求高尚品德、创新意识、健康体魄、良好审美、劳动习惯，也是高考的题中应有之义。只有通过强有力的导向，遵循纸笔考试规律和结合学科特点在体现综合性上下功夫，高考才能真正引导中学教学注重培养学生的综合能力、创新思维，实现其德智体美劳的全面发展。历史学科作为一门综合性学科，2019年高考命题对考生综合能力的考查，不仅有学科内部

不同模块之间，例如中国史和世界史、横向与纵向间的综合，更有不同学科间、不同能力和素养间的结合。又如全国Ⅰ卷文科综合第41题、全国Ⅲ卷文科综合第40题，都是通过古今中外素材的综合，考查考生对于宏大历史叙事的认识和掌握能力。更多的试题则是将历史元素与政治、地理、经济、文学、艺术、道德修养、价值理念等融为一体，从多个维度考查考生的人文素养与家国情怀。

（二）助推学生全面发展，加强体美劳教育引导

习近平总书记在全国教育大会上明确指出，“要深化教育体制改革，健全立德树人落实机制，扭转不科学的教育评价导向，坚决克服‘唯分数、唯升学、唯文凭、唯论文、唯帽子’的顽瘴痼疾，从根本上解决教育评价指挥棒问题”。① 作为教育领域的关键环节，高考内容改革义不容辞地肩负着扭转偏重智育的不良评价导向，突出素质教育评价，促进建立健全教育评价制度和治理体系的重任。具体到历史学科，由于在学习内容方面与美育、体育、劳动教育存在多处重合面，因此在考查和融合上具有天然优势，试题能够把对审美能力和修养、健康观念和意识、劳动精神和实践等方面的考查纳入高考的考查范围内，进而唤醒考生对生活中真善美的认识、理解和尊重，引导教育教学破除“唯智”的不良倾向，这一点在2019年的全国卷中体现得尤为明显。

1. 将审美能力与修养纳入高考考查范围

审美能力不仅代表着一个国家的历史、文化积淀，也是个人品质和修养的重要体现。教育只有加强以美育人、以文化人，让学生更好地认识美、爱好美、创造美，才能使其明辨美好与恶丑，促进审美能力的提升。具体到高考中，历史学科注重结合学科知识内容和高中生的认知水平，选取既能实现考查目标，又结合学科知识的素材，引导学生从求知境界中得到升华，实现人文和审美素养的提升。例如全国Ⅰ卷文科综合第35题描述了近代西方艺术流派“达达派”的创作，考查艺术作品中蕴含的社会情绪；又如全国Ⅱ卷

① 本报评论员：《坚持深化教育改革创新——七论学习贯彻习近平总书记全国教育大会重要讲话精神》，《中国教育报》2018年9月19日，第1版。

文科综合第26题以宋代诗歌为切入点，要求考生将审美活动融入试题的作答过程中，结合宋明理学的相关知识进行传统诗歌的鉴赏，体味宋诗以理为诗的美学特点和宋代士人的处世态度。再如全国Ⅱ卷文科综合第47题描述了西汉辞赋家司马相如的文学创作，体现了汉赋文辞的华丽和想象的瑰丽，突出了汉代昂扬奋进、气势磅礴的时代风貌和大一统王朝无可比拟的气魄和声威。此外，全国Ⅲ卷文科综合第33题要求分析现实主义文学作品《人间喜剧》的艺术特征，引导考生在艺术史的学习过程中重视文学作品产生的特定历史背景。

2. 将健康观念和意识融入高考考查理念

要进一步扭转“重智轻体”“唯分数论”的观念，不仅需要青少年认识到体育锻炼和增强体质的重要性，树立健康第一的理念，还需要他们认识到体育在健全人格、锤炼意志和增加人生乐趣方面不可替代的重要作用。高考历史试卷通过选取与体育运动和健康观念相关的史实作为试题素材，引导考生领悟健康的要义：强健的体魄是个人实现人生价值和追求幸福生活不可或缺的条件。例如全国Ⅰ卷文科综合第26题，以“拔河”这一富有时代特色的体育活动为主题，从新的角度考查考生对唐代时代精神的理解，以拔河运动在唐代的流行，描绘了“壮徒恒贾勇，拔拒抵长河”的壮观活动场面，突出了唐人崇尚力量的阳刚之气和健康体魄，引导考生树立“欲文明其精神，先自野蛮其体魄”的观念。又如全国Ⅲ卷文科综合第46题以唐代良将郭子仪的事迹为素材，强调其通过武举考试成为将领，强健的体魄支撑其驰骋沙场数十年，平定安史之乱，年近七十仍能上阵杀敌，为挽救国家危亡做出了杰出贡献，由此引导考生树立健康意识，强身健体报效国家。

3. 将劳动精神和实践投入高考考查要求

新时期倡导劳动精神，具有很强的现实针对性，是全面贯彻党的教育方针的基本要求，也是落实立德树人根本任务的有效途径。高考历史试题对劳动精神的体现，重在引导考生领悟劳动最光荣、劳动最崇高、劳动最伟大、劳动最美丽的道理，激励他们在未来的人生中能够辛勤劳动、诚实劳动、创造性劳动。例如全国Ⅰ卷文科综合第34题从蒸汽机的发明过程入手，突出了第一次工业革命中的创造发明大多来源于劳动实践的事实，体现了马克思主义的劳动观和人民群众在劳动实践中创造历史的客观规律，引导考生崇尚劳动、尊重劳动。又如全国Ⅰ卷文科综合第47题以全国劳模刘源张院士的生平事迹为素材，突出其将科学的质量理论广泛运用到生产劳动实践领域，生命不息，奋斗不止，为建设质量强国做出巨大贡献。由此引导考生尊重劳动、尊重创造，以“有本领”的面貌实现自己的时代担当。再如全国Ⅲ卷文科综合第31题以新中国成立初期《数他劳动强》的年画为试题情境要素，批判传统观念中轻视劳动、轻视工农、在劳动中讲究高低贵贱的错误观点，塑造了劳动人民的典型形象。

（三）以高考评价体系为依托，深化考试内容改革

在深化考试内容改革的进程中，教育部考试中心研究、构建高考评价体系作为建立健全高校考试招生评价体系的理论支持和高考命题的理论基础，提出了“一核四层四翼”体系框架。“一核”为考查目的，即“立德树人、服务选才、引导教学”，是对高考核心功能的概括，回答“为什么考”的问题；“四层”为考查内容，即“核心价值、学科素养、关键能力、必备知识”，是“五育并举”的教育目标在高考内容中的提炼，回答“考什么”的问题；“四翼”为考查要求，即“基础性、综合性、应用性、创新性”，是德智体美劳的评价维度在高考中的体现，回答“怎么考”的问题。①

1. 明确“一核”考查目的与高考核心功能

高考的核心功能即“立德树人、服务选才、引导教学”，具体到历史学科中，重在引导学生塑造健全人格，形成正确的世界观、人生观、价值观；选拔出具有家国情怀、国际视野和全面发展的优秀人才；引导历史教学落实党和国家对历史教育的要求。

2019年高考历史试题处处彰显立德树人的根本任务，例如全国Ⅱ卷文科综合第25题强调汉代思想的兼容并包对塑造民族精神的重要作用，引导考生树立文化自信；又如天津文科综合卷第Ⅰ卷第1题，有意识地引导高中历史教师和考生充分关注和了解中国青铜文化在人类文明史上的独特风采与价值，反映出中外文化的交流与融合，并引导考生增强对历史上世界各国、各民族文化

① 姜钢：《探索构建高考评价体系，全方位推进高考内容改革》，《中国教育报》2016年10月11日，第3版。

传统的理解和尊重，树立正确的文化观。

在服务选才方面，全国卷、北京卷、上海卷等历史试题中开放性试题的评分从分层、分项两个维度评价考生的作答，并给出不同角度的作答示例，提高了评分者信度，使高水平考生脱颖而出。例如全国Ⅲ卷文科综合第35题要求分析20世纪70~80年代法国经济衰退的原因，考生须结合所学知识与相关经济学原理进行严密推理，方可得出正确结论，有利于选拔具有较高历史学科素养的考生。

中国的国情决定了高考将持续发挥“指挥棒”的作用，因此历史学科试题积极发挥教育教学评价对学校办学、教师从教的积极导向作用。例如全国Ⅱ卷文科综合第34题通过比较分析法国、英国、美国资产阶级革命的不同特点，结合启蒙思想的相关知识，强调知识的迁移、整合和合理推理，反对死记硬背，体现素质教育的要义。又如天津文科综合第Ⅱ卷第13题第（3）小题，明确提出了“史论结合、逻辑清晰、结论正确”的要求，综合考查考生的历史思维能力，通过高考向高中历史教师传递明确的课改信号，帮助、引导高中历史教学改革之路越走越宽，进一步优化高中历史学科在促进考生全面发展中的独特育人功能。

2. 探索“四层”考查内容与素质教育要义

根据国家课程标准、高校人才选拔需要，遵循考试测评的规律，高考评价体系将应该考查的素质教育目标提炼为核心价值、学科素养、关键能力和必备知识。[①] 在这个框架下，历史学科将“四层”考查内容学科化，总结概括出符合高考考查要求的本学科必备知识、关键能力、学科素养和核心价值的具体内容。

在2019年高考历史试题中，就必备知识层面而言，无论是全国卷还是北京、天津、江苏等省份的分省命题，都注重依托中国早期文明、中国古代经济发展、文艺复兴、宗教改革、新航路开辟、辛亥革命、抗日战争、改革开放、“冷战”等学科主干知识，体现知识点之间的联系和融合。例如选择题部分，绝大多数卷种都考查了井田制、郡国并行制、科举制、中体西用、抗日战争、新中国成立、“一五”计划、中美关系正常化、雅典民主政治、人文主义、美

① 于涵：《新时代的高考定位与内容改革实施路径》，《中国考试》2019年第1期。

国1787年宪法、马克思主义诞生、进化论和全球化等主干知识，这种贴近高中学情和教学实际的考查方式，有利于推动高中历史教学重视引导学生聚焦主干知识，加强知识整合迁移，运用多种方法，培养学生的历史思维能力和学科素养。

历史学科关键能力涵盖历史思维的许多方面，如信息加工、语言表达、逻辑推理、独立思考和创新能力，这些是学生学习生活中必须具备的重要能力。例如对获取和解读历史信息能力的考查，各卷种的选择题都着重考查考生从试题中提供的图文材料中快速、全面、准确地获取信息，调动、运用历史知识和方法理解并解决问题的能力。又如对分析历史问题能力的考查，全国Ⅱ卷文科综合第45题将日本中下级武士的命运置于明治维新的历史环境中进行分析，要求考生运用比较、归纳等思维方法分析明治维新的相关问题。再如对历史探究能力的考查，全国Ⅱ卷文科综合第42题考查批判性思维，要求考生独立提出历史见解，对已有历史认识进行审辨式思考，并进行逻辑清晰的表述。

学科核心素养是学生通过历史学习而逐步形成的正确的价值观念和必备品格，历史试题坚持多角度、多层次考查考生历史核心素养，引导考生适应时代发展的要求。例如对唯物史观的考查，全国Ⅲ卷文科综合第27题通过对清代江南市镇化进程的描述，要求考生运用历史唯物主义方法分析商品经济的发展，理解经济基础在社会历史发展中的决定性作用。又如对时空观念的考查，各卷试题都坚持在特定的时空背景下，运用新材料创设新情境，基于史料分析与所学知识的综合运用，客观地叙述历史事实、正确地解释历史事物，进而独立地探讨和论证历史问题，考查考生所具有的历史学科正确价值观念、必备知识、关键能力。

高考历史学科核心价值的考查，实际上与立德树人的根本任务一脉相承，也与前文重点阐述的“六个下功夫”和德智体美劳全面发展的育人导向相得益彰。例如全国Ⅲ卷文科综合第40题通过对汉代和罗马帝国国家治理方式的比较，强调汉代在确立中国基本疆域、强化民族认同、追求统一价值观、创立治国理政基本模式等方面的重要意义；引导考生树立正确的国家观、民族观和文化观，增强民族自信心和自豪感。

（四）确定“四翼”考查要求与考试评价维度

根据国家需要的人才特征和素质教育的培养目标，高考评价体系确定了四个方面的考查要求，分别从基础性、综合性、应用性、创新性对素质教育的目标进行评价。① 2019 年高考历史试题注重体现基础性、综合性、应用性和创新性，也从这四个维度评价考生的素质达成度。

基础性主要考查考生对主干知识和基本理论的掌握程度，关注今后生活、学习和工作所必须具备、不可或缺的知识、能力和素养。2019 年高考历史试卷各卷种都注重覆盖学科的主干内容，尤其是分省命题省份注重体现地方特色，试题设计形式多样、题量适中、文字精练。试卷在总体稳定的基础上有所创新，有利于高校人才选拔，有利于高中综合课程改革的推进，对高中历史教学有较好的引领作用，也为今后新高考的顺利实施起到了良好的过渡和铺垫作用。

综合性是指学生对必备知识与关键能力、学科素养、核心价值的融会贯通，形成具备内在逻辑联系的整体网络。例如全国Ⅱ卷文科综合第 31 题结合经济学相关知识分析改革开放史；而全国Ⅱ卷文科综合第 33 题结合地理学知识，综合地图信息理解近代早期文化传播状况，考查考生综合运用不同学科知识解决问题的能力。又如北京卷文科综合第 40 题、第 41 题均为跨学科的综合型主观题，分别以 16 世纪德国济贫改革和 2019 年世界园艺博览会在北京举办为背景，考查考生综合运用历史、地理、政治等学科知识分析和解决问题的能力。

应用性是指运用必备知识、关键能力和学科素养去解决实际问题，发挥历史学科的应用价值。对现实的关怀是历史学习和研究的重要出发点和落脚点，例如全国Ⅰ卷文科综合第 46 题以第二次世界大战中的阿拉曼战役为素材，引导考生以史为鉴，珍惜和平。又如北京卷文科综合第 41 题第（2）小题关注了重大国际文化交流活动，要求考生运用正确的历史思维方法分析、理解中国历史和现实的问题，引导考生在应对学习探索情境时使用正确的方法解决问题。

创新性是指创造性地运用核心价值、学科素养、关键能力和必备知识，发

---

① 于涵：《新时代的高考定位与内容改革实施路径》，《中国考试》2019 年第 1 期。

现新问题，运用新方法，得出新认识。例如全国Ⅲ卷文科综合第41题创新试题呈现方式和设问方式，要求考生围绕《汤姆叔叔的小屋》在中国不同历史时期的翻译和改编情况，独立提出观点，并结合所学知识运用恰当方法进行论证，鼓励考生主动思考，强调见解的独到性。

三　高考历史学科改革展望

高考改革是深化教育改革的关键环节，考试内容改革是高考改革的重要组成部分。2019年，教育部落实全国教育大会精神，构建全面的考查内容体系，持续提升试题质量。具体到历史学科，根据新时代人才培养需求、国家课程标准要求、基础教育改革方向和近年来高考考查的导向，此后的改革趋势可总结为坚持育人导向，改革考试内容，创新考试形式。

（一）坚持立德树人，凸显“五育并举”

高考作为最重要的国家教育考试，必须牢记为国育人的初心，坚守为国育才的立场。因此，高考命题的首要任务是发挥“立德树人”的核心功能，落实“五育并举”的教育方针，充分体现高考的政治性、科学性、时代性和文化性要求，着力在“价值观引领”上下功夫。历史学科具有得天独厚的育人优势，在情感态度价值观的考查和引导方面，今后的改革方向大致可归纳为三个方面。一是培育核心价值观。即依托新教材，将习近平新时代中国特色社会主义思想融入试题试卷，将“六个下功夫”融入高考命题，引导学生培育和践行社会主义核心价值观。结合马克思主义思想、中国特色社会主义理论等内容原汁原味地传递核心价值观，激励学生树立远大志向，厚植爱国情怀，加强品德修养，树立正确的民族观、国家观、文化观、历史观。二是体现时代感。即试题素材新颖，情境贴合实际，引导学生通过历史关注现实，对现实问题进行深入思考，获得借鉴与启示。某些时代感较强的内容教科书来不及更新，可以从高考中体现，进而引导高中课堂教学更加关注新事物，使学生能够积极主动为上大学和未来职业发展做好准备。三是积极融入体美劳的考查。2019年历史学科对体美劳的融入和引导取得了良好的社会预期，未来也将借助文学艺术作品等强化对审美能力的考查，引导学生增强审美意识、审美情趣；同时通过创设联系劳动和体育的情境，引导学生树立劳动观念，增强健康意识。

（二）突出能力重点，明确考查方向

放眼世界，各国都高度重视对青少年面向未来的能力培养。中国的高考具有自身鲜明的特点，即超大规模、极高利害性的选拔性纸笔考试（理论上每一分都可能直接决定考生的升学和命运）。在考试内容改革的过程中，高考根据时代发展对人才的要求和我国国情、考情，不断借鉴国外知名教育考试的先进经验和改革举措，加强了对支撑学生终身发展的关键能力的考查，明确了能力考查的重点和方向。具体到历史学科，一是明确能力考查突破口。信息加工、批判性思维、辩证思维、创新思维、语言表达等能力在近年的历史学科高考中已经成为关键能力考查的重要突破口，一方面衔接了高中课程改革的核心素养，另一方面适应了时代发展的要求。尤其是对批判性思维的考查，有效检验了考生面对各种问题情境时运用已有知识经验进行审慎思考、分析推理、评价重构等能力，而这种能力正是考生解决问题和创造未来美好生活的重要能力。二是明确了学科能力考查重点。历史学科引导考生运用历史思维和探究思维的方式认识和处理问题，凸显对考生科学推理以及分析、解决问题能力的考查。

（三）提升命题水平，提高考试效度

1. 创设情境化试题，提升能力考查的有效性

高考评价体系中规定了高考的考查载体——情境，以此来承载考查内容，达到考查目的与考查要求。情境是实现高考“价值引领、素养导向”综合考查的载体，创设情境对考查和培养考生的历史学科素养具有关键的作用。情境的创设，是为激发考生的认知建构与素养表现搭建的平台，可以影响考生分析与解决问题的策略与表现。历史学科试题的情境反映学科特点、核心素养与人文价值，是试题命制和试题质量的重要体现，应体现学术价值，回应历史与现实问题；应该为创设可靠、准确、高效度的试题提供合理要素与路径。结合课程标准中的情境考查要求，历史学科试题的情境包含素材、设问、方法和路径、作答指向等主要情境要素，主要分为学习情境、生活情境、社会情境、学

术情境四类，这些情境贴近社会、贴近生活，有利于选取日常生活、生产实践、国家发展、社会进步中蕴含的实际问题，进而考查考生综合运用知识、能力和素养解决实际问题的能力，让考生充分感受到课堂所学内容中蕴含的实际价值。

2. 丰富试题呈现方式，增加试题开放性和探究性

历史学科应着力探索在纸笔考试中丰富试题呈现方式的途径，通过文字、图像、表格等多种形式呈现试题信息，增强试题信息的多样性、层次性，综合考查考生信息整理、辩证分析等能力。此外，应进一步增加试题的开放性和探究性，在现有开放性试题的基础上，探索从试题条件、设问、解答路径等多方面增强开放性，要求考生从多角度思考解决问题，促使考生主动思考，善于发现新问题、找到新规律、得出新结论。新高考的学业水平选择性考试科目还可以探索开发多种新题型，如 SOLO 评分式单项选择题、多项选择题、结构不良试题等，各个省份结合本地学情、教情、考情进行等级性考试的题型设计，为学生答题增设铺垫和引导，为考生提供多种途径、多种选择，使其根据自身思维特点和知识储备进行作答。

3. 加强教考衔接，促进减负增效

2019 年，高考内容改革和高中育人方式改革正在深入推进，要扭转基础教育中普遍存在的不科学的教育评价导向，克服“唯分数”“唯升学”的顽瘴痼疾，高考必须有所作为。就历史学科考试而言，一是要依据高中课程标准和高校人才选拔要求，完善和充实高考评价体系，将高中课程标准核心素养理念和学业质量标准切实落实到高考当中。二是要主动克服应试教育倾向的难题，优化考试内容，创新题型设计，稳步调整试卷结构，增加综合性、开放性、应用性试题，不断释放反机械刷题、重实际获得的信息，促进教学减负增效和学生健康成长。

结　语

2019 年高考历史试题较好发挥了立德树人、服务选才、引导教学的功能，命题依据高校人才选拔需求和国家课程标准，贯彻落实了全国教育大会精神和倡导“五育并举”的鲜明导向，继续推进考试内容改革；同时，进一步优化

试题难度，提高区分度，考核目标以“核心价值、学科素养、关键能力、必备知识”为要素，考查要求侧重“基础性、综合性、应用性、创新性”，突出了高考的选拔功能和对高中历史教学的引导作用，也体现了今后高考内容改革和能力考查的趋势和方向，有助于夯实学生全面成长的基础。[1]

① 徐奉先：《立足全面发展　落实立德树人——2019 年高考文科综合全国卷历史试题评析》，《历史教学》（上半月刊）2019 年第 7 期。

B.11
地理学科命题理论与实践*

《中国高考报告》课题组

一　2019年高考地理学科概述

2019年高考地理学科共命制7套试卷（上海市、浙江省2017年新高考落地后，地理学科在学业水平考试中考查，本文未做讨论）。使用全国Ⅰ卷的有河北、河南、山西、山东、江西、安徽、湖南、湖北、广东、福建10个省份；使用全国Ⅱ卷的有黑龙江、吉林、辽宁、陕西、甘肃、宁夏、青海、新疆、内蒙古、重庆10个省份；使用全国Ⅲ卷的有云南、贵州、四川、广西、西藏5个省份；单独命制试卷的有北京、天津、江苏、海南4个省份。

（一）2019年高考地理试卷基本结构

全国Ⅰ、Ⅱ、Ⅲ卷和北京卷、天津卷地理学科作为文科综合能力测试的一部分占100分，选择题（共11道）与非选择题（共3道）分值比为44∶56。全国Ⅰ、Ⅱ、Ⅲ卷学科顺序为地理、政治、历史，地理设置了分值为10分的二选一选考题，选考模块为旅游地理和环境保护。北京卷学科顺序为地理、历史、政治，未单独设置选考题，但设计地理、历史两科综合题1道，地理、历史、政治三科综合题1道。天津卷采用合时分卷的形式，地理学科单独组卷，未单独设置选考题。

江苏、海南两省使用地理单科卷，分值、题型、题量均不相同。江苏卷满分120分，其中选择题占60分，分为单项选择（共18道）和双项选

* 本文主要参考：教育部考试中心《彰显地理学科　落实“五育并举”要求——2019年高考地理试题评析》，《中国考试》2019年第7期；史辰羲《基于高考评价体系的地理科考试内容改革实施路径》，《中国考试》2019年第12期。

择（共8道）；综合题占60分，分为必做题（共3道）和选做题（四选二）。选考模块为海洋地理、城乡规划、旅游地理、环境保护。海南卷满分100分，选择题（共20道）与非选择题（共3道）分值比为40∶60。非选择题设置了分值为10分的二选一选考题，选考模块为旅游地理和环境保护。

（二）2019年高考地理试卷总体评价

总体来看，2019年高考地理各套试卷遵循考试大纲和课改理念，突出选拔考试的功能，以稳为主，稳中求进。各套地理试卷在试题类型、各部分内容比重、呈现形式、风格等方面，基本上延续了往年的特点，给考生以熟悉感和亲切感。试卷总体难度控制得当，符合人才选拔的要求。难度结构合理，抓住了地理主干知识，无偏题、怪题，考生易入题。试卷和试题的设计能较好地区分不同能力水平的考生，实现了选拔考试的目标。多套试卷在侧重能力考查的同时，还注意考查内容的覆盖面，并有意识地将问题分解、细化，导向明确，以降低考生误答的概率，体现高考的公平性原则。

在保证平稳的前提下，2019年高考地理试卷对试题立意、材料选用、试题设计等方面做了创新尝试。试题开放性进一步增强，鼓励创新思维。命题素材源于生产、生活实际的鲜活案例，引导考生思维的发散，从不同角度认识、评价地理问题，并提出具有创新性的解决地理问题的建议、办法。试题材料内容更加丰富多样，呈现形式图文并茂学科特色突出。增强了试题材料可读性，为不同学习风格的考生各展所长、准确把握试题主题搭建了良好的信息平台。多数试卷的绘图技术水平、图像质量普遍提高，图中承载的地理信息准确。

（三）2019年高考地理全国卷统计分析

2016年，分省命题格局调整，使用全国卷的考生群体扩大，全国卷开始分为3个卷种。2017年，使用全国卷的省份微调，西藏从使用全国Ⅱ卷调整为使用全国Ⅲ卷。至2019年，考生常模保持稳定。

1. 全国卷试题信息要素

表 1　全国 I 卷地理试题信息要素

题型与分值		题号	主题	呈现方式	文字量(字)
选择题(44 分)		1～3	长江三角洲地区某县村办企业建设用地变化	文字	319
		4～5	欧盟境内欧盟籍和非欧盟籍的人口结构特点	统计图	157
		6～8	我国东北某区域铁路线的分布与变化	图文结合	169
		9～11	黄河小北干流为典型的堆积性游荡河道	图文结合	330
非选择题(56 分)	必考题(46 分)	36 四问	澳大利亚本土汽车生产制造业的发展变化	图文结合	397
		37 四问	板块运动下的里海及地中海的自然演化	图文结合	278
	选考题(10 分)	43	成都市大邑县境内安仁古镇游客很少留宿	文字	204
		44	美国芝加哥修建人工运河和清淤工程对当时环境的影响	图文结合	120

表 2　全国 II 卷地理试题信息要素

题型与分值		题号	主题	呈现方式	文字量(字)
选择题(44 分)		1～3	长江三角洲城市群的城市协调发展水平变化	图文结合	285
		4～5	美国某快递公司最大的空运枢纽设在路易斯维尔机场	文字	215
		6～8	常见的积云在形成过程中受下垫面影响强烈	文字	257
		9～11	发源大兴安岭的霍林河受上游修建水库和灌溉的影响地表环境变化	文字	221
非选择题(56 分)	必考题(46 分)	36 四问	云南省宾川县河谷地区的调水工程建设与水果种植业发展	图文结合	311
		37 四问	迎“冬奥”,浙江省室外人工滑雪场建设与主要滑雪场分布	图文结合	321
	选考题(10 分)	43	英国康沃尔郡在一个废弃的矿山上开发伊甸园项目后的旅游业	图文结合	177
		44	韩国首尔市的清溪川复原工程对改善当地环境的作用	文字	174

表 3　全国Ⅲ卷地理试题信息要素

题型与分值		题号	主题	呈现方式	文字量(字)
选择题(44 分)		1～2	我国城市厨余垃圾及自动处理系统的主要工艺流程	图文结合	216
		3～5	确保粮食安全及我国不同省份的稻谷供需关系	图文结合	217
		6～8	位于高纬度的西伯利亚地区气候发生明显变化带来的影响	文字	209
		9～11	我国某公路(新疆独库公路)沿线地理环境及特点	文字	206
非选择题(56 分)	必考题(46 分)	36 四问	德国鲁尔区的城市建设和医疗保健业发达	图文结合	343
		37 三问	发源于美国内陆高山的某河上游河段不同时间的水体形态变化	图文结合	185
	选考题(10 分)	42	日本本州岛的越后妻有地区举办“大地艺术祭”活动的旅游价值	图文结合	231
		43	我国北方一些农用大棚内土壤次生盐渍化问题与治理	图文结合	100

2. 2019年全国卷总体难度适中，考试成绩近似正态分布

2019 年高考地理各套试卷难度较为均衡，都达到 0.5～0.55 的最优区间(图 1)。2016 年全国卷分为 3 个卷种后，2017 年难度最大，全国Ⅰ卷和全国Ⅱ卷的难度都不到 0.45。随着常模的稳定，整卷难度的控制日趋精准。0.5～0.55 的难度区间既能保证考生有获得感，又能对各分数段考生合理区分。

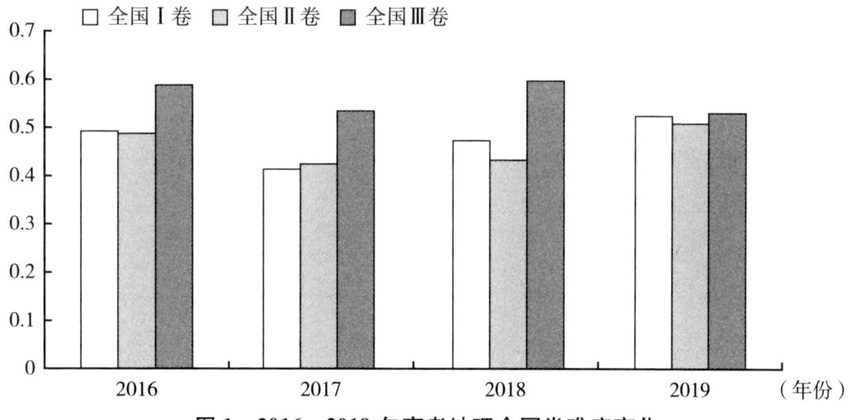

图 1　2016～2019 年高考地理全国卷难度变化

3. 2019年高考地理试题难度结构合理

影响全卷难度波动的主要是选择题。从 2016～2019 年的统计数据看，非选择题难度相对稳定，全国Ⅰ卷在 0.4 左右，全国Ⅱ卷在 0.45 左右，全国Ⅲ卷在 0.5 左右。2017 年全国Ⅰ卷选择题难度为 0.419，全国Ⅱ卷选择题难度为 0.438，2017 年全国Ⅰ卷和全国Ⅱ卷的全卷难度都低于 0.45；2018 年全国Ⅱ卷选择题难度为 0.402，全卷难度低于 0.45。2019 年高考地理试题选择题和非选择题难度结构较为合理（见表 4）。

表 4　2016～2019 年高考地理全国卷不同题型难度变化

卷种	年份	选择题	非选择题
全国Ⅰ卷	2016	0.599	0.389
	2017	0.419	0.402
	2018	0.546	0.414
	2019	0.669	0.41
全国Ⅱ卷	2016	0.491	0.475
	2017	0.438	0.423
	2018	0.402	0.456
	2019	0.515	0.5
全国Ⅲ卷	2016	0.632	0.55
	2017	0.569	0.497
	2018	0.786	0.448
	2019	0.518	0.545

不同选考模块考生选取的比例不均衡，旅游地理模块选考人数的比例全国Ⅲ、Ⅱ、Ⅰ卷由少到多，环境保护模块选考人数的比例全国Ⅲ、Ⅱ、Ⅰ卷由多到少。全国Ⅱ卷两个选考模块虽然选考比例不同，但难度基本一致。

表 5　2019 年高考地理全国卷不同选考模块统计数据

单位：%

卷种	旅游地理		环境保护	
	选考比例	难度	选考比例	难度
全国Ⅰ卷	73.44	0.501	26.56	0.331
全国Ⅱ卷	59.94	0.528	40.06	0.526
全国Ⅲ卷	31.06	0.458	68.94	0.631

4. 区分度较好，有利于选拔

由图 2 可知，全国Ⅰ卷和全国Ⅱ卷试题中区分度在 0.3 以上的占比超过 80%，全国Ⅰ卷有 1 道选择题区分度低于 0.19，全国Ⅱ卷有 1 道选择题区分度低于 0.19。

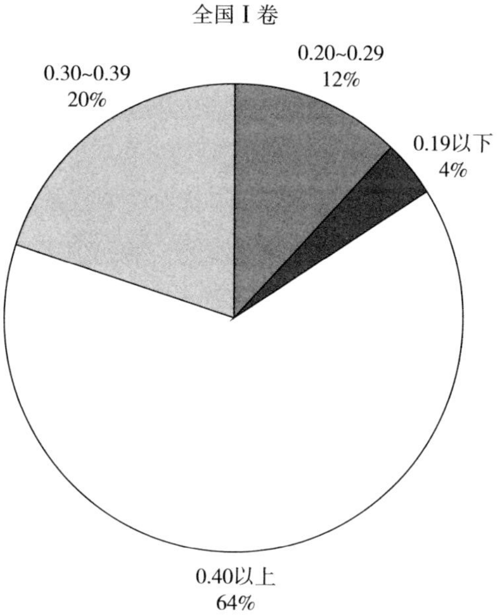

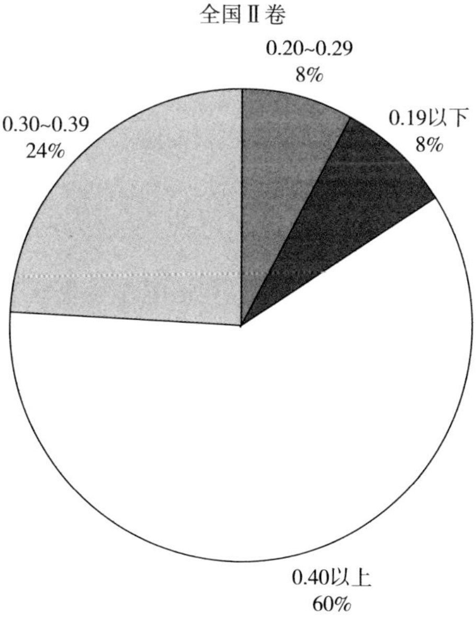

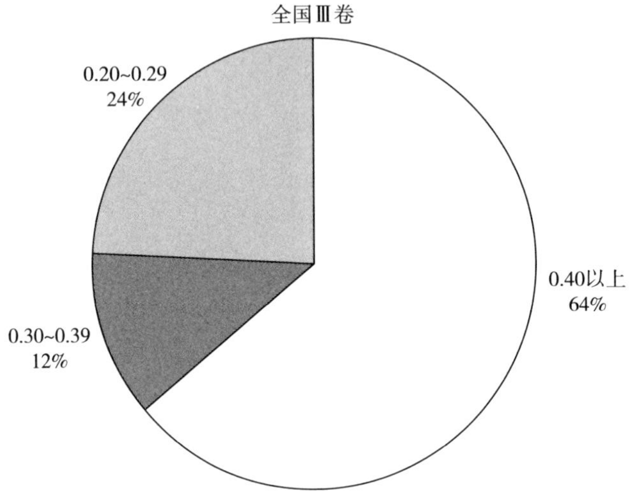

图 2　2019 年高考地理全国卷试题区分度差异

二　2019年高考地理试题特点及典型试题评析

2019 年高考地理试题贴近考生、贴近现实，紧密结合学科内容，选择反映国家经济社会发展、重大科技进步、生产生活实际等素材，落实习近平总书记重要讲话和全国教育大会精神，以高考核心功能为枢纽，发挥地理学科育人功能。

（一）挖掘学科价值，落实“立德树人”根本任务

2019 年高考地理试题发挥地理学科在培养学生家国情怀和全球视野方面的特点和优势，以弘扬爱国主义和社会主义核心价值观为指导思想，注重人的协调观和社会责任感，彰显地理学科育人价值。使高考地理试题不仅成为选拔人才的有效手段，也成为育人的重要途径和载体。

1. 凸显国家建设伟大成就和重大发展战略

用事实说话，展示地理学科的价值、核心思想和独特视角。例如引导考生关注城乡统筹发展理念。全国Ⅰ卷第 1 ~3 题以习近平总书记的基层联系

点、全国唯一的县域科学发展示范点浙江省嘉善县新发展理念为素材，根据嘉善县产业布局从分散到集中、从城乡各自发展到统筹发展的特点来设计问题，重点考查考生如何结合政策背景的变化来理解产业布局的变化，如何从集聚经济和规模经济角度认识产业集聚的益处。又如引导考生认识“长三角一体化”国家战略。北京卷第 4 ~ 5 题从地理环境视角，认识长三角一体化发展的重要作用。再如引导考生认识“一带一路”倡议。天津卷第 14 题、江苏卷第 15 ~ 16 题，关注国家扩大对外开放，促进经济全球化的重大发展战略，以中欧班列开通为素材，凸显“一带一路”倡议对沿线国家合作发展、共建共赢的重要意义。此外，还有引导考生体会我国脱贫攻坚取得历史性重大成就。全国Ⅱ卷第 36 题，以云南省宾川县“治贫先治水”的发展为案例，关注干热河谷气候的干旱对农业生产的限制，以及干旱问题解决后干热河谷气候所具有的光热优势，并将其与该地区亚热带、热带水果生产的蓬勃发展和脱贫致富相结合。反映了党的十八大以来，精准扶贫战略全面实施，脱贫攻坚取得的显著成绩。

2. 弘扬中华优秀传统文化

高考地理试题引导考生在生活的大课堂中学习对其终身发展有用的地理知识，主动继承中华优秀传统文化，践行社会主义先进文化，坚定文化自信。例如北京卷第 1 ~ 2 题，以中学手工制作活动的“宫灯”作为载体，使考生将实践活动与学科内容建立联系，引导考生体验中华传统文化的深厚内涵。江苏卷第 25 ~ 26 题，考查历史悠久的乡村聚落形态“川西林盘”的形成和发展。

3. 树立社会主义生态文明观

习近平总书记强调，生态文明建设是关系中华民族永续发展的根本大计，人类只有保持与自然环境之间的平衡与协调，才能生存与发展。高考地理试题要求考生能够在正确的价值观念指导下，有效整合学科知识，合理运用学科能力，认识、分析和解决生产生活中的环境问题；倡导简约适度、绿色低碳的生活方式，反对奢侈浪费和不合理消费，树立积极向上的生态文明观。例如全国Ⅲ卷第 1 ~ 3 题，以某企业对“厨余垃圾”进行无害化、资源化处理为案例，引导考生认识到关心和爱护环境应从身边做起、从垃圾分类做起。而海南卷第 24 题，取材于限制珠穆朗玛峰攀登人数这一真实事件，引导考生树立正确的环保价值观，使考生深刻认识维持珠峰地区环境可持续发展的重要性。

（二）立足学科本质，聚焦能力要求

高考地理试题聚焦能力考查，为高校选拔基础扎实、具有创新潜质的考生。考查的能力不仅包括必备的逻辑推理能力，还包括国家经济社会发展对多样化高素质人才提出的实践能力、创新能力等，充分体现基础性、综合性、应用性和创新性的考查要求。

1. 强化综合性，注重对地理过程推理能力的评价

地理学科具有很强的综合性，地理环境各要素之间相互影响、相互制约，构成一个统一的整体。高考地理试题要求考生能够综合运用科学的思考方法，整合学科知识与能力，横向联系、纵向贯通，面对真实、复杂的现实情境，探索和解决问题。例如全国Ⅰ卷第 9 ~ 11 题，以黄河小北干流河段堆积性游荡摆动为案例，通过提供相关的文字材料和黄河小北干流河段示意图，设计了自然要素相互作用和相互影响的情境，考查考生运用地理学科必备知识对地理事物和现象进行综合分析的能力，揭示自然环境要素之间、自然环境与人类活动之间的复杂关系。全国Ⅰ卷第 37 题，以湖泊演化为线索，充分体现了地壳、湖泊、地形、气候等各种自然体都处于不断变化之中的理念，说明了目前的区域特征只是自然地理过程的瞬间表现，展现了各要素之间的相互作用；同时，将区域联系和区域过程展示给考生，要求考生具有要素综合、空间综合与时间综合的能力。全国Ⅲ卷第 37 题，通过不同日期水体形态比较，分析气候、河流和地质地貌的相互作用，将短期的小尺度自然地理过程与长期的大尺度自然地理过程相统一，要求考生从整体角度认识地理环境。海南卷第 21 题，取材于现代真实版“沧海桑田之变”——青藏高原可可西里地区卓乃湖湖水外泄事件，将气候变化、地貌演化和水环境变化这些抽象的基础性自然地理过程整合起来，立足于现代区域自然环境演化实例，引导考生深入理解在全球气候变化背景下区域自然环境演化过程及其影响。

2. 强化应用性，注重对解决地理问题能力的考查

地理学科与生产、生活实际密切相关，具有实践性强的特点。高考地理试题通过设置真实的问题情境，要求考生在准确理解与熟练掌握学科主干内容的前提下，能够灵活运用所学的知识与原理，分析解决现实问题，促进考生真懂会用，学以致用。例如全国Ⅰ卷第 6 ~ 8 题，提供小尺度森林铁路地图，包含

当地地形、河流等自然地理信息，也包含历史发展等人文地理信息，考查考生从日常生活和身边事物中去思考、探索和发现地理问题的能力，引导高中对于地图的教学由学习地图知识转为培养考生利用地图工具获取地理信息的能力。又如全国Ⅰ卷第36题，以澳大利亚汽车制造业的真实案例为线索，围绕汽车产业布局、汽车市场特点、汽车生产成本以及汽车产业退出的影响等现实问题，把澳大利亚汽车生产从发展到消亡的过程与地理因素相结合，重点考查考生从地理角度分析产业发展问题的能力。而全国Ⅱ卷第6~8题，以生活中的地理事物“云”为主题，呈现云的形成与下垫面性质的对应关系，引导考生依据大气对流运动基本形式和原理，分析、构想积云形态特征，实现对积云的区域差异和时间差异的认知迁移。全国Ⅱ卷第9~11题则以发源于大兴安岭的霍林河流域为案例，要求考生在了解和掌握不同的干湿区地貌营力的基础上，分析人类改变地貌营力及后果，重点考查考生的知识迁移能力和对基本规律的应用能力。此外，海南卷第4~6题，以美国本土人口迁移为案例，通过呈现两年人口迁移的变化图，要求考生运用人口迁移的影响因素相关知识，分析美国人口迁移与社会经济发展的关系，一方面检测考生对区域人口发展变化问题的认识与理解深度，另一方面考查考生迁移应用能力的水平。

3. 强化创新性，凸显对地理创新思维能力的甄别

高考地理试题通过增强开放性和探究性，促进考生创新意识、创新思维的提高。鼓励考生运用创新性的思维方式应对问题情境，通过逻辑思辨，从多个视角观察、思考同一个问题发表自己独立的甚至有创造性的看法；或独立思考，分析不同的立场、观点，激发考生的想象力和思想张力。例如全国Ⅰ卷第4~5题，虽然考查重点仍是对人口结构图的理解和判读，强调基本概念、基本原理的掌握，但采用了新的情境呈现方式，要求考生能够灵活、创造性地运用不同读图方法，将所学知识迁移到新情境，解决新问题，获得新知识。而全国Ⅰ卷第37题第（4）小题，引导考生根据板块运动的趋势，判断黑海和地中海可能发生的变化。试题以里海的形成和演变过程为实证，阐明了板块运动与里海地区地貌、水文、气候之间的关系，反演了湖泊的形成过程，由此获得黑海和地中海将相继成湖的依据。扩大考生视野，使其在更大尺度上思考问题，评价考生以尺度转换为代表的地理思维创新能力。全国Ⅱ卷第37题

第（4）小题则通过设置开放性任务，要求考生面对莫衷一是的新问题，能够围绕滑雪场的利益相关者及其关系，提出有针对性的发展思路，突出独立思考能力的考查。

（三）融入体美劳考查要求，助力素质教育全面发展

高考地理试题重视情境的创设，围绕考生较熟悉的主干知识提供材料，既不偏离考生的生活经验及情绪体验，也不超出考生的理解程度，实现地理原理与现实生活的多样性紧密相连，在学与用之间搭建桥梁。

1. 将特殊的地理和气候条件与具体的体育项目相结合

彰显拼搏自强的体育精神和坚持不懈的奋斗精神，发掘体育项目开展的社会经济条件，激发考生投身体育运动的主动性和积极性。例如全国Ⅱ卷第37题，以“北京2022年冬奥会”和我国冰雪运动“南展西扩东进”战略为背景，将特殊的地理和气候条件与具体的体育项目相结合，发掘体育项目开展的社会经济条件，分析浙江室外人工滑雪场建设的地理问题。促进考生对冬奥会项目相关知识的了解和兴趣的培养，助力实施健康中国战略。

2. 将旅游地理与审美情趣和审美意识相结合

发掘旅游资源的历史渊源和文化底蕴，让考生懂得在欣赏旅游景观时，了解来龙去脉，对其进行深入分析，细心品味，懂得欣赏自然美、人文美，领悟人地和谐之美，最终实现美育的教育引导。地理景观有十分丰富的美学内容，用地理景观美可以丰富考生的精神生活，陶冶情操。例如海南卷第12～13题，以浙江省温岭市石塘镇“屋咬山，山抱屋”的石砌建筑群为原型，再现古色古香的江南小镇在朝阳中迎接美好未来的美景，诠释“曙光首照地，东方好望角”的佳评，引导考生关注生活中的地理现象，善于用“地理眼”去发现美、欣赏美和理解美。例如全国Ⅲ卷第42题，以越后妻有地区“大地艺术祭”旅游活动为背景，通过艺术作品《梯田》，呈现当地农民农耕生活的风貌场景，通过“犁田、播种、插秧、除草、割稻、到城里贩卖”等状态，使得艺术完全融入乡土大环境之中，引导考生欣赏自然与人文景观和谐融合的美丽田园画卷。

3. 将地理实践能力与劳动实际相结合

弘扬劳动精神，在考生心中播下崇尚劳动、尊重劳动的种子。通过材料呈

现农业生产中勤于劳作、善于总结的劳动智慧；工业生产中精雕细刻、追求完美的工匠精神；大国重器背后科技人员数十年如一日辛勤付出、善于创造的劳动精神。将与劳动相关的知识、能力、智慧、思想等融为一体，要求考生发现劳动中存在的现实问题并创造性地加以解决，引导考生树立正确积极的劳动观念，培养考生善于运用科学原理和技术技能乃至更多学科知识改进劳动的方法与能力。例如全国Ⅲ卷第 43 题，围绕我国北方地区农用大棚土壤次生盐渍化问题探讨解决方案，考生可以基于土壤次生盐渍化的形成过程和机理，提出自己认为科学可行的防治措施，启发考生在劳动实践中主动运用创造性思维，帮助考生内化劳动认知、增强劳动感悟、形成劳动习惯。又如海南卷第 1 ~3 题，以某村庄居民点和耕地分布为背景，考查考生如何根据耕作地块的面积大小、距离远近、农作物属性等因素来评价农户的农业生产活动。

三　基于高考评价体系看地理命题素养导向

（一）素养测评的背景

素养被视为 21 世纪学习者应有的重要品质，已经逐渐成为不少发达国家和地区进行教育改革的重要目标，是世界范围内教育界进行的一次新的广泛探索。欧盟、美国等发达国家和地区，经济合作与发展组织（OECD）等国际组织，陆续展开了对素养的研究，致力于构建适合本国、本地区发展需求的人才素养体系，制定以核心素养为导向的教育标准并贯彻之。一是联合国教科文组织 2003 年提出的五大支柱说，强调核心素养的培育需要终身学习，终身学习也需要核心素养。二是 OECD 在 2005 年提出的三种关键能力说，强调人与人、人与社会的互动，以及自立自主地行动的能力。三是欧盟 2005 年提出的八大素养说，同时提出的还有贯穿于八大核心素养之中的共同能力，如批判性思维、创造力等。四是美国提出的“21 世纪技能”，关注当今社会每个人都应该掌握的生存内容。此外，从 2005 年开始，我国台湾地区也启动了核心素养研究，确立了专题研究计划——《界定与选择核心素养：概念参考架构与理论基础研究》（简称 DeSeCo 计划）。

社会对人才要求的变化反映到教育目标上，势必会对教育测评的方式方法提出新的挑战。素养的测评要求测评者从仅仅关注知识的记忆、理解、运用，转向更复杂的分析、批判、创造等高认知能力的测评。国际学生评价项目（PISA）是由OECD组织、实施的一项国际学生学业成就比较调查项目，是当今世界最具影响力的学生评价项目之一。以科学为例，PISA2015将科学素养界定为处理与科学相关事物的能力，成为具有科学思想的公民并愿意对科学和技术做出合理的解释。这就需要以下三种能力：科学地解释现象、评价并设计科学探究、科学地解释数据和证据。PISA要求必须将试题设置在现实生活的情境中，设置的情境可能涉及个人、家庭、社区和世界，目的是尽可能准确地评价学生灵活运用知识和技能分析、解决问题的能力和迎接现实生活挑战的能力。

为适应世界教育改革发展趋势，提升我国教育国际竞争力的迫切需要，2014年教育部研制印发《关于全面深化课程改革落实立德树人根本任务的意见》，提出“教育部将组织研究提出各学段学生发展核心素养体系，明确学生应具备的适应终身发展和社会发展需要的必备品格和关键能力”。2016年9月《中国学生发展核心素养》发布，以培养“全面发展的人”为核心，分为文化基础、自主发展、社会参与三个方面，综合表现为人文底蕴、科学精神、学会学习、健康生活、责任担当、实践创新六大素养。为建立核心素养与课程教学的内在联系，充分挖掘各学科课程教学对全面贯彻党的教育方针、落实立德树人根本任务、发展素质教育的独特育人价值，《普通高中课程方案和语文等学科课程标准（2017年版）》各学科基于学科本质凝练了本学科的核心素养，明确了学生学习该学科课程后应达成的正确价值观念、必备品格和关键能力。这两个文件构成了我国学生核心素养的总体框架和基本内涵。

（二）高考地理学科素养考查方向

我国的高考是高利害选拔性考试，关涉千万家庭的切身利益，社会关注度高。高考考查素养，既要符合学生的认知水平，又要满足教育测量学的一般规律；既要体现一定的灵活性、开放性，又要满足评分的准确性；既要设置一定的难度，又要满足一定的区分度。这些问题不是仅仅照搬国外考查核心素养的经验就能实现的，而是需要开展系统的、细致的、前瞻性的研究。为全面贯彻党的教育方针，落实全国教育工作大会精神以及《关于深化考试招生制度改革的实施意见》的要求，进一步深化高考内容改革，教育部考试中心立足基本国情、遵循教育规律、坚持改革创新，研究构建基于学生德智体美劳全面发展要求的“一核四层四翼”高考评价体系。“四层”为考查内容，即“核心价值、学科素养、关键能力、必备知识”，是素质教育目标在高考内容中的提炼，回答高考“考什么”的问题。“四层”紧密联系，形成有机整体。其中，学科素养是考查内容的关键链接层，承接核心价值的方向引导，统摄关键能力与必备知识，在素质目标和考查内容中起导向作用，为高考命题提供了素养考查的理论基础和实践指南。

高考地理试题逐步探索课程标准所凝练的四个地理学科核心素养，即人地协调观、区域认知、综合思维、地理实践力。素养导向的高考地理试题要求考生面对复杂问题情境时，能够在正确的思想价值观念指导下，沿着地理视角的引领，合理运用地理学科的思维方式与方法，有效地组织整合地理学科的必备知识，高质量地认识问题、分析问题、解决问题。一方面要服务于课程，融会国家课程标准中的核心素养要求；另一方面要发挥考试的导向功能，融会高校人才选拔要求中的素养内涵，科学构建出更易于在考试评价中表达的指标体系，引领新课程教育改革。

（三）2019年高考地理试题实现素养导向的实践路径

2019 年高考地理试题挖掘时代主题、精选题材构建问题情境，注重反映人地协调观、综合思维与区域认知的价值取向，在试题和情境创设、设问、答案撰写等环节注重自然、贴切、不贴标签和润物细无声地突出地理学科所具有的独特的思维与分析方法。区域思想、尺度思想、人地关系思想、地理整体性与差异性思想、区际联系思想等在各套地理试卷中均有不同程度的融会，使地理学科特色得到更加鲜明的体现，更好地实现了高考的考查目标，引导高中地理教学不仅传授知识，更要教会学生运用地理知识和原理，分析生活现象，引导学生关注生活、思考生活、热爱生活，培养和提高学生运用地理学的视角和观点看待、分析和解决现实生活中问题的学科素养。

例如全国Ⅰ卷第 37 题，以湖泊演化为线索，将构造运动、地貌、水循环和水平衡、气候自然变化（冰期、间冰期）连为一体。材料充分体现了各种自然体（地壳、湖泊、地形、气候）都处于不断变化之中的理念，说明了目前的区域特征只是自然地理过程的瞬间表现，展现了地貌、水文和气候等各要素之间的相互作用；同时，将褶皱山地对湖泊的影响和里海、黑海、地中海将依次成湖过程展示给考生，要求考生能够对要素综合、空间综合与时间综合，重点考查考生的综合思维素养。第(1)小题实质是要求考生反演里海的形成与演化过程。要求考生对山脉隆起的地理（环境）作用有知识储备及相应的理解。第(2)小题不但需要解释里海盐度“反常”现象，而且还应通过盐度变化过程分析，完善对里海演化过程的反演。盐度分析成为反演里海演化过程的重要手段。重点考查考生对自然地理过程综合分析的能力。第(3)小题重点考查水平衡、内流区含盐量的变化。第(4)小题意在扩大考生视野，在更大尺度上思考问题，考查考生尺度转换的区域认知素养。四个问题按时间顺次展开，构成对湖泊演化过程的完整考查。

又如全国Ⅱ卷第1～3题，从长江三角洲城市群的城市协调发展水平入手，探讨在城镇化进程中，城市人口、土地利用和产业三者之间的关系，深入了解“长三角一体化”由快速发展的空间扩张状态向高质量协调发展的态势。从多方面体现地理学科素养的导向。人地协调观的体现：城市是人类文明的象征，城镇化是社会现代化必由之路，在城镇化过程中，人口增长、土地利用和产业需协调才能促进城市可持续发展。综合思维的培养：城市与城市群关系是点与面关系的具象化，从城镇化协调发展到城市群形成，再到城市群空间结构分析，需要调用多尺度、多维度、多层面的地理学综合分析能力，才能理解和建构城镇化与城市群的相互关系。区域认知的深化：城市群是城镇化发展到一定水平的主体形态，主体形态包括两层含义：一是过程，人口由乡村向城市迁移转向人口向城市群集聚；二是空间，城市群作为城市密集的空间是一个国家经济社会发展最重要载体。长江三角洲城市群相对我国京津冀城市群和珠江三角洲城市群，区域更具我国一般区域的典型性和城市群共性特征。

再如北京卷第11题，以长江中下游某地莫霍面等深线分布为材料，从自然要素的物质循环能量交换的角度，分析岩石圈、水圈等的变化规律，考查考生所具有的综合思维能力。第41题第(1)小题结合沈阳、大连两地的高新技术发展相关资料，分析两城市发展高新技术产业的有利条件，旨在考查考生在人地协调观、区域认知方面具备的基本素养。

参考文献

姜钢：《探索构建高考评价体系，全方位推进高考内容改革》，《中国教育报》2016年10月11日，第3版。

于涵：《新时代的高考定位与内容改革实施路径》，《中国考试》2019年第1期。

教育部考试中心：《彰显地理学科特色　落实“五育并举”要求——2019年高考地理试题评析》，《中国考试》2019年第7期。

教 改 篇

Teaching Reform

B.12
以课程教学改革为核心的高中育人方式变革探索

——2019～2020年高考改革背景下高中学校课程教学改革分析

《中国高考报告》课题组

摘 要： 正向引导教学，创新育人方式，是高考综合改革的核心目标。新高考改革对高中教学提出了新的要求、新的目标，教育理念、价值导向、教学模式、学科内容等正发生悄然变化。新的课程标准、《关于新时代推进普通高中育人方式改革的指导意见》等纲领性文件的出台，标志着普通高中教育进入育人方式改革的内涵发展新时代。紧紧围绕2019～2020年课程教学改革的背景、课程改革的重点和教学改革主题，展示中国高中教育教学改革的良好态势，发掘教学创新的珍贵经验，及时正视改革中存在的若干问题，为未来教学发展和育人方式创新提供必要的智力支持与经验基础。

关键词： 引导教学　高中教学改革　课程改革

自河北、辽宁、江苏、福建、湖北、湖南、广东、重庆8个省份第三批进入高考综合改革试点，全国已有14个省份试行新的高考方案；2017年12月底教育部《普通高中课程方案和语文等学科课程标准（2017年版）》的印发，标志着普通高中课程改革进入深化发展阶段；2018年9月全国教育大会的召开，为新时期教育发展和高中课程教育改革指明了方向；2019年6月国务院办公厅《关于新时代推进普通高中育人方式改革的指导意见》（国办发〔2019〕29号）的颁布，使普通高中教育进入育人方式改革的内涵发展新时代。本篇就本年度课程教学改革的背景、课程改革的重点和教学改革主题，以及存在的问题和发展趋势进行分析。

一　高中课程教学改革深化的背景及机遇

课程是“国家意志在教育领域的集中体现，落实党的教育方针的关键渠道，学校教育教学活动的基本依据，学生成长成才的重要保障”。高考综合改革中教－学－考－评－招的内在一致性要求的系统性推进，以课程教学改革为核心的高中育人方式改革，以及普及高中阶段教育和提升高中教育质量，对普通高中课程与教学改革深化都提出了更高要求。

（一）高考综合改革系统、稳步实施

此次高考制度改革是自1977年恢复高考以来规模最大、涉及面最广、难度最艰巨的一次改革，自2014年国务院《关于深化考试招生制度改革的实施意见》发布以来，上海、浙江，北京、天津、山东、海南，以及河北、辽宁、江苏、福建、湖北、湖南、广东、重庆共14个省份自2014年、2017年、2018年分别进入试点。前三批实验省份虽已进入高中综合改革试点，但与新高考密切相关的高中课程方案和新修订、编写的新教材一直未正式发布，至2017年12月底《普通高中课程方案（2017年版）》和各学科课程标准（2017年版）颁布，以及2019年秋季入学各学科按新课程标准修订、编写的新教材试用，

新课程方案－新课程标准－新教材－新高考方案即“四新”才完整统一起来。按教育部《关于做好普通高中新课程新教材实施工作的指导意见》（教基〔2018〕15号）要求，要统筹考虑新课程、新教材实施和高考综合改革等多维改革推进的复杂性，按照实事求是、积极稳妥、分步实施、自主申请的原则，从2019年秋季学期起，全国各省（自治区、直辖市）分步实施新课程、使用新教材。① 如第二批进入高考综合改革试点的北京市，2017年秋季入学学生适用“四省市普通高中课程安排指导意见”，使用旧教材；2018年《普通高中课程方案（2017年版）》和各学科课程标准（2017年版）正式颁布后，2018级学生适用“2018级普通高中课程安排指导意见”，仍然使用旧教材；2019年秋季入学新生全面实施新课程，使用新教材，即目前新课程实施处于从过渡到全面实施的过程中，学校三个年级三种样态。在课程－教材－教学－考试－招生逐步协同实施过程中，各试点省份相继完善学业水平考试、综合素质评价、高等学校考试招生制度等系列政策和制度，使高考综合改革系统、稳步推进，并以此为突破口带动教育领域综合改革。如2017年浙江省、上海市在一轮试点后，按“及时调整充实、总结完善试点经验组织”的要求，相继发布了“关于进一步深化高考综合改革试点工作的若干意见”，② 对前期设计中的部分做法进行调整和完善；北京市2018年出台《北京市深化高等学校考试招生制度综合改革实施方案》，对前期《北京市深化考试招生制度改革实施方案》确定的总体框架进行完善；第三批进入试点的实验省市，2018年相继宣布高考综合改革实施方案采取“3＋1＋2”模式，是高考综合改革制度进一步落地和稳妥实施的基本保障。

（二）新时代高中育人方式改革推进

高中阶段是学生个性形成、自主发展的关键时期，对提高国民素质和培养创新人才具有特殊意义；普通高中教育是国民教育体系的重要组成部分，在人

① 教育部《关于做好普通高中新课程新教材实施工作的指导意见》（教基〔2018〕15号），http：//www. moe. gov. cn/srcsite/A06/s3732/201808/t20180824_ 346056. html。

② 浙江省人民政府2017年11月发布《关于进一步深化高考综合改革试点工作的若干意见》，http：//www. zj. gov. cn/art/2017/11/29/art_ 32431_ 295370. html；上海市人民政府2018年4月印发《关于进一步深化本市高考综合改革试点工作的若干意见》，http：//www. shanghai. gov. cn/nw2/nw2314/nw2319/nw12344/u26aw55501. html。

才培养中起着承上启下的关键作用。2018 年全国教育大会召开，进一步回答了培养什么人、怎样培养人、为谁培养人这一根本问题。习近平总书记在讲话中指出“培养社会主义建设者和接班人”是教育的根本任务，而培养社会主义建设者和接班人要在坚定理想信念、厚植爱国主义情怀、加强品德修养、增长知识见识、培养奋斗精神、增强综合素质上下功夫；教育根本任务的实现要靠“构建德智体美劳全面培养的教育体系，形成更高水平的人才培养体系”,[①] 这为统筹推进普通高中新课程改革和高考综合改革，全面提高普通高中教育质量指明了方向。新时代推进高中育人方式改革，其基本目标是：到 2022 年，德智体美劳全面培养体系进一步完善，立德树人落实机制进一步健全。普通高中新课程新教材全面实施，适应学生全面而有个性发展的教育教学改革深入推进，选课走班教学管理机制基本完善，科学的教育评价和考试招生制度基本建立，师资和办学条件得到有效保障，普通高中多样化有特色发展的格局基本形成。[②] 完成这一目标，需要在构建全面培养体系、优化课程实施、创新教学组织管理、加强学生发展指导、完善考试和招生制度、强化师资和条件保障、加强组织领导等方面进行全方位的改革。课程与教学改革作为全面培养体系的核心载体和联结教学、考试、招生及管理的重要环节，在育人方式改革中发挥基础性作用。

（三）高中阶段教育普及进入攻坚阶段

党的十八届五中全会提出“普及高中阶段教育”,[③] 国家“十三五”经济社会发展规划纲要将高中阶段教育普及攻坚计划列入教育现代化重大工程，2017～2020 年是我国高中阶段教育普及的攻坚阶段。普及高中阶段教育是党中央、国务院在全面建成小康社会、打赢脱贫攻坚战、推动经济产业转型升级、推进教育现代化的大背景下统筹谋划的，是我国继普及九年义务教育之后

---

① 习近平：《坚持中国特色社会主义教育发展道路　培养德智体美劳全面发展的社会主义建设者和接班人》，http：//www. moe. gov. cn/jyb _ xwfb/s6052/moe _ 838/201809/t20180910 _ 348145. html。

② 国务院办公厅：《关于新时代推进普通高中育人方式改革的指导意见》（国办发〔2019〕29 号），http：//www. gov. cn/zhengce/content/2019 -06/19/content_ 5401568. htm。

③ 《五中全会公报首提普及高中阶段教育》，http：//edu. people. com. cn/n/2015/1030/c1053 -27757570. html。

进一步提升国民整体素质、劳动力竞争能力、建设人力资源强国的重大举措。《高中阶段教育普及攻坚计划（2017～2020年）》指出，高中阶段教育普及要体现全面科学的普及观，防止简单追求数量和规模的增加。要“将提高教育质量摆在突出位置，坚持立德树人，推动学校多样化有特色发展，增强高中教育的适宜性和吸引力，为学生的成长成才奠定基础”。[①] 具体而言，提高普通高中教育质量的主要措施有：一是深化课程改革，加强选修课程建设，增强课程的选择性和适宜性；二是建立学生发展指导制度，加强对学生课程选择、升学就业的指导；三是推进学校教育质量综合评价改革，改变单纯以升学率评价教育质量的倾向，发挥评价正确的育人导向作用；四是加强教师队伍建设，及时补充配齐教师，特别是短缺学科教师。可见，课程与教学改革的深化，是高中教育内涵发展和提升质量的根本，也是普及基础上提升质量和育人效益的根本抓手，需要持续创新并以此为核心带动育人系统的整体性变革，实现高中教育的持续健康发展。

二　当前普通高中课程教学改革深化的重点

《教育部关于全面深化课程改革　落实立德树人根本任务的意见》（教基二〔2014〕4号）指出：“全面深化课程改革”在“整体构建符合教育规律、体现时代特征、具有中国特色的人才培养体系，建立健全综合协调、充满活力的育人体制机制，落实立德树人根本任务”中具有基础性地位。[②] 当前新高考背景下普通高中课程改革深化，迫切需要解决6个集中的问题：一是课程设置问题，即开什么、怎么开的问题；二是选修选考问题，即选什么、如何选的问题；三是课程编排问题，即排什么、如何排的问题；四是教学实施问题，即教什么、怎么教的问题；五是考试评价问题，即考什么、如何评的问题；六是条件匹配问题，即运行条件、机制的问题。总体而言，学校层面的核心在于供给、选择、实施、评价、治理和保障六个方面。

① 《教育部等四部门关于印发〈高中阶段教育普及攻坚计划（2017～2020年）〉的通知》（教基〔2017〕1号），http：//www. moe. gov. cn/srcsite/A06/s7053/201704/t20170406_ 301981. html。

② 《教育部关于全面深化课程改革　落实立德树人根本任务的意见》（教基二〔2014〕4号），http：//old. moe. gov. cn/publicfiles/business/htmlfiles/moe/s7054/201404/xxgk_ 167226. html。

（一）加强课程整体建设，提升课程供给能力

学校基于特定学段和培养目标整体设计课程，是完善德智体美劳培养体系，落实立德树人根本任务的基础内容，也是学校完善课程供给结构和提升供给质量的必然之举。高考综合改革考试、招生、录取中的人才培养质量规格的导向，以及新时代普通高中教育的价值功能定位、未来人才发展的核心素养等，对高中学校课程整体建设提出了更高要求，学校应充分利用改革赋予的合理而充分的课程自主权，在已有课程基础上，回应新时代培养目标的核心要素，构建具有基础性、时代性、综合性和选择性的课程体系。

1. 整体构建学校课程体系

学校课程体系不是各规定课程要素的拼加，而是基于特定育人目标的课程诸要素的结构性整合。21 世纪以来，高中学校课程建设经历了开齐开足到必修与选修协同推进，以及学校课程整体构建的发展阶段，不同学校在不同发展阶段其课程建设的重点和任务不同。整体构建学校课程体系，当前高中学校的实践路径如下所述。

第一，分析和诊断学校课程建设基础及现状。深入思考全面深化改革大背景下学校课程建设的发展阶段和水平，改革中存在的主要问题、矛盾、原因，深化教育领域综合改革背景下学校课程建设的突破口及推进策略如何等基本问题，清晰呈现学校课程“从哪里来”“现在处于何种状态和水平”“未来的发展方向如何”，具体分析学校在办学历程中积累的优势与经验、学生来源及学情（需求、认知风格、学习特点等）、教师队伍结构及优势、资源条件、新时期面临的挑战和问等，为课程建设带动的学校整体性变革奠定基础。

第二，明确学校教育价值追求和培养目标。学校课程建设是始于课程目标的活动,[①] 学校育人取向和培养目标规约着课程目标。教育价值追求是学校育人的根本取向，是学校教育哲学的集中体现，强调人的发展、人的现实生活和实践，以及人的自主性和创造性是当前学校课程新的价值取向。[②] 育人目标是

① 周海银：《学校课程建设的内涵、取向与路径分析》，《山东师范大学学报》（人文社会科学版）2015 年第 1 期。

② 裴娣娜、沙培宁：《学校课程结构变革 · 学科教学本质探讨》，《中小学管理》2012 年第 3 期。

“学校人”的形象，要体现国家的基本要求、特定学段共性目标和学校特色目标，并具体化为明晰的质量规格，体现培养方向和培养水平。我国教育的根本任务是“培养社会主义建设者和接班人”，不同学段在学生发展核心素养培养中肩负特定职能，不同学校所在特定地域、社区，当地政府和社区人民对教育的特定期待，以及学校办学者的教育价值追求和学校多年的办学传统，都影响着学校培养目标的表达。培养目标转化为课程目标，需进一步从培养质量规格的角度细化为学生发展核心素养、综合素质要素及水平。

第三，搭建整体性课程结构并明确课程设置。课程结构是课程各部分要素有机联系在一起的框架和机制，有形式结构和实质结构之分。形式结构是各种类型课程要素遵循一定原则构成的有机统一体，如按课程管理层级，学校课程结构中包括国家课程、地方课程和校本课程；按课程功能，学校课程结构中包括基础类课程、拓展类课程和研究类课程；按修习方式，学校课程结构中包括必修课程、选择性必修课程和任意选修课程等。实质结构是课程内容要素及其性质与促进学习者成长要素及水平之间的相互关系，一般表现为知识、经验、活动的分类、分级，以及促进学习者能力素质发展的功能。课程结构设计的基本原则：一是基础性原则，普通高中教育是基础教育的高级阶段，突出学生在共同基础上的多样化发展，基础性原则突出学生的共同基础和发展水平；二是均衡性原则，即各种课程类型、要素以及学生全面发展的方面都不能忽视，并考虑彼此之间的存在关系；三是选择性原则，即高中课程要突出学生的性向分化、个性形成和自主发展，课程要给学生选择空间；四是综合性原则，即整合考虑课程要素中的科学与人文、学术与职业、民族与国际、必修与选修等的相互关系。①

第四，明确课程实施的基本路径和条件保障。课程实施首先是对课程内容的梳理，具体包括课程结构中各部分课程内容的整合、层次的划分，以及课程内部、课程之间相互的衔接；其次是对作为课程实施主渠道的课堂教学的基本取向、实施进程、主要方式，学生学校活动的总体设计、适宜安排和课内外协调，学校精品、特色课程的规划与建设，可供学生自主选择的课程资源、学习

① 裴娣娜：《浙江省深化普通高中课程改革的主要举措及其创新》，《人民教育》2018 年第 15 期。

资源的匹配等，都是学校课程整体建设应考虑的重要内容；最后是课程实施的保障条件，包括师资、时间、空间、信息和设施设备等，学校课程的实施水平，除了基本的条件保障外，也体现学校育人的基本理念和对资源的配置、调整能力和使用水平。

第五，完善课程建设管理制度和治理机制。包括课程规划、开发的决策、审议制度，课程实施中的教学组织管理和活动安排制度，与课程建设匹配的人财物等资源的配置机制，课程建设的过程管理及效果评价制度等。结合高考综合改革试点，制度完善过程中涉及组织机构以及制度形态、功能等的变革，特别是基于学生选课选考的课程建设和教学实施组织形式及其管理，将逐步改变学校教育教学的常规样态。

第六，确立课程评价理念及技术路线。基于发展性评价理论，课程评价是对课程建设进行全面科学的诊断及改进服务，主要内容包括对课程体系自身的系统性、科学性、适宜性、创新性等进行评估，对学生课程适应性和学习效果进行评价，对教师基于以课程为主体的专业生活及专业发展进行评价，以及学校以课程为核心的整体性的发展评价。学校课程整体建设中课程评价往往比较薄弱，主要突出了学生的学业评价和教师的教学评价，或以学业评价、教学评价取代课程评价，需进一步发挥评价督导、诊断、反馈和发展等功能，依托课程建设的自组织机制促进学校课程的可持续发展。

2. 增强学校课程的选择性

基于普通高中教育的基本任务："促进学生全面而有个性的发展，为学生适应社会生活、高等教育和职业发展作准备，为学生的终身发展奠定基础"，[①] 高中学生在共同基础上的性向分化和个性发展，决定了选择性是普通高中课程的突出特点；同时，选择性也是地方、学校与学生客观差异存在的现实及课程的适应性提出的必然要求。课程的选择性涉及各级地方教育主管部门、学校（校长与教师）、学生有什么样的课程权力和有多大的权力对课程做出选择，高考综合改革"选课选考"赋予学校相应的课程设置权、教师课程开发权和学生课程选择权，学校课程需进一步整体设计和优化结构，以"让学生有课

① 中华人民共和国教育部：《普通高中课程方案（2017 年版）》，人民教育出版社，2018，第 1 页。

可选”。

首先，增强学校课程体系的选择性。新的高中课程方案减少必修课程增大选修课程，突出学生在共同基础上的选择性学习，将课程分为必修、选择性必修和选修三类并有明确的功能定位。学校应从立德树人根本任务落实和体现学生发展核心素养的育人目标出发，协调课程在科学与人文、学术与职业、民族与国际、基础与个性、共性与特色、必修与选修、课内与课外等方面的关系，进一步优化课程结构；同时明确课程建设的长期目标和阶段主题，着力突出在整体设计布局下阶段推进的路径，释放课程选择空间，从体系结构角度扩大课程选择的可能性。

其次，增强学科（领域）课程的选择性。学校在多年国家课程校本化实施的基础上，从学科核心素养出发对学科（领域）课程进行顶层设计。一方面梳理学科（领域）课程的内容、形态、实施方式和支持资源，明确基础课程和核心课程的价值功能和主要内容，突出学科本质、思想、方法，以及学科前沿；另一方面融入本校独特教育价值追求和理念、学生特点及需求、学校传统及优势、教师风格与特色，逐步形成基于学校的学科（领域）课程教学知识体系并完成初步的分类分级设计，为学生在学科（领域）课程内容、层次、学习方式等方面的可选择奠定基础。

再次，增强精品课程、特色课程的选择性。针对新高考学生选考、选科、选课的需求，以及高中教育育人方式改革突出学生综合素质的提升，进一步突出学校课程质量和课程特色势在必行。学校应根据学生需求和学校育人目标、办学特色和资源基础，因地制宜地开设具有学校特色的选修课程、校本课程，特别是贯彻新时代教育改革基本理念，有机融入中华优秀传统文化、革命文化、社会主义先进文化、法治意识、国家安全、民族团结和生态文明等教育元素，不断丰富课程类型和课程形态；同时挖掘多学科之间、多形态课程之间、课程与社会实践和学生生活的联系，发挥课程的综合育人价值，不断提升课程品质。

最后，增强学生自主学习资源的选择性。试点省份鼓励区域和学校因地制宜，积极整合、开发、利用多种课程资源，组织区域或校际课程选修、线上课程修习；鼓励地区和学校采用合理方式，探索区域、学区、集团学生跨校选课、教师跨校兼课的流动机制，加大课程资源的统筹和共建共享力度，满足学生选课选考及个性化学习需求。如上海市部分学校针对学生选课走班带来的校内学习时间、空间及课程安排的挑战，对部分学科的学业水平合格性考试采取网络授课的方式;[①] 浙江省规划建设精品选修课程资源库，学生可选择修习相应课程并获得学分;[②] 北京市部分学区和集团校之间课程共选、资源共享，为学生提供了较为充足的、多样化的课程及学习资源的选择。

（二）引导学生理性选课，提升自主发展能力

新高考改革赋予学生选课选考的权利，选课主要包括选择学习什么课程、学到什么程度、什么时候学、用什么方式学，选考包括学生可以选择考试种类、等级性考试科目、考试时间和考试次数，二者在部分课程上有交叉，但各自有特定内容和侧重。实现学生选课选考，关键是可选、能选、会选和优选，可选是学生拥有选择的权利，能选是学生具备选择的能力，会选是学生掌握选择的方法，优选是实现理性选择。引导学生理性选课，需加大对学生的发展指导力度，提升其自主发展能力。试点省份和学校的重点发展方向体现在如下几点。

1. 开设学生发展和生涯规划专门课程

如何引导学生理性分析自己的兴趣爱好、发展优势及未来发展需求，分析学校课程特点及学科优势、大学专业报考及职业分布、社会发展需求与趋势，开设学习指导与生涯规划专题课程，让学生通过课程学习有相应体验和掌握较为系统的方法势在必行。在高考改革背景下，高中生涯规划课程既是高中课程与教学的实践逻辑起点，也是整合各学科课程、实践课程和未来高考及高校持续学习的纽带。[③] 试点省份将学生发展与生涯规划专门课程作为新课程实施的重要突破口和抓手，要求学校将学生发展和生涯规划课程纳入课程体系并进行

① 钱钰：《晋元高级中学：〈网上走班与实体走班双轨并进〉》，http：//www. whb. cn/zhuzhan/xue/20150602/31324. html。

② 《浙江省教育厅关于加强普通高中选修课程建设工作的指导意见》，http：//www. zjedu. gov. cn/gb/articles/2013 – 05 – 17/news20130517174214. html。

③ 杨志成：《新高考改革与高中生涯规划课程研究》，《课程·教材·教法》2018 年第 38 卷第 10 期。

多种形式的专题教育，保证课程内容的科学性、适宜性和基本的教学时间及人员配置，通过系统的课程学习和活动体验提升学生自我管理和发展规划能力，让学生面对选择能选择、会选择。如先期试点省份浙江省生涯规划教育的发展，分为前改革阶段：生涯规划教育的萌芽；课改深化阶段：生涯规划教育的自然生长期；高考倒逼阶段：生涯规划教育的蓬勃发展期；后选考阶段：生涯规划教育的专业发展期。生涯规划课程成为高中学校“标配”，课程群和学科渗透成为专业化的主要代表；① 高中生涯规划课程在实施过程中主要涵盖聚焦知识建构的通识教育、关注实用取向的知识技能拓展、注重心理辅导的联动效应、关切校外资源的充分调动和倡导自主探索的体验活动五个方面。②

2. 建立和完善全时空的学生发展指导系统

《国家中长期教育改革和发展规划纲要（2010～2020 年）》《普通高中课程方案（2017 年版）》和《国务院办公厅关于新时代推进普通高中育人方式改革的指导意见》都提出“建立学生发展指导制度”，要求对学生发展指导明确指导机构，建立专兼结合的指导教师队伍，通过学科教学渗透、开设指导课程、举办专题讲座、开展职业体验等对学生进行指导；同时利用高校、科研机构、企业等各种社会资源，构建学校、家庭、社会协同指导机制；高校也应以多种方式向高中学校介绍专业设置、选拔要求、培养目标及就业方向等，为学生提供咨询和帮助。部分试点省份（含部分非高考综合改革试点省份）都已出台或正着手研制学生发展指导意见，③ 结合学校已有的选课指导、职业体验、德育活动、班级管理等，建立包含班主任、任课教师、学习导师、学长、辅导员等多重角色，学生指导中心、课程管理中心、学生社团等多个机构，学生指导及相关制度、学生班级管理规范、学校资源利用要求等多项制度在内，覆盖学校各种活动空间及专门网络平台的学生发展指导系统，帮助学生树立正确理想信念、正确认识自我，更好适应高中学习生活，处理好个人兴趣特长、

① 王小平：《浙江省普通高中学生生涯规划教育研究：历程、现状及趋势》，《基础教育课程》2017 第 1 期。

② 聂洋溢：《高中生涯规划课程实施及其优化——基于杭州市五所高中的调查研究》，《教育科学研究》2018 年第 6 期。

③ 浙江、上海、山东、河北、河南、黑龙江、福建等省份都相继发布在普通中小学开展生涯教育的通知或学生发展指导意见等地方文件、指南等。

潜能倾向与国家和社会需要的关系，提高选修课程、选考科目、报考专业和未来发展方向的自主选择能力，科学合理地解决各种选择难题、选择困难、选择偏差，整体规划和安排高中三年的学习与生活，在选择中成长，在成长中学会选择。

3. 激发学生课程选择与自主发展的动力

高考改革不仅突出学生的选课选考，还涉及学科、课程、专业、职业，学生、学习、家长、社会等各个维度的博弈与协同，需要统筹考虑兴趣爱好、课程选择、专业报考和生涯发展之间的关系。在指导和引导学生选课选考过程中，学校需处理好多方面的关系：一是学生兴趣爱好、课程选择、专业报考、生涯发展的相互关系；二是课程及考试安排与学生学习水平、学习进程之间适宜性的关系；三是学生选择的不确定性与学校资源配置相对稳定性的关系；四是学校优势学科及教学水平与学生课程选择和专业报考的关系；五是实现改革预期、回应学生学习需求程度与改革成本之间的关系。目前学生选择主要依据个人兴趣、学科优势与高考可能分数之间的取舍，兴趣－课程－学业－专业－职业－生涯之间的内在关联还没有建立起来。学校需要结合学生的课程学习和学校生活引导其全面深入地认识自己，认识高中阶段的主要任务，认识来自同伴、学校、家庭、社会等各方面的影响，尊重自我发展的方向和特点，激发学生选择的动力，让学生学会理性选择，并在选择中学会自我负责。

（三）有序安排和实施课程，提高课程育人效益

课程实施是课程方案（计划）实现其预期目标的基本环节，课程实施以课堂教学为主渠道，但不限于学校课堂教学。新课程实施在学校层面的重点：一是根据学校课程供给和学生选课科学合理地编排课程，即完善学校、教师和学生的课程表；二是根据学生选课和学校师资、教室、设施设备等资源完善教学组织形式，即选课走班方式；三是依托行政班和教学班，通过教与学方式变革，依托课堂教学主渠道发挥课程的育人价值；四是统筹学生校内外活动及相关实践、体验性学习，发挥实践的育人功能。

1. 科学编排个性化学习课表

新高考背景下学校要组织教师研究提出各学科的课程设置方案（包括学科必修、选修性必修、选修；模块的设置年级及学时、任课教师等），制订学

校课程说明和选课指南，指导、帮助学生根据选课指南自主选择，学校根据学生课程选择及学校资源、设备等条件科学排课，最大限度满足学生学习和发展需求。学校课程编排一般包括四个步骤。一是调研摸清学校特定阶段课程供给和特定年级学生选课意向。试点省份学校根据各年级课程设置方案的不同和特点，对必修课程、选择性必修课程和选修课程进行三年一贯的整体安排，同时对必修课程和选修课程进行分段安排；在安排选修课程特别是选择性必修课程时，结合学生发展指导课程的开设和相关活动，在特定的时间节点如入学初、高一期末、高一下期中考试后、高一下期末和部分学科学业水平考试后、高二上入学前，对学生的选课意向进行追踪。实践调研显示，学生选课的变化比较大，有的学校超过60%的学生科目选择有变化。二是在选课调研的基础上进行模拟排课。学校多借助信息化的排课软件或学校课程管理平台（一般把选课测评、课表编排和学生分班、走班考勤结合起来），对学校选课进行多次模拟编排。三是在学生确定选课之后进行正式排课并实施。学校在高一下学期末或高二上学期初，一般会给学生1~2周的选课学习适应，以给部分学生留出调整的空间。四是学生经过选课试用后再次调整和确定课程安排，以最终确定不同年级学校、教师和学生的课表，实现学生课程的自主选择和个性化学习。总体而言，排课的复杂程度取决于学校课程开设的科目种类及分层的数量。

2. 确定有效教学组织形式

从教学组织运行的角度，加大教育教学管理改革力度，有序推进选课走班制度，是当前高中试点中学校实践的重点。学校开发或购买课程安排信息管理系统，加大对班级编排、学生管理、教师调配、教学设施配置等方面的统筹力度，提高教学管理水平和资源使用效率，形成规范有序、科学高效的选课走班模式，逐步形成行政班和教学班并行、科学规范、高效有序的教学组织运行机制。行政班与教学班并行的教学组织管理形式，也成为浙江等省份新课程推进的重要经验。选课走班是一种以课程建设推动学校育人理念转变、课程体系建设、教学方式变革、管理体制创新、学校生态变化、学校文化建设等全方位变革的人才培养模式变革，① 其最终目的是通过学生课程权和学习权的满足，给

① 张晓宇：《选课走班的理论与实践》，硕士学位论文，山东师范大学，2017。

学生提供个性化教育，促进学生的个性化成长，实现学校育人的根本性变革。“选课走班”不仅是一种外在形式及技术层面的变革，更是传递和体现教育思想的人才培养模式变革。走班的具体形式根据目的及内容不同，有不同的分类：根据课程选择形成的走班有分类走班、分层走班、分层分类走班；根据组班形式形成的走班有教学班和行政班；根据走班的深入程度有大走班（所有课程均走班）、小走班（只有选修课程走班）、中走班（适宜性科目走班，部分必修、选修分层、分类走班）；根据考试要求分为学业水平考试班和高考班；根据载体形态分为实体走班和网上走班。

目前学校的走班主要是根据课程供给和学生课程选择形成的走班，主要有三种：一是大走班级，即必修课分层走班、选修课程分层分类或分项走班，学生不但可以选择不同课程类型或科目，也可选择学习层次及具体项目；二是中走班，主要是指必修课以行政班形式实施，或在部分学科上适当分层，选择性必修课程分层分类和选修课程任意选择走班；三是小走班，即必修课以固定的行政班上课，只是选择性必修课程分类走班，任意选修课程根据课程供给实际情况决定是否让学生选择或者走班。对于选择性必修科目选课走班的确定，部分学校的策略是：从6选4过渡到6选3，或“定二走一”，或语数外、6选3学科、艺体等学科分类安排等。北京市昌平一中为尊重学生的自主选择权，选课走班坚持“选科分层、选层走班、以选定教”的思路，具体实施步骤为：研究新高考改革政策—介绍、宣传选课走班方案—生涯规划与选课调研—模拟分层走班、正式走班（语数外单科分层）—分层走班加选项走班—选科分层、选层走班、以选定教，较好地处理了学生多样选课组合与学校课程供给、资源配置之间的关系。

3. 多种方式深化课堂教学改革

围绕学生发展核心素养和各学科核心素养落实学科育人价值，强化核心素养培养、学业质量标准落实，以及与考试改革的衔接，大力推进教学改革，是新高考改革课程实施的核心内容。落实学科核心素养的教学改革重在从教的过程走向学的发生，把教学目标转化为师生共同的学习目标，把有利于教学内容学习的资源交给学生，给学生提供学习工具和搭建脚手架。在实践推进中，基于标准、基于学生学习差异、基于特定主题、基于内容整合、基于实践以及基于技术变革等方面的教学改革成为关注的重点。

（1）基于标准的教学改革

高中新课程方案和各学科课程标准的颁布，为新课程实施提供了基本依据，基于标准的教学改革侧重在突出课标的统领作用和课标－教材－教学－考试－评价的内在一致性。修订版高中课程标准的“两大突破”，一是凝练了各学科核心素养，二是提出了学业质量标准。[①] 学科核心素养是学生学习该学科课程后应达成的正确价值观念、必备品格和关键能力，是对知识与技能、过程与方法、情感态度价值观三维目标的整合。学科核心素养厘清了学科课程的育人目标，指明了学科教学与评价的方向，规划并引领学科教育教学实践。围绕学科核心素养的落实，精选、重组教学内容，设计教学活动，提出考试评价的建议，目的是切实引导各学科教学在传授学科知识过程中，更加关注学科思想、思维方式等，克服重教书轻育人的倾向。教师深入理解普通高中课程改革要求，准确把握2017年版课程标准和新教材的理念和特点，教学中需进一步关注学生学习过程，以学科大概念/大单元为统领，突出学科思想与方法，创设与生活关联的、任务导向的真实情境，积极探索基于情境、问题导向的互动式、启发式、探究式、体验式等课堂教学，注重加强课题研究、项目设计、研究性学习等跨学科综合性教学。依据各学科学业质量标准，注重对学生学习过程的评价，突出学思结合、学以致用，完成从“知识点”到“核心素养”的转变。

（2）基于学习的教学改革

当前普通高中教学改革重心已从关注教的过程发展到注重学生学习的真实发生，基于学生的需求、基础及差异等进行教学方式改革，以及探讨不同选课走班模式下教学效果的差异、学科教师的角色变化与育人方式的改进等，是选课走班背景下教师教育教学面临的挑战。“选课走班”和传统教学相比，学生的课堂接受度、课堂听课集中程度、课堂学习效率、自习课效率和学生的自主管理能力，以及教师魅力、课堂纪律、自我状态和小组学习氛围等，对学习效果都有较大的影响，为此，做好学生的学情分析和创建教学的学习共同体就成为有效教学的前提。学生差异主要集中在两个方面：一是学习水平的差异，包

① 中华人民共和国教育部：《普通高中课程方案（2017年版）》，人民教育出版社，2018，第1～5页。

括学业水平、动机水平和自我监控水平；二是学习类型的差异，包括智能类型、学习风格、学科倾向、学习兴趣等。教师可借助多种工具，如高中生学科倾向测试（主要包括学习兴趣、学习能力及自我效能）、学习能力倾向测试（主要包括学业成就、能力倾向、综合素养）、霍兰德职业兴趣量表（主要包括人格类型、兴趣与职业的关系）、学习品质测试量表（学生的性格、兴趣、能力、态度、习惯、职业规划等方面）等，对学生的学情有基本的分析，为教学班的有效教学打下基础。北京市十一学校研制了“以学生为中心、聚焦学生学习”课堂教学观察表，为教师观察学生学习提供帮助（见表1）。

表1　北京市十一学校“以学生为中心、聚焦学生学习”课堂教学观察

维度	观测点
师生共同明确的学习目标	(1)学习目标清晰、适切、可操作； (2)学生清楚本节课做什么，做到什么程度
创造充分自主学习的机会和平台	(1)给学生提供自主学习的时间、空间、资源、策略、方法； (2)基于学生的自主学习展开教学
设计激活学生思维的有效问题	(1)根据学生的经验创设情境，设计有挑战的问题； (2)识别和利用学生有价值的问题
从过程和方法切入，重视知识落实和能力提升	(1)用多样、适切的方法理解巩固基础知识； (2)在体验、探究、任务驱动等多种学习经历中提升学科能力和素养
关注学生差异，实施个别化教学	(1)创设支持个别化学习的环境与资源； (2)使用推进个别化学习的工具、策略、方法

资料来源：王春易、赵继红：《选课走班背景下教师教研的新动向》，《人民教育》2018年第2期。

（3）基于主题的教学改革

“新教学”有三大特征：素养本位的单元设计、真实情境的深度学习、线上线下的智能系统。① 新高中课程方案突出核心素养的主线，学科课程标准凝聚学科核心素养，教学实施的核心是体现素养本位。素养本位的课堂体现完整意义的课程单元，而不是一个个拆解的知识点，突出课程整体育人的价值。课程单元是以学科核心素养为目标，以“大任务、大观念、大问题、大项目”

① 崔允漷：《新课标新高考如何建构“新教学”》，《中国教育报》2019年8月29日，第6版。

的名义来组织或结构化要学的知识、技能、问题、情境、活动、评价等，使之成为一个完整的学习故事或事件。从课程的视角看，一个完整的单元设计至少包括六个要素①：一是单元名称与课时（基本信息及为什么要学）；二是学习目标（学会什么）；三是评价任务（何以知道已经学会）；四是学习过程（如何学）；五是练习与检测（何以巩固与评价）；六是学后反思（如何悟所学的东西以通向素养）。这六个要素构成一个相对独立的、完整的教学或学习单位，也是一个完整的学习或课程事件。课程单元根据学科内容不同及其功能不同，有着明确的“主题”。围绕课程的单元主题进行整体设计，在学科及其拓展内容上的育人价值方面有一个逐步展现、深入和整体聚焦的过程，回应新课程、新教材的基本理念。例如，语文大单元教学通过提炼相对合适的单元主题，努力发掘单元人文主题与各种语文要素之间的有机联系，把诸多因素统一起来，使人文性不再是游离于语文学习过程的一个标签。② 生物单元教学设计需要重点研究指向学科核心素养的单元学习目标、“情境—问题—活动”为主线的单元教学蓝图和学科素养达成为导向的单元教学评价等要素，以实现学科整体组织化、结构化知识的建构。③

（4）基于整合的教学改革

落实立德树人根本任务，需要“系统设计，整体规划育人各个环节的改革，整合利用各种资源，统筹协调各方力量，实现全科育人、全程育人、全员育人”。④ 基于课程整合的教学是面向学生核心素养发展的必然选择，新课程实施需要基于学习主体、学习内容、时间、空间、资源和真实情景等进行恰切性整合，发挥学科、学科间，学校、校内外，学科、学科与活动间的综合育人功能。鉴于核心素养所具有的整体性、情境性和具身性特征，以素养为基础的课程整合理应具有鲜明的育人取向、跨领域取向和行动取向，具体可从五个维度着力：核心素养作相关界定以实现课程目标要素的整合，设计共享的任务结

---

① 崔允漷：《指向学科核心素养的教学即让学科教育“回家”》，《基础教育课程》2019 年第 Z1 期。

② 陆志平：《语文大单元教学的追求》，《语文建设》2019 年第 11 期。

③ 周初霞：《聚焦生物学重要概念的单元整体教学设计实践研究》，《生物学教学》2019 年第 4 期。

④ 《教育部关于全面深化课程改革落实立德树人根本任务的意见》（教基二〔2014〕4 号），http：//old. moe. gov. cn/publicfiles/business/htmlfiles/moe/s7054/201404/xxgk_ 167226。html.

构以对活动与练习进行整合，整合不同的教学模式和方法以实施学校课程，整合标准和工具以评估核心素养的学习，整合正规、非正规和非正式课程等不同课程形式。① 学校应积极倡导开展跨学科主题教育教学活动，将相关学科的教育内容有机整合，提高学生综合分析问题、解决问题的能力；充分利用校内外资源发挥实践育人价值，开设学科类实践活动课程和综合实践活动，实施"实践育人共同体建设计划"，探索把课堂教学与社区服务、研究性学习与社会实践相结合的途径和方法。特别是结合学生年龄特点和学科特征，落实习近平新时代中国特色社会主义思想，有机融入社会主义核心价值观，中华优秀传统文化、革命文化和社会主义先进文化教育内容，努力呈现经济、政治、文化、科技、社会、生态等发展的新成就、新成果，充实丰富培养学生社会责任感、创新精神、实践能力相关内容，发挥学科间的综合育人功能。

（5）基于情境的教学改革

让学生针对真实情境的问题并发展核心素养以最终解决真实情境的问题，是当前各学科课程标准的重要特征。核心素养的重要特征是其"后天可干预性"和"情境性"，学习是在各种情境中创造新意义与解决问题的过程，核心素养培养和学生学习的真实发生与真实情境密切相关。"真实"不单针对当下或学生个体的生活，远及人类社会未来面对不确定的生活世界。"情境"既可作为教学手段，把所学的知识条件化，便于学生好学易记；又可作为教学或评价的真实任务的环境或背景，便于实现学以致用或检测学科核心素养。② 将核心素养融入各学科课程，基于真实生活情境开展跨学科主题学习，利用校内外课程资源保障课程实施条件，采用学生中心、项目化学习等方式，都是基于真实情境推进课程实施的重要内容。通过真实情境或创新教学情境，阐述认知台阶搭建、确立主题研究任务、整合教材内容、情境化单元课程建设，建立学科知识、社会生活、生产实践、科技研究、实验探究等的有效链接，从而促进学生在实际问题解决过程中构建联系性、发展性的知识框架和认知模型，激发情感体验，以完善学生的知识结构，培养关键能力，形成必备品格。

① 安桂清：《基于核心素养的课程整合：特征、形态与维度》，《课程·教材·教法》2018 年第 9 期。

② 崔允漷：《新课标新高考如何建构"新教学"》，《中国教育报》2019 年 8 月 29 日，第 6 版。

（6）基于技术的教学改革

信息技术个性化、分散化、网络化的运行方式与课堂教学结合，带来了我国基础教育方式的急剧变化，这种变化不仅是工具性的简单变革，也是教育与学习方式的深层变化。当前基于技术的教学改革集中在三个方面。一是依托技术的教与学方式的变革。如混合学习、虚拟学习、互动学习等，智能设备能极大地增强课堂学习的交互性、合作性与探究性，有利于丰富学习体验、提升学习效率。二是寄托技术真实的数据和证据改进教与学。信息技术记录过程数据的优势，能真实反映学生学习的发生过程和实际获得，成为教与学诊断和改进的基本依据。三是依托技术创建智慧学习空间。智慧学习空间是一个联结教室空间、虚拟空间和社会空间，能够智能记录学习过程，有效聚合、提取、分析有意义学习行为数据，帮助师生进行精准决策，使每个学习个体都能获得符合个人认知的学习支持与服务，促进教学结构向学习结构转型的全空间学习场域。① 因其“重组教育生态建立人才培养者共同体、跨越学科边界构建面向未来的学习力、巧用培养组织形式形成高效学习路径、聚焦核心素养重塑新的人才知能体系”受到基础教育领域的高度关注。② 学校应充分利用信息技术在呈现丰富学习资源、提供便捷学习工具、构建生动学习情境等方面的功能，在差异化教学、支持学生个性化学习、促进评价与反馈等方面进行深入研究，让学生通过多样化的方式来获得知识，增强技能。

4. 穿越校内外边界发挥实践育人功能

实践育人是教育者通过有目的、有计划、有组织的实践活动，使学习者在实际情境中亲身体验知识的获得与建构，或在实际应用中证实已有的知识，获得现实感、实践感，形成实践创新的观念，养成必备的实践品格和关键能力。③ 实践育人是全面贯彻党的教育方针的根本要求，是培养德智体美劳全面发展的社会主义建设者和接班人不可缺少的重要环节。国务院办公厅《关于新时代推进普通高中育人方式改革的指导意见》（国办发〔2019〕29 号）指出育人方式改革的重要目标，是完善德智体美劳教育体系，提升学生综合素

① 景玉慧、沈书生：《智慧学习空间的建设路径》，《电化教育研究》2018 年第 2 期。

② 景玉慧、沈书生：《基础教育中智慧学习空间的应用视角与层次》，《中国电化教育》2019 年第 6 期。

③ 周洪宇、胡佳新：《知识视域下的实践育人及其意义向度》，《教育研究》2018 年第 8 期。

质，而统筹课堂学习和课外实践是重要途径。首先，保障综合实践活动课程有效落实。普通高中综合实践活动由研究性学习、社会实践和志愿服务三部分组成，主要通过考察探究、社会服务、职业体验等方式进行，由学校统筹规划与实施。其中研究性学习要求学生至少应完成规定研究课题或项目设计，以开展跨学科研究为主；社会实践包括党团活动、军训、社会考查、职业体验等；志愿服务主要在课外时间进行。如深圳中学高度重视实践育人价值，构建了以“研究性学习”“社会实践”“社区服务”课程为实施基础，以“小课题探究”和“创新挑战赛事”为提升平台，集系统性、主体性、实践性、整合性和教育性为一体的，由专业教师队伍支持的综合实践课程机制和教学体系，使综合实践活动课程真正成为“有温度的课程”融入学生的生命深处。① 其次，拓宽综合实践渠道，完善校内外资源配置。新课程实施中试点省份和学校通过因地制宜打造学生社会实践大课堂、建设稳定的学生社会实践基地等，协同校内外实践活动安排。特别是充分发挥爱国主义、优秀传统文化、军事国防等教育基地，以及高等学校、科研机构、现代企业、美丽乡村、国家公园等方面资源的重要育人作用，利用免费或优惠向学生开放的图书馆、博物馆、科技馆、文化馆、纪念馆、展览馆、运动场等公共设施，定期组织学生深入社区、医院、福利院、社会救助机构等开展志愿服务，走进军营、深入农村开展体验活动，丰富学生学习及体验方式，发挥课堂学习和课外实践的整体育人功能。

（四）重视多维课程评价，提升评价促进发展功能

对课程的全面考查和评量应在课程的开发、提供、实施，以及课程在学生发展上的结果表现这样一个完整闭环中进行，并且课程标准与课程实施程度、学生学业成绩间的一致性问题逐渐成为课程评价的新视野。② 广义的课程评价包括对课程及其发展过程的评价、学生课程学习及学业评价、教师课程实施及专业发展评价和学校以课程建设为核心的发展性评价。也有研究者把我国的课

① 朱华伟：《讲好“实践育人”这一课——深圳中学综合实践课程机制和教学体系》，《人民教育》2018 年第 Z1 期。

② 刘学智、陈淑清、耿希：《一致性理论：课程评价的新视野》，东北师范大学出版社，2017，“前言”。

程体系划分为目标课程、文本的课程、实施的课程和课程效果四个部分，课程评价即对这四个方面的评价。① 课程评价以发展性评价理念为指导，突出立德树人导向作用的发挥及其价值实现。

1. 基于完整过程的课程本体性评价

对课程的本体性评价即狭义的课程评价，是对课程价值、课程内容及操作技术的评价，由学校课程决策部门、学术委员会、课程中心等协同开展定期、持续的，对某门具体的课程以及学校整体课程体系进行的评价。一般而言，具体课程评价主要包括：一是课程目标与课程计划的评价，即每门课程开课前都需有完整的课程方案，包括课程目标、课程内容、教学方式、学生学习要求以及评价方式等内容；二是课程准备与投入评价，包括教学组织与教学安排、教学设计等，以判断开设课程的准备程度；三是课程实施过程评价，即评价人员进入课堂听课，对课堂教学过程进行观测，主要从教学内容组织、课题的呈现、学生实时反映、教师提供的学习环境与指导材料、课堂管理环节等观测点来观测老师在课时内构建的课堂生态；四是课程实施效果的评价，通过问卷调查，征询专家、同行教师、教学管理部门的意见等途径，了解课程实施以后是否达到了原来设计的教育目标，是否存在偏差等。在对课程全过程进行全面而具体信息收集的基础上，对课程质量及发展提出改进意见。

2. 基于学科核心素养的学业质量评价

学生学业质量是课程效果的最重要的组成部分，也是判断课程目标是否达成的基本依据，课程评价需关注基于学科核心素养的学业质量。各学科课程标准中新增了学业质量标准，学业质量标准是学生完成学科学习任务后学科核心素养应该达到的水平，一般分为 3 ~ 5 级。学业质量标准将引导教学更加关注育人目的，更加注重培养学生核心素养，更加强调提高学生综合运用知识解决实际问题的能力，帮助教师和学生把握教与学的深度和广度，为阶段性评价、学业水平考试和升学考试命题提供重要依据。核心素养统领的课程评价呈现出从关注课程到重视人、从关注学业成就到重视素养的特征。当前基于核心素养的课程评价应加强：建设基于核心素养的学业质量标准，并以此为依据进行课程评价；围绕核心素养基本点，精心设计课程评价内容；创新评价手段和方

① 王烨晖、边玉芳：《课程评价模型的理论建构与实证分析》，《教育学报》2015 年第 5 期。

法，防止课程评价中的片面性和近视性；建立评价反馈机制，突出课程评价的对话特征。① 日常教学评价应关注核心素养的发展水平，以评价促进学生的学习与发展，重视评价的诊断功能和激励功能，创建主体多元、方法多样、重视结果亦重视过程的课程评价体系。另外，普通高等学校招生全国统一考试、普通高中学业水平考试、校内评价或考试要以课程方案和课程标准为依据，体现课程、教材、考试、评价及招生录取的内在一致性，更好地发挥立德树人导向作用。

3. 基于专业发展的教师课程素养评价

课程素养是教师在课程活动中对教师专业所需课程要素的积累和养成，随着课改的深化，课程素养越来越成为教师专业发展的重要内容。当前高中新课程实施中教师的课程素养主要表现在四个方面。一是课程意识维度：主要表现为教师从“学科”走向“课程”的转变，包括教师从“学科的知识体系”向“和学科有关的知识、活动与经验”、“学科自身及其体系的完整性”向“学科与其他学科和活动、经验的关系”、“学科知识、能力”向“学科核心素养和学科育人”、“学科成绩、分数”向“立德树人、学生发展核心素养”的转变，具体体现在教师对课程的辨识、态度、思维、价值观以及观念自觉等方面；二是课程知识维度：主要包括教师结合课程实践所需的课程理论知识和课程实践知识，具体体现在基本的课程观、课程相关核心概念，以及实践中课程开发、实施、管理和评价的行动流程和操作技术等方面；三是课程能力维度：包括教师对课程基础和背景环境分析能力、课程目标确立和分析能力、课程内容选择和组织能力、课程实施和调控能力、课程评价与管理能力、课程资源开发能力，以及课程整合与整体规划能力等，具体体现在学校课程整体规划、以学科为核心的课程群建设、国家课程校本化实施、校本特色课程建设，以及跨学科课程开发与实施、活动课程与隐性课程的组织与实施等方面；四是课程经验方面：包括教师对个人教育教学实践经验和隐性经验的识别、梳理和显性化、理论化。课程评价需要对教师专业发展中的重要内容课程素养在课程实践活动中的呈现，以及学校课程实践如何提升教师专业发展等内容进行评判，以体现课程建设水平与教师专业发展的动态互促。

---

① 王润、张增田、章全武：《核心素养：课程评价的时代追求》，《教育理论与实践》2018 年第 4 期。

4. 基于课程关注点的学校发展评价

课程作为学校的育人核心，对课程的强调和全新审视是现代学校评估的关注点，[①] 要发挥评价引领及促进学校健康、可持续发展的作用，学校评估必须触及课程与学校的教学过程结合后对学生发展的本质性影响，将课程与为学生提供的教育机会、过程与结果质量相结合，使课程成为学生发展的真正食粮。北京市第三十五中学对学校发展进行自我诊断，其中的重要内容即课程改革推进情况，主要从"课程未来适应性"和"课程选择性"两个观测点，进行四个维度的课程诊断，包括"学校课程对我未来的发展有重要意义""学校的课程很吸引我""在学校，我能选到培养我兴趣特长的课""学校的课程内容符合我的期望"，体现学校国际中小学校评价标准与指标体系呈现的"聚焦学生发展"这一共同的价值诉求。[②] 上海探索实施"普通高中教学质量综合评价"，构建从学生发展、教师发展、课程建设、治理能力等 4 个方面对高中教学质量进行综合评价的评价指标，持续推进特色普通高中建设，以评促改，进一步驱动高中办学水平提升和育人方式变革。[③]

（五）完善学校内部治理，提升管理协同育人价值

课程管理是学校治理体系中最为关键也是最有活力的环节，丰富的课程供给和学生的自主课程选择，将带动学校治理机制和运行样态的变化。新高考改革背景下学校需适宜性地调整组织机构，赋予相应机构新的职能定位，同时完善制度建设和运行机制。

1. 变革组织机构

从世界课程改革趋势来看，许多西方国家都注重发挥学校在课程管理实践中的自主权，以使课程能充分回应多方利益相关者的需求，有效促进学生的发展。[④] 传统的学校作为行政层级的末端，其结构设置主要是层级式的，担负更

① 李凌艳：《现代学校评估视阈下对课程的重新审视》，《基础教育课程》2019 年第 11 期。

② 鲍银霞：《聚焦学生发展：现代学校评价的价值诉求——基于国际中小学校评价的启示》，《教学与管理》2014 年第 4 期。

③ 《深化高考改革，上海将研制〈普通高中建设标准〉》，https：//news. sina. com. cn/c/2019 - 08 - 01/doc - ihytcitm6232639. shtml。

④ 杨中枢：《我国中小学学校课程管理：意义、问题与对策》，《课程 · 教材 · 教法》2003 年第 7 期。

多行政性和管理的职责。新时代背景下学校作为现代学校制度的治理主体，其组织结构也发生相应的变革，从层级管理到扁平管理，构建现在学校制度是学校建设的必然内容。现代学校制度建设的核心是让直接利益相关方行使管理权，重建学校与政府、教师、学生、家长、社区之间的合作治理关系，由此解放学校利益相关方的创造性力量，造就向上、向善的教育。校长必须革新自己的权力观和领导观，学会让渡和分享权力，要建立一种新的集体主义的领导观，组建团队领导体制。[①] 部分学校采取分布式管理，加拿大管理大师明茨伯格指出，所谓分布式领导就是组织的不同成员根据自己的能力和环境条件的变化动态地分享领导角色。[②]

完善学校内部治理结构，需要充分考虑学校组织与学校教育的基本特征，通过制度和组织设计，调动人的主观能动性，实现人、财、物、时间、空间、信息等资源要素的有效配置，不断提高学校的办学活力和治理现代化水平。2014 年年底颁布的《北京市十一学校章程》指出[③]，教职工代表大会、校务委员会、学术委员会、学生会、教师家长委员会等组织，共同组成学校权力机构，并规定“教代会每年对校长进行信任投票，达到 60% 但连续三年未达到 80% 时，校长也必须自行辞职”。该章程的规定体现了权力的相互制约，为各参与主体行使职权提供了制度保障。值得强调的是，学生是学校的主人，是学习的主体，在学校治理体系当中应让学生民主参与学校管理，维护学生在学校管理中的利益诉求。例如青岛市第二中学成立了学生代表大会，并设有学生会、城市化发展委员会、民主议事会等组织形式，形成三权分立的架构。[④] 学校适当转让部分管理权力给城市化发展委员会，使他们成为学校的同等管理者。学校的纪律、食堂及教室卫生、节能、安全等检查工作均由城市化发展委员会的学生自主完成，教师只是指导者；在班会评比、优秀班集体和创新班级评选、省市三好学生和学生干部推荐评审、学生评教等工作中，他们与学校领导以 1∶1 的比例共同组成评委。此外，这些机构的每一个学生干部都是经过笔试、面试、“千人演讲”等严格的程序选拔中脱颖而出。

---

① 张志勇：《现代学校制度建设的五个路径》，《中小学管理》2017 年第 1 期。

② 赵迎：《分布式领导：缘起、内涵与实践路径》，《山东社会科学》2016 年第 7 期。

③ 《北京市十一学校章程》，《中小学管理》2015 年第 1 期。

④ 张志勇：《现代学校制度建设的五个路径》，《中小学管理》2017 年第 1 期。

2. 完善制度建设

高考改革中的课改深化同时也是一场制度重建行动，建立和完善一系列课程实施管理制度，包括选课指导制度、学生发展指导制度、教学管理制度、学分认定制度等，是切实落实课程方案和课程标准要求，保证学生选课选考实现的基本保障。主要的制度建设如下所述。一是建立选课指导制度。提供课程说明和选课指南，安排班主任或导师与学生建立相对固定的联系，指导学生选课，帮助学生形成个性化的课程修习方案，引导家长正确对待和帮助学生选课。二是建立学生发展指导制度。指导学生学会选择课程，做好生涯规划；加强对学生的理想、心理、学业、生活、生涯规划等方面的指导，开展多种形式的指导活动。三是教学管理制度。科学安排每学年授课科目，合理安排教学进度，严格控制周课时总量；探索建立行政班和教学班并存等多种教学组织形式，统筹教师调度、班级编排、学生管理、教学设施等资源和条件，为走班教学的实施提供保障。四是学分认定制度。依据新课程方案的学分调整修订学分认定的具体办法，综合考虑学生实际修习的课时、学习表现，并达到课程标准或相关文件的要求。五是建立课程资源配置及协调制度。对学校整合、开发、利用多种课程资源，组织区域或校际课程选修、线上课程修习，探索区域、学区、集团学生跨校选课、教师跨校兼课的流动机制，加大课程资源的统筹和共建共享力度，满足学生选课选考及个性化学习需求等进行相应的规定和安排。

3. 机制运行有效

高效运行机制的形成有赖于目标、动力、制约机制的支撑。如缺乏正确的目标，就会迷失方向；若缺乏动力，就无力高效运转；而缺乏制约，就会失去控制，导致逆向运转。亨利·法约尔所说的“管理就是实现计划、组织、指挥、协调和控制”，就学校而言，管理的因素或对象有“人、财、物、时、空、信”六个主要方面，课程同时联结这六个要素。具体而言，包括课程管理、班级管理、学生管理、教学管理、教师管理、资源管理等。北京三十五中借鉴“市场/客户导向性企业组织结构理论”，构建了服务学生为导向的学校课程管理组织，将学生需求置于组织前端，从而保证学校课程更好地服务于学生核心素养的全面发展。从纵向结构看，学校课程管理组织分为三个层级：层级一为课程实施者——学部，是学生集体学习、参与活动的行政组织，是链接学生课程需求与学校课程研发工作的中间组织；层级二为学校课程建设各职能部门，是履行学校课程研发、课程实施管理、课程实施保障、课程评鉴工作的各大职能部门；层级三是学校课程发展委员会，履行学校整体课程建设的统筹决策工作。实际运行方式如下。(1) 学部。针对选课走班高中三个年级设置三个学部，实行学部主任负责制，内部设置学部主任助理，班级首席导师和导师，全面了解学生课程需求，协助学生完成个性化课表的制定，帮助学生及时解决课程学习问题。(2) 学校课程建设职能部门。分为课程研发部门、课程实施管理部门和保障部门。课程研发部门是对国家课程、地方课程、校本课程进行运用、加工、创新的实体组织，各学科教研组按国家课程标准基于各学科核心素养和学生实际情况，统筹三级课程的实施与开发，科技教育中心、艺术教育中心、生涯教育与素质拓展中心、鲁迅书院、体育中心负责学校特色课程建设。课程实施部门包括课程教学中心、学生发展中心、教师发展中心，是保证学校课程建设各项工作有效运行的管理组织。其中，课程教学中心负责学校课程方案的撰写及统筹实施，排课、选课、考核等教学常规工作；学生发展中心负责主办学校德育课程，协助开展学校活动课程；教师发展中心负责教师课程研发、教学、科研能力的培训工作。课程保障部门包括人力资源中心、资源运营中心、信息网络中心等，是为学校课程建设提供课程人力、物力、财力资源的后勤保障组织。(3) 学校课程发展委员会。负责规划学校整体课程发展方向与内涵，审核学校整体课程方案、各学习领域课程方案、跨学科课程方案，整合校内外课程资源，协调社区社教机构资源运用，评估学校整体课程方案实施成效。其人员构成包括校长、副校长、各职能部门主任、学科教师代表、学部主任及首席导师、专家代表、学生代表。

（六）完善师资及资源条件，提升课程建设水平

高考综合改革和高中课改深化的实施是一项系统工程和政府行为，明确教育行政部门和学校的基本职责，发挥教科研机构的专业支持力量和教育督导部门的监督作用，坚持统一领导并协同各级和多方力量形成改革合力，是普通高中课程实施的基本保障。

1. 加强教师队伍建设

教师是教育的第一资源，是课程实施的根本保障。回应高中课改深化的需

求，当前高中课改实施中教师队伍建设突出了三个方面。一是保障教师数量及结构满足课程实施所需。学校加大教师编制统筹调配力度，根据课程改革和高考综合改革需要，科学核定教职工编制，满足必修课程开齐开足、选择性必修课程回应学生需求、选修课程促进学生多样化和个性化发展的要求，特别是满足选课走班教学、指导学生发展等方面的师资需要。二是调动教师工作积极性和创造性。学校逐步完善普通高中绩效工资总量管理办法，在核定绩效工资总量时予以适当倾斜，结合实际改进教师奖惩机制，体现对教师职业地位和专业劳动的尊重，充分调动教师的积极性和创造性。三是提升教师专业发展水平。市、区、学校创新教师培训方式，重点提升教师实施新课程、指导学生发展和走班教学管理的能力；教师研修机构探索教师专业发展新模式，建立和完善教师专业发展保障机制。就教师自身而言，要明确选课走班背景下教师的角色及职能已发生相应的变化，学科教师角色肩负着教育者、咨询师、问题解决者等多种角色，其职能也由教书向育人、关注教到专注学、学科本位到协同育人转变，[①]要通过参加培训、在实践中开展行动研究以及角色尝试等多种途径，实现身份及教育职责的转变。

2. 加强设施建设和经费保障

针对新课程实施设施设备条件要求，试点省市和学校的发展重点如下：一是修订完善普通高中教学设施设备、图书资料等教育技术装备标准，配齐设施设备包括专用教室与场馆、教学设施设备及耗材、图书资料等，特别是及时配备理化生新增仪器设备，逐步改善教学条件与教学环境；二是通过统筹、整合、挖潜、共享等多种途径，提高校内外场馆、设施设备的利用率，特别是满足选课走班、学生发展指导，以及技术、艺术、体育与健康、综合实践活动等课程及有关学科实验开设、满足学生学习需求的选修课开设等的基本要求；三是建设创新实验室、社团活动室等，为学生拓展性、选择性学习创造条件，促进学生创新精神与实践能力的提升。北京市十一学校为了让有限资源满足学生多样化、个性化课程学习需求，注重校园环境优化、校外空间拓展以及线上空间打造，特别是以学生为中心，按照课程与教学、师生关系、同伴关系、管理、资源、文化六大维度，通过云计算构建了“综合数字化校园云平台”，为

① 王春易、赵继红：《选课走班背景下教师教研的新动向》，《人民教育》2018 年第 2 期。

学校个性化教育提供各项服务。[①] 上海正在研制《普通高中建设标准》，以借助标准研制，引领高中学校现代化发展，探索学校建设从行政班教室向学习空间、装备配置从共性向个性定制、信息终端从产品向网络环境、师资结构从单一向校内外兼容、课程建设从课程领导力向与课程管理平台相融合的课程管理和学分管理发展。[②] 此外，地方和学校根据实施需要，建立稳定的经费保障机制，合理核定经费投入标准，满足课程开发、教学研究、设施设备配置、资源建设、教师培训与研修，以及开展综合实践活动等必要的经费需求。

3. 积极开发利用校外资源

针对学生选课选考的实际，试点省份和学校坚持“适用、管用、够用”的原则，依据“共建共享、互利互惠”的思路，采取“渐进式”推进策略和信息化手段，积极进行师资、教室、设施设备等课程资源的开发和利用，保障课改的顺利实施。学校课程资源开发的基本原则：一是穿越边界，包括打破学科、学校、时间、空间、现实与虚拟之间的界限，将课程及其资源的视角延伸到更广阔的时间、空间、信息及意义维度，聚焦更多具有课程潜能的资源形态；二是意义赋予，即从育人的角度一方面挖掘资源所蕴含的价值，另一方面以资源为载体赋予其特定的育人价值，发挥资源特有的学生成长发展价值与教育教学活动的联结和承载作用；三是开发与利用可能性，利用多种开发及利用的技术与方法，将潜在资源转变为现实课程资源，并发挥特有的育人价值。具体而言，学校的实践主要有三方面。一是开发和利用所在地区的工厂、企业、农村、部队、社区、高校和科研院所等社会资源和人力资源，为课程实施提供丰富的课程资源支撑。二是充分利用基于现代化信息技术的课程资源，建立各地普通高中课程资源网；联合高校、科研院所等共同开发课程资源，充分利用社会教育资源；鼓励学校建设精品选修课程、特色课程，通过相关资源平台进行共享和推广，为学生提供优质丰富的课程资源支持。三是建立课程资源共享制度，鼓励利用校际之间、学区之间的师资、设备和场所等进行相关课程的教学。

---

① 《北京十一学校智慧校园炼成记》，https：//www. jiemodui. com/N/94178。

② 《深化高考改革，上海将研制〈普通高中建设标准〉》，https：//news. sina. com. cn/c/2019 - 08 - 01/doc - ihytcitm6232639. shtml。

4. 加大教科研指导力度

高考综合改革和新课程实施，面临诸多亟待突破的难点问题和新问题，需要整合研究力量针对重点、难点问题进行专门研究，形成理论与实践结合的行动力。当前试点省份主要从三个方面着力。一是整合力量。广泛吸纳和整合众多教科研机构和高等学校的专业优势，形成高中课改深化的专业支持合力，发挥教科研工作对深化课程改革的重要支撑作用。二是重点攻关。各级教科研部门和相关专业机构围绕新课程实施中的重点和难点问题，特别是对学科核心素养、学业质量标准在实践中转化落地等问题加强研究，深入学校、深入课堂、深入师生开展实践研究，推动教学改革深化。三是创新机制。积极推进教科研工作机制创新，探索区域联合、校际联合等多种教科研工作机制，不断提升教科研工作的制度化和专业化水平，进一步增强教科研机构和教科研队伍的专业支撑能力。学校健全校本教研制度，鼓励和支持教师创新教学方式，不断提升教学质量。

5. 加强督导优化环境

《普通高中课程方案（2017 年版）》提出“建立国家、省级课程实施监测值，健全课程建设和管理反馈改进机制”①。试点省份着手建立省级监测和反馈改进机制，以对区域普通高中课程方案执行情况、课程标准落实情况和国家审查通过教材使用情况进行监测，对高中课改深化推进情况进行跟进指导和总结评估，不断提升新课程新教材实施的科学化和规范化水平。地方教育督导部门开展新课程新教材实施专项督导评估，并将其纳入综合督导和责任督学日常督导，督导检查结果作为普通高中学校综合考核评价的重要依据。此外，试点省份及时征求和听取社会各界对普通高中课程改革的意见和建议，充分吸纳各方意见和建议，主动通报情况，争取社会各界对深化普通高中课程改革工作的理解和支持。部分省份充分利用信息技术建立课改深化工作的网络平台，收集信息，听取意见，把握进程，介绍动态，咨询答疑，形成畅通的沟通渠道；加强家校协同，加强对家庭教育的指导，引导家长关心孩子身心健康与全面发展；新闻媒体要坚持正确舆论导向，及时解读相关政策，

---

① 中华人民共和国教育部：《普通高中课程方案（2017 年版）》，人民教育出版社，2018，第 16 页。

积极宣传正确教育观念和典型经验，努力营造深化普通高中课程改革的良好氛围。

三　高中课程教学改革深化的挑战与思考

高考综合改革与高中课改深化，是高中课程教学适应世界教育教学改革新动向的发展性变革。一方面，从“全民教育”到“全民学习”、从以课程为中心到以学生为中心、从以能力为导向到以价值观为导向、从知识授受到创新精神培养、从信息工具使用到教学模式改革、从单一测评到综合评价，是当代世界教育教学改革的新动向①。另一方面，自党的十八大全面深化改革以来，教育领域的综合改革也正发生相应的变化，如核心价值的转型：由关注抽象的人转向人的实际获得；关注重心的转型：由关注教的过程转向聚焦学的发生；管理方式的转型：由行政要求转向多路径的协同治理；常态方法的转型：由经验重复转向数据及证据的分析；实践模式的转型：由零散问题研究转向系列项目推进等。但普通高中教育还存在着素质教育实施不全面、片面应试教育倾向严重、“唯分数、唯升学率”评价教育质量等突出问题，高考综合改革与高中课改深化作为普通高中育人方式改革的核心内容，在推进过程中也还面临一系列挑战，需进一步理清思路，审慎前行。

（一）高中课程教学改革深化面临的挑战

1. 理念共识与价值重塑问题

培养什么人，是教育的首要问题。深化高中课改是深入贯彻党的十九大精神，紧紧围绕“两个一百年”奋斗目标谋划和推动新时代基础教育改革发展的重要内容，是积极适应经济社会发展新形势、协同高考综合改革、促进普通高中教育质量提升的必然要求，其基本任务是培养德智体美劳全面发展的社会主义事业的建设者和接班人。在全面深化改革的背景下，教育领域综合改革中高中课程实施面临多重背景和多项任务，全面实施新课程和新教材，领导干

① 陶西平：《涌动的潮流——关注当代世界教育教学改革新动向》，《人民教育》2014 年第 7 期。

部、教师、学生以及家长等对改革前后、改革背景、基本理念，以及主要内容等需要有清晰的认识和共识，不断叩问高中教育的功能和任务，要求我们时时以提升学生综合素质、发展核心素养、培养有理想有本领有担当的时代新人为目标，来认识、评价、反思课程建设与教学工作的得与失。要统筹课程、教材、教学、评价、考试各个环节，推进育人模式变革，探索基于学科核心素养、学业质量标准的课程建设和教学实施，不断增强课程组织实施的领导力和自觉性，把课程改革的新精神、新要求落实到教育教学的全过程，全面提升人才培养质量。

2. 学习需求与课程供给问题

深化高中课程改革，是着力解决高中阶段教育发展不平衡不充分问题的重要举措，需要遵循教育规律和人才成长规律，坚持德育为先、能力为重、创新为上、全面发展的教育理念，切实回应和科学引导社会对优质教育资源及高质量教育水平的需求，以及学生多样化、个性化学习需求。全面深化改革赋予了课程实施参与者更多的专业自主权和学生充分的课程选择权，面对学生核心素养的发展和综合素质的提升，学生多样化学习需求被进一步激发，同时新的普通高中课程方案也提供了更大空间。教育管理部门应深入思考课程改革和高考改革的本来目的，总结、推广选择性教育理念、个性化育人的实践样态，系统地、全面地设计高中教育体系，推动课程的优化与共享。普通高中学校应基于学生发展核心素养和学科核心素养，全面梳理和完善学校课程体系，增强课程供给能力和完善课程实施机制，共同推动高中教育朝着更加公平、更高质量、更有效率、更可持续的方向迈进。

3. 教学实施与育人方式问题

国务院办公厅《关于新时代推进普通高中育人方式改革的指导意见》（国办发〔2019〕29 号）提出的改革目标：到 2022 年，德智体美劳全面培养体系进一步完善，立德树人落实机制进一步健全。具体包括普通高中新课程新教材全面实施，适应学生全面而有个性发展的教育教学改革深入推进，选课走班教学管理机制基本完善，科学的教育评价和考试招生制度基本建立，师资和办学条件得到有效保障，普通高中多样化有特色发展的格局基本形成。目前高中学校面临普及攻坚、高考综合改革和育人方式改革三大历史使命，全面实施新课程需围绕学生发展核心素养和各学科核心素养落实学科育人价值，强化核心素养培养、学业质量标准落实以及与考试改革的衔接，基于情境、问题导向的互动式、启发式、探究式、体验式的课堂教学，课题研究、项目设计、研究性学习等跨学科综合性教学，验证性实验和探究性实验教学，统筹课堂学习和课外实践，健全社会教育资源有效开发配置等，对教师的教育教学理念、学科知识结构以及信息技术与教学深度融合等专业素养提出挑战。

4. 管理创新与协同治理问题

落实立德树人根本任务，要协同思想道德教育、文化知识教育、社会实践教育各环节，贯穿基础教育、职业教育、高等教育各领域，以及学科体系、教学体系、教材体系、管理体系的有效运行。当前分类考试、综合评价、多元录取的高考综合改革，也将对高中的办学条件、师资队伍、课程建设、教学管理，以及对高校的学科专业建设、招生队伍建设、人才培养质量等产生重大而深远的影响。深化高中课改，必须适应新时期教育发展的新要求，注重课程改革的连续性与可持续性，坚持系统设计，整体规划育人各个环节的改革，整合利用各种资源，统筹协调各方力量，实现全科育人、全程育人、全员育人，不断完善教育治理体系和提升治理能力。

5. 学生发展与学习指导问题

高中阶段是学生个性形成和自主发展的关键时期，如何进一步激发学生内在学习动力，激发学生课程选择的意愿，用未来的发展方向激发学生发展的内动力，引导学生学会自我规划、自我选择与自我负责；如何引导学生构建自己的学习系统，如适应大小学段实现课程的选择，增加体验时间，提供集中自主学习机会，带动课堂变革，提高学习效率；如何进一步完善教学组织形式，如从大班制到小班制、从班主任制到导师制、从学期制到学程制等。需要加大针对性和个性化的指导力度，需要通过课程开发、人员保障、模式创新、制度完善、基地建设等着力点，逐步完善校内外学生发展指导体系，帮助学生树立正确理想信念、正确认识自我，更好适应高中学习生活，处理好个人兴趣特长、潜能倾向与国家和社会需要的关系，提高选修课程、选考科目、报考专业和未来发展方向的自主选择能力。

6. 教师发展与条件保障问题

教师是新课程新教材实施的根本保障，新高中课程方案的实施，除了教师数量、结构面临调整外，教师的专业能力也需进一步拓展和提升。据北京市的一项调查，新课程实施以来中小学教师面临的突出挑战主要有：新增课程门类带来的挑战、课程结构调整带来的挑战、课程内容变化带来的挑战、教学方式变革带来的挑战、教学管理变化带来的挑战、考试评价创新带来的挑战、课程资源开发带来的挑战、频繁业务培训等带来的挑战。另外，新课程实施对设施设备条件及经费等也提出明确要求，需要从教师编制核定、教师专业培训、教师积极性调动，以及配齐配足基本的设施设备、加大经费投入等方面，保证新课程实施的基本条件。

（二）高中课程教学改革深化推进的思考

1. 统筹规划，有序部署

此次新课程新教材实施虽是21世纪初高中课改的深化，但其面临的形势、改革的主要内容和实施的重点和难点已发生明显变化，需要结合未来高中教育发展的根本任务，特别是德智体美劳培养体系和立德树人机制建立，进行整体规划和重点布局，以巩固成果，推进实施，引领发展。

2. 合理赋权，鼓励创新

课程改革深化阶段的学校课程建设和课程实施，需要学校干部教师更多创新性探索，而这需要合理而充分的专业自主权作为基础。在整体规划布局的前提下，针对新课程实施的重点和难点问题，通过合理赋权，调动试点地区和学校积极性，形成在重大问题上创新突破的合力，为全国高中课改的顺利推进提供有益经验。

3. 培训增能，科研助力

针对“四新”的基本内容开展全员培训、专题培训和校本培训，特别是实施过程中的现场跟进式培训，促进干部教师在理念、认识以及专业知识、技能等方面的业务提升。另外，广泛吸纳和整合试点省份众多教科研机构和高等学校的专业优势，形成区域高中课改深化的专业支持合力，发挥教科研工作对深化课程改革的重要支撑作用。

4. 专项投入，重点扶持

针对新课程实施中教师编制不足、结构失衡，教室及设施设备、经费不足等情况，需深入调研、专项投入、重点扶持，特别是加大对远郊区和薄弱学校经费投入倾斜力度，建立帮扶机制，确保每一所学校平稳有序推进课程改革。

5. 依托技术，高效管理

依托信息技术建立基于数据和证据的管理系统和平台，特别是学生选课排课、教育教学过程管理、资源配置管理、综合素质评价等，建立信息化的学习资源和空间，便捷学生学习与学校管理。

升 学 篇

Progression

B.13
低调、务实的招生录取及体系建设
——2019～2020年招生政策和录取实践分析

《中国高考报告》课题组

摘　要： 招生工作平稳有序是2019～2020年高考综合改革的焦点所在、亮点所在。2019年招生工作稳步推进，录取规模稳中有升，录取工作平稳有序，适时突破人才培养瓶颈，实现职教扩展创举，继续扩大阳光招生工程范围，增大信息公开范围，提高考生服务水平，严格规范特殊型招生，进一步规范高校自主招生，落实高校办学自主权，很多领域的改革颇有成效，有效提升了人民的获得感、幸福感。未来的招生改革中，坚持国家的统一招生政策主导地位，有效落实教育资源分配的公平性，大力发展职业教育，实现职教分流，切实配合高考改革，提升考试服务水平，稳步推进高考多元录取机制，建立多渠道、多路径的合理、科学的招生录取体系。

关键词： 职教分流　志愿填报　专业选择

命题和阅卷是招生工作的重要内容，广受社会关注。报名、分配计划、科学录取、合理调节是招生的核心环节。以招促考、招考良性互动是建立科学、合理的招生录取体系的重要抓手。

2019～2020 年的高考招生工作已经取得了秋季高考和招生的阶段性成果，职教扩招、自主招生等也有条不紊地开展，高考综合改革不断深入。在这一年中，高考试卷难度保持平稳，招生规模继续扩大，录取比例继续提升，招考政策稳中有变，改革难点顽疾逐步解决。

一　2019年高考试卷难度稳中有降、减负效果明显

2019 年高考全国试卷难度基本实现了精准控制，实现了稳中有降的预期目标，给师生减负效果明显，高考综合改革的大格局得到平稳有序发展。此次高考改革的精髓是，以招促考、以考促教、以教促学，全面发力，系统推进，充分发挥“组合拳”威力，纵深开展教学、考试和招生多方面立体改革，全面发力，无缝对接，切实减轻学生负担，因材施教、全面培养，达到考前确定的“平稳过渡、保障改革”的精准目标。高考试卷难度稳中有降，有利于提高学生的学习兴趣，也有利于保障高考改革的全面实施。

高考分数是录取的最重要依据。试卷难度与学生竞争强度和录取比例息息相关。2019 年全国普通高校招生的核心准则仍是以计划招生为主导，要求各个学校按照国家战略、学校发展等因素，在各省份确定相应的招生额度，按计划实施，以高考分数为最重要的录取标准，部分改革省份考试参照学业考试成绩和综合评价成绩。三大专项计划的出台，更加强化了全国招生计划安排的针对性，提高了计划招生的灵活性。2019 年 3 月 13 日，教育部出台了《关于做好 2019 年普通高校招生工作的通知》，对招生和录取分数提出了明确要求，规定：各省级招委会要根据考生成绩和各高校所在地招生计划，确定录取批次和分数控制线，科学制定投档和录取规则，处理好考生成绩与志愿的关系。[①] 目

① 《教育部关于做好 2019 年普通高校招生工作的通知》（教学〔2019〕1 号），教育部官网，http：//www.moe.gov.cn/srcsite/A15/moe_776/s3258/201904/t20190415_378127.html，访问时间：2019 年 11 月 7 日。

前全国大多数省份实行了平行志愿填报，做到一分一档，分数的高低直接决定了录取志愿的结果。

以省为竞争单位，是当下高考成绩竞争的基本特点所在。2019 年高考中，全国考生以省为单位，根据考生考试得分情况，确定各省份分数线，分批录取。各省份考生竞争实质是以省为单位，施行各个平均分总分竞争。各省份最近三年的本科录取分数线的变动，大致能够反映各省份试卷难度的变化（见表 1、表 2）。

表 1　2016～2018 年全国各省份一本录取率

单位：年，%

序号	省份	2018	2017	2016
1	北　京	34.13	30.50	30.53
2	天　津	33.64	24.10	24.09
3	上　海	29.00	21.80	—
4	江　苏	25.12	12.10	12.45
5	辽　宁	24.81	16.10	16.04
6	黑龙江	21.90	13.50	13.71
7	福　建	20.86	18.70	20.17
8	海　南	20.58	17.24	—
9	重　庆	19.04	11.50	11.87
10	安　徽	18.86	14.20	14.47
11	陕　西	17.74	14.60	14.24
12	浙　江	17.35	14.00	13.07
13	内蒙古	16.21	14.03	13.37
14	山　东	15.07	10.60	13.89
15	四　川	15.03	10.60	10.70
16	湖　南	15.00	11.20	11.66
17	吉　林	13.24	12.40	12.54
18	河　南	12.46	7.80	7.73
19	山　西	12.20	9.80	9.93
20	贵　州	11.84	14.50	14.75
21	广　东	11.57	11.20	11.19
22	广　西	10.55	8.44	8.48
23	河　北	10.43	14.55	15.86
24	湖　北	9.56	15.80	16.10
25	江　西	8.89	10.40	10.63
26	云　南	7.79	10.85	10.56

资料来源：教育部阳光招生平台和各省份教育考试院。

表 2　2019 年全国各省份一本上线率

单位：万人，%

省份	试卷类型	2019 年高考报名人数	一本上线人数（文理合计）	一本上线率	备注
北　京	自命题	5.90	2.14	36.27	自招线
天　津	自命题	5.60	2.01	35.89	自招线
上　海	自命题	5.00	1.48	29.60	自招线
江　苏	自命题	33.90	9.19	27.11	—
陕　西	Ⅱ卷	32.59	7.83	24.03	—
黑龙江	Ⅱ卷	20.40	4.49	22.01	—
福　建	Ⅰ卷	20.78	4.24	20.40	—
宁　夏	Ⅱ卷	7.17	1.43	19.94	—
山　东	Ⅰ卷	60.10	11.80	19.63	—
辽　宁	Ⅱ卷	24.40	4.72	19.34	自招线
河　北	Ⅰ卷	55.96	10.69	19.10	—
安　徽	Ⅰ卷	51.30	9.67	18.85	—
重　庆	Ⅱ卷	26.40	4.95	18.75	—
湖　北	Ⅰ卷	38.40	6.51	16.95	—
甘　肃	Ⅱ卷	26.68	4.47	16.75	—
浙　江	自命题	32.00	5.32	16.63	一分段
内蒙古	Ⅱ卷	19.90	3.29	16.53	—
青　海	Ⅱ卷	5.50	0.88	16.00	—
湖　南	Ⅰ卷	49.90	7.69	15.41	—
四　川	Ⅲ卷	65.00	9.57	14.72	—
云　南	Ⅲ卷	32.00	4.34	13.56	—
广　东	Ⅰ卷	76.00	9.78	12.87	高分段
吉　林	Ⅱ卷	16.27	2.07	12.72	—
山　西	Ⅰ卷	30.20	3.82	12.65	—
河　南	Ⅰ卷	103.00	12.92	12.54	—
江　西	Ⅰ卷	42.10	5.04	11.97	—
贵　州	Ⅲ卷	45.87	5.46	11.90	—
广　西	Ⅲ卷	46.00	4.65	10.11	—
新　疆	Ⅲ卷	22.25	—	—	—
西　藏	Ⅲ卷	2.50	—	—	—
海　南	自命题	6.00	—	—	—

资料来源：教育部阳光招生平台和各省份教育考试院。

考试信息公开，不仅有利于教学的良性开展，更有利于相关教育评价的科学实施。2019 年全国大多数省份做到了部分信息公开，特别是高考成绩分数段的公布，是值得推广的措施。高考分数段的公布，有利于社会正面了解高考，认识高考，既保护个人，做到不过分宣扬高考状元的同时，又保障考生权利。2019 年公布的主要有河北、山西、河南，加之以前的湖北、湖南、浙江等省份。显然，全国高考成绩的公布成为一种事实，有利于人们对高考的客观评价，符合信息公开的精神。

从各省份公布的考试成绩，尤其是高考一分段数据来看，各省份考生竞争难度和教学水平也能得到反映。

从湖南省公布一分段分数和人数分布统计来看（见图 1、图 2、图 3），可以得出如下结论。(1) 在高考分数本科控制线附近，每一分内竞争的考生都有数百人，竞争十分激烈，不能用分数高低和人数多少强调某一省份竞争难度过大或过小。作为高利害性考试，高考的竞争程度是相当大的。(2) 将湖南省跟其他省份比较后发现，全国统一考试试卷中，不同省份的分数高低在某种程度上反映了该省教学水平的高低，而湖南省的得分水平和教学水平都比较高。(3) 结合最近三年湖南省高考一分段成绩可以发现，湖南高考得分发展的趋势是稳中有降，题目难度整体在下降。

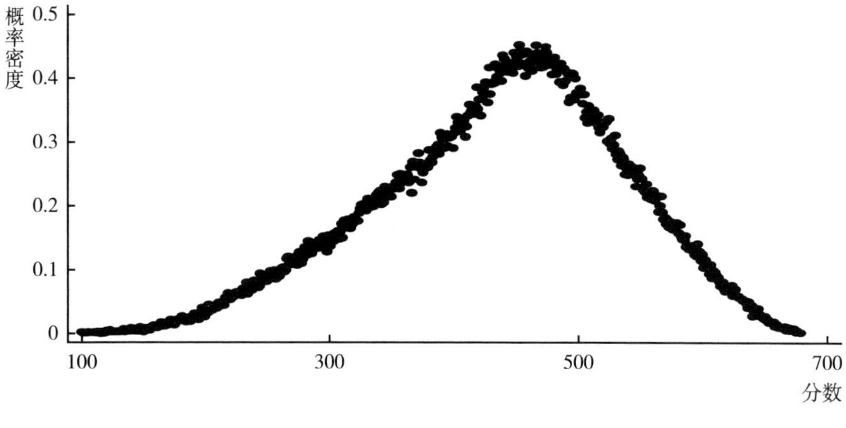

图 1　2019 年湖南省理科分数分布

资料来源：湖南省教育考试院。

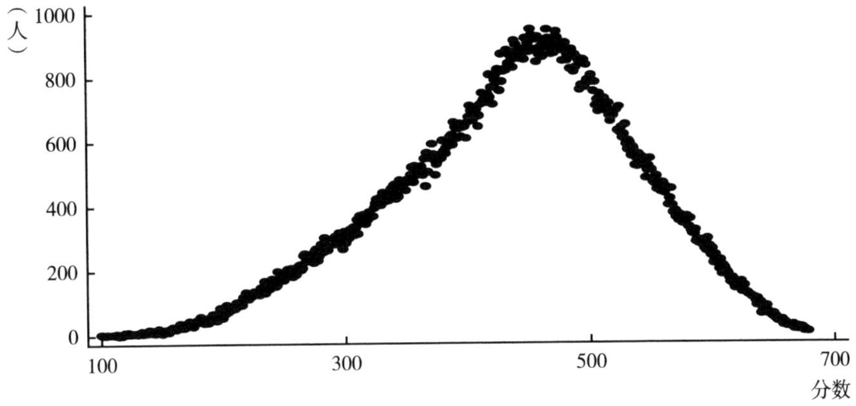

图 2　2019 年湖南省理科一分段每分人数分布

资料来源：湖南省教育考试院。

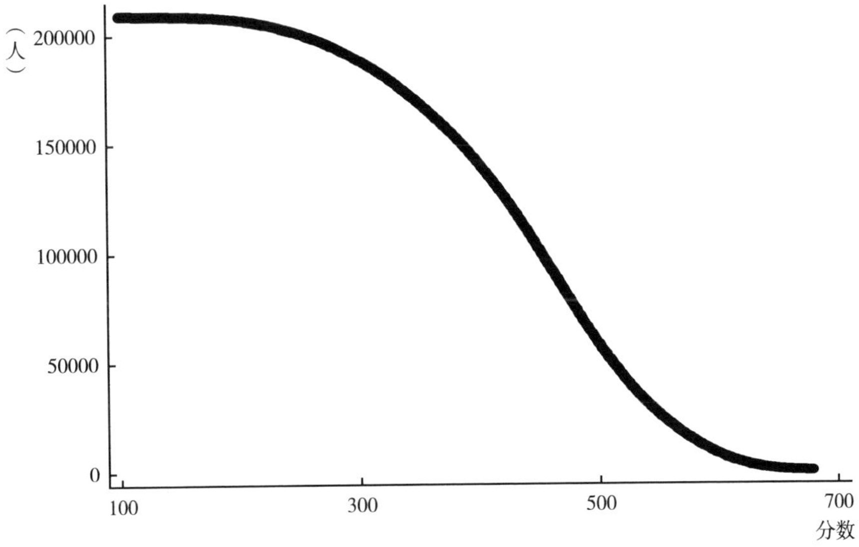

图 3　2019 年湖南省理科一分段累计人数分布

资料来源：湖南省教育考试院。

二 2019年报考、录取规模稳中有升

招生录取体系是一个长期复杂的动态过程，事关考生基础教育整个阶段的学习能力、道德品质的培养，涉及基础教育与高等教育的有效链接。2019 年教育部对招生工作进行提早部署、科学布局。

在《关于做好 2019 年普通高校招生工作的通知》中，对于报名条件给予了科学安排，一方面做到有教无类，充分考虑考生的权利，兼顾考生实际，强调只要遵守中华人民共和国宪法和法律，身体状况符合相关要求，具备高级中等教育学校毕业或具有同等学力的条件，就可以参加高考。① 在考生的硬性条件方面，开放程度越来越大，年龄、性别、宗教信仰等都不在约束之列。另一方面做到精准控制，对于故意破坏考试，制造不平等竞争的人员给予明确制止，特别规定高校在校生或已被录取并保留入学资格的学生不得报名参加考试，高级中等教育学校非应届毕业的在校生，以及在高级中等教育阶段非应届毕业年份以弄虚作假手段报名并违规参加普通高校招生考试的应届毕业生不得报名参加考试。

在报名办法上，教育部充分考虑原则性和灵活性的集合。对于申请报考高校的考生，原则上按其户籍所在省份高校招生委员会（以下简称省级招委会）规定的时间、地点及方式报名。同时考虑各地实际情况，要求各省级招委会可按照以考生户籍为主、与在本地区高级中等教育学校就读一定年限相结合的原则，结合本地区实际就报名条件、时间和有关要求做出具体补充规定。对于社会关注的农民工子弟考试，教育部给出了专门的处理办法，具体要求为：进城务工人员及其他非本地户籍就业人员的随迁子女接受高中阶段教育后在当地参加高校招生考试，按各省份公布的办法执行。相关考生不得在“流入”和“流出”两地同时参加高考报名。对于因特殊情况既不符合流入地也不符合流出地报考条件的考生，由流入地协调流出地稳妥解决，原则上回流出地报考。在中国

① 《教育部关于做好 2019 年普通高校招生工作的通知》（教学〔2019〕1 号），教育部官网，http：//www. moe. gov. cn/srcsite/A15/moe_ 776/s3258/201904/t20190415_ 378127. html，访问时间：2019 年 11 月 7 日。

定居并符合报名条件的外国侨民，持公安机关签发的“中华人民共和国外国人永久居留身份证”，可在有关省级招委会指定的地点申请报名。

在报名检查上，各省级招委会办公室（包括教育考试院、招考办、考试中心、考试局等，以下统称为省级招办）要指导本省份各级招生考试机构认真履行考生报名资格审核工作职责，根据报名条件，严格审核考生报名资格。报名结束后，省级招办应对所有报名数据进行重复报名和违规情况筛查。

在报名过程中，教育部要求各地注意诚信教育和警示教育。要求各地加强在报名、考试、填报志愿、录取等主要阶段的诚信教育和警示教育。考生在申请报名时，须签订诚信承诺书，承诺本人所填写内容、提供的相关证明材料客观、真实、准确，承诺参加招生考试时遵守有关管理规定。

就 2019 年全国高考人数规模、录取规模来看，有以下特点。

（1）报考人数持续增加，重回千万峰值

高考恢复以来，高考报名人数继 2009 年以后，再次突破 1000 万人，高考报名人数始终维持在 900 万人以上的高位段，显示未来高等教育发展潜力仍有巨大空间（见图 4）。

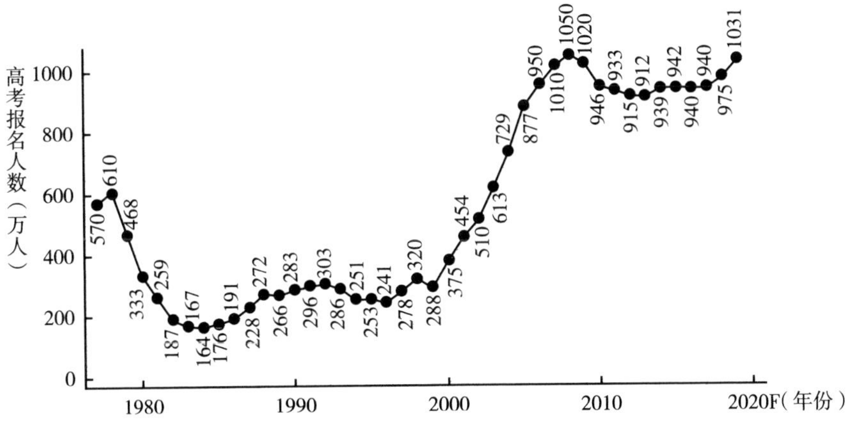

图 4　1977～2020 年报名人数趋势

资料来源：教育部阳光招生平台和各省份教育考试院。

（2）录取率持续上升，一本率稳步提高

1977～2019 年录取人数趋势见图 5。

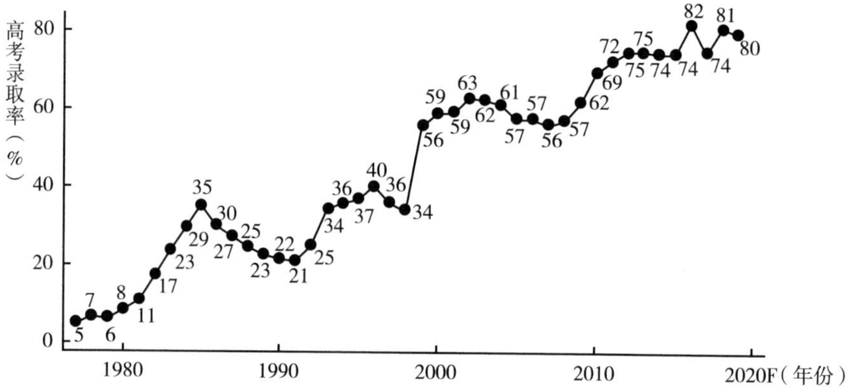

图 5　1977～2020 年录取人数趋势

资料来源：教育部阳光招生平台和各省份教育考试院。

（3）部分省份录取与报名数据

从全国各省份来看，录取招生计划仍存在一定的区域不平衡性，地方专项计划不仅有利于动态调节平衡省内不均，同时也可以兼顾东西部发展的不平衡，从实施效果来看，取得了一定的成绩。

（4）高等教育发展规模和未来潜力

2019 年录取率的提升，直接与全国高等教育的发展有关，据教育部公布的《2018 年全国教育事业发展统计公报》等相关统计报表，可以看出高等教育的普及化程度越来越高，高校招生规模日渐扩大，录取总数也在增加。特别是 2019 年宣布高职扩招 100 万人，进一步推进了高校招生规模的扩大。

据《2018 年全国教育事业发展统计公报》，2018 年全国各类高等教育在学总规模达到 3833 万人，高等教育毛入学率达到 48.1%（见图 6）。全国共有普通高等学校 2663 所（含独立学院 265 所），比上年增加 32 所，增长 1.22%。① 其中，本科院校 1245 所，比上年增加 2 所；高职（专科）院校 1418 所，比上年增加 30 所。全国共有成人高等学校 277 所，比上年减少 5 所；研究生培养机构 815 个，其中，普通高校 580 个、科研机构 235 个。普通

① 《2018 年全国教育事业发展统计公报》，教育部官网，http://www.moe.gov.cn/jyb_sjzl/sjzl_fztjgb/201907/t20190724_392041.html，访问时间：2019 年 11 月 7 日。

高等学校校均规模10605人，其中，本科院校14896人、高职（专科）院校6837人。

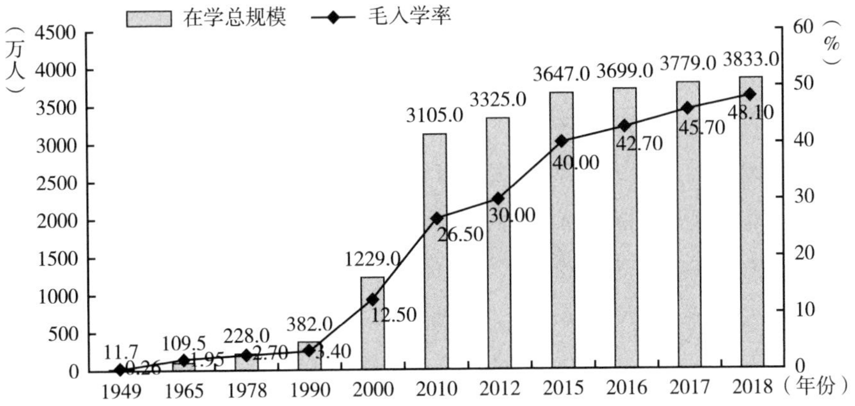

图6　高等教育在学规模和毛入学率

最近，教育部再次更新全国高校名单及相关数据，据教育部官网和阳光招生平台公布最新全国普通高等学校名单和成人高等学校名单，我们此处对各省份分布做一简单排列，全国高等学校统计如下：截至2019年6月15日，全国高等学校共计2956所，其中普通高等学校2688所（含独立学院257所），成人高等学校268所。①

2019年度全国普通高等学校名单及各省份分布如下。

北京市（93所）、天津市（56所）、河北省（122所）、山西省（82所）、内蒙古自治区（53所）、辽宁省（115所）、吉林省（62所）、黑龙江省（81所）、上海市（64所）、江苏省（167所）、浙江省（108所）、安徽省（120所）、福建省（90所）、江西省（103所）、山东省（146所）、河南省（141所）、湖北省（128所）、湖南省（125所）、广东省（154所）、广西壮族自治区（78所）、海南省（20所）、重庆市（65所）、四川省（126所）、贵州省（72所）、云南省（81所）、西藏自治区（7所）、陕西省（95所）、甘肃省（49所）、青海省（12所）、宁夏回族自治区（19所）、新疆维吾尔自治区

① 《2019年全国高等学校名单》，教育部官网：http：//www. moe. gov. cn/jyb_ xxgk/s5743/s5744/201906/t20190617_ 386200. html，访问时间：2019年11月7日。

（54 所）。

2019 年度全国成人高等学校名单及各省份分布如下。

北京市（23 所）、天津市（14 所）、河北省（6 所）、山西省（10 所）、内蒙古自治区（2 所）、辽宁省（18 所）、吉林省（14 所）、黑龙江省（16 所）、上海市（14 所）、江苏省（8 所）、浙江省（8 所）、安徽省（6 所）、福建省（3 所）、江西省（8 所）、山东省（11 所）、河南省（10 所）、湖北省（14 所）、湖南省（12 所）、广东省（14 所）、广西壮族自治区（4 所）、海南省（1 所）、重庆市（4 所）、四川省（15 所）、贵州省（3 所）、云南省（2 所）、陕西省（14 所）、甘肃省（5 所）、青海省（2 所）、宁夏回族自治区（1 所）、新疆维吾尔自治区（6 所），见图 7。

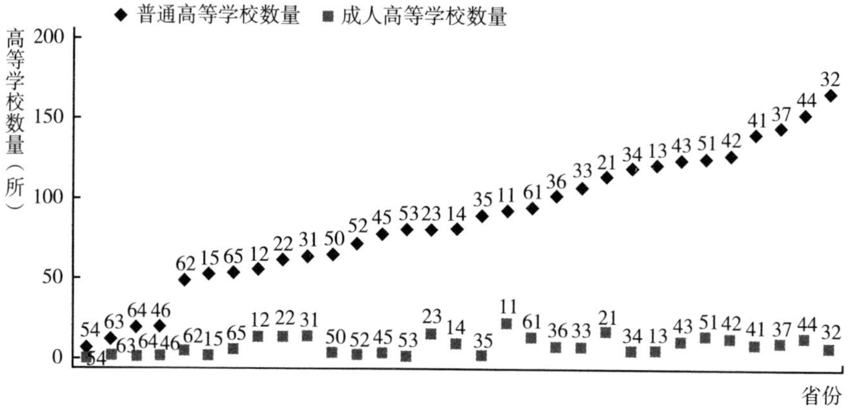

图 7　2019 年全国各省份普通和成人高校分布比较

注：图中省份代码北京 11，天津 12，上海 31，重庆 50，河北 13，河南 41，云南 53，辽宁 21，黑龙江 23，湖南 43，安徽 34，山东 37，新疆 65，江苏 32，浙江 33，江西 36，湖北 42，广西 45，甘肃 62，山西 14，内蒙古 15，陕西 61，吉林 22，福建 35，贵州 52，广东 44，青海 63，西藏 54，四川 51，宁夏 64，海南 46。

资料来源：教育部官方网站。

从考生人数来看，排除非高中阶段教育的人数名额，预计 2022 年的报考规模大体维持稳定，这可以从《2018 年全国教育事业发展统计公报》相关数据得到印证。尽管 2018 年全国高中阶段教育总体人数略有下降，但下降幅度很小，仍在高位阶段运营。报告显示：全国高中阶段教育共有学校 2.43 万所，比上年减少 298 所，下降 1.21%；招生 1349.76 万人，比上年减少 32.73 万人，下降 2.37%；在校学生 3934.67 万人，比上年减少 36.32 万人，下降 0.91%。高中阶段毛入学率 88.8%，比上年提高 0.5 个百分点（见图 8）。

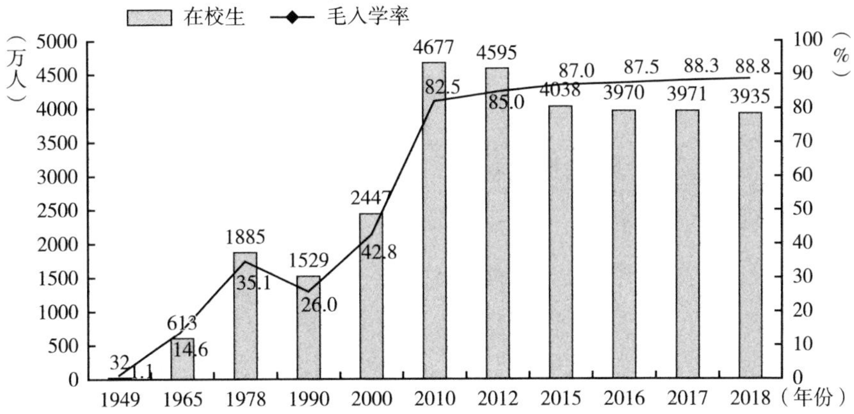

图 8　高中阶段在校生和毛入学率

资料来源：教育部，《2018 年全国教育事业发展统计公报》。

从高中阶段受教育人数和未来高等教育发展规模来看，可以预期未来的高考招生录取率仍在不断提升。这对于全国考生来说，是一种乐观的趋势。换句话说，在以后的相当长一段时间内，上大学越来越容易是一个不争的事实。但是，本报告所未能展示的是，竞争的重点是有所转移的，高等学校中重点学校和顶级学校，如人们耳熟能详的“清华北大录取率”，竞争仍然惨烈。在省级本科分数线上下的区间，各省份的竞争压力依然很大。基于考试发挥、考生临场经验等诸多因素，考分误差为 10～20 分，乃至 30 分都是正常的区间，换算成省级排位，可以到 3000～8000 位次。高考的不确定性对人生的影响，仍是难以预估的因素。

三　2019～2020年招生政策稳中有变

2019 年招生工作是教育部各项工作的重点。据 2019 年 2 月颁布的《教育部 2019 年工作要点》,[①] 在招生录取方面，主要重点进行以下四项工作。

① 《教育部 2019 年工作要点》，教育部官网，http://www.moe.gov.cn/jyb_xwfb/gzdt_gzdt/s5987/201902/t20190222_370722.html，访问时间：2019 年 11 月 7 日。

一是深化教育评价体系改革。目标任务集中为：推动构建更加科学有效的教育评价制度体系，着力破除教育评价中存在的“五唯”问题，促进党的教育方针、立德树人根本任务落实到教育的各阶段、各环节、各方面。具体的落实措施是：首先，深入开展教育评价体系改革调查研究，分类推出评价改革相关举措，形成相对完整的教育评价改革制度框架；其次，推动高校思想政治工作评价改革融入“双一流”建设、教学审核评估、学科评估的核心指标，进一步健全高中学生综合素质评价制度；再次，研究建立一流大学和一流学科建设成效评价体系和评价办法，规范科研评价结果使用，进一步改革高校科技奖励工作；最后，实施国家义务教育质量监测，研究制订县域义务教育质量、学校办学质量和学生发展质量评价标准，完善义务教育评价体系。

二是要进一步深化高考改革。最集中的目标任务是：落实构建德智体美劳全面培养教育体系的要求，以立德树人为鲜明导向，重点突破考试内容改革，稳妥推进高考综合改革。详细的落实措施从以下几个方面展开。进一步深化高考内容改革，充分体现德智体美劳全面考查要求。积极探索综合素质的考核评价，积极探索在高职院校招生、艺术体育类专业招生中参考使用高中综合素质档案，改变简单以考试成绩评学生的做法。加快推进高职院校分类招考，进一步完善“文化素质+职业技能”的评价方式。稳妥推进高考综合改革，进一步完善方案。

三是深化高校管理方式改革。典型的目标任务是：落实和扩大高校办学自主权，推动完善高校内部治理结构。具体的落实措施有以下几个方面。落实教育部等五部门《关于深化高等教育领域简政放权放管结合优化服务改革的若干意见》，深入推进职业院校教学工作诊断与改进制度建设，完善职业院校质量年度报告制度。落实《关于扩大高校和科研院所科研自主权的若干意见》，赋予科研人员更大人财物支配权和技术路线决策权。进一步扩大学位授权自主审核单位范围，积极稳妥推进高校所属企业体制改革，制订落实中小学自主权激发办学活力的文件，统筹规范督察检查考核工作，研究制订督察检查考核计划，持续推进“互联网+政务服务”建设。对于招生领域来说，要规范高校自主招生，扩大专项计划招生。

四是实施国家职业教育改革实施方案。最典型的目标任务是：加强中央部门的政策联动和制度协同，强化地方政府统筹发展职业教育的责任。改善办学条件，深化职业教育产教融合、校企合作。具体的落实措施从如下几个方面展开。保持高中阶段教育职普比大体相当；启动实施“1+X”证书（学历证书+职业技能等级证书）制度试点以及高等职业教育专业评估；实施中国特色高水平高职学校和专业建设计划，建设一批高水平职业教育实训基地，开展产教融合建设试点；继续推进职业教育国家教学标准体系建设，总结现代学徒制试点经验，全面推广现代学徒制。

除此之外，深化高等教育的内涵式发展，推动人才的全面培养，也是教育部及各级教育部门着力为招生录取所做的相关工作。

从陈宝生部长的2019年年初报告可以看出，招生工作的改革和开展是教育评价改革的突破口，值得注意。

40年前，恢复高考成为中国改革的先导，2019年要把评价改革作为龙头，发出进一步深化教育改革的先声。要在破除“五唯”问题上打一场硬仗，拿出实招硬招新招。针对基础教育、职业教育、高等教育不同领域，大、中、小学不同学段，各级各类教师不同职业要求，显性、隐性评价不同方式，全面梳理、分析、评估教育评价的现状、问题与原因，分层分类研究提出改革的思路举措。要以立促破、破立结合，从教育规律和人才成长规律出发，在“唯”与“不唯”之间找到平衡，拿出整体设计，把教育评价改革的大逻辑理出来，搞清楚从哪里突破、规则是什么、路径是什么。要抓住考试评价等关键环节，深化高考、中考改革，形成更加全面的考试、更加综合的评价、更加公平的选拔，发挥教育评价改革领头雁作用。①

教育评价改革是全国当前中学校长们、老师们感受最深、呼声最强烈、关注度最高的问题。其根本要求就是打破“五唯”的旧框架，即“唯分数、唯升学、唯文凭、唯论文、唯帽子”，要围绕破除教育领域长期存在的体制机制障碍，在一些标志性、引领性、支柱性改革上取得突破，作为“最硬的一仗”来攻克。在这场全面的评价改革中，2019年招生政策做到稳中有变，一方面坚持阳光招生、计划招生主导工程的全面落地和切实推进，西部地区的

① 陈宝生：《落实　落实　再落实——在2019年全国教育工作会议上的讲话》，教育部官网，http：//www.moe.gov.cn/jyb_ xwfb/moe_ 176/201901/t20190129_ 368518.html，访问时间：2019年9月25日。

阳光招生和信息公开得到较好的实施；专项计划有条不紊地推进，支持西部的力度不断加强；另一方面职教扩展作为国家战略得到实施，各地为此积极准备，认真实施；与此同时，职教分流、春秋高考得到有效实施；高校自主招生规模得到控制，程序进一步规范；加分优惠等得到彻底遏制，信息公开得到全面展开。

（一）阳光招生进一步落地，西部地区实施良好

自新中国成立后，我国逐步实施全国统一计划招生，其具体程序是由教育部各高校确定各省招生计划，然后由教育部及各级招委会按照考生高考成绩，从高到低，依据考生志愿录取。计划招生是我国招生录取体系的鲜明特色。在招生过程中，从录取技术、录取程序、信息公开、管理规范等方面，积累了大量宝贵的经验，实现了招生管理改革的信息化、法制化和现代化，也成为提高中国人民满意度和幸福感的关键环节。

第一，招生录取工作的技术信息化进程率先完成。1997 年教育部要求全国各地高校建立招生计算机网络系统；1998 年，教育部要求各地高校确定招生信息实时传输系统时间表，同时制定《普通高校招生工作管理信息标准》。1999 年教育部在全国部分省市实施计算机网上录取的试点工作，要求有关方面积极配合，确保试点成功，非试点省份和高校需要做好相应准备。2000 年，教育部制定《普通高校招生计算机网上录取工作试行办法》，要求试点省份和有关高校加大设施投入力度，确保网上录取试点工作成功。2001 年全国各省份普通高校招生均实现网上录取，其中远程网上录取的数量、比例也不断增加和提高。2002 年全国各省份普通高校招生实现全部远程网上录取。

为了服务高校学生管理，尤其是录取新生，教育部推行建立考生电子档案。《关于做好 2019 年普通高校招生工作的通知》要求，所有 2019 年参加高考的考生，需要建立电子档案，规定：考生电子档案是高校录取新生的主要依据。考生电子档案内容主要包括考生基本信息、思想政治品德考核鉴定或评语、高中学业水平考试（高中会考）成绩和反映学生综合素质的材料、体检信息、志愿信息、高考成绩信息、考生参加高校招生考试的诚信记录（主要指招生考试过程中违规的简要事实及处理结果）等内容。考生电子档案须与考生报名登记表、体检表、报考学校（专业）志愿表（卡）及考生各科考试

成绩等纸介质材料相对应部分的内容一致。而省级招办应根据教育部发布的招生信息标准和有关要求制订本地区考生信息采集办法，建立健全相应的管理制度。考生信息采集的内容，要适应高校录取时对考生综合评价的要求。同时省级招办须建立完整的信息确认管理流程和办法，组织信息采集部门（单位）对采集的考生有关信息进行详细比对校验，并负责汇总、整理，确保考生电子档案与纸介质表（卡）或相应信息数据库内容的一致，确保考生相关信息的完整、准确、安全，并按规定的格式建立本省份考生电子档案库。考生电子档案库一经建立，任何人不得擅自更改。此外，省级招办负责依据国家有关规定制订已录取考生高级中等教育阶段纸质档案（或人事档案）的组建及递送有关高校的办法。

2019 年招生录取实施远程网上录取。据《关于做好 2019 年普通高校招生工作的通知》规定，高校招生实行计算机远程网上录取，各省级招办应全面实行远程录取管理模式，各高校应在校内采取远程异地录取方式开展录取工作。录取期间，高校和省级招办要保证相互通信联络的畅通。

第二，招生录取工作的法制化建设进程，即依法治招，也取得了可喜成绩。《中华人民共和国教育法（1995）》和《中华人民共和国高等教育法（1998）》相继颁布，高校管理工作发生重大变化，与之相适应的招生录取工作三级主体权力责任体系日益健全和规范，即高校具体负责、地方招生监督实施、国家统一管理。2002 年，教育部正式提出“依法治招”的口号，依法治招是我国教育改革和发展的必然选择，是依法治教的重要组成部分。高校和各级教育行政部门按照依法治招要求，修订章程。高校招生要切实做到公正、公平，招生条件、录取程序和规则等必须事先在招生章程中公布，做到公开透明。伴随高等教育发展的步伐，以学校为执行主体，地方招办为监督主体，教育部为主管部门，实施学校负责、招办监督的三级招生录取体系得以建立，依法治招成为招生工作发展的主旋律。

2019 年高考招生相关规定中，对高校合法招生，特别是高校招生章程，做出了明确规定。《关于做好 2019 年普通高校招生工作的通知》要求，高校依据《中华人民共和国教育法》《中华人民共和国高等教育法》和教育部有关规定制订本校的招生章程。高校的招生章程是高校向社会公布有关招生信息的必要形式，其内容必须合法、真实、准确、表述规范，经其主管部门依据国家有关法律和招生政策规定核定后方能向社会公布。招生章程一经公布，不得擅自更改。各高校在招生宣传（广告）中应当准确描述本校的办学类型、层次，使用与办学许可证或批准文件相一致的学校名称，不得使用简称，国家另有规定的除外。学校法定代表人应对学校招生章程及有关宣传材料的真实性负责。高校依据招生章程开展招生工作。高校须于2019年4月30日前将本校招生章程上传至中国高等教育学生信息网（http：//gaokao. chsi. com. cn）“阳光高考”招生信息发布及管理平台（以下简称“阳光高考”平台）；各省级教育行政部门、有关部门（单位）教育司（局）须于5月10日前完成对所属高校招生章程的核定工作。招生章程主要内容包括：高校全称、校址（涉及分校、校区等须注明），层次（本科、专科），办学类型（如普通或成人高校、公办或民办高校或独立学院、高等专科学校或高等职业技术学校等），招生计划分配的原则和办法，预留计划数及使用原则，专业教学培养使用的外语语种，身体健康状况要求，进档考生的录取规则（如有无加试要求、对加分或降低分数要求投档及投档成绩相同考生的处理、进档考生的专业安排办法等），学费标准，家庭经济困难学生资助政策及有关程序，颁发学历证书的学校名称及证书种类，联系电话、网址，以及其他须知等。参加高考综合改革试点省份招生的高校，要按试点省份要求提前确定招生专业（或专业类）对高中学业水平考试的科目要求，提前向社会公布。有关高校制定的特殊类型招生办法须符合相关规定，且不得与本校招生章程内容相违背。此外，高校应在省级招办规定的时间内，将招生章程中有关主要内容及本校公布招生章程的网址报送生源所在地省级招办。省级招办负责汇总并向社会及考生公布有关高校招生章程中的主要内容或高校公布招生章程的网址。

第三，招生计划的制度化过程，也值得重视。计划招生的关键环节之一是计划名额的确定。在招生来源计划问题上，1998年高等教育改革以前，教育部主要是强调国家招生计划的严肃性，招生来源计划由教育部统一规划，由省级招生部门统一向社会公布，公布后未经教育部批准，不得更改。1999年，高等教育格局发生显著变化，高校扩大招生规模以及高校纷纷合并，使得原有学校管理格局发生深刻变化。高校招生的自主权利得到重视，教育部特别为部分高校预留2%的招生计划调剂权。2008年，“全国普通高校招生来源计划网上管理系统”建成，教育部要求各省份在该系统内编制招生来源计划。

2019 年的全国招生规定中，对于招生计划来源和分配计划，做出了明确的规定。根据《关于做好 2019 年普通高校招生工作的通知》，招生计划制订过程如下：经教育部批准（或备案）的具有普通高等学历教育招生资格的高校，根据教育部汇总公布的年度专业设置备案和审批结果，在教育部核定的本科招生计划和备案的高职（专科）招生计划内，可按有关计划管理工作要求以及招生章程确定的招生计划分配原则和办法，编制、调整、执行本校的分省（自治区、直辖市）分专业招生计划（招生来源计划）。高校应根据我国经济社会发展的需要，加强对人才需求的分析、预测，结合自身办学条件、毕业生就业情况和各省份的生源情况，做好招生专业结构、层次结构、区域结构的调整，自主、科学、合理地安排招生来源计划。招生来源计划中相关说明须与招生章程保持一致。高校向其主管部门申请，并经教育部核准备案，可面向部分国家重点建设项目用人单位安排少量定向就业招生计划。高校须与定向就业单位签订符合有关规定的协议书。严禁虚假定向或利用定向就业招生向考生收费。定向就业招生计划应面向全省（自治区、直辖市）招生。安排跨省份招生的本科高校，在国家核定的年度招生规模内，可以预留少量计划，用于调节各地统考上线生源的不平衡。预留计划不得超过本校本科招生计划总数的 1%。凡有预留计划的高校，须将预留计划数报其主管部门审核。同时，高校须将预留计划数及其使用原则等向社会公开。省级教育行政部门负责审核、汇总本省（自治区、直辖市）所属高校编制的招生来源计划，并按时报送教育部。省（自治区、直辖市）属高校拟安排的跨省招生计划，应由高校所隶属的省级教育行政部门负责统一与有关生源所在地省级教育行政部门联系安排。有关部门（单位）教育司（局）负责审核、汇总本部门（单位）所属高校编制的招生来源计划，并按时报送教育部。此外，各省级招办依据教育部分送的招生来源计划与各有关高校核对分专业计划及其说明，并负责及时、规范、准确、统一地向社会公布有关招生计划信息。特别规定，除按有关规定允许不做分省计划的招生类型外，各高校招生来源计划均须经教育部汇总分送，由各省份负责向社会公布，未经教育部分送和有关省份公布的计划一律不得安排招生。

第四，信息的公开化与阳光工程得到顺利实施。1998 年教育部要求各地招办增加招生工作的透明度，及时公布录取结果。1999年教育部进一步明确指出各地招办可公布当地招生的录取考生总数人及平均分等，坚持“公开、公平、公正”的原则，强化服务措施，保护考生的正当权益。2001年教育部要求各地招办在执行国家招生政策同时，要进一步增强向考生、高校和社会服务的功能。2003年教育部进一步明确依法治招的要求，要求全国招生录取形成以高等学校为招生行为主体，自我约束，各级招生考试机构监督服务，国家宏观管理的有效管理工作机制。2004年教育部要求各高校主管部门审定招生章程，并于当年5月1日前在本校网站并以适当方式向社会公布。2008年教育部规定各地高校必须将招生章程于该年4月1日前传至“阳光高考”招生信息发布及管理平台，各地招办于4月15日前完成审定、备案工作，并向社会公布。

2011年教育部再次发布《关于深入实施高校招生阳光工程的意见》，要求全国建立严格规范的招生管理体系、公开透明的招生运行体系、严明有力的监督保障体系和方便快捷的考生服务体系，切实维护好广大考生的合法权益，提高招生工作的公信力和人民群众的满意度。2012年教育部提出的新工作目标，要求全国各地招办继续深入实施高校“阳光工程”，核心内容是以招生“六公开”为基础，进一步加大信息公开力度，扩大信息公开范围，明确信息公开主渠道，增强信息公开实效。要进一步细化、规范和完善录取各阶段信息公开的时间、内容和方式，确保信息公开合法、完整、准确、规范、及时和安全。确保考生及时掌握录取政策、招生计划和调整境况；要及时公布单位负责信息公开即信访咨询的部门名称、办公地址、办公时间、联系电话、电子邮箱等信息；要积极回应考生咨询，自觉接受社会监督。2013年，教育部为贯彻落实国务院办公厅《关于印发当前政府信息公开重点工作安排的通知》，出台了《关于进一步推进高校招生信息公开工作的通知》，要求各高校招生信息做到“十公开”：招生政策公开、高校招生资格公开、高校招生章程公开、高校招生计划公开、考生资格公开、录取程序公开、录取结果公开、咨询及申诉渠道公开、重大违规事件及处理结果公开、录取新生复查结果公开。

2019年的全国招生规定中，对于信息公开给予特别的说明。《关于做好2019年普通高校招生工作的通知》明确要求，信息公开的事项包括以下几个方面。各地各校要严格执行国家、省级、高校、中学四级信息公开制度，认真落实招生信息“十公开”，细化公开内容，规范公开程序，自觉接受纪检监察部门和社会各界的监督。自主招生、保送生、高水平运动队、高水平艺术团等特殊类型招生，以及中央部属高校综合评价录取的资格考生信息和录取要求须及时上传教育部“阳光高考”平台进行公示，未经公示的考生不得录取。

至于信息公开的具体措施，主要有以下几种。建立分级负责、规范有效的国家、地方、高校、高级中等教育学校等多级高校招生信息公开制度。高校招生信息公开工作要做到信息采集准确、公开程序规范、内容发布及时。各级教育行政部门、招生考试机构、有关高校、中学应按照各自职责和有关要求，分别公开招生政策、高校招生资格、高校招生章程、高校招生计划、考生资格、录取程序、录取结果、咨询及申诉渠道、重大违规事件及处理结果、录取新生复查结果等相关信息。根据招生类型不同，公示的考生资格信息应分别包括姓名、性别、所在高级中等教育学校（或单位）、享受照顾政策类别、资格条件、测试项目、测试成绩、合格标准、拟录高校及专业和录取优惠分值等。教育部“阳光高考”平台、省级招生考试机构和高校公示的信息保留至当年年底。县级招办和高级中等教育学校公示的考生有关信息，上报前至少公示 10 个工作日，并保留至当年 8 月底。各级教育行政部门、招办、有关高校、高级中等教育学校要在公示有关信息的同时，提供举报电子信箱、电话号码、受理举报的单位和通信地址，并按照国家有关信访规定对举报事项及时调查处理。

目前各省份在信息公开方面力度越来越大，效果越来越好。以内蒙古为例，该自治区 2019 年公开的信息有 62 项，其中公开内容 15 项，公示内容 24 项，查询内容 23 项。

2019 年招生工作取得阶段性成果，阳光招生得到高校实施，其特点鲜明。

1. 录取环境愈加优化、公开透明度加大

全国各省份的招生环境发生质的转变，表现最突出的是公示制度得到进一步扩展和落实。教育部最近公布了各省份的考试招生信息的网络平台，展示了以招促考，以招促改的良好局面。根据教育阳光招生平台等，全国 31 个省份的考试服务机构名单见表 3。

表 3　全国 31 个省份招办社交平台汇总

省份	官网	网址	微信公众号	微博	APP
北京	北京教育考试院	https://www.bjeea.cn/	—	—	—
天津	招考资讯网	http://www.zhaokao.net/	天津市教育招生考试院	—	—
河北	河北省教育考试院	http://www.hebeea.edu.cn/	河北省教育考试院	—	掌上考试院
山西	山西招生考试网	http://www.sxkszx.cn/index.html	山西省招生考试管理中心	—	—
内蒙古	内蒙古招生考试信息网	https://www.nm.zsks.cn/	内蒙古招生考试	—	—
辽宁	辽宁招生考试之窗	http://www.lnzsks.com/	辽宁省教育招生考试	—	—
吉林	吉林省教育考试院	http://www.jleea.edu.cn/	—	—	—
黑龙江	黑龙江省招生考试信息港	http://www.lzk.hl.cn/	龙招港	—	—
上海	上海招考热线	http://www.shmeea.edu.cn/page/index.html	上海招考	上海国子监	—
江苏	江苏省教育考试院	http://www.jseea.cn/	江苏招生考试	—	江苏招考
浙江	浙江省教育考试院	https://www.zjzs.net/	浙江考试	—	—
安徽	安徽省教育招生考试院	https://www.ahzsks.cn/index.htm	安徽省教育招生考试院	—	—
福建	福建省教育考试院	http://www.eeafj.cn/	福建省教育考试院	—	—
江西	江西省教育考试院 江西教育网 江教在线	http://www.jxeea.cn http://www.jxedu.gov.cn/ http://www.know.edu.cn/	江西省教育厅 江教在线	江西省教育厅	江教在线
山东	山东省教育招生考试院	http://www.sdzk.cn/	山东省教育招生考试	山东省教育招生考试院官微	—

续表

省份	官网	网址	微信公众号	微博	APP
河南	河南省招生办公室 河南招生考试信息网	http://www.heao.gov.cn/ http://www.heao.com.cn/main/html/	—	—	河南高考
湖北	湖北招生信息网	http://zsxx.e21.cn/e21html/	湖北省招办	—	—
湖南	湖南招生考试信息港	https://www.hneeb.cn/hnxxg/	湖南招生考试信息港	—	—
广东	广东省教育考试院	http://eea.gd.gov.cn/	广东省教育考试院	—	—
广西	广西招生考试院	http://www.gxeea.cn/	柳园清风	—	—
海南	海南省考试局	http://ea.hainan.gov.cn/	海南考试	—	—
重庆	重庆市教育考试院	http://www.cqksy.cn/site/index.html	重庆招考	—	—
四川	四川省教育考试院	http://www.sceea.cn/	四川省教育考试院	—	考生助手
贵州	贵州省招生考试院	http://www.eaagz.org.cn/	贵州省招生考试院	—	—
云南	云南省招考频道	http://www.ynzs.cn/	—	—	—
西藏	西藏教育考试院	http://zsks.edu.xizang.gov.cn/	西藏微青年	—	—
陕西	陕西省教育考试院	http://www.sxsksglzx.com/	陕西考试招生	陕西考试招生	—
甘肃	甘肃省教育考试院	http://www.ganseea.cn/	甘肃省教育考试院	—	—
青海	青海省教育考试网	http://www.qhjyks.com/	—	—	—
宁夏	宁夏教育考试院	https://www.nxjyks.cn/	—	—	—
新疆	新疆招生网	http://www.xjzk.gov.cn/	—	—	—

资料来源：教育部官方网站。

建立科学、合理的招生录取体系，其重要基础就是考试信息的公开以及程序的公正。近些年来，伴随着国家对考试招生事业的重视，一系列关键性文件的出台，给各省份的考试和录取工作提供了极大便利。2019 年 6 月 21 日，国务院教育督导委员会办公室印发《2019 年对省级人民政府履行教育职责评价方案》，规定省级评价的内容包括：2019 年对省级人民政府履行教育职责评价工作，主要评价各省级人民政府 2018 年履行教育职责情况、2019 年相关重点工作进展落实情况和 2017 年履行教育职责评价发现问题的整改落实情况。具体来说，重点评价内容包括 15 项教育职责的履行情况：全面加强党对教育工作的领导和教育系统党的建设；健全德智体美劳全面发展育人机制；出台落实国家教育法律、法规及重大项目的相关配套政策措施；推动学前教育公益普惠发展；巩固提高义务教育发展水平；提高高中阶段教育普及水平；提高职业院校办学能力与水平；提升高等教育内涵发展水平；促进和规范民办教育发展；加快发展民族教育；优化特殊教育资源；建立“落实教育优先发展”工作机制；保障教育财政投入；加强教师队伍建设；建立健全学校安全管理常态化监管长效机制。

2. 录取过程更加规范，服务考生意识增强

在教育部招生“阳光工程”的严格要求和指引下，各省份对于 2019 年秋季高考的招生录取工作，进行了认真高效的组织，取得了令社会较为满意的成果。他们的工作突出的特点就是更加自觉地考虑考生利益，服务考试志愿填报，录取招生过程愈加清晰和规范。北京、上海、天津等教育考试院，对 2019 年高考成绩公布、招生计划、志愿填报程序等进行了精细服务。在向社会公布等方面，湖南省招生工作表现突出。下面以湖南省招生录取工作为例，展示 2019 年招生工作严谨、精细和高度负责的面貌。

招生与考试密切相连，招生录取准备工作在高考前就有安排。2019 年 6 月 4 日，湖南省教育厅举行 2019 年全省高考工作第一次新闻发布会，通报了湖南省高考及政策调整情况；湖南省教育考试院唐未兵院长接受了湖南教育电视台专访，全方位解读招生政策；通过湖南省教育考试院官方网站、湖南招生考试信息港和湖南考试招生微信公众号及时发布招生政策及高校报考指南；印发了招生政策宣传和志愿指导相关资料。

2019 年 6 月 25 日，按照教育部的相关规定，湖南省教育厅举行 2019 年全

省高考工作第二次新闻发布会，着重发布高考成绩和录取分数线等情况，细心部署2019年招生录取工作。会上，由湖南省教育考试院院长唐未兵发布了该省2019年高考相关数据。

（1）报名情况

2019年，湖南省共有高考考生49.9万人，比上年增加4.7万人，增长10.4%。其中应届生44.3万人，占考生总数的88.8%，往届生5.6万人，占11.2%；文科考生18.5万人，占37.1%，理科考生24.0万人，占48.1%，职高对口类考生7.4万人，占14.8%。

（2）高考成绩

湖南省位于中部地区，使用教育部考试中心命制的全国卷，试卷成绩较2018年大体维持平衡，稳中有降，各科成绩升降不一。具体说来，与2018年考试成绩相比，该省语文、外语和文科综合的平均分有所上升，文科数学、理科数学、理科综合的平均分有所下降。各科目平均分数为：语文100.99分（2018年98.16分），外语87.36分（2018年85.63分），文科数学72.53分（2018年76.90分），理科数学84.46分（2018年86.81分），文科综合180.51分（2018年176.47分），理科综合158.57分（2018年161.75分）。该省高考人均文化成绩（高考文化总分+优惠分）分别为文科类437.16分（2018年431.29分），理科类437.12分（2018年438.83分）。高考文化总分600分以上的考生10131人（2018年为17052人），其中文科类为2693人（2018年5538人），理科类为7438人（2018年11514人）。①

（3）评卷情况与分数控制线

2019年湖南省高考试卷施行本省阅卷，做到严格规范。2019年湖南省共评卷数量近156.8万份，涉及网上评卷教师约2500人，评卷工作人员约600人。同时公布湖南省2019年普通高校招生录取控制分数线，以及湖南省2019年普通高校职高对口招生录取控制分数线，并对相关个别问题做了特别说明。

（4）录取程序安排

根据招生工作日程安排，湖南省录取工作于7月8日至8月23日进行。湖南省严格执行“不点录”“不补录”“不违规降分录取”等政策，按照教育

① 参见湖南省教育考试院网站公布相关信息。

部“六不准”“30 个不得”的要求及相关规定，严格执行招生计划，继续深入实施“阳光工程”，推进招生录取规范化、透明化。录取期间向社会公开举报电话、现场受理举报地址及设立举报箱，安排专人接访，对群众反映的问题逐一核查处理。同时，纪检监察部门将进驻录取现场进行全程监督。

2019 年湖南省高考志愿填报时间安排如下。6 月 26 ~27 日，填报民航飞行学员志愿和本科提前批志愿（含公安类等对考生有特殊招生要求的国家专项计划）；6 月 26 日 ~7 月 1 日，填报本科一批至高职专科批志愿、“单科优秀考生”志愿、国家专项计划志愿。另外，相关批次还安排了征集志愿。具体安排为：本科提前批中的“军事院校”“省内公费定向师范生”“省内基层农技特岗人员”征集志愿时间是 7 月 11 日 8 ~12 时，国家专项计划和本科提前批中的“艺术类专业”征集志愿时间是 7 月 17 日 8 ~18 时，本科一批征集志愿时间是 7 月 25 日 8 ~18 时，本科二批征集志愿时间是 8 月 1 日 8 ~18 时，本科三批征集志愿时间是 8 月 10 日 8 ~18 时，高职专科批第一次征集志愿时间是 8 月 19 日 8 ~18 时、第二次征集志愿时间是 8 月 22 日 8 ~18 时。提醒考生关注各批次志愿填报时间，及时填报志愿。

特别强调，2019 年湖南省实行网上填报志愿，该省考生在网上填报志愿时，统一使用“动态口令卡”上的密码，或者通过系统绑定的经本人验证的手机号码接收的短信验证码提交、确认并保存本人志愿信息。提醒考生一定要保管好自己的“动态口令卡”和密码，不要泄露给外人，以防他人篡改志愿。提醒考生要严肃认真地对待志愿填报，严格按规定、程序操作，避免漏填、错填，更不要错过填报时间。

（5）信息公开渠道

考生想查询相关信息，提供多种网络服务平台。具体情况，考生可登录“湖南省教育厅政务服务旗舰店”（zwfw - new. hunan. gov. cn/hnzwfw/1/186/196/index. htm）、省教育厅官方微信“湘微教育”（hnedugov）、“湖南招生考试信息港”服务网（www. hneeb. cn）及其微信公众号（hunan - zhaokao）、“湖南考试招生”微信公众号（hnkszswx）查询。

此后，湖南省教育考试院在官方上按时发布相关的录取结果，展示该院录取工作的严谨、高效。

2019 年 7 月 16 日，湖南省教育考试院发布信息，湖南省 2019 年普通高校招生本科提前批录取工作从2019年7月8日开始，至2019年7月14日基本完成录取任务（其中，本批次艺术类录取在本科二批投档前完成）。提前批录取情况如下，截至2019年7月15日20时，湖南省提前次招生实际录取本科新生13537人。其中，军事（武警）院校684人；公安（刑警、司法）院校994人；航海院校（专业）96人；省内公费定向师范生2141人；省内基层农技特岗人员招生29人；艺术院校（专业）7963人；其他院校1182人；空军招飞114人（其中女飞行学员3名）；海军招飞15人；民航招飞319人。

湖南省提前批次中，湖南省教育考试院对于艺术类招生，进行了精细化管理。2019年湖南省艺术类招生继续实施平行志愿模式，并在2018年的基础上取消了本科提前批的第二志愿，增设一次征集志愿，调整了平行志愿投档综合分的计算公式，成效明显。2019年共有86所高校共计468个专业类参与提前批艺术类平行志愿投档，招生计划共计3328人，比2018年增加1708人。

2019年7月29日，湖南省教育考试院继续发布该省本科一批录取工作情况。2019年7月15～2019年7月28日，湖南省本科一批录取工作完成，其基本情况如下文所述。湖南省本科第一批次实际录取本科新生64964人（含录取期间追加的计划）。包含文科（含体育）考生录取13221人，理科（含体育）考生录取51743人。其中，国家专项计划招生录取5240人、地方专项计划招生录取5794人、高校专项计划招生录取541人、自主招生录取287人、高水平艺术团招生录取11人、高水平运动队招生录取156人、综合评价录取486人、单科成绩优秀考生录取30人、预科班录取664人、民族班录取31人。

湖南省本科一批录取取得了诸多宝贵经验。一是平行志愿作用进一步有效发挥。据统计，本科一批平行一志愿按计划和投档比例应投57543人，实际出档57444人，出档率达99.83%。湖南省是国内最新采用平行志愿填报的省份，在此领域取得了诸多丰硕的成果。二是录取单科优秀考生政策有效性提高。湖南省继续实行文化单科成绩位于全省千万分之一的考生，其中有效填报本科一批单科优秀考生志愿99人，录取30人，录取比例相对上年有所提高。三是严控投档比例，保障考生权益。在严格执行教育部规定投档比例的前提下，对投档比例超出1∶1的高校逐个予以确认，尽可能保证符合院校录取规则的已投档考生能够录取。四是招生录取规范有序。湖南省严格执行教育部“不点录”“不补录”“不违规降分录取”等政策规定，向社会及时公布招生政策、招生计划、录取计划、录取控制分数线、院校投档分数线、录取结果等信息，全方位接受社会监督。

2019 年 8 月 7 日，湖南省教育考试院继续发布该省本科二批录取情况。自 2019 年 7 月 29 日至 8 月 6 日，湖南省普通高校招生本科二批录取工作顺利完成，该批次在湖南计划招生名额为 80566 人（含预科班等 1186 人），实际录取新生 81166 人（含预科班、高水平运动队等）。由于湖南省 2019 年本科二批平行志愿填报的学校数目有所增加，自过去的 5 个增至 10 个，2019 年湖南省考生直接志愿满足率继续维持在高位水准。据统计，湖南省 2019 年本科二批平行一志愿按计划和投档比例应投 70338 人，实际出档 62294 人，出档率达 88.56%（不包含本科二批艺术类志愿；本科二批中民办院校较多，出档率低于本科一批）。全省共有 39423 位考生填报了本科二批征集志愿，共录取考生 11387 人。

2019 年 8 月 12 日，湖南省教育考试院再次发布该省本科三批录取情况。2019 年 8 月 7 ~ 12 日，湖南省本科第三批次录取完成，参加该批次录取的院校共计 171 所，计划在湘招生 24339 人，实际录取新生 24393 人。2019 年 8 月 14 ~ 15 日，湖南省进行专科提前批录取，参加该批次录取的院校共 65 所，在湘招生计划为 7306 人。2019 年 8 月 16 ~ 23 日，湖南省专科批次录取顺利实施，计划在湘招生院校共 625 所，招生名额为 136268 人（不含高职单独招生计划），最终实际录取高职专科新生 13.34 万人（不含专科提前批、高职单独招生和五年制高职教育招生人数）。

2019 年湖南招考顺利实施，其地方经验可以做简要总结。一是发挥地方能动性，提高志愿满足率。认真贯彻教育部相关政策，特别是招生政策，从招生日程安排到人员部署等，在此基础上发挥地方能动性，对招生过程有关政策适当微调。2019 年湖南省教育考试院对艺术类招生政策、高考加分项目、军事院校和民航飞行员志愿填报、省内公费定向师范招生录取操作办法等方面的招生政策规定进行了调整，使之跟地方情况适应，录取操作更加规范，志愿有效性进一步提高，高分考生填报志愿的风险大大降低，有效维护了考生权益。艺术类招生继续实施平行志愿模式，并在 2018 年基础上取消了本科提前批的第二志愿，增设一次征集志愿，有效满足了上线考生的就读愿望。从招生的结果来看，湖南省招生志愿满足率得到较高程度的提升。各批次考生直接志愿满足率保持较高水平：本科一批为 100%，本科二批为 99.92%，本科三批为

100%，高职专科批为100%。二是认真落实专项招生计划，实现教育资源公平分配。2019年湖南省继续实施贫困地区定向招生专项计划和农村学生单独招生、农村学生专项计划。通过加大政策宣传、落实信息公开公示、做好考生指导咨询服务等，引导和鼓励符合条件的考生积极填报专项计划志愿。从统计结果来看，湖南省通过三个专项计划录取的农村和贫困地区人数进一步增加，考生的选择范围和生源流向更加合理。农村贫困地区定向招生专项计划共录取新生5240人，农村学生单独招生共录取新生541人，农村学生专项计划共录取新生5794人。三是提高基础教育质量，维护高校招生满意度。据统计，湖南省全省2019年考生人均文化成绩（高考文化总分+优惠分）分别为文科类437.16分，理科类437.12分。高考文化总分600分以上的考生10131人，其中文科类为2693人，理科类为7438人。各招生院校对湖南省生源质量满意度高，本科提前批、本科一批各知名院校的招生计划基本上一次性录满，一本院校还在湖南追加招生计划2481人（含自主招生、高水平艺术团、综合评价录取等）。特别是2019年湖南省空军、海军、民航招飞实际录取共445人，其中空军招飞录取113人（含3名女飞行员），海军招飞录取15人，民航招飞录取317人，录取人数均创近年新高。四是坚持集体议事制度，提高服务考生的水平。湖南省严格执行教育部“六不准”“30个不得”和湖南省录取现场管理“八条禁令”的要求及相关规定，坚持集体议事制度，加强监督检查，为考生公平竞争营造良好的环境。录取期间，凡是涉及计划调整、投档模板设置、特殊类型招生批件投档以及录取中遇到的其他有关具体问题，均通过集体研究，并按工作流程由相关负责人审核签字后执行，进一步从机制上杜绝了违规操作空间。据统计，2019年湖南省接待考生、家长现场信访咨询229人次，受理咨询电话3100余个，录取现场平稳有序。招生录取阳光透明，招生宣传和考试咨询服务更加精准。特别在本科一批录取期间，湖南省教育考试院还联合湖南教育电视台《湖南招考》栏目，推出《阳光招生　我在现场》直播活动，为大家全流程揭秘录取过程，切实维护考生的合法权益。

同样，我们从江苏省的2019年招生情况来看，也能展示省级招生的某些共同规律。①江苏省处于东部地区，自主命题，该省招生和考试情况也得到一

① 参见江苏教育考试院网站相关信息。

定程度的公开。

从江苏省的报名人数来看，考生类别上应届生占比较之湖南更高，在90%以上。报考科类上，文科、理科的差别更加悬殊，其中理科类占报名总数的62%以上。2019年江苏省共有33.91万人报名参加高考，从考生类别来看，应届毕业生31.04万人，占报考总数的91.54%；往届生和社会考生2.87万人，占报考总数的8.46%。从报考的科类来看，文科类7.10万人，占报考总数的20.94%；理科类21.30万人，占报考总数的62.81%；艺术类4.78万人（含兼报），占报考总数的14.10%；体育类0.59万人（含兼报），占报考总数的1.74%；非统考考生0.14万人，占报考总数的0.41%。

从江苏省招生计划来看，江苏省的录取率较高。据该省招生专刊，其基本数据如下文所述。

2019年江苏省普通高等学校招生计划为全国高校2019年在江苏省招生计划的主要部分，共有1416所高等学校计划在江苏省招生332737人。其中，招生统考考生计划（以下简称统招计划）276397人，高职院校提前招生计划56340人。统招计划中，本科计划202795人，除此之外，还有自主招生、综合评价录取、高水平运动队、高水平艺术团、保送生等各类本科招生计划，不在公布计划之列。统招计划中，文科类计划72252人，理科类计划170357人，体育类计划2661人，艺术类计划31127人。其中，文科类招生计划中，提前录取本科院校计划2231人，第一批录取本科院校计划14405人，第二批录取本科院校计划29628人，高职（专科）院校计划15656人，高职（专科）注册入学院校计划10332人。理科类招生计划中，提前录取本科院校计划4998人，第一批录取本科院校计划58220人，第二批录取本科院校计划69372人，高职（专科）院校计划23708人，高职（专科）注册入学院校计划14509人。体育类招生计划中，提前录取本科院校计划1996人，高职（专科）院校计划665人。艺术类招生计划中，提前录取本科院校计划21945人，高职（专科）院校计划9182人。

从录取过程来看，江苏省较之湖南省提前启动一天，2019年6月24日下午，江苏省高校招生委员会召开会议，审议通过了2019年江苏省普通高校招生第一阶段各批次省录取最低控制分数线。会后，江苏省教育厅召开了新闻发布会，通报了2019年江苏省普通高校招生第一阶段各批次省录取最低控制分数线，以及2019年高考志愿填报等有关情况。

关于考生信息渠道，江苏省采取多种渠道传达高考成绩。根据江苏省教育厅发布会内容，2019年6月24日20：00以后，江苏省考生可凭考生号和动态口令卡通过省教育考试院专设的网站（www. jseea. cn或gkcx. jseea. cn）、省教育考试院官方微信“江苏招生考试”（微信号：jszsksb）、“江苏招考”APP、“江苏政务服务”APP免费查询高考成绩，也可通过拨打声讯电话16887799查询成绩。2019年6月25日起，考生可凭考生号、身份证号、密码、动态口令卡登录省教育考试院门户网（www. jseea. cn）自行打印成绩通知单；不具备条件的考生也可至市、县（市、区）招生考试机构打印成绩通知单。凡达到第一阶段填报志愿资格线的考生，可访问省教育考试院门户网，查阅“逐分段统计表”，可获知本人的成绩排名情况。

各省对于本省的填报志愿时间、发布成绩时间、分数线控制等都有一定的自主权，这也能从江苏省的招生实践看出。2019年江苏省规定该省志愿填报分为两个阶段，第一阶段填报志愿工作于6月27日至7月2日进行（截止时间为7月2日17：00），填报本科院校志愿。具体包括：文科类、理科类提前录取本科院校（含军事、公安政法、航海、地方专项计划、乡村教师计划、其他院校），体育类、艺术类提前录取本科院校，文科类、理科类第一、二批本科院校志愿。其中，艺术类提前录取本科第1小批院校志愿须在6月29日17：00前完成填报。此外，江苏省专门设立了“自主招生、高校专项计划、综合评价录取”志愿填报专栏，其中南京师范大学等12所院校综合评价录取入选考生须按相关文件规定填报志愿。第二阶段填报志愿工作于7月27～28日进行（截止时间为7月28日17：00），填报高职（专科）院校志愿。凡第一阶段未被录取且符合第二阶段填报志愿条件的考生均可填报。具体包括：文科类、理科类、体育类、艺术类高职（专科）院校志愿。考生须在规定时间内凭考生号、身份证号、密码和动态口令卡网上填报平行院校志愿（艺术类含传统志愿）和征求（平行）院校志愿，并对自己所填报信息的准确性和安全性负责，不需要现场签字确认志愿信息。

关于录取工作的时间表，江苏省也给予了公布。文科类、理科类录取时间：提前录取本科院校，7月8～12日录取；第一批本科院校，7月15～19日录取；第二批本科院校，7月21～25日录取；高职（专科）院校，8月1～5

日录取；高职（专科）注册入学院校，8 月 7 ~ 11 日录取。体育类、艺术类录取时间：提前录取本科院校，7 月 8 ~ 15 日录取（其中艺术类分为 3 小批）；高职（专科）院校，7 月 29 ~ 31 日录取。

从江苏省招生录取实践来看，2019 年 7 月 7 ~ 12 日，江苏省完成该省提前批次本科的录取工作。从该批次的平行志愿投档情况来看，2019 年江苏省提前批次文理类各类型院校除部分民航招飞生源有少数缺额外，其他如军事院校、地方专项计划、乡村教师计划等生源充足，平行院校志愿满足率较高，一次性投档计划满足率达 99.6%。此外，提前批次体育类院校招生情况较好，绝大部分院校生源充足，一次性投档计划满足率达 98.4%。截至 2019 年 7 月 15 日中午，江苏省提前批次已录取考生 32468 人，比公布计划多录取 1298 人。

从江苏省招生投档来看，2019 年 7 月 15 日，该省进行了本一批次平行院校志愿的投档。2019 年本一批次 333 所院校共计划招生 72625 人，其中文科类招生计划 14405 人；理科类招生计划 58220 人。此次投档具有一些鲜明特点，首先，省内外增加计划的高校数量较多。由于江苏省生源质量较好，在全国高校中有较高的认可度，有不少名校在投档前增加计划参与批量投档，还有相当数量的省内外高校在投档后将追加计划录取进档考生。其次，平行志愿一次性投档计划满足率高。参加批量投档的文科类院校一次性投档计划满足率为 96.82%，投档后生源不足的院校仅有 29 所；参加批量投档的理科类院校一次性投档计划满足率达 98.91%，投档后生源不足的院校仅为 20 所。最后，院校、分数和等级的匹配程度较高。全国重点高校、热门高校和大城市高校的投档情况大多呈现高等级、高分数的态势。江苏省内外重点高校以及热门专业较多、办学特色较为明显的高校生源都很充足，表明江苏省考生填报志愿时比较注重高校的综合实力、专业排名、就业前景等因素。

2019 年 7 月 20 日晚，江苏省 2019 年文科类、理科类第二批本科院校正式投档。该本二批次院校数量多，招生计划量大，723 所院校共计划招生 99000 人，其中文科类招生计划 29628 人，理科类招生计划 69372 人。从此批次投档情况来看，平行志愿一次性投档计划满足率高，绝大部分高校投档情况良好。文科类院校投档计划满足率为 99.81%，缺额院校数为 18 所，缺额计划数为 57 人；理科类院校投档计划满足率为 99.89%，缺额院校数为 19 所，缺额计划数为77人。部分高校生源较好，投档线达到或超过本一批次省控线。2019年江苏省共有85所本二批次院校投档线达到或超过本一批次省控线，其中，文科类17所，理科类68所。师范类、医学类、外语类、财经类等就业形势较好的院校（专业）报考人数众多，竞争比较激烈。从不同地区高校投档结果来看，投档计划完成情况总体均衡。以往部分边远地区生源不足的高校数量进一步减少，没有地区出现大面积的生源缺额情况。说明考生在志愿填报时，综合考虑其高考成绩、学校地域、发展志向等多种因素，而不是盲目扎堆选择“江浙沪”“北上广”等热门地区。此外，安排在本二批次，面向江苏省内部分地区的农村订单定向医学生免费培养计划，生源情况仍然较好，没有出现缺额现象。

为了提高考试服务社会的质量，江苏招生工作积累了一系列经验。一是通过门户网站“2019年平安高考”一站式服务专栏，及时发布招生录取动态以及各批次投档线、征求志愿计划等招生录取信息，告知考生录取工作进展情况以及有关注意事项。二是通过门户网站、官方微信、APP等渠道免费提供查询录取结果及退档原因，每天三次及时更新考生的录取信息。三是大力加强“江苏招生考试”微信公众号的建设力度。从6月开始，每天通过漫画图解、专题专栏等形式宣传解读招考政策，官方微信公众号关注用户已超过146万，成为信息公开、服务考生的重要渠道。四是进一步畅通信访和申诉渠道。招生录取期间，省教育考试院在北京西路办公场所和江东北路录取现场设置了两个信访接待处，向社会公布了录取咨询电话，及时处理考生和家长来电来访，做好招生录取政策的答疑解释工作，在政策范围内尽量解决考生的困难。

（二）专项计划招生有序扩展

2019年招生工作的亮点之一就是坚持教育公平，重点推行招生专项计划，确保东西部高教资源公平共享，支持西部高等教育快速发展。陈宝生部长指出，2018年，全国保障农村和贫困地区学生上重点大学的专项计划共录取10.38万人，启动教育信息化2.0行动，让更多孩子共享优质教育资源。中央财政安排近600亿元学生资助补助经费，资助困难学生1亿人次。2019年要加大教育投入，促进优质资源共享。对于新的一年，加快建设西部高等教育，缩小东西差距，陈宝生部长提出了具体要求。

> 重点支持中西部职业教育实训基地和专业建设，提升贫困地区人口素质和创新能力。继续实施好“支援中西部地区招生协作计划”“农村和贫困地区定向招生专项计划”。统筹推进中西部高校综合实力提升工程、中西部高校基础能力建设工程、对口支援西部高校计划、省部共建等工作，大力推进部省合建工作，引导和支持中西部高校增强“造血”功能。积极发展“互联网 +”教育，深入推进教育信息化 2.0 行动计划，促进优质教育资源共享。①

根据教育部 2019 年的工作安排，打好教育脱贫攻坚战成为全年工作焦点，其目标任务是以保障义务教育为核心，稳步提升贫困地区教育基本公共服务能力。打造中西部高等教育振兴计划升级版。具体的工作措施如下所述。高标准、严要求，做好中央脱贫攻坚专项巡视整改工作。聚焦最困难的深度贫困县，按“一县一策”原则制订教育脱贫攻坚工作指导方案。加强教育部脱贫攻坚工作领导小组工作，举办教育脱贫攻坚专题培训班，稳步提升教育脱贫攻坚质量。实施好农村义务教育学生营养改善计划。推进定点扶贫工作，印发《关于做好新时期直属高校定点扶贫工作的意见》，做好 2018 年直属高校定点扶贫考核工作。印发《2019 年对河北省青龙县、威县定点扶贫工作要点》。深入推进职业教育东西协作行动计划。出台《关于实施中西部高等教育振兴计划升级版的指导意见》，召开中西部高等教育振兴计划升级版工作推进会，统筹推进中西部高校综合实力提升工程、中西部高校基础能力建设工程、对口支援西部高校计划、省部共建等工作，大力推进部省合建工作，引导和支持中西部高校增强“造血”功能。实施网络扶智工程攻坚行动。继续实施“推普脱贫攻坚行动计划”。实施学生资助数据库与扶贫、民政、残联等部门数据库有效对接，全面推进困难学生精准资助。②

2019 年 3 月，教育部专门出台当年的招生文件，对于怎样促进东西部入

① 陈宝生：《落实　落实　再落实——在 2019 年全国教育工作会议上的讲话》，教育部官网，http：//www. moe. gov. cn/jyb_ xwfb/moe_ 176/201901/t20190129_ 368518. html，最后访问时间：2019 年 9 月 25 日。

② 《教育部 2019 年工作要点》，教育部官网，http：//www. moe. gov. cn/jyb_ xwfb/gzdt_ gzdt/s5987/201902/t20190222_ 370722. html。访问时间：2019 年 11 月 7 日。

学机会的公平，提出两项具体计划。一是完善招生计划管理。各地各校要严格执行教育部核定的本科招生计划和备案的高职（专科）招生计划，加强省际间的沟通协调，合理确定分省招生计划，促进区域协调发展。继续实施“国家支援中西部地区招生协作计划”。① 中央部门所属高校要根据国家政策导向，严格控制属地招生计划比例，继续向重点高校录取比例相对较低的省份倾斜。二是健全农村和贫困地区学生上重点高校长效机制。各地和有关高校要认真落实中央决策部署，继续实施重点高校招收农村和贫困地区学生专项计划，严格实施区域、报考条件和资格审核，完善招生办法，创新考生服务，推动专项计划优惠政策落实到位。要深入贫困地区中学，加大专项计划宣传解读力度，为农村和贫困地区学生提供更多便利和帮助。②

相比特殊性招生或者高校自主招生，专项计划招生扮演着维护教育公平、促进东西部入学机会公平的重要角色，其规模和数量都不断在扩展，专项计划招生在2019年全国招生中扮演重要的稳定器的角色。

1. “三大专项计划”近年录取人数持续增高，教育公平得到进一步体现

从最近几年的招生实践来看，旨在增加贫困地区学生接受高等教育机会的“三大专项计划”自落地实行以来，招生规模不断扩大。“三大专项计划”是指国家专项计划、地方专项计划及高校专项计划。2018年“三大专项计划”总录取人数达到10.38万人，较2017年增长3800人（见图9）。

国家专项计划自2012年起开始实施，招生学校覆盖所有中央部门高校、地方211高校及其他地方重点高校。2012～2017年国家专项计划招生规模由1万名增至6.3万名（见图10），实施区域由680个贫困县扩至832个贫困县及重点高校录取比例相对较低的河北、山西、安徽、河南、广东、广西、四川、贵州、云南、甘肃10个省份。

高校专项计划招生人数的增长趋势也较为明显。清华大学2018年高校专

① 《教育部关于做好2019年普通高校招生工作的通知》，教育部官网，http://www.moe.gov.cn/srcsite/A15/moe_776/s3258/201904/t20190415_378127.html，访问时间：2019年11月7日。

② 《教育部关于做好2019年普通高校招生工作的通知》，教育部官网，http://www.moe.gov.cn/srcsite/A15/moe_776/s3258/201904/t20190415_378127.html，访问时间：2019年11月7日。

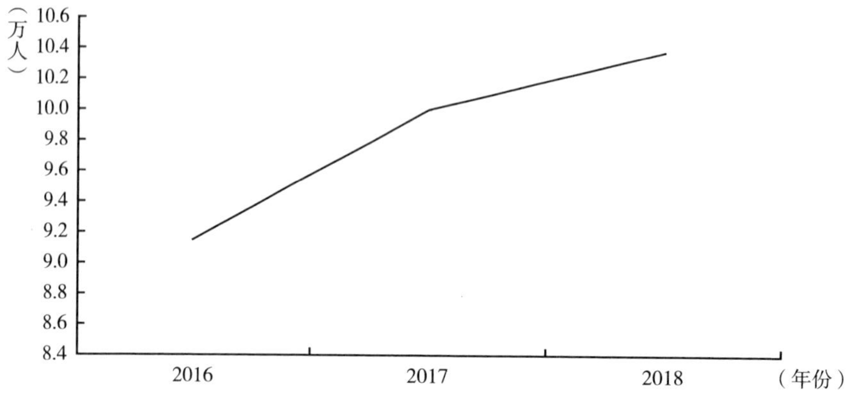

图 9　2016～2018 年国家“三大专项计划”录取人数

资料来源：教育部及各地方教育考试院网站。

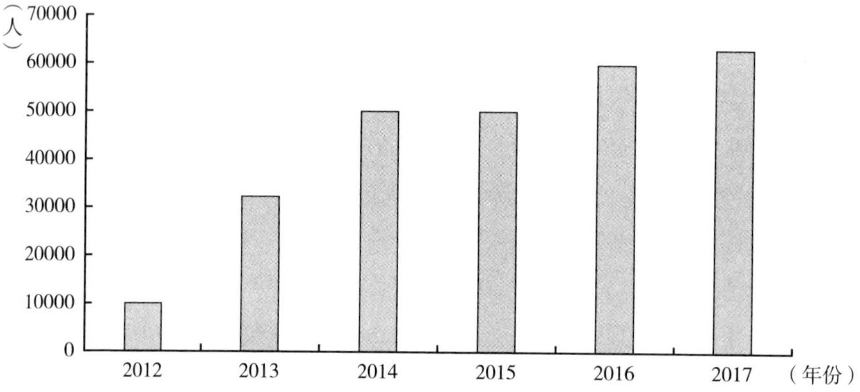

图 10　2012～2017 年国家专项计划录取人数

资料来源：教育部官方网站。

项计划录取人数为 79 人，较 2017 年增长 10 人；北京大学 2018 年高校专项计划录取人数为 82 人，较 2017 年增长 26 人。

在为贫困地区学生提供更多机会的同时，专项计划也兼顾了对学生质量的要求。部分高校专项计划对学生高中学习成绩提出了要求，目的还是招收成绩优异、学习能力突出的农村学生。

2. 各省份的专项计划更加透明

2018 年，陈宝生部长在《光明日报》专门撰文，要求优先发展儿童教育，阻断贫困代际传播，其中特别强调，最近教育部关键性措施就是在入学机会方面下大力气。他指出，教育部注意大幅提高贫困地区学生入学机会，拓宽成长成才空间。实施重点高校招收农村和贫困地区学生专项计划，年度招生规模从1万人逐年增至现在的10.38万人，年均增长57%，初步形成了保障农村和贫困地区学生上重点高校的长效机制。[①] 实际上各省份对于国家重点长达的“三大专项计划”招生，给予足够的关注。前面提到湖南省对于“三大专项计划”招生充分关注，2019年湖南省农村贫困地区定向招生专项计划共录取新生5240人，农村学生单独招生共录取新生541人，农村学生专项计划共录取新生5794人。

（三）特殊型招生制度进一步公开透明、严格规范

特殊类型招生是我国招生工作建构多元录取立交桥的重要通道。从阳光招生工程来看，所谓特殊型招生主要是指普通高校艺术类专业、高水平艺术团、高水平运动队、保送生四类特殊招生。近年来，教育部对特殊型招生制度进行了诸多规范工作，比较重要的文件罗列如下。

（1）2017年11月29日，教育部办公厅发布《关于做好2018年普通高等学校部分特殊类型招生工作的通知》，要求各地各高校2018年普通特殊类型招生工作坚持提高质量、分类指导、规范管理、择优选拔的原则，明晰工作定位，加强制度建设，加强规范管理，加强信息公开，优化招生服务。颁布的《2018年普通高等学校部分特殊类型招生基本要求》，分类规定特殊招生基本要求，关于高校艺术类专业招生，明确了高校艺术类专业考生专业范围等；关于高校高水平艺术团招生，强调要规范试点工作；关于高校高水平运动的招生，强调试点高校要按照教育部相关要求，明晰招生试点工作定位，在世界大学生运动会项目、全国学生运动会项目范围内，结合本校实际，优化项目布局；等等。至于高校保送生招生，根据教育部有关规定，2018年省级优秀学生、中学生学科奥林匹克竞赛国家集训队成员、部分外国语中学推荐优秀学生、公安英烈子女、退役运动员5类人员仍具备高校保送资格，高校均可从中

---

① 陈宝生：《优先发展儿童教育　阻断贫困代际传递》，《光明日报》2018年11月30日，第16版。

招收保送生。

（2）2018 年 12 月 27 日，教育部办公厅发布《关于做好 2019 年普通高等学校部分特殊类型招生工作的通知》。通知的主旨是，2019 年普通高校特殊类型招生工作要深入贯彻落实全国教育大会精神，坚持明晰定位、规范管理、择优选拔、分类指导的原则，进一步完善制度、严格规范、加强监督，切实提高特殊类型人才选拔质量。具体内容包括以下几个方面。一是要加强组织领导。各地各高校要加强对特殊类型招生工作的领导，加强机构建设，严格落实主体责任。省级高校招生委员会负责组织、监管本地特殊类型考试招生工作，对考试安全和招生工作负总责。高校招生工作领导小组对本校考试安全和招生工作负总责，对特殊类型招生考试重大事项依法依规进行决策。二是要严格审核报名资格，不得降低报名资格条件，不得放宽资格审核标准。要加强对考生校考报名信息和高考报名信息的对比，加强对考生所持证书真伪的鉴定。省级招生考试机构应积极配合高校复核考生报名资格。三是要规范考试组织。各地各高校要制订相关考试安全工作方案，落实安全保密责任制，确保命题、制卷、运送、分发、回收等试卷流转环节的安全保密，确保试题试卷的绝对安全。严禁委托个人或中介组织开展特殊类型考试招生有关工作；严禁高校将审核、考试、选拔等工作下放至学校内设学院或部门独立负责；严禁高校通过各种虚假专业考试方式来圈定合格生源。四是要严格规范录取行为。各地各高校要完善特殊类型招生办法，其内容不得与教育部招生政策相违背，不得与经主管部门审核的本校招生章程相矛盾。执行中不得更改原录取规则或增加额外的录取规则。要按照择优录取、宁缺毋滥的原则，进一步提高相关考生的专项测试要求和文化课成绩录取要求。五是要加强信息公开，各地各高校要按照教育部相关要求，通过本单位网站公布相关特殊类型招生办法和细则；严格落实高校招生信息公开职责，通过本单位网站和教育部“阳光高考”平台及时、准确公示有关考生信息，公示信息内容不得少于教育部相关工作要求。六是要完善考试仲裁机制。各地各高校要依据《信访条例》和教育信访工作规定，及时妥善处置高校招生信访问题。有关高校要完善特殊类型招生专项测试仲裁办法、规范仲裁程序、组建仲裁小组，受理解决专项测试争议申诉等有关问题。仲裁小组成员不得少于 5 人，由学校聘请相关领域的权威专家组成，原则上由校外专家担任。是否启动仲裁机制由学校招生工作领导小组研究决定。此外，还要严肃处理违规违法行为。2019 年全国高水平艺术团所在高校名单及各学校测试合格考生人数、2019 年全国高水平运动队所在高校名单及各学校测试合格考生人数，见表 4、表 5。

关于 2019 年的特殊型招生问题，教育部专门制定文件。2019 年 7 月，教育部办公厅发布了《关于 2019 年高水平运动队建设项目调整有关事项的通知》，要求各高水平运动队建设校 2019 年进行项目的结构优化调整。调整的项目不得超出世界大学生运动会项目和全国学生运动会项目范围；项目调整应坚持突出重点、发挥优势、利于竞赛、动态调整的原则，不断优化高水平运动项目的规划布局。设立棋（牌）类、定向越野、龙舟、赛艇等生源不足的高水平运动队项目的有关高校要逐步停止高水平运动队招生，可朝足球等国家重点发展项目、校园普及性较强和增强体质效果较好的项目方向调整，2022 年前要全部停止招生或调整到位。坚持“严格控制高水平运动队建设学校的规模总量，现有高水平运动队建设学校总数原则上不再增加”的总要求，高校高水平运动队的数量不再增加，各地可以在现有规模总量内进行校际间建设学校和项目的结构调整。各校高水平运动队建设项目除足球、冰雪项目外原则上不再增加。各地要进一步加强和规范对建设项目的管理，教育部在严格控制高水平运动队建设高校数量的基础上，同时实行优胜劣汰的竞争机制。从 2020 年起，凡 2018 ~2019 年连续两年未招生的学校或项目一律停止。各地要严格加强招生管理，规范相关工作流程，加强专业师资队伍建设。各校组建高水平运动队，设置运动项目不得打“擦边球”，沙滩排球不在排球项目范围内，如需建设，须单独申报；足球项目仅指 11 人制室外足球项目，不再单独设其他人制的足球队；篮球项目仅指 5 人制篮球项目。

表 4　2019 年全国高水平艺术团所在高校名单及各校测试合格考生人数

单位：人

学校	人数	学校	人数	学校	人数
北京大学	23	中国人民大学	38	清华大学	45
北京交通大学	34	北京航空航天大学	37	北京理工大学	22
北京科技大学	22	北京化工大学	16	北京邮电大学	33
中国农业大学	14	北京林业大学	18	北京中医药大学	4
北京师范大学	28	对外经济贸易大学	11	中国政法大学	14

续表

学校	人数	学校	人数	学校	人数
南开大学	37	天津大学	17	吉林大学	28
哈尔滨工业大学	8	复旦大学	18	同济大学	22
上海交通大学	17	东华大学	16	华东师范大学	20
上海财经大学	26	南京大学	28	东南大学	35
南京航空航天大学	26	南京理工大学	29	河海大学	38
南京农业大学	12	中国药科大学	10	浙江大学	68
武汉大学	55	华中科技大学	52	华中农业大学	22
湖南大学	8	中南大学	36	中山大学	27
重庆大学	15	西南交通大学	39	电子科技大学	32
西安交通大学	24	西北工业大学	8	长安大学	24
西北农林科技大学	23	中国地质大学(北京)	12		

资料来源：教育部官方网站。

表5　2019年全国高水平运动队所在高校名单及各校测试合格考生人数

单位：人

学校	人数	学校	人数	学校	人数	学校	人数
北京大学	71	中国人民大学	39	清华大学	50	北京交通大学	37
北京工业大学	32	北京理工大学	50	北京科技大学	53	北方工业大学	7
北京化工大学	59	北京邮电大学	23	中国农业大学	46	北京林业大学	42
北京师范大学	35	首都师范大学	19	中央财经大学	13	中央民族大学	19
中国政法大学	19	南开大学	21	天津大学	31	天津科技大学	30
天津工业大学	33	中国民航大学	18	天津理工大学	20	天津医科大学	9
天津师范大学	52	天津财经大学	15	河北工程大学	5	河北地质大学	30
河北农业大学	19	河北师范大学	19	山西大学	13	中北大学	4
太原理工大学	63	山西医科大学	12	山西师范大学	17	太原师范学院	20
山西大同大学	25	山西财经大学	15	内蒙古大学	23	辽宁大学	15
大连理工大学	25	沈阳工业大学	22	沈阳理工大学	22	东北大学	24
沈阳化工大学	10	大连交通大学	16	沈阳建筑大学	24	东北财经大学	20
吉林大学	56	延边大学	3	东北电力大学	24	吉林化工学院	9
吉林农业大学	18	北华大学	17	长春师范大学	2	黑龙江大学	34
燕山大学	12	东北石油大学	9	东北农业大学	29	东北林业大学	19
齐齐哈尔大学	3	复旦大学	33	同济大学	30	上海交通大学	36
华东理工大学	44	上海理工大学	33	上海海事大学	34	东华大学	37
上海电力大学	24	上海海洋大学	7	华东师范大学	20	上海财经大学	38

续表

学校	人数	学校	人数	学校	人数	学校	人数
华东政法大学	34	上海大学	42	南京大学	21	苏州大学	56
东南大学	35	南京理工大学	47	中国矿业大学	45	南京工业大学	35
南京邮电大学	42	河海大学	40	江南大学	20	江苏大学	19
南通大学	27	南京农业大学	39	中国药科大学	22	南京师范大学	14
江苏师范大学	21	南京财经大学	35	苏州科技大学	5	浙江大学	56
浙江工业大学	27	浙江理工大学	21	浙江师范大学	21	浙江工商大学	7
安徽大学	15	合肥工业大学	23	安徽工业大学	36	安徽师范大学	35
厦门大学	59	华侨大学	49	福州大学	88	集美大学	22
南昌大学	20	华东交通大学	8	南昌航空大学	30	江西师范大学	23
井冈山大学	22	山东大学	33	中国海洋大学	21	山东科技大学	29
青岛科技大学	20	济南大学	20	青岛理工大学	27	齐鲁工业大学	21
山东理工大学	9	山东农业大学	34	山东师范大学	40	曲阜师范大学	11
聊城大学	2	鲁东大学	16	山东财经大学	41	郑州大学	116
河南理工大学	37	河南大学	36	河南师范大学	12	武汉大学	67
华中科技大学	58	武汉科技大学	11	武汉轻工大学	28	武汉理工大学	18
湖北工业大学	48	华中农业大学	33	华中师范大学	46	湖北大学	34
中南民族大学	7	湘潭大学	43	湖南大学	34	中南大学	73
长沙理工大学	53	湖南农业大学	19	湖南师范大学	36	湘南学院	19
湖南商学院	32	南华大学	10	中山大学	108	暨南大学	47
汕头大学	6	华南理工大学	49	华南农业大学	39	华南师范大学	25
韩山师范学院	11	海南大学	93	深圳大学	26	广东财经大学	20
广西大学	20	广西师范大学	18	南宁师范大学	43	广西民族大学	54
四川大学	56	重庆大学	59	西南交通大学	42	电子科技大学	36
西南石油大学	63	重庆邮电大学	11	西南科技大学	15	西华大学	71
西南大学	33	四川师范大学	30	重庆师范大学	18	重庆文理学院	26
西南财经大学	54	西南政法大学	73	贵州大学	78	贵州师范大学	31
云南大学	50	昆明理工大学	47	云南农业大学	54	云南师范大学	20
云南财经大学	49	西安交通大学	24	西北工业大学	45	西安理工大学	34
西安工业大学	21	长安大学	12	兰州大学	36	兰州交通大学	22
西北师范大学	46	西北民族大学	28	宁夏大学	30	新疆大学	41
新疆农业大学	3	石河子大学	6	新疆师范大学	6	新疆财经大学	15
天津城建大学	8	安徽建筑大学	20	合肥学院	12	厦门理工学院	13
青岛大学	32	江汉大学	12	三峡大学	26	广州大学	31
成都大学	25	扬州大学	26	甘肃政法学院	12	北京联合大学	29
长春工程学院	11	浙江财经大学	36	湖南工业大学	28	重庆科技学院	6
西安财经大学	16	湖北经济学院	18	宁波大学	20	海南师范大学	13

续表

学校	人数	学校	人数	学校	人数	学校	人数
西安邮电大学	30	重庆工商大学	21	广东工业大学	47	河北传媒学院	19
河南财经政法大学	47	湖北中医药大学	9	北京外国语大学	11	首都经济贸易大学	25
北京航空航天大学	25	北京石油化工学院	6	华北电力大学（北京）	13	华北电力大学（保定）	32
内蒙古科技大学	49	内蒙古工业大学	22	内蒙古农业大学	55	内蒙古师范大学	42
哈尔滨工业大学	41	哈尔滨工程大学	30	哈尔滨师范大学	14	哈尔滨商业大学	9
北京中医药大学	18	上海中医药大学	8	山东中医药大学	19	浙江中医药大学	5
广西中医药大学	17	成都中医药大学	32	天津外国语大学	15	上海外国语大学	24
南京航空航天大学	43	南京信息工程大学	60	上海工程技术大学	21	上海立信会计金融学院	42
中国石油大学（华东）	48	中国石油大学（北京）	21	中国地质大学（武汉）	71	中国地质大学（北京）	26
中南林业科技大学	27	西北农林科技大学	32	西安建筑科技大学	62	西安电子科技大学	10
湖南人文科技学院	20	桂林电子科技大学	32	江西科技师范大学	19	内蒙古科技大学包头医学院	11
北京吉利学院	3	大连艺术学院	2				

资料来源：教育部官方网站。

至于保送生招收，规模也有所缩减。据有关统计，从 2014 年起全国保送生人数开始大幅减少，现已连续下降 5 年；如图 11 所示，保送生人数从 2013 年的 6759 人减少到 2018 年的 2091 人（不含英烈子女及退役运动员）。招收保送生的院校也减少到 2018 年的 78 所。目前，具备高校保送资格的学生仅有 5 类：省级优秀学生、中学生学科奥林匹克竞赛国家集训队成员、部分外国语中学推荐优秀学生、公安英烈子女、退役运动员。据教育部发布的《2019 年普通高等学校部分特殊类型招生基本要求》，2020 年起获得“省级优秀学生”称号的学生也将不再具有保送资格。

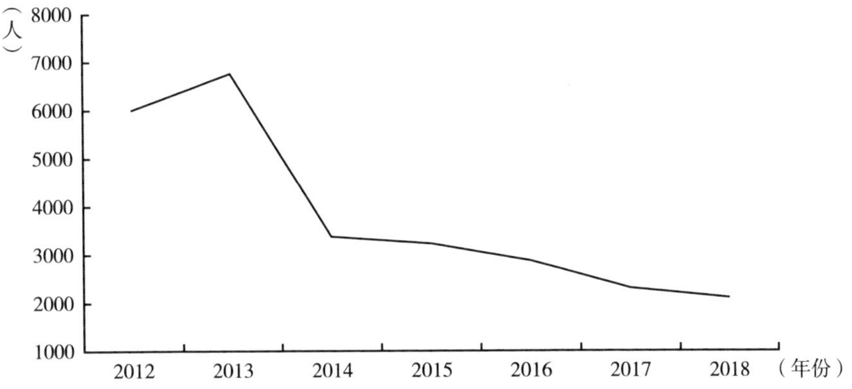

图 11　2012～2018 年保送生录取人数趋势图

资料来源：教育部官方网站。

关于高考加分问题，始终是老百姓关心的大事。经过近 6 年的综合治理，高考加分问题得到有力解决。2014 年 9 月国务院颁布的《关于深化考试招生制度改革的实施意见》，明确提出解决社会反映强烈的问题，包括高考加分问题。明确提出减少和规范考试加分；确有必要保留的加分项目，应合理设置加分分值；探索完善边疆民族特困地区加分政策；地方性高考加分项目由省级人民政府确定并报教育部备案，原则上只适用于本省所属高校在本省招生；加强考生加分资格审核，严格认定程序，做好公开公示，强化监督管理。2014 年年底出台进一步减少和规范高考加分项目和分值的意见。

2014 年年底，教育部、国家民委、公安部、国家体育总局和中国科学技术协会五部委联合发文《关于进一步减少和规范高考加分项目和分值的意见》，认真落实国务院高考改革精神，着力解决当前群众反映最强烈、矛盾最集中的体育、艺术等特长加分和地方性加分等问题。

2019 年 3 月，教育部就各省份优惠加分做出明确规定。针对一般考生，主要照顾三类考生：（1）边疆、山区、牧区、少数民族聚居地区少数民族考生；（2）归侨、华侨子女、归侨子女和台湾省籍考生；（3）烈士子女。针对以上考生，省级招委会可根据本地投档录取办法决定，在其统考成绩总分的基础上增加一定分数投档；达到高校投档条件的，由高校审查决定是否录取。同一考生如符合多项增加分数投档条件的，只能取其中幅度最大的一项分值，且不得超过 20 分。针对自主就业的退役士兵，可在其统考成绩总分的基础上增加10分投档；在服役期间荣立二等功以上或被战区（原大军区）以上单位授予荣誉称号的退役军人，可在其统考成绩总分的基础上增加20分投档。拥有多项优惠条件者，只能择一使用，一般原则上总分不能超过优惠20分。①

此外，一些特定群体享受招生优惠的项目有以下几个方面。平时荣获二等功或者战时荣获三等功以上奖励军人的子女，一至四级残疾军人的子女，因公牺牲军人的子女，驻国家确定的三类以上艰苦边远地区和西藏自治区、解放军总部划定的二类以上岛屿工作累计满20年军人的子女，在国家确定的四类以上艰苦边远地区或者解放军总部划定的特类岛屿工作累计满10年军人的子女，在飞或停飞不满1年或达到飞行最高年限空勤军人的子女，从事舰艇工作满20年军人的子女，在航天和涉核岗位工作累计满15年军人的子女，参加全国统考录取并达到有关高校投档要求的，应予以优先录取；退出部队现役的考生、残疾人民警察报考高校，在与其他考生同等条件下优先录取。公安烈士、公安英模和因公牺牲、一级至四级因公伤残公安民警子女报考高校，按照《关于进一步加强和改进公安英烈和因公牺牲伤残公安民警子女教育优待工作的通知》的有关规定执行。散居在汉族地区的少数民族考生，在与汉族考生同等条件下，优先录取。经共青团中央青年志愿者守信联合激励系统认定，获得5A级青年志愿者的，在与其他考生同等条件下优先录取。

2020年高考加分规范工作可以预期，一是全国性加分项目将更加坚决、透明执行，加分幅度和倾斜政策不可能改变，趋严的大势得到加强。二是专业特长将在高考人才选拔体系中更加规范和可控，新的专业特长培养体系和评价体系呼之欲出；唯分数论将得到更大的纠正，人才培养渠道更加多元。三是高考的机会公平与个性选材相得益彰，充分发展。由高校自主招生稳步推进，特长型招生试点工作快速推进，新型重视和尊重专业特长的人才培养和选拔体系正在建设和期待之中，必将成为高考整体改革的重要活力所在。

教育部对于政策性加分，要求各省份予以公示，如江苏省、辽宁省加分名单都在相应的教育考试院网站公布（见表6）。

---

① 《教育部关于做好2019年普通高校招生工作的通知》，教育部官网，http://www.moe.gov.cn/srcsite/A15/moe_776/s3258/201904/t20190415_378127.html，访问时间：2019年11月7日。

表 6 2019 年江苏省加分优惠民族成分及优惠考生人数分布

单位：人，%

加分民族成分	人数	百分比
锡伯族	1	0.54
哈尼族	1	0.54
拉祜族	1	0.54
畲　族	1	0.54
羌　族	1	0.54
纳西族	1	0.54
水　族	1	0.54
藏　族	2	1.09
蒙古族	3	1.63
仡佬族	4	2.17
白　族	4	2.17
彝　族	7	3.8
侗　族	10	5.43
满　族	10	5.43
布依族	10	5.43
壮　族	11	5.98
土家族	15	8.15
苗　族	24	13.04
回　族	77	41.85

资料来源：江苏教育考试院。

除了政策性加分以外，就是竞赛考试加分。针对全国加分竞赛项目，教育部“阳光招生”平台特别公布了 2019 年青少年科技竞赛获奖类别及名单（见表 7）。

表 7 2019 年全国青少年科技竞赛获奖类别及名单

类别	奖项及名单
数学	2019 年国际数学奥林匹克国家集训队：集训队名单；第 34 届中国数学奥林匹克（全国中学生数学冬令营）（2018 年）：一等奖、二等奖、三等奖；2018 年全国高中数学联赛（省级赛区）：一等奖；2017 年、2018 年国际数学奥林匹克国家集训队：集训队名单；第 32、33 届中国数学奥林匹克：一等奖、二等奖、三等奖；2015 年、2016 年、2017 年全国高中数学联赛（省级赛区）：一等奖

续表

类别	奖项及名单
化学	2019 年国际化学奥林匹克竞赛国家集训队:集训队名单;第 32 届中国化学奥林匹克(决赛)(2018 年):一等奖、二等奖、三等奖;第 32 届中国化学奥林匹克(初赛)(省级赛区)(2018 年):一等奖;2018 年国际化学奥林匹克竞赛国家集训队:集训队名单;第 30、31 届中国化学奥林匹克(决赛):一等奖、二等奖、三等奖;第 30、31 届中国化学奥林匹克(初赛)(省级赛区):一等奖
物理	2019 年国际物理奥林匹克竞赛国家集训队:集训队名单;第 35 届全国中学生物理竞赛决赛(2018 年):一等奖、二等奖、三等奖;第 35 届全国中学生物理竞赛复赛(省级赛区)(2018 年):一等奖;2018 年国际物理奥林匹克竞赛国家集训队:集训队名单;第 33、34 届全国中学生物理竞赛决赛:一等奖、二等奖、三等奖;第 33、34 届全国中学生物理竞赛复赛(省级赛区):一等奖
生物学	2019 年国际生物学奥林匹克竞赛国家集训队:集训队名单;第 27 届全国中学生生物学竞赛(2018 年):一等奖、二等奖、三等奖;第 27 届全国中学生生物学联赛(省级赛区)(2018 年):一等奖;2017 年、2018 年国际生物学奥林匹克竞赛国家集训队:集训队名单;第 25、26 届全国中学生生物学竞赛:一等奖、二等奖、三等奖;第 26 届全国中学生生物学联赛(省级赛区):一等奖
信息学	2019 年国际信息学奥林匹克竞赛国家集训队:集训队名单;2018 年全国青少年信息学奥林匹克竞赛:一等奖、二等奖、三等奖;2018 年全国青少年信息学奥林匹克联赛(省级赛区):一等奖;2017 年、2018 年国际信息学奥林匹克竞赛国家集训队:集训队名单;2015 年、2016 年、2017 年全国青少年信息学奥林匹克竞赛:一等奖、二等奖、三等奖;2016 年、2017 年全国青少年信息学奥林匹克联赛(省级赛区):一等奖
科技竞赛	第 33 届全国青少年科技创新大赛(2018 年):一等奖、二等奖、三等奖;第 31、32 届全国青少年科技创新大赛:一等奖、二等奖、三等奖;第 18 届"明天小小科学家"奖励活动(2018 年):一等奖、二等奖、三等奖、入围奖;第 16、17 届"明天小小科学家"奖励活动:一等奖、二等奖、三等奖

资料来源：教育部网站。

为了规范全国性的竞赛活动，2019 年 4 月 10 日，教育部办公厅公布 2019 年度面向中小学生的全国性竞赛活动的通知，宣布按照《教育部办公厅印发〈关于面向中小学生的全国性竞赛活动管理办法（试行）〉的通知》要求，经自主申报、专家评审和公示等程序，确定“全国青少年科技创新大赛”等 29 项竞赛活动为 2019 年度面向中小学生开展的全国性竞赛活动。要求各地教育行政部门落实属地管理责任，加强竞赛活动日常监管，完善管理制度体系，坚持“零收费”和公平自愿原则，严控面向义务教育阶段学生和学科类的竞赛活动。

（四）自主招生规模缩减有节、程序严谨

高校是我国招生工作的主体，高校自主招生在录取体系的立交桥建设中扮演了重要的轨道角色。自1977年恢复高考以来，我国高校自主招生获得了稳步发展。20世纪90年代中叶，《中华人民共和国教育法（1995）》《中华人民共和国高等教育法（1998）》相继颁布，高校成为全国招生体系改革的重要主体。2002年教育部明文要求各高校制定本校招生章程，且由地方招办汇总向社会公布。“学校负责、招办监督”的招生工作体系得以正式建立。2001年教育部要求高校依法行使办学自主权，自主招生试点工作正式启动，先在江苏省的东南大学、南京航空航天大学和南京理工大学3所高校尝试自主招生。

试点工作进行10年后，高校自主招生进入规范运作阶段。2012年教育部发布《关于进一步深化高校自主选拔录取改革试点工作的指导意见》，系统总结2003年以来高校自主招生改革试点的积极作用，认真总结改革经验，指出高校自主选拔录取改革试点是高校考试招生制度的有机组成部分，是我国高校招生多元录取的重要方式。2014年9月，国务院发布《关于深化考试招生制度改革的实施意见》（以下简称《实施意见》）。同年，根据《实施意见》精神，教育部发布《关于进一步完善和规范高校自主招生试点工作的意见》，明确高校自主招生是我国高校招生考试制度的有机组成部分，是对现行统一高考招生录取的一种补充。

近些年来，高校自主招生开展得轰轰烈烈，除了教育部的主动推动和积极引导外，与高校的自我重视、自我创新有很大关系。国内许多重点大学出于发展自身、服务国家、服务社会的教育宗旨，对于高校自主招生模式进行了卓有成效的探索，北京大学、清华大学、南开大学和复旦大学等高校，突出了系列高校招生新政，探索了诸多改革经验。

针对2019年高校自主招生工作，教育部办公厅于2018年12月29日发布《关于做好2019年高校自主招生工作的通知》，对高校自主招生提出缩减规模、提高质量的要求。具体内容分为以下几个方面：一是要严格执行招生政策，进一步完善自主招生简章，科学合理确定报名条件，强化对学生的学科特长和创新潜质要求，不得简单以论文、专利、中介机构举办的竞赛（活

动）等作为报考条件和初审通过依据。对拟认可的赛事证书，要以权威性高、公信力强的学科竞赛为主，并组织相关专家对赛事的科学性、规范性进行认真评估。即提高自主招生的入学标准。二是减小优惠力度，要求高校严格制定录取标准，根据学校办学定位和专业培养要求，在现有基础上进一步降低给予自主招生考生的优惠分值。在高考综合改革试点省份也要相应提高要求，确保生源质量。三是缩减招生规模。要求高校要在上一年录取人数基础上适度压缩招生名额，合理确定参加高校考核和具备入选资格的考生人数，提高人才选拔质量，宁缺毋滥。此外，对高校自主招生的录取程序进行严格规定，要求各高校严格确定招生专业，严格审核申请材料，严格组织高校考核，严格执行公开公示，严格开展新生复查，严格落实主体责任，严格惩处造假行为①。

随着招生标准的提升，招生规模的缩减，使得 2019 年自主招生规模处于严格控制的状态。相比往年高校自主招生的热闹景象，2019 年高校自主招生显得比较冷落。据有关统计，在 2018 年公开招生人数信息的 79 所自主招生高校中，有 76 所高校未完成自主招生计划，总缺额超过了 5200 人。图 12 所示的 16 所高校中，自主招生的缺额人数均接近或超过了计划招生人数的一半。

根据相关部门严管自主招生的要求，各高校大规模缩减了自主招生数量。中国教育在线对 70 所开展自主招生的高校进行了数据采样，仅两所高校自主招生计划与上年持平，其余高校均缩减了计划。其中，有 13 所学校的自主招生计划缩减了 60%，上海大学缩减了 80%（见图 13）。另有 28 所高校，2019 年自主招生计划与 2018 年实际录取人数一致。

此外，2019 年高校自主招生的要求普遍提高。如表 8 所示，清华、北大 2019 年自主招生最低要求明显提高，并且缩小了目标生源范围，最大优惠分数也均由 2018 年的 60 分下降至 20 分。体质测试成为高校自主招生考核"标配"，26 所高校在自主招生简章中明确规定，未参加体测或者体测成绩未合格将影响考生的自主招生资格。

① 《教育部关于做好 2019 年普通高校招生工作的通知》，教育部官网，http：//www.moe.gov.cn/srcsite/A15/moe_ 776/s3258/201904/t20190415_ 378127.html，访问时间：2019 年 11 月 7 日。

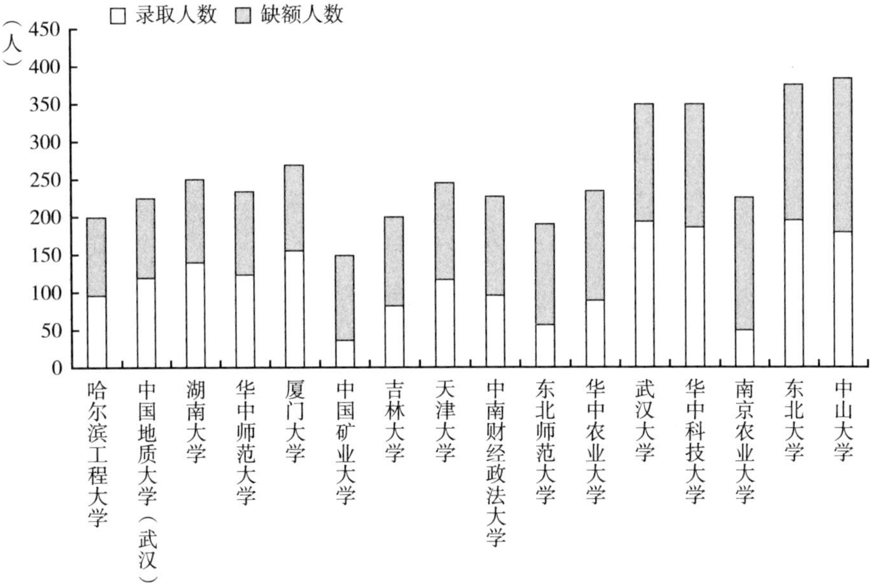

图 12　2018 年部分高校自主招生录取人数和缺额人数

资料来源：各高校官网。

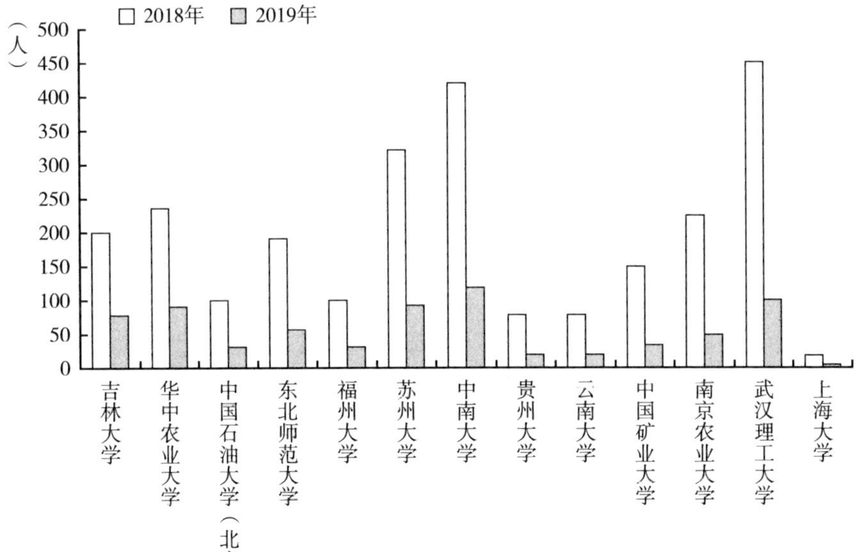

图 13　2019 年自主招生计划缩减情况

资料来源：各高校官网。

表 8　2019 年自主招生部分高校要求

单位：年，分

大学	自主招生最低要求		最大优惠分数	
	2018	2019	2018	2019
北京大学	五大学科竞赛全国决赛获得优异成绩	五大学科竞赛决赛获得优异成绩者	60	20
	有发明创造或参加科技类竞赛全国决赛、国际比赛获得优异成绩者	五大学科竞赛决赛获得优异成绩者		
	在自主招生专业范围内有相关学科特长、创新潜质，并在国内外相关专业学习实践活动中取得优异成绩者			
清华大学	五大学科竞赛中表现突出的学生	五大学科竞赛省一及以上	60	20
	在科技发明、研究发明、文学创作等方面具有突出表现的学生	全国青少年科技创新大赛全国一等奖		
	在人文与社会、创新与设计等方面具有突出才能或在相关学习实践中取得优异成绩的学生	英特尔国际科学与工程大奖赛四等奖		

资料来源：北京大学、清华大学官网。

四　2019 ~2020年招考政策新亮点

2019 ~2020 年招生录取政策将出现诸多新动向，主要表现为三个方面，一是职业教育迎来发展的黄金机遇，扩招 100 万人，职业技能教育全面升级；二是综合评价开始进入高考录取体系，成为未来可期的新的录取依据，切实突破高考分数“一考定终身”的顽疾，为基础教育与高等教育的衔接开辟新的人才培养指标体系；三是对外教育合作在艰难中发展，教育的国际化步伐有所减缓，却依然前行。

（一）职业教育高速发展的第二次浪潮

职业教育快速发展是改变当下我国教育质量的重要变量，也是近年来全国教育重点攻关的最大难题。2018 年 9 月 10 日，在全国教育大会上，李克强总理强调，要大力办好职业院校，坚持面向市场、服务发展、促进就业的办学方向，推进产教融合、校企合作，培养更多高技能人才。2018 年 11 月 8 日，教育部专门召开新闻发布会，专门介绍《高等职业教育创新发展行动计划（2015～2018 年）》《职业院校管理水平提升行动计划（2015～2018 年）》实施成效及职业教育贯彻落实全国教育大会精神的工作举措，详细列举职业教育发展的巨大成绩和突出问题。

1. 2019年职业教育新政策、新措施

对于 2019 年教育工作来说，职业教育的突破性发展是全局工作的亮点所在。2019 年职业教育迎来历史上发展的最好机遇。国务院对此高度重视，持续发布重要文件，精心部署。

2019 年 1 月 24 日，国务院印发《国家职业教育改革实施方案》（以下简称《方案》），精心部署和全力推进职业教育发展。① 《方案》将职业教育的战略地位提到前所未有的高度，指出，没有职业教育现代化就没有教育现代化。与发达国家相比，与建设现代化经济体系、建设教育强国的要求相比，我国职业教育还存在着体系建设不够完善、职业技能实训基地建设有待加强、制度标准不够健全、企业参与办学的动力不足、有利于技术技能人才成长的配套政策尚待完善、办学和人才培养质量水平参差不齐等问题，到了必须下大力气抓好的时候。随着我国进入新的发展阶段，产业升级和经济结构调整不断加快，各行各业对技术技能人才的需求越来越紧迫，职业教育重要地位和作用越来越凸显。

《方案》强调了此次职业教育改革的总体要求与目标，坚持以习近平新时代中国特色社会主义思想为指导，把职业教育摆在教育改革创新和经济社会发展中更加突出的位置。牢固树立新发展理念，服务建设现代化经济体系和实现

① 《国务院关于印发国家职业教育改革实施方案的通知》，中国政府网，http：//www. gov. cn/zhengce/content/2019 -02/13/content_ 5365341. htm，访问时间：2019 年 11 月 7 日。

更高质量更充分就业需要，对接科技发展趋势和市场需求，完善职业教育和培训体系，优化学校、专业布局，深化办学体制改革和育人机制改革，以促进就业和适应产业发展需求为导向，鼓励和支持社会各界特别是企业积极支持职业教育，着力培养高素质劳动者和技术技能人才。经过5～10年的时间，职业教育基本完成由政府举办为主向政府统筹管理、社会多元办学的格局转变，由追求规模扩张向提高质量转变，由参照普通教育办学模式向企业社会参与、专业特色鲜明的类型教育转变，大幅提升新时代职业教育现代化水平，为促进经济社会发展和提高国家竞争力提供优质人才资源支撑。

《方案》强调，此次职业教育改革具体指标，到2022年，职业院校教学条件基本达标，一大批普通本科高等学校向应用型转变，建设50所高水平高等职业学校和150个骨干专业（群）。建成覆盖大部分行业领域、具有国际先进水平的中国职业教育标准体系。企业参与职业教育的积极性有较大提升，培育数以万计的产教融合型企业，打造一批优秀职业教育培训评价组织，推动建设300个具有辐射引领作用的高水平专业化产教融合实训基地。职业院校实践性教学课时原则上占总课时一半以上，顶岗实习时间一般为6个月。“双师型”教师（同时具备理论教学和实践教学能力的教师）占专业课教师总数超过一半，分专业建设一批国家级职业教育教师教学创新团队。从2019年开始，在职业院校、应用型本科高校启动“学历证书+若干职业技能等级证书”制度试点（以下简称“1+X”证书制度试点）工作。

2019年3月5日，国务院总理李克强在《政府工作报告》中正式宣布，2019年职业教育扩招100万人，加快发展现代职业教育。

实施职业技能提升行动，从失业保险基金结余中拿出1000亿元，用于1500万人次以上的职工技能提升和转岗转业培训。健全技术工人职业发展机制和政策。加快发展现代职业教育，既有利于缓解当前就业压力，也是解决高技能人才短缺的战略之举。改革完善高职院校考试招生办法，鼓励更多应届高中毕业生和退役军人、下岗职工、农民工等报考，2019年大规模扩招100万人。扩大高职院校奖助学金覆盖面、提高补助标准，加快学历证书和职业技能等级证书互通衔接。改革高职院校办学体制，加强师资队伍建设，提高办学质量。引导一批普通本科高校转为应用型大学。中央财政大幅增加对高职院校的投入，地方财政也要加强支持。设立中等职业教育国家奖学金。支持企业和社会力量兴办职业教育，加快产教融合实训基地建设。我们要以现代职业教育的大改革大发展，加快培养国家发展急需的各类技术技能人才，让更多青年凭借一技之长实现人生价值，让三百六十行人才荟萃、繁星璀璨。①

2019 年 5 月 18 日，国务院办公厅发布《职业技能提升行动方案（2019 ~ 2021 年）》，大力推行终身职业技能培训制度，大规模开展职业技能培训，加快建设知识型、技能型、创新型劳动者大军。具体任务为，2019 ~ 2021 年，持续开展职业技能提升行动，提高培训针对性、实效性，全面提升劳动者职业技能水平和就业创业能力。三年共开展各类补贴性职业技能培训 5000 万人次以上，其中 2019 年培训 1500 万人次以上；经过努力，到 2021 年年底技能劳动者占就业人员总量的比例在 25% 以上，高技能人才占技能劳动者的比例在 30% 以上。

教育部积极落实国务院关于职业教育发展的部署。2019 年 1 月 18 日，陈宝生部长宣布 2019 年的职业教育要瞄准高质量发展，做好深化改革。“今年，职业教育要‘下一盘大棋’，将印发实施《国家职业教育改革实施方案》，启动‘1 + X’（学历证书 + 职业技能等级证书）制度试点，深化产教融合、校企合作，推动办学模式由参照普通教育向类型教育转变。启动实施中国特色高水平高职学校和专业建设计划，建设一批中国特色、世界水平的高职学校和骨干专业，鼓励大企业举办高质量的职业学校。”② 2019 年 2 月，教育部公布的《教育部 2019 年工作要点》对于职业教育改革单列条目，指出实施国家职业教育改革实施方案的目标任务是加强中央部门的政策联动和制度协同，强化地方政府统筹发展职业教育的责任。改善办学条件，深化职业教育产教融合、校企合作。具体工作措施为，保持高中阶段教育职普比大体相当。启动实施“1 + X”证书（学历证书 + 职业技能等级证书）制度试点，启动高等职业教育专业评估，实施中国特色高水平高职学校和专业建设计划，建设一批高水平职业教育实训基地，开展产教融合建设试点，继续推进职业教育国家教学标准体

① 《政府工作报告》，中国政府网，http：//www. gov. cn/premier/2019 - 03/16/content _ 5374314. htm，访问时间：2019 年 11 月 7 日。

② 陈宝生：《落实　落实　再落实——在 2019 年全国教育工作会议上的讲话》，教育部官网，http：//www. moe. gov. cn/jyb_ xwfb/moe_ 176/201901/t20190129_ 368518. html，访问时间：2019 年 9 月 25 日。

系建设，总结现代学徒制试点经验，全面推广现代学徒制。

教育部积极动员地方省份投身职业教育改革之中。2019 年 3 月 20 日，教育部印发《职业教育改革成效明显的省（区、市）激励措施实施办法》，希望充分调动各地推进职业教育改革发展的积极性、主动性和创造性，激励职业教育改革成效明显的省份。对于省级政府发展职业教育，提出硬性要求，最刚性条件的有如下几种情况。按照党中央国务院部署，落实全国教育大会精神、《国家职业教育改革实施方案》及党中央国务院关于发展职业教育的决策部署，同步制定完善适应区域发展需求的相关制度及实施办法，明确省内任务分工和督察要点。加强对本行政区域内职业教育工作的领导，把职业教育摆在经济社会发展和教育改革创新中更加突出的位置，保障资金资源支持，营造职业教育良好发展氛围。完成好上一年度中央交办的重大任务。5 年内建立完善省内职业教育跨部门协商（调）工作机制。

教育部、财政部联合推行职业教育发展的“双高计划”，重点扶持一批优质高职学校和专业群率先发展，引领职业教育服务国家战略、融入区域发展、促进产业升级。2019 年 3 月 29 日，教育部、财政部发布《关于实施中国特色高水平高职学校和专业建设计划的意见》，提出发展的具体目标：围绕办好新时代职业教育的新要求，集中力量建设 50 所左右高水平高职学校和 150 个左右高水平专业群，打造技术技能人才培养高地和技术技能创新服务平台，支撑国家重点产业、区域支柱产业发展，引领新时代职业教育实现高质量发展。到 2022 年，列入计划的高职学校和专业群办学水平、服务能力、国际影响显著提升，为职业教育改革发展和培养千万计的高素质技术技能人才发挥示范引领作用，使职业教育成为支撑国家战略和地方经济社会发展的重要力量，形成一批有效支撑职业教育高质量发展的政策、制度、标准。到 2035 年，一批高职学校和专业群达到国际先进水平，引领职业教育实现现代化，为促进经济社会发展和提高国家竞争力提供优质人才资源支撑。职业教育高质量发展的政策、制度、标准体系更加成熟完善，形成中国特色职业教育发展模式。

教育部积极落实职业教育的证书制度改革。2019 年 4 月 4 日，教育部会同国家发展改革委、财政部、市场监管总局四部门印发《关于在院校实施“学历证书 + 若干职业技能等级证书”制度试点方案》，启动“学历证书 + 若干职业技能等级证书”（简称“1 + X”证书）制度试点工作。具体目标为：

自2019年开始，重点围绕服务国家需要、市场需求、学生就业能力提升，从10个左右领域做起，启动“1+X”证书制度试点工作。落实“放管服”改革要求，以社会化机制招募职业教育培训评价组织（以下简称培训评价组织），开发若干职业技能等级标准和证书。有关院校将“1+X”证书制度试点与专业建设、课程建设、教师队伍建设等紧密结合，推进“1”和“X”的有机衔接，提升职业教育质量和学生就业能力。通过试点，深化教师、教材、教法“三教”改革；促进校企合作；建好、用好实训基地；探索建设职业教育国家“学分银行”，构建国家资历框架。试点范围为：面向现代农业、先进制造业、现代服务业、战略性新兴产业等20个技能人才紧缺领域，率先从10个左右职业技能领域做起。进度安排为：2019年首批启动五个领域试点，已确定的五个培训评价组织对接试点院校，并启动有关信息化平台建设；陆续启动其他领域试点工作。2020年下半年，做好试点工作阶段性总结，研究部署下一步工作。

2019年5月6日，教育部发布《关于深入学习贯彻〈国家职业教育改革实施方案〉的通知》，逐项推进“职教20条”，特别强调核心任务为：要提高中等职业教育发展水平，保持高中阶段教育职普比大体相当，设立中等职业教育国家奖学金，完善中职生均拨款、免学费和国家助学金政策，为打赢脱贫攻坚战做贡献。要推进高等职业教育高质量发展，改革高职院校办学体制，提高办学质量，建设一批引领改革、支撑发展、中国特色、世界水平的高等职业学校和骨干专业（群）。要扩大高素质技术技能人才培养培训规模，扩大高职院校奖助学金覆盖面、提高补助标准，鼓励更多中等职业学校和普通高中毕业生、退役军人、下岗职工、农民工等接受高等职业教育，2019年大规模扩招100万人。要完善高层次应用型人才培养体系，推动具备条件的普通本科高校向应用型转变，开展本科层次职业教育试点，探索长学制培养高端技术技能人才。要面向在校学生和社会成员广泛开展职业培训，积极承接职业技能提升行动，引导行业企业深度参与。要鼓励职业院校联合中小学开展劳动和职业启蒙教育。

2019年5月7日，教育部发布《关于做好2019年高职扩招专项考试招生工作的通知》（以下简称《通知》），专门部署职业教育2019年扩招100万人的重大决策。《通知》强调此举旨在贯彻落实2019年《政府工作报告》和2019年4

月30日国务院常务会议精神，确保中央决策部署落实到位。主要的工作任务安排有以下几点。一是整体要求，各地各校要针对高中毕业生、退役军人和下岗失业人员、农民工、新型职业农民等不同群体的特点和受教育状况，采取分列招生计划、分类考试评价、分别选拔录取等措施，在严格规范、公平公正的基础上完成好扩招任务。二是招生计划，各地要按照教育部关于高职扩招计划安排的有关部署，加强本地高等职业教育资源统筹，足额落实教育部下达的高职扩招计划和支援中西部地区招生协作计划。要按照教育部关于大力推进高职院校分类招考的工作部署，进一步扩大高职分类招考规模，重点布局在优质高职院校，区域经济建设急需、社会民生领域紧缺和就业率高的专业，以及贫困地区特别是连片特困地区。要针对退役军人和下岗失业人员、农民工、新型职业农民等群体单列招生计划，一部分面向退役军人，一部分面向下岗失业人员、农民工和新型职业农民。要统筹普通教育、职业教育和继续教育，为各类群体提供灵活多样的升学和培养模式。三是报名安排，各地要在2019年高考前组织一次参加高职扩招专项考试的补报名工作，主要面向普通高中毕业生、中职（含中专、技工学校、职业高中）毕业生、退役军人和下岗失业人员、农民工、新型职业农民等报考高职院校的群体，具体补报名时间由各地确定。于10月面向2019年退役的军人再增加一次补报名。四是录取安排，录取工作时间安排由各地统筹考虑确定，可实行分阶段录取。集中录取阶段结束后，可根据录取情况适当安排补录。新生入学时间由各地各校结合考试招生安排确定，10月份以前录取的新生，可在2019年秋季入学；10月份以后录取的新生，可在2020年春季入学。

2019年5月14日，教育部办公厅发布《关于全面推进现代学徒制工作的通知》，按照《教育部2019年工作要点》部署，要求各地总结现代学徒制试点成功经验和典型案例，在国家重大战略和区域支柱产业等相关专业，全面推广政府引导、行业参与、社会支持、企业和职业学校双主体育人的中国特色现代学徒制。2019年6月5日，教育部发布《关于职业院校专业人才培养方案制订与实施工作的指导意见》，要求各地以职业教育国家教学标准为基本遵循，贯彻落实党和国家在课程设置、教学内容等方面的基本要求，强化专业人才培养方案的科学性、适应性和可操作性。要紧跟产业发展趋势和行业人才需求，建立健全行业企业、第三方评价机构等多方参与的专业人才培养方案动态调整机制，强化教师参与教学和课程改革的效果评价与激励，做好人才培养质量评价与反馈。要注重学用相长、知行合一，着力培养学生的创新精神和实践能力，增强学生的职业适应能力和可持续发展能力。

2. 职业教育的飞速发展与历史积淀

改革开放40余年以来，职业教育发展在我国教育整体发展中始终占据战略位置。1985年《中共中央关于教育体制改革的决定》指出，职业技术教育是当前我国教育事业最薄弱的环节，要采取切实有效措施争取大的发展。1993年《中国教育改革和发展纲要》强调，职业和技术教育得到相当程度的发展，中等职业技术学校招生和在校学生人数占高中阶段学生人数的比例，均已超过50%，改变了中等教育结构单一化的局面；职业技术教育是现代教育的重要组成部分，是工业化和生产社会化、现代化的重要支柱；要突出发展职业技术教育，把提高劳动者素质，培养初、中级人才摆到突出的位置。1998年，教育部制订《面向21世纪教育振兴行动计划》，要求完善职业教育培训和继续教育制度；积极发展高等职业教育，提高国民科技文化素质；继续实施初中后教育的分流，从各地实际出发，积极发展中等职业教育；努力建立符合我国国情特点的职前与职后教育培训相互贯通的体系，使初等、中等和高等职业教育与培训相互衔接，并与普通教育、成人教育相互沟通、协调发展。

2010年以来，职业教育发展成为“优先发展教育，建设人力资源强国”战略部署的关键工程。2010年《国家中长期教育改革和发展规划纲要（2010～2020）》出台，提出发展职业教育是推动经济发展、促进就业、改善民生、解决“三农”问题的重要途径，是缓解劳动力供求结构矛盾的关键环节，必须摆在更加突出的位置。2016年5月，《国务院办公厅关于加快中西部教育发展的指导意见》出台，政府做出大力发展职业教育的部署，强调要立足中西部经济社会发展实际，助推经济转型和产业升级，鼓励社会力量参与职业教育发展，改善职业学校办学条件；促进职业教育和普通教育双轨推动、双向推动，合理引导学生进入职业教育。2017年1月，国务院印发《国家教育事业发展“十三五”规划》，强调必须把教育的结构性改革作为主线，主动适应经济社会发展和人民群众的需求；要大力发展现代职业教育和继续教育，加快培养经济社会发展急需人才。近期目标是围绕深化产教融合、校企合作、工学结合主线，支持100所左右高等职业学校和1000所左右中等职业学校建设，改善基本办学和实习实训条件，强化大国工匠后备人才培养，着力提升职业学校人才培养质量等。

职业教育扩展100万人，宏观意义在于应对就业压力，提升职业技能，发展社会生产力，具体落实在教育领域，则是彻底实现教育的职教分流。从考试领域来看，全国部分省份对于职教招生的探索走在前列。除了上海多年施行春秋两季高考，春季高考主要面向职教招生外，近些年来天津和山东两省市也开始加入春季高考行列，为职教分流、分类考试的探索提供了有益经验。2016年4月27日，天津市出台《天津市深化考试招生制度改革实施方案》，将推进高职院校分类考试招生作为重要内容之一，主要内容有以下几点：一是单独建立市属高职院校在津招生的主渠道，以春季高考为主要依托，基本形成与统一高考相对分开，符合职业教育特征的高职院校考试招生制度；被春季高考录取的学生，可不再参加统一高考；其他渠道招生的高职院校仍通过统一高考进行招生；从2017年起，天津市市属高职院校在津招生计划主要安排在春季高考。二是完善高职院校春季高考分类考试办法，根据教育部关于高职院校“文化素质+职业技能”评价方式的要求，自2017年起，普通高中毕业生参加春季高考，须参加职业适应性测试，文化素质成绩为高中学业水平考试成绩，录取同时参考高中学生综合素质评价；中职学校学生参加春季高考，进行文化基础与职业技能相结合的测试。三是探索录取成绩使用新方式，自2017年开始，参加统一高考报考高职院校的学生，依据语数外三门科目统一高考成绩，参考普通高中学业水平考试成绩和高中学生综合素质评价录取。2018年3月23日，山东省出台《山东省深化高等学校考试招生综合改革试点方案》，深入贯彻国务院、教育部有关高考改革方针，坚持立德树人，遵循人才培养和选拔规律，按照有利于学生健康成长、有利于高校科学选才、有利于引导基础教学、有利于维护社会公平的原则，2017年开始启动高考考试招生的综合改革试点，2020年整体实施，形成分类考试、综合评价、多元录取的高校考试招生模式，健全促进公平、科学选才、监督有力的高校考试招生体制机制。

3. 2020年职业教育的发展趋势

2020年中国职业教育的发展将迎来历史的黄金机遇，扩展100万人，全面提升职业技能，成为全国人民对职业教育发展的期待。职业教育将在2018年高速发展的基础上，再次腾飞。

职业教育专项计划取得喜人成绩。据《高等职业教育创新发展行动计划

（2015～2018年）》《职业院校管理水平提升行动计划（2015～2018年）》新闻发布会公布的数据，可以得知，自2015年至2018年，全国职业教育发展取得令人欣喜的成绩。

《高等职业教育创新发展行动计划（2015～2018年）》，在项目实施方面，共布局实施了65项任务和22个项目，全国一共启动建设优质学校456所，骨干专业3815个，校企共建生产性实习基地1933个，省级协同创新中心727个，一批优质教育资源集中呈现，职业教育大规模培养技术技能人才的能力不断地增强。每一年在现代制造业、战略性新兴产业和现代服务业等领域，一线新增从业人员70%以上来自职业院校毕业生。规模总数将近1000万人。在专业建设方面，通过深化产教融合、校企合作，初步形成了与经济社会发展同频共振的发展格局，制造业十大重点产业相关的专业，新增了1253个专业点，主要是为了服务这十大重点专业、重点产业领域。年度招生43万人，全国建设职教集团1400多个，有将近3万家企业参与，分批布局了558个现代学徒制试点，覆盖了1480多个专业点，9万多名学生。另外，56个行业指导委员会发布了60个行业人才需求预测与职业院校专业设置指导报告。在经费方面，高职生均拨款制度进一步落实，全国平均水平已经达到12000元的拨款标准。高职分类考试招生，连续三年超过招生人数的一半，分类考试招生的改革已经成为主渠道。完善职业院校治理结构一校一章程实现了全覆盖，依法办学、按章办事已成共识，定期发布国家、省、校三级质量年度报告，接受社会监督已经成为高职战线的自觉行动。

《职业院校管理水平提升行动计划（2015～2018年）》，一共设计推进了6大计划和20项活动，大大提升现有职业院校的管理水平。一是平安校园方面，各地高度重视平安校园的创建工作，落实学校安全管理要求，调查显示99%以上的职业院校建立了安全制度，90%以上的职业院校建立了专门负责安全的部门，近90%的师生表示学校安防系统很好或较好，对校园安全环境表示认同。二是管理制度健全方面，调查显示90%以上的学校制订了体现职业院校办学特点的章程和内部管理制度，70%以上的职业院校制订了发展规划而且经过了教代会审议通过。三是治理结构不断完善，调查显示高职党委领导下的校长负责制和中职校长负责制落实情况总体评价满意率均超过90%，有近七成的院校每学年召开党代会，民主决策和监督作用发挥较好。超过八成的职业院校设置了专业建设委员会学术和教学工作委员会等。四是管理队伍能力不断提升，各省级的行政部门将职业院校管理骨干培训纳入省市培训计划，统筹实施，调查显示近80%的学生对学校相关部门办事的态度和效率表示满意或比较满意，仅有5.2%的学生表示不大满意或不满意。五是管理信息化和运行机制不断健全，管理信息化应用能力不断提升。文化育人深入推进，调查显示，职业院校以文化人、以文育人环境不断优化，近90%的师生认为职业院校的校园文化氛围很好或者较好，对学校文化认同感较高。六是教育教学监控体系基本建立，各级教育行政部门加强顶层设计与制度建设，加强对本地区职业院校人才培养状态数据的审核。调查显示，85.6%的学校建立了专门的教学质量监控与评价机构，92.7%的企业表示，合作学校的毕业生符合企业的岗位要求。此外，年度质量报告制度进一步完善，高等职业教育质量年度报告基本健全，中等职业教育质量年报制度初步建立。2017年，各地中等职业学校一共发布了2016年度的2004份中等职业教育质量报告。

2020年职业教育在教育发展中占据更加有利的战略位置。如图14所示，高职院校规模持续扩大。高职院校数量保持了一直以来的增长趋势，近15年增长了371所。高职在校生人数也在不断上涨，2018年达到1133.7万人，近10年增长了17.5%（见图15）。教育部公布数据显示，2018年全国共有普通高等院校2663所，其中高职院校有1418所，占比为53.2%。

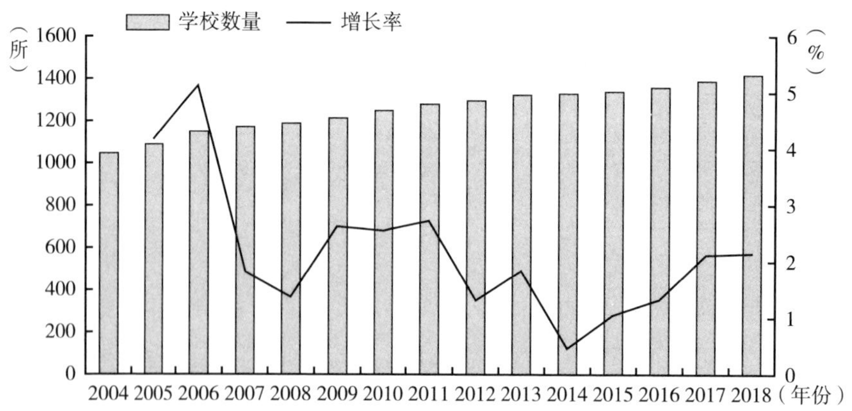

图14　2004～2018年高职院校数量及增长率

资料来源：教育部官方网站。

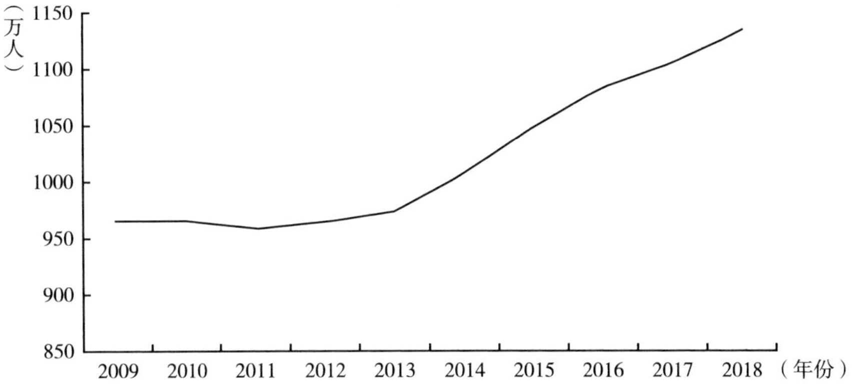

图 15　2009～2018 年高职院校在校生人数

资料来源：教育部官方网站。

目前全国中等职业教育规模稳中有降，显示现有基础职业教育发展的某种困境。据《2018 年全国教育事业发展统计公报》数据，全国中等职业教育共有学校 1.02 万所，比上年减少 442 所，下降 4.15%。其中，普通中等专业学校 3322 所，比上年减少 24 所；成人中等专业学校 1097 所，比上年减少 121 所；职业高中 3431 所，比上年减少 186 所；技工学校 2379 所，比上年减少 111 所。中等职业教育招生 557.05 万人，比上年减少 25.38 万人，下降 4.36%，占高中阶段教育招生总数的 41.27%。其中，普通中专招生 241.93 万人，比上年减少 4.31 万人；成人中专招生 46.25 万人，比上年减少 10.63 万人；职业高中招生 140.32 万人，比上年减少 8.08 万人；技工学校招生 128.55 万人，比上年减少 2.36 万人。中等职业教育在校生 1555.26 万人，比上年减少 37.23 万人，下降 2.34%，占高中阶段教育在校生总数的 39.53%。其中，普通中专在校生 699.42 万人，比上年减少 13.57 万人；成人中专在校生 113.13 万人，比上年减少 14.12 万人；职业高中在校生 401.08 万人，比上年减少 12.97 万人；技工学校在校生 341.64 万人，比上年增加 3.43 万人。中等职业教育毕业生 487.28 万人，比上年减少 9.60 万人，下降 1.93%。其中，普通中专毕业生 218.59 万人，比上年增加 1.59 万人；成人中专毕业生 51.10 万人，比上年减少 9.31 万人；职业高中毕业生

127.29 万人，比上年减少 1.70 万人；技工学校毕业生 90.30 万人，比上年减少 0.18 万人（见表 9）。①

表 9　2018 年全国中等职业教育学生情况

单位：人

名称	毕业生数	招生数	在校生数
中等职业教育	4872763	5570492	15552634
其中:普通中专	2185850	2419344	6994205
成人中专	510987	462495	1131250
职业高中	1272933	1403185	4010825
技工学校	902993	1285468	3416354

资料来源:《2018 年全国教育事业发展统计公报》。

现有的中等职业教育发展缓慢，很难跟上职业教育扩招的大势。吸收非传统生源，是今后一段时间职业教育发展的重要对象之一。2019 年 3 月的《政府工作报告》，明确提出职教扩招的对象主要是退役军人、下岗职工和农民工等非传统生源。这些生源的招收，在未来一段时间，仍存在较为紧迫的需求。

从退役军人来看，官方统计数据显示，退役军人事务部 2018 年落实了 8 万多名军转干部、40 多万名退役士兵、2400 名复员干部、9000 多名军休干部和退休士官接收安置任务。这些人员将是扩展和培训的重要对象。

从下岗职工来看，据《2017 年度人力资源和社会保障事业发展统计公报》，2017 年年末我国城镇登记失业人数为 972 万人，城镇登记失业率为 3.9%；2018 年城镇登记失业率为 3.8%。每年一定数量的失业人员，为其提供必要的职业技能提升，开展新的职业教育培训，仍是未来职业教育发展的重要生源。

从农民工来看，职业技能提升更是迫切需要。《2017 年农民工监测调查报告》显示，2018 年农民工总量达到 2.8 亿。与庞大的农民工数量相对应的是，劳动力市场需要大量技能型人才，对农民工择优选择，加强职业技能培训，将

① 《2018 年全国教育事业发展统计公报》，教育部官网，http://www.moe.gov.cn/jyb_sjzl/sjzl_fztjgb/201907/t20190724_392041.html，访问时间：2019 年 11 月 7 日。

是未来职业教育发展和职业技能培训的重要目标。

高职教育发展也体现层次性，需要在办学特色，尤其是专业设置上寻求新的创新和突破。高等教育的迅猛发展，使得近 10 年来本科录取规模开始超过高职院校规模，这种教育格局使得职业教育发展存在某种良性的竞争。在生员数量相对稳定情况下，职教分流不应该是简单的优劣之分，而是人才与专业的特点之分。据统计，自 2009 年起，本科院校实际录取人数反超高职院校实际录取人数，形成了剪刀差。而且近十年间，这一差额在不断扩大。教育部最新数据显示，2018 年本科院校实际录取人数为 422.2 万，而高职院校为 368.8 万，差额超过 50 万。

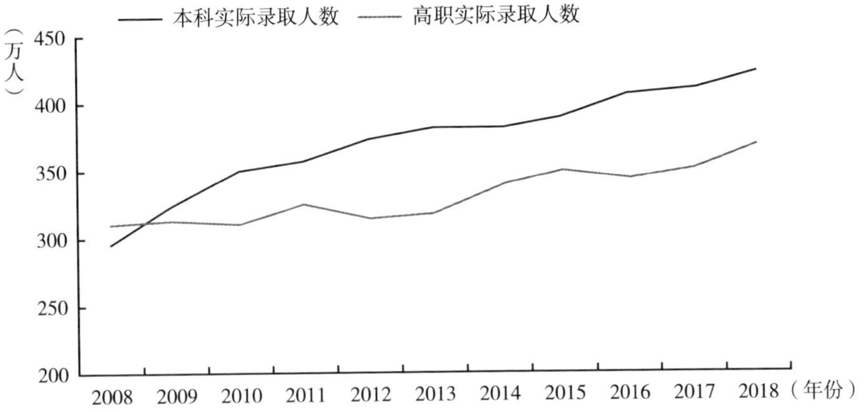

图 16　2008～2018 年本科与高职录取人数趋势

资料来源：国家统计局。

（二）综合评价成为高校选拔人才的重要依据

为积极落实习近平总书记在全国教育大会上提出“五育并举”“六个下功夫”，教育部着力解决薄弱环节，落实立德树人的根本任务。高中学生德智体美劳的综合素质培养和评价成为新时代高考和录取改革的核心内容。2019 年 1 月 18 日，陈宝生部长谈道：

2019 年，要以凝聚人心、完善人格、开发人力、培育人才、造福人民为工作目标，朝着“改过来”的目标下功夫，重点针对长期以来疏于德、弱于体和美、缺于劳的问题，换脑筋、换思路、换办法，改环境、改途径、改习惯，让立德树人回归社会、回归家庭、回归生活，以新的方式推进立德树人工作，培养德智体美劳全面发展的社会主义建设者和接班人。①

显然，针对当下教育的薄弱环节，加强德育、体育和美育的建设，成为新时代教育改革和高考综合改革的重要方向。2019 年 2 月教育部颁布的《教育部 2019 年工作要点》，专项讨论深化高考改革，强调核心目标就是要落实构建德智体美劳全面培养教育体系的要求，以立德树人为鲜明导向，重点突破考试内容改革，稳妥推进高考综合改革。重点是要进一步深化高考内容改革，充分体现德智体美劳全面考查要求，积极探索综合素质的考核评价。

2019 年 6 月 11 日，国务院办公厅发布《关于新时代推进普通高中育人方式改革的指导意见》（以下简称《意见》）。《意见》的主要目的是贯彻落实全国教育大会精神，统筹推进普通高中新课程改革和高考综合改革，全面提高普通高中教育质量。《意见》对高中育人中综合素质的培养和评价提出了具体的目标和任务。

强化当下高中教育的综合素质培养，需要改进科学文化教育，统筹课堂学习和课外实践，强化实验操作，建设书香校园，培养学生创新思维和实践能力，提升人文素养和科学素养。强化体育锻炼，修订学生体质健康标准及评价办法，丰富运动项目和校园体育活动，培养体育兴趣和运动习惯，使学生掌握 1～3 项体育技能。加强美育工作，积极开展舞蹈、戏剧、影视与数字媒体艺术等活动，培养学生艺术感知、创意表达、审美能力和文化理解素养。重视劳动教育，制订劳动教育指导纲要，统筹开展好生产性、服务性和创造性劳动，使学生养成劳动习惯、掌握劳动本领、树立热爱劳动的品质。

完善综合素质评价。要把综合素质评价作为发展素质教育、转变育人方式的重要制度，强化其对促进学生全面发展的重要导向作用。强化对学生爱国情怀、遵纪守法、创新思维、体质达标、审美能力、劳动实践等方面的评价。要

① 陈宝生：《落实　落实　再落实——在 2019 年全国教育工作会议上的讲话》，教育部官网，http：//www. moe. gov. cn/jyb_ xwfb/moe_ 176/201901/t20190129_ 368518. html，访问时间：2019 年 9 月 25 日。

从城乡学校实际出发，完善综合素质评价实施办法，以省为单位建立学生综合素质评价信息管理系统，统一评价档案样式，建立健全信息确认、公示投诉、申诉复议、记录审核等监督保障与诚信责任追究制度。要客观真实、简洁有效地记录学生突出表现，对在学生综合素质评价中造假的，要依规依纪严肃追究相关人员责任。

随着高考改革的深入推进，综合评价改革试点工作逐步展开，范围不断扩大，招生人数也不断上升。2020 年的高考综合改革中，综合评价作为高考录取的重要依据，在全国的使用范围越来越广，在高校录取中扮演更加重要的角色。据不完全统计，2019 年全国共有 99 所高校开展综合评价招生试点，其中有 14 所高校面向多地区进行综合评价招生，剩余 85 所高校在其省内进行综合评价招生（见表 10）。

表 10　针对多地区综合评价招生的院校

学校名称	针对地区
清华大学、北京大学、上海纽约大学	全国招生(不做分省计划)
浙江大学	浙江、山东、广东、浙江
中国科学院大学	北京、山东、江苏、浙江、陕西、湖南、四川
上海科技大学	北京、上海、山东、江苏、浙江、江西、福建、河南、四川、贵州、云南、辽宁、天津、湖北、陕西、湖南、甘肃
北京外国语大学	北京、天津、河北、山西、内蒙古、辽宁、吉林、黑龙江、上海、江苏、浙江、安徽、福建、江西、山东、河南、湖北、湖南、广东、重庆、四川、陕西
南方科技大学	北京、河北、山西、内蒙古、辽宁、上海、江苏、浙江、安徽、福建、江西、山东、河南、湖北、湖南、广东、广西、重庆、四川、贵州、云南、陕西
昆山杜克大学	江苏、北京、天津、河北、上海、浙江、安徽、山东、河南、湖北、湖南、广东、重庆、四川、陕西、辽宁、吉林、福建
深圳北理莫斯科大学	北京、山东、广东、河北、山西、安徽、福建、江西、河南、湖北、湖南、四川、陕西、黑龙江
复旦大学、上海交通大学	上海、浙江
香港中文大学(深圳)	广东、江苏、浙江
西交利物浦大学	江苏、广东

资料来源：各地教育考试院及学校官网。

2014 年以来的高考综合改革，在全国经过试点探索、逐步推广的发展，取得了令人满意的改革效果。在最新改革的浙江和上海两省高考招生实践中，综合素质评价扮演着越来越重要的角色。

综合评价招生的覆盖面越来越广，采用综合评价招生的高校数量越来越多，招生人数逐年增加。在浙江省实施“三位一体”综合评价招生的高校已从2011 年的2 所增加到了2018 年的59 所，其中含9 所部委及省外高校。2018 年，浙江省通过“三位一体”综合评价招生方式所录取的学生人数达到10500 人，较2017 年增长近3000 人（见图17）。

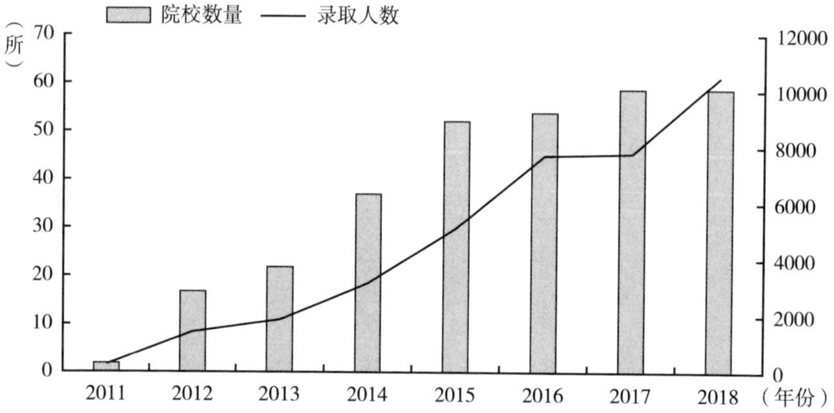

图17　2011～2018 在浙“三位一体”招生院校数量及实际录取人数

资料来源：浙江教育考试院。

综合素质评价开始成为个别高校的重要招生依据，乃至最重要的招生方式。据可统计数据，2018 年，在浙江实施“三位一体”综合评价招生的9 所部委及外省高校中，除浙江大学以外的8 所高校“三位一体”招生计划总人数为1014 人，而这8 所高校的统招总计划人数仅为78 人（见表11）。

表11　浙江地区9 所部委及外省高校2018 年“三位一体”招生计划情况

单位：人

学校名称	“三位一体”计划	统招总计划
清华大学	105	8
北京大学	85	10+13(医学院)
上海交通大学	305	9+8(医学院)

续表

学校名称	“三位一体”计划	统招总计划
中国科学技术大学	100	15
中国科学院大学	39	2
浙江大学	700	1618 +270(医学院)
复旦大学	210	10 +3(医学院)
香港中文大学(深圳)	120	未招生
南方科技大学	50	未招生

资料来源：各高校官网。

2018 年，在上海市实施综合素质评价招生的院校共有 12 所（见表 12）。其中，复旦大学和上海交通大学 2018 年综合评价招生计划占总招生计划的比例分别达到 90.43% 和 88.91%。

表 12　上海地区各高校 2018 年综合评价招生计划情况

单位：人，%

学校名称	招生总计划人数	综合评价计划人数	综合评价占比
复旦大学	575	520	90.43
复旦大学医学院	135	80	59.26
上海交通大学	658	585	88.91
上海交通大学医学院	225	120	53.33
同济大学	484	240	49.59
华东师范大学	563	140	24.87
华东理工大学	723	164	22.68
东华大学	482	82	17.01
上海财经大学	368	100	27.17
上海外国语大学	260	80	30.77
上海大学	1615	80	4.95
浙江大学	47	10	21.28

资料来源：各高校官网。

2020年以后，高考综合改革的省份将会越来越多，综合评价也在各省录取中，按照高考改革方案，进入录取招生体系，并成为未来招考体系立交桥中重要的录取通道。

（三）教育开放促进改革深化

未来的国际竞争中，教育发展是我国核心竞争力的重要体现。扩大教育开放，主动融入世界教育发展，承担自身应有角色，配合国内教育改革，尤其是高考改革，是今后一段时间教育对外开往的根本政策。2019年1月18日，陈宝生部长总结了过去一年教育开放的显著成绩。

> 我们致力于扩大教育开放，落实《推进共建“一带一路”教育行动》，已与24个“一带一路”沿线国家签署高等教育学位学历互认协议。已在“一带一路”沿线65个国家中的52国，设立140所孔子学院和135个孔子课堂。加大非通用语种人才培养力度。做深做实做新人文交流，有力促进民心相通。与188个国家和地区建立教育合作与交流关系，与46个重要国际组织经常性开展教育合作与交流，与51个国家和地区签署学历学位互认协议。积极参与国际教育规则制定，提出2030教育可持续发展指标“中国方案”。①

2019年，教育部继续致力于教育开放，希望通过深化开放促进和加速国内教育改革。2019年2月，教育部颁布《教育部2019年工作要点》，围绕教育对外开放，提出了具体的要求，强调新时代的教育对外开放，是全面、全方位的，是宽领域、大力度的。要对接“一带一路”建设，将工作重点、资源配备、力量投入向此倾斜，在“特”上做文章，“优”上下功夫，打造“一带一路”教育行动升级版。要对接国家科技创新，进一步做好出国留学服务工作，鼓励留学生学有所成、报效祖国。对接“双一流”建设，抓紧修订《中

---

① 陈宝生：《落实　落实　再落实——在2019年全国教育工作会议上的讲话》，教育部官网，http：//www. moe. gov. cn/jyb_ xwfb/moe_ 176/201901/t20190129_ 368518. html，访问时间：2019年9月25日。

外合作办学条例》及其实施办法，支持国内高校紧跟世界科技前沿，围绕薄弱、空白、紧缺学科专业建设，同世界一流资源开展高水平合作办学，把质量高、符合需要的资源“引进来”。对接大国外交、周边外交新增长点，抓人文交流，形成与各层次各领域对外开放深度融合、相互促进的中外人文交流新格局。提高孔子学院办学质量和水平。支持职业教育“走出去”，打造“鲁班工坊”等品牌，探索与中国企业和产品相适应的模式。要积极参与国际教育治理，加大参与教育领域国际规则和标准研究制定的力度，提升中国教育国际影响力、感召力和塑造力。

1. 留学事业进一步发展

自改革开放以来，教育对外开放获得了健康平稳发展。据统计，2018 年，我国出国留学人员总数为 66.21 万，较 2017 年增加 5.37 万人，同比增长 8.8%。同时留学回国人数也呈平稳增长趋势，2018 年为 51.94 万人，较 2017 年增长 3.85 万人，同比增长 8%。从 1978 年至 2018 年，出国留学累计人数为 570.67 万人，其中 360.37 万人在完成学业后选择回国发展，占比 63.14%。2018 年留学回国人数占出国留学人数的比例达到 78.44%。无论是出国人数还是回国人数，都达到历史的高峰，一方面展示了我国当下对外教育的健康发展，另一方面也展示了国内经济良好发展对学成学子的强大吸引力（见图 18）。

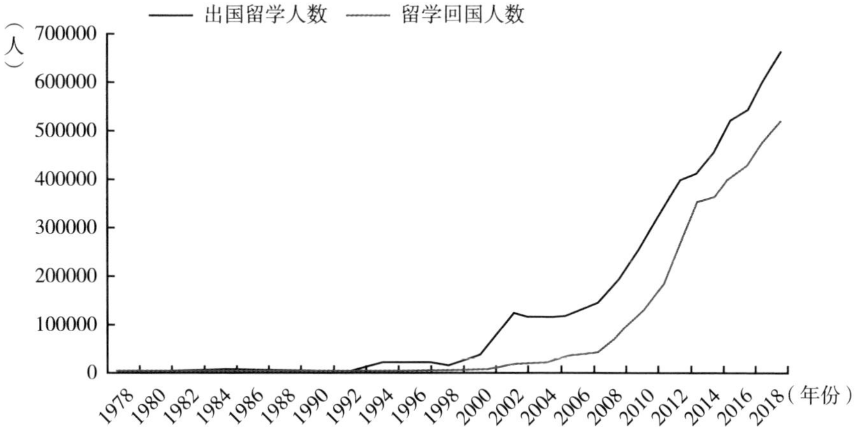

图 18　1978～2018 年出国留学与留学回国人数趋势

资料来源：国家统计局。

值得注意的是，伴随国际教育的发展，特别是西方国家对中国教育的开放加快，越来越多的海外高校将中国高考成绩列为本科录取的参考依据。比较典型的是英国、美国、加拿大、澳大利亚等国家的一流大学，如剑桥大学、伯明翰大学、澳大利亚国立大学、麦考瑞大学、旧金山大学等。英国伯明翰已正式宣布接受2019年参加中国高考并有志向入读伯明翰大学本科的学生，达到所示的高考入学要求，则无须再就读预科。

2. 来华留学人数稳定增长

改革开放40余年来，中国综合国力在世界范围内得到巨大提升，与世界各国经贸、文化联系日益加强。特别是近些年“一带一路”外交政策的提出，使得中外教育交流更加频繁，各国来华留学的人数稳步上升。中国开始逐渐成为各国学生亚洲首选的留学目的国。据统计，2018年来华留学总人数达49.22万，20年来增长了十余倍。其中，接受学历教育的来华留学生占比也在不断提高，2018年达到25.8万人，占比为52.44%（见图19）。

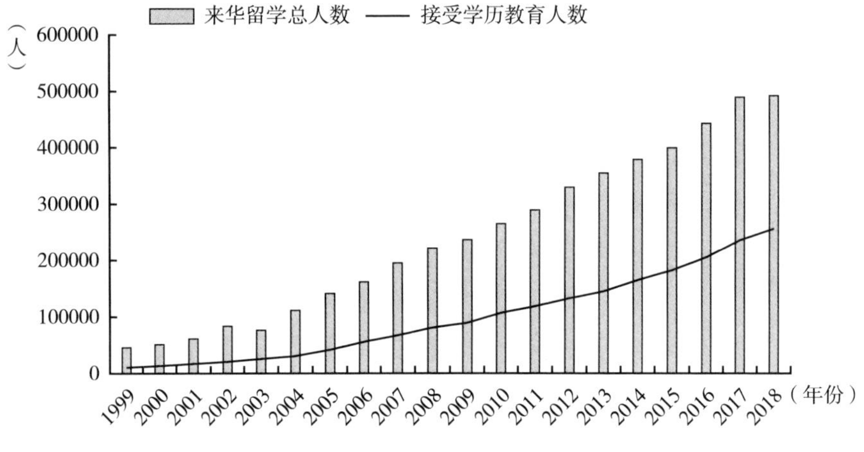

图19　1999～2018年来华留学人数与接收学历人数

资料来源：教育部官方网站。

随着我国高等教育的迅猛发展，高校数量不断增加。各个高校也日渐放开对外留学空间，我国接收来华留学生的高校数量逐年增加。据有关统计，2018年达到1004所，20年间将近翻了两番。尤其是最近两年的增长速度明显上升，2017年增长12.8%，2018年增长7.4%（见图20）。

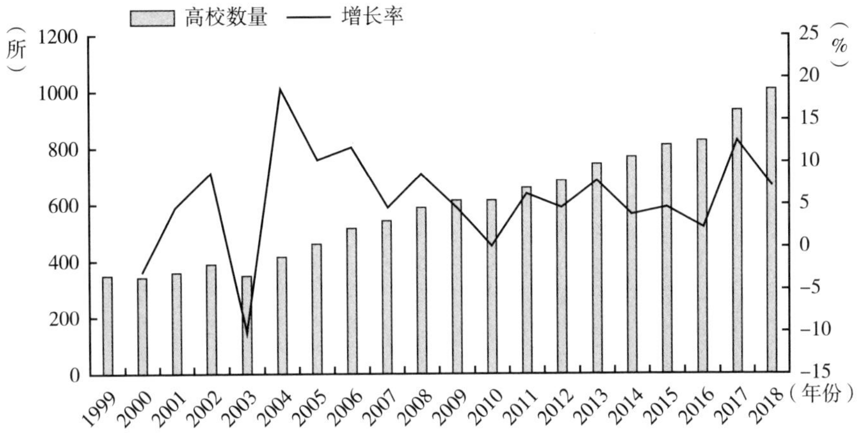

图 20　1999～2018 年接收来华留学高校数量及增长率

资料来源：教育部官方网站。

3. 高水平中外合作办学机构增多

伴随中国高等教育的发展，对外教育交流和合作的方式也日渐增多，特别是中外合作的办学机构和项目不断增加。据教育部公布数据，截至 2019 年 4 月，本科以上中外合作办学机构和项目共有 838 个。从地区分布来看，中外合作机构 65 个，中外合作办学项目 773 个。这些机构和项目分布在全国 28 个省份。从地域来看，东部地区的中外合作办学机构和项目较多，占全国的47.13%，其中江苏省最多，共有 95 个中外办学机构和项目（见图 21、图 22）。

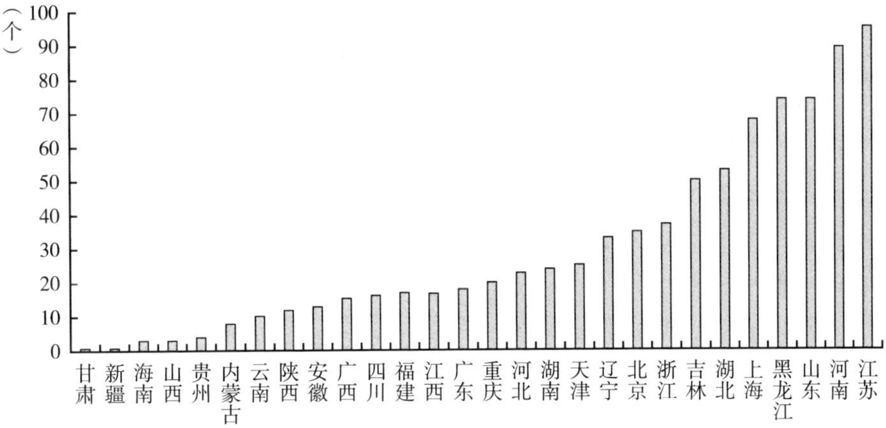

图 21　2019 年高校中外合作办学机构和项目数量

资料来源：教育部官方网站。

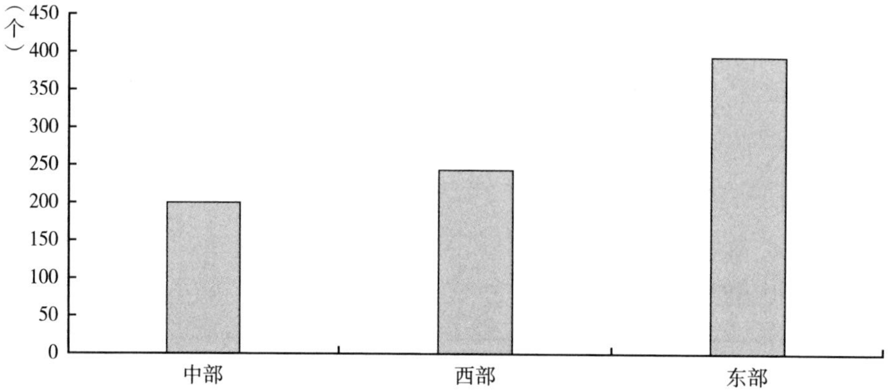

图 22　2019 年高校中外合作办学机构和项目区域比较*

资料来源：教育部官方网站。

国内高校主动跟国际高校合作，或者通过特定项目开展联合培养，中外合作办学的路径和渠道日益丰富。特别是中外合作办学经过几十年的摸索，逐步摆脱了简单追求利润或规模的发展模式，开始向提升高校及项目教育质量转变。全国相继出现了一大批国内高校与国际著名学校或研究机构合作的高水平合作办学项目。如浙江万里学院与英国诺丁汉大学合作建立的宁波诺丁汉大学，西安交通大学与英国利物浦大学合作建立的西交利物浦大学等。

中外合作办学的声誉和效果逐步得到提升，部分办学机构的生源质量也在提高。如表 13 所示，以宁波诺丁汉大学在浙江省的招生情况为例，录取分数大都在一本线以上，且分数有提升的趋势。2013 年宁波诺丁汉大学在浙江省的文科最低录取分数线仅高于浙江省一本线 6 分，而 2016 年这一差距扩大到了 20 分；其理科在浙江省的最低录取分数线与浙江省一本线的差距也由 2013 年的 19 分扩大到了 2016 年的 28 分。自 2017 年开始，浙江高考取消文理分科，实行分段录取，宁波诺丁汉大学 2017 年和 2018 年在浙江省的最低录取分数线分别高于当年浙江省一段分数线 17 分和 18 分。可以说，该校六年来，其录取分数线均高于浙江省一本线，且要求越来越高。

表 13　宁波诺丁汉大学 2013～2018 年录取分数线情况

单位：分

年份	文科录取分数线	文科一本线	理科录取分数线	理科一本线
2013	625	619	636	617
2014	639	621	625	597
2015	645	626	631	605
2016	623	603	628	600
2017	新高考:录取分数线 594,一段分数线 577			
2018	新高考:录取分数线 606,一段分数线 588			

资料来源：相关高校网站；中国教育在线编制《2019 高招调查报告》，http：//www. eol. cn/e_html/gk/report/2019/，访问时间：2019 年 11 月 7 日。

五　2020年考生服务与志愿填报

2019 年招生录取工作相比以往，取得了诸多难得的成绩，招考环境获得极大改善，服务考生的意愿和效果都得到很大程度的提升，成为国人幸福感、获得感提升的重要来源。但是，面对国人对美好生活的需求，招生个性化服务亟待提升。

应该承认，较之以往招考工作，在信息公开、信息发布、录取流程规范、考生权益保障等各个关键，2019 年的招生工作都有很大提升。教育部“阳光招生”平台，全国 31 个省份的教育考试院或招考机构，都在信息公开、考生服务等方面下足了功夫，做到让考生基本满意。但是，志愿填报与录取，成为学生最为关注的重点所在。尽管施行平行志愿的填报，机会较之以前更多，但是学生选择心仪学校，特别是获取有效信息的渠道还是存在较大的差异，东西部之间的差异尤其明显。

根据有关调查，2019 年高考后，从企鹅智库和趣头条组织的《2019 年高考人群调查报告》数据来看，考生们对未来的高考服务仍有着诸多的期待。此次调查面向全国 34000 名中国手机网民，特别是中低线城市网民，包括 2019 年参加高考的高三学生、高三学生父母、大学生、已经进入职场的人士。[①] 主

① 《企鹅智库 & 趣头条：2019 高考人群调查报告》，http：//www. 199it. com/archives/897523. html，访问时间：2019 年 11 月 7 日。

要的问题有以下几个方面。

一是高考的重要性问题。对于高考能否改变命运的问题，该报告指出，42.9%的高三学生认为高考是改变命运最重要的机会，而在其家长人群中，这个比例仅为20.3%。77.4%的家长认为高考不是唯一机会，家长比子女“看得开”。

二是关于高考志愿填报的问题。在高考志愿填报中，专业发展因素、学校名气与实力因素、学校所在城市因素等，都是学生填报志愿关注的重要因素。根据报告，高达69.7%的高中学生选择在志愿填报因素中首选专业前景；其次是学校名气和影响力，比例为18.6%；最后是学校所在城市因素，比例为11.6%。这一统计数据显示，当下高三学生认为在填报高考志愿中，专业前景因素最为重要。

选择何种专业，是考生们头痛的事情，一方面要依据自己的学习潜力和兴趣爱好，另一方面又需要考虑就业前景。依据此次调查数据，理学、医学、经济学占据学生选择的前三名，所占比例依次为39.2%、24.9%和17.6%；最后三名则为农学、体育学和哲学，占比分别为4.1%、4.1%和2.2%。学生对专业的选择跟未来的就业看好程度密切相关。基础专业仍是选择的冷门所在。

选择哪个城市就读，也是学生们重视的核心因素。从此次调查数据来看，北、上、广、深四大城市仍最受学生欢迎，其中选择北京的比例最高，为37.6%，而第二位是上海，选择比例为23.3%，两者之和超过50%。

三是高考信息服务来源问题。学生怎样获得高考相关信息，何种渠道最为重要，最为常用，最为有效，这也是考生服务的关键内容。从此次调查数据来看，本地高中学校、老师和同学仍是最大的信息源，所占比例为52.0%；其次是各省招办网站，比例为47.6%；再次是教育部“阳光高考”网站，比例为35.6；最后是各大学官网，比例为23.8%。此外，信息最少的三个渠道是亲戚朋友、视频网站和短视频。

学生们最希望看到何种信息，也是招生考试服务的重点关注对象。从各种信息来看，高校录取政策跟学生的志愿填报以及录取息息相关，比例达到66.9%。第二位是本地高考政策，希望了解的考生也占58.0%。围绕高考有关的信息，才是学生们最感兴趣的内容。

学生高考结束后，考生对跟录取直接相关信息的兴趣分布，体现了学生的信息需求。其中对于重点院校的录取和热门专业的填报，成为学生和家长最关注的内容，分别占比为68.9%和56.9%，学生对于录取的直接结果仍是最为感兴趣。

有关高考填报志愿的专业指导千金难求，展示了大学教育与专业策划对于中学教育的特定作用。“高考两天，填报志愿两小时，决定了学生一辈子”，俗语折射出当下高中学习生涯与填报志愿的特殊关系。考得好往往难以把握，填得好却事在人为。家长和学生的精心准备、细心操作和理性决策，都是填报志愿顺利施行的重要保证。本部分从大学排名与专业介绍、学业规划与选科设置、报名程序与填报技巧三大板块给学生们提供诸多实用经验，以供参考。

（一）大学排名与专业介绍

1. 全国普通高校排名及实力分析

一个国家的经济发展，短期看政策，中期看制度，长期看教育。高等教育是整个教育体制最终的依归，是总体教育质量的体现。我国的高等教育经历了几十年的发展，取得了很大的成就。但随着我国经济总量越来越大，随着世界技术前沿的不断外移，社会对教育的要求会越来越高，需求会越来越多元化，这必然要求教育体制不断改革和完善。本部分我们将重点对我国普通高等学校的发展情况做简单介绍。

首先，高等教育多元化体系逐步形成。高等学校是大学、专门学院、高等职业技术学院、高等专科学校的统称，简称高校。从学历和培养层次上讲，包括专科、本科、硕士研究生、博士研究生。其中，大学一般指综合型高等院校，办学层次为本科和研究生，包括××大学和××学院，专门学院包括了医科大学、戏曲学院、音乐学院、美术学院等；高职高专院校包括××职业技术学院、××高等专科学校、××职业学院等。截至2017年5月31日，全国高等学校共计2914所，普通高等学校2631所（含独立学院265所），主要分为综合类、师范类、工科类、农业类、农林类、医药类、林业类、财经类、政法类、体育类、艺术类、民族类等类型；成人高等学校283所，主要包括广播电视大学、职工大学、业余大学、职工医学院、管理干部学院、教育学院等类型。普通高等学校是高等教育的主要载体，是广大学子和家长关注的焦点。

普通高等学校实行垂直管理与水平管理相结合的办法，教育部对所有高校有业务指导和管理权限，但教育部直属高校只有75所，其他2000多所高校的主管单位为其他部委或省市地方政府。一直以来，由于教育资源相对稀缺，我国实行了一系列的普通高校分类发展、分类管理的政策，这在集中有限资源发展高等教育的同时，也带来了地区差异和一般高校发展不足等问题。针对这些问题，国家高等教育政策也在不断进行调整，希望能跟上经济现代化建设的步伐。经济发展、社会治理需要各种类型的人才，我国高等教育的多元化为多元化的人才培养做出了重要贡献。面向未来，这个问题会越来越突出，知识培养、能力培养的平衡，管理人才培养、技术人才培养的平衡，学校教育和在职教育的平衡，基础教育和职业教育的平衡等，这些问题都需要在后续的高等教育体制改革和完善过程中不断解决。

其次，高校的级别和资源获取能力，以及相应的师资水平、人才培养质量等存在很大差异。资源总是有限的，尤其在过去国家财力较为薄弱的时代，这使得我国的高等教育发展不平衡问题一直存在。学校之间不平衡，地区之间不平衡。将近3000所高校中，有75所属于教育部直属，其他高校分别归属各部委或省市地方政府。以教育部的直属高校为例，表14列出了2017年教育部直属高校的预算情况。高校预算，在我们国家是制约大学发展的重要因素。清华大学、北京大学等高校能够发展迅速，与国家财政的投入是分不开的，在20世纪90年代985工程一期建设时，两所高校就分别拿到了18亿元的高校建设经费，后来的资源分配也一直有所倾斜。从2017年的预算可以看到，两个学校的经费高居前两名，是排名最后的几所学校经费的几十倍。表14只列出了教育部直属高校，如果和一些地方院校，尤其经济发展状况较差的地方的一般院校比较，资源获得的差距就更大了。

表14　2017年教育部直属高校部门预算

单位：亿元

排序	大学	预算总数	收入合计	支出合计
1	清华大学	233.35	170.68	193.35
2	北京大学	193.45	142.27	145.85
3	浙江大学	150.47	96.39	108.05
4	上海交通大学	140.77	108.35	112.47
5	中山大学	116.41	90.02	84.76

续表

排序	大学	预算总数	收入合计	支出合计
6	天津大学	113.49	88.13	97.08
7	复旦大学	100.41	71.28	74.60
8	吉林大学	87.96	62.91	62.71
9	武汉大学	87.49	64.00	72.49
10	华中科技大学	84.22	59.44	64.88
11	山东大学	79.90	62.43	68.54
12	同济大学	76.65	56.73	54.88
13	四川大学	76.25	54.12	57.25
14	厦门大学	71.84	60.67	60.84
15	西安交通大学	70.44	52.95	53.28
16	南京大学	69.33	46.58	53.00
17	中南大学	67.74	49.00	52.00
18	南开大学	66.81	60.64	60.81
19	华南理工大学	63.24	43.29	43.84
20	北京师范大学	62.19	48.16	49.61
21	东南大学	59.94	39.84	39.94
22	大连理工大学	53.04	32.92	39.89
23	中国人民大学	52.03	43.28	45.19
24	华东师范大学	50.39	38.73	41.37
25	中国农业大学	49.66	32.40	36.66
26	重庆大学	47.94	36.44	36.44
27	东北大学	47.76	34.69	36.39
28	北京交通大学	46.38	26.93	36.59
29	西南交通大学	45.20	30.59	39.42
30	电子科技大学	41.81	30.31	31.22
31	北京科技大学	41.48	26.84	28.18
32	武汉理工大学	41.05	40.97	41.05
33	湖南大学	40.60	31.33	33.16
34	西南大学	38.67	34.77	38.67
35	中国地质大学(武汉)	37.53	29.03	31.03
36	中国石油大学(华东)	36.81	23.97	24.63
37	中国矿业大学	36.57	19.61	26.96
38	中国石油大学(北京)	36.32	16.65	26.52
39	西北农林科技大学	35.36	28.61	30.78
40	华东理工大学	35.12	24.60	27.11

续表

排序	大学	预算总数	收入合计	支出合计
41	西安电子科技大学	34. 16	23. 50	27. 20
42	南京农业大学	32. 79	22. 06	25. 66
43	河海大学	28. 88	19. 99	21. 08
44	兰州大学	31. 13	24. 94	28. 59
45	合肥工业大学	29. 52	19. 99	21. 08
46	华北电力大学	27. 79	20. 25	19. 57
47	华中农业大学	27. 37	21. 92	24. 61
48	中国海洋大学	26. 63	26. 59	26. 60
49	华中师范大学	26. 60	23. 19	23. 68
50	长安大学	26. 05	26. 05	26. 05
51	江南大学	25. 69	20. 53	22. 66
52	东北师范大学	25. 08	22. 06	22. 03
53	陕西师范大学	24. 77	18. 25	22. 50
54	中国地质大学(北京)	23. 93	13. 75	16. 13
55	北京邮电大学	23. 24	20. 14	22. 51
56	东华大学	20. 69	16. 34	16. 94
57	中南财经政法大学	19. 90	13. 65	19. 90
58	北京中医药大学	18. 30	13. 13	12. 11
59	中国药科大学	17. 84	13. 62	13. 63
60	对外经济贸易大学	16. 23	14. 23	16. 23
61	西南财经大学	15. 93	15. 74	15. 93
62	上海财经大学	15. 84	14. 85	14. 82
63	东北林业大学	15. 23	13. 00	13. 01
64	北京林业大学	14. 88	14. 88	14. 88
65	中央财经大学	14. 65	13. 59	13. 64
66	中国矿业大学(北京)	14. 21	9. 26	9. 35
67	中国传媒大学	12. 40	11. 37	11. 43
68	北京语言大学	12. 35	9. 47	12. 02
69	北京外国语大学	12. 16	11. 84	12. 16
70	中国政法大学	11. 21	10. 71	11. 21
71	北京化工大学	10. 40	10. 40	10. 40
72	上海外国语大学	9. 96	9. 67	9. 96
73	中央美术学院	7. 61	7. 41	7. 45
74	中央音乐学院	4. 56	4. 54	4. 55
75	中央戏剧学院	3. 98	3. 26	3. 98

资料来源：根据各直属高校网站公布数据整理。

除了直属部委或地方政府的差异，二十多年来，我国实行了一系列的政策促进高等教育发展。1995～2008 年，中央政府先后确定 112 所大学为“211 工程”重点建设大学；从 1998 年开始，中央政府确定 39 所大学为“985 工程”重点建设大学。985 工程，最早只有北京大学和清华大学，后来加入南京大学、复旦大学、浙江大学、哈尔滨工业大学、上海交通大学、中国科技大学、西安交通大学 7 所，共 9 所，这就是著名的 C9 联盟，中国高校的第一方阵。再后来，985 工程继续扩容，第一批包括 C9 在内共 34 所，第二批新加入 5 所，共 39 所。211 工程从 1990 年代初开始启动，希望建设 100 所左右的一流大学，到 2011 年时，共有 112 所高校进入，从此不再新增高校。

2016 年 5 月，一系列与 985、211 工程相关的文件被废止，开始实行双一流（一流高校、一流学科）计划。2017 年教育部、财政部及国家发展改革委发布《关于公布世界一流大学和一流学科建设高校及建设学科名单的通知》，正式确认首批双一流建设高校共计 137 所，其中世界一流大学建设高校 42 所（A 类 36 所，B 类 6 所），世界一流学科建设高校 95 所。这 42 所双一流大学并不全是教育部直属高校，其中实力非常强的中国科学技术大学由中国科学院直属，而同样入选了世界一流大学 A 类建设高校的哈尔滨工业大学、北京航空航天大学、北京理工大学和西北工业大学则属于工信部，国防科技大学是唯一一所军队中的高校。除此之外，还需要说明新增加的三所世界一流大学 B 类建设高校云南大学、郑州大学和新疆大学都是省属重点大学，而不是教育部直属高校。如果从学校的选择来看，双一流计划和 985、211 差异不大，所有的 985 高校都是双一流高校，所有的非 985 的 211 高校都是一流学科建设高校，另外新增了一部分专业性比较强的特色高校的特色学科。但是，双一流计划的实施办法和 985、211 却有着非常大的差异，将实行动态考核、调整的做法，这有利于鼓励高校竞争，促进高等教育发展。

双一流建设是我国现阶段高等教育发展最为重要的工程，对全国各大高校有非常大的影响，各高校之间的资源分配都会受到其影响。根据首批评定结果，高校之间双一流建设学科差异还是非常大的，最多的北京大学有 41 个学科入围，而绝大部分高校都只有 1 个入围，还有两千多所高校没有入围国家级一流学科。比如，北京大学的双一流学科包括 41 个：哲学、理论经济学、应用经济学、法学、政治学、社会学、马克思主义理论、心理学、中国语言文学、外国语言文学、考古学、中国史、世界史、数学、物理学、化学、地理学、地球物理学、地质学、生物学、生态学、统计学、力学、材料科学与工程、电子科学与技术、控制科学与工程、计算机科学与技术、环境科学与工程、软件工程、基础医学、临床医学、口腔医学、公共卫生与预防医学、药学、护理学、艺术学理论、现代语言学、语言学、机械及航空航天和制造工程、商业与管理、社会政策与管理。清华大学双一流建设学科为34个：法学、政治学、马克思主义理论、数学、物理学、化学、生物学、力学、机械工程、仪器科学与技术、材料科学与工程、动力工程及工程热物理、电气工程、信息与通信工程、控制科学与工程、计算机科学与技术、建筑学、土木工程、水利工程、化学工程与技术、核科学与技术、环境科学与工程、生物医学工程、城乡规划学、风景园林学、软件工程、管理科学与工程、工商管理、公共管理、设计学、会计与金融、经济学和计量经济学、统计学与运筹学、现代语言学。

2. 高校与学科的官方与非官方评估排名

高校办学水平、社会影响和人才培养质量与就业等密切相关，全社会都非常关注。正因为如此，国内外非常多的结构都会对高校进行排名，全球高校如此，中国高校也是如此。教育部作为高等教育主管部门，虽然不做高校排名，但也会对高校办学质量、研究水平等进行考核评估，最重要的评估包括学科评估与专业评估，专业评估主要考查本科教学质量和人才培养，学科评估则更为全面，包括师资、经费、学生规模、生源质量、人才培养质量、社会影响、科研成果等诸多方面。相比较而言，教育部的学科评估是官方部门较为权威和重要的一个评估。现在实行的双一流计划也是以学科评估为基础进行考核的。除教育部的学科评估之外，大量民间组织也在对中国高校进行各种类型的排名，包括大学排名、学科排名、就业排名、人才培养质量排名、民办高校排名等。社会影响比较大的排名包括武书连版本、中国校友会版本、广州日报版本等。

首先，教育部学科评估情况。自2002年以来，教育部委托学位与研究生教育发展中心一共做了四轮学科评估，2002年为第一次，2009年为第二次，2012年为第三次，2016年为第四次，2016年第四次学科评估结果于2017年年底正式公布。第四轮评估于2016年在95个一级学科范围内开展（不含军事学门类等16个学科），共有513个单位的7449个学科参评，全国高校具有博士学位授予权的学科有94%申请参评。评估结果按照“精准计算、分档呈现”

的原则，根据“学科整体水平得分”的位次百分位，将前70%的学科分为9档公布。学科评估是教育部学位与研究生教育发展中心（简称学位中心）按照国务院学位委员会和教育部颁布的《学位授予与人才培养学科目录（2011年）》（以下简称学科目录）对全国具有博士或硕士学位授予权的一级学科开展整体水平评估。学科评估是学位中心以第三方方式开展的非行政性、服务性评估项目，2002年首次开展，截至2017年已完成了四轮。

学科评估始终坚持“自愿申请、免费参评”原则，各单位具有博士或硕士学位授予权的一级学科（含一级学科和二级学科授权），均可申请参评。学科评估的目的主要包括以下三点：一是贯彻落实国家研究生教育发展方针，展示我国学科发展成就，建立学科评价的中国标准和中国模式，服务研究生教育“提高质量、优化结构、鼓励特色、内涵发展”的大局；二是通过对学科建设成效和质量的评价，帮助高校了解学科优势与不足及发展过程中不平衡不充分的情况，促进学科内涵建设，提高学科水平和人才培养质量；三是满足社会对教育质量的知情需求，为社会各界了解和分析学科水平与质量信息提供服务。

关于评估指标体系，第四轮学科评估深入贯彻研究生教育综合改革精神，按照“人才为先、质量为要、中国特色、国际影响”的价值导向，在继承前三轮评估指标体系基本框架的基础上，经广泛调研论证形成了第四轮学科评估指标体系。学科评估属于水平评估，有别于政府开展的合格性评估，重点关注成效和质量。评估指标体系保持“师资队伍与资源”“人才培养质量”“科学研究水平”“社会服务与学科声誉”四个一级指标框架基本不变，共设置人文、社科、理工、农学、医学、管理、艺术、建筑、体育9套指标体系框架，每个一级学科设置不同的权重。师资队伍与资源包括“师资队伍”与“支撑平台”两部分。“师资质量”采用“代表性骨干教师”和“师资队伍结构”相结合的方法，专家综合评价由队伍水平、结构及国际影响程度等构成的师资队伍质量。“专任教师数”主要体现师资充分性，具体评价时通过设置上限（达到上限值不再加分）方式克服唯数量倾向。“支撑平台”反映学科的“积累质量”，主要统计国家级和省部级重点实验室、基地、中心数。人才培养质量建立了“培养过程质量”“在校生质量”“毕业生质量”三维度评价体系，全方位评价人才培养质量。“培养过程质量”主要包括“课程教学质量”“导师指导质量”“学生国际交流”，其中“导师指导质量”通过对大规模学生问卷调查进行评价；“在校生质量”主要包括“学位论文质量”“优秀在校生”情况等；“毕业生质量”主要包括“总体就业情况”“优秀毕业生”“用人单位评价”。其中“优秀毕业生”主要考查“代表性毕业生”职业发展质量，促进高校更加关注人才培养反馈机制；同时，首次试点开展大规模用人单位调查，将高校人才培养质量的话语权拓展到教育系统之外。科学研究水平通过“科研成果”“科研获奖”“科研项目”方面体现；对于艺术、建筑等应用性较强的学科纳入了“创作表演”和“建筑设计”指标，以体现学科特色。“科研成果”主要考查“学术论文”、“专著专利”和“出版教材”。社会服务与学科声誉分设“社会服务贡献”和“学科声誉”两个指标。“社会服务贡献”通过各学科提供的服务经济社会建设总体情况和若干“代表性案例”，体现不同地区、不同类型单位服务社会的特色与贡献，克服“一把尺”评价的弊端。“学科声誉”由参评学科专家对学科的学术影响力和学术道德等情况进行评价。

以这些指标体系为基础，经过一定的评估程序，包括信息采集、信息核实与公示、主观评价、权重确定等过程，再产生评估结果。信息采集包括“公共数据采集”和“单位材料报送”两个环节。学位中心在评估工作启动前通过国家自然科学基金委等有关部门和第三方数据提供商等获取公共数据；再通过参评学科严格按照数据填报标准提供其他评估信息。评估信息真实性是结果可靠性的重要保障。学位中心通过四个步骤核实相关信息：一是通过证明材料核查、公共数据比对、重复数据筛查等举措，对申报信息进行全面核查；二是在确保国家信息安全的前提下对部分材料进行网上公示，接受同行监督；三是将核查结果与公示异议反馈给各单位进行核实确认；四是对重点数据进行抽查，对发现问题较多的高校加大抽查核实力度。主观评价包括问卷调查、专家评议和声誉调查三部分。一是对学生和用人单位进行大规模网络问卷调查；二是邀请同行专家对“师资队伍质量”“优秀在校生”“优秀毕业生”“学术论文质量”“社会服务贡献”等主观指标进行“基于客观事实的主观评价”；三是邀请同行专家和行业企业专家进行学科声誉调查，同时还首次邀请海外同行专家对数学、物理、化学、机械工程、计算机科学与技术、材料科学与工程 6 个学科试点进行国际声誉调查。本次评估共有 1.3 多名同行专家、23 万学生和 15 万用人单位联系人参与了主观评价。四是，学位中心采用专家法和德尔斐法相结合的方法，遵循严格的程序分“三步走”确定指标权重。第一步，学位中心参考上轮指标权重和本轮评估改革理念，形成指标权重设定基本考虑和权重“初值”；第二步，召开专家研讨会，确定指标权重设定原则和权重“参考值”；第三步，在每个参评学科至少挑选一位专家（实际邀请专家近9000名），根据权重设置原则和“参考值”给出各自的建议权重，学位中心通过求平均得到95个学科的最终权重。然后再根据指标权重加权得出二级指标、一级指标和整体水平得分。

在这些工作的基础上，第四轮评估结果按照“精准计算、分档呈现”的原则公布。根据“学科整体水平得分”的位次百分位，将排位前70%的学科分为9档公布：前2%（或前2名）为A+，2%～5%为A（不含2%，下同），5%～10%为A-，10%～20%为B+，20%～30%为B，30%～40%为B-，40%～50%为C+，50%～60%为C，60%～70%为C-。考虑到科研院所等单位的特殊性，按惯例仍与高校评估结果分别呈现。这一评估结果是官方较为认可的权威结果，后来的双一流建设就是以这一轮学科评估结果为基础，在2020年对双一流建设效果进行评估时，预计会同时启动新一轮的学科评估，作为双一流考核的重要参考。

其次，其他非官方排名情况。除了教育部官方的学科排名，还有一大批非官方的涉及大学各方面指标的排名，如武书连版、中国校友会版、广州日报版等。高等学校承担教书育人的重任，人才培养很难有统一的评价标准，要进行大学排名，指标选择的弹性非常大，很难有权威说法，现有各个排名也是根据不同指标体系得到，可以参考，但也不必过度重视。

武书连版排名中，提出的指标体系包括本科毕业生就业质量、本科毕业生升学率、教师学术水平、教师绩效、新生质量等几大类。由艾瑞深研究院中国校友会网推出的校友会版大学排名中，指出“一直遵循整体性、公正性、操作性和战略性原则；在确定评价指标权重时，遵循激励性、基础性、前瞻性原则；在评价指标的指导思想——评价理论上，采用的是金字塔原理和新闻洞理论，用金字塔原理来选取评价指标，以保证评价的可靠性、可比性、易操作性，用新闻洞理论选择评价指标，以保证评价的公正性、导向性与先进性。指标体系具有如下特点，指标高端，鼓励高校在人才培养和科学研究上追求卓越、打造特色、办出影响、争创一流；贡献优先，在指标设计上全面考量指标的国际标准与中国特色，突出高校的世界影响、国家贡献与区域贡献；统筹兼顾，实现教学与科研、文科与理科、投入与产出评价指标并重。指标选取具有如下特色：在国内外率先将‘杰出校友’纳入大学毕业生质量评价指标，率先将‘校友捐赠’纳入大学评价指标，体现了与时俱进的原则。所谓大学排名就是主办者企图对大学进行评价，并把评价的结果按照一定的顺序排列出来”。广州日报版排名中提出了科学研究指数、人才培养指数、学科声誉指数、二次评估指数等几个分类指标，再进行综合。

总体而言，非官方的高校和学科排名所用到的指标体系还是以教育部评估指标为基准，但几乎都做了一定程度的调整，以反映不同的侧重点。高等院校三大任务即人才培养、科学研究、社会服务，要对大学做合理评估，如何合理确定指标体系，是最为核心的工作。现有的评估体系中，在高校投入产出比、长时期内的人才培养质量、长时期内的科研成果转化等方面还不够重视，过于重视短期指标，还有必要做适当的改进。

3. 普通高校各学科专业特点分析

（1）普通高校学科专业分类概况

从教学科研组织角度来看，高校是由若干学科和专业构成，学科是大学的核心，学科可细化为专业。教学与科研是高校最为核心的任务，学科体系对应科研，专业体系对应教学，而学科和专业都统一于学科门类。2011 年国务院学位委员会、教育部印发《学位授予和人才培养学科目录（2011 年）》，明确其“分为学科门类和一级学科，是国家进行学位授权审核与学科管理、学位授予单位开展学位授予与人才培养工作的基本依据，适用于硕士、博士的学位授予、招生和培养，并用于学科建设和教育统计分类等工作。学士学位按本目录的学科门类授予”。2012 年教育部颁发《普通高等学校本科专业设置管理规定》，明确本科“《专业目录》分为学科门类、专业类和专业三级”，它们基本与研究生学位的学科门类、一级学科和二级学科相对应。

学科门类和专业都是随着社会进步而不断发展变化的，在西方最早的大学体系中，主要是哲学、医学、法学、神学等学科，而今天，学科发展已经远非当年可比，但仍然在不断改变。我国高校实行按照学科门类进行管理的体制，这和世界各国通行做法基本一致。2011 年，国务院学位委员会、教育部颁布了《学位授予和人才培养学科目录（2011 年）》，设置了 13 大学科门类，分别是哲学、经济学、法学、教育学、文学、历史学、理学、工学、农学、医学、军事学、管理学、艺术学，有时候也称文理工农医五大主要门类。每个门类下面再设一级学科，一共有110个一级学科，比如经济学分为理论经济学一级学科和应用经济学一级学科。每个一级学科下面再设若干个二级学科，约有400个二级学科，比如理论经济学下设政治经济学、经济思想史、经济史、西方经济学、世界经济以及人口、资源与环境经济学6个二级学科。从学科角度看，13大学科门类衍生110个一级学科和约400个二级学科；从专业角度看，13大学科门类也大概可以对应将近400个专业。专业和二级学科的关系近似对应，但也不是完全一致，专业可以自主设置，但学科自主设置的空间较小。比如，经济学类的专业设置一般包括金融学、国际经济与贸易、经济学、财政学、金融工程、信用管理、贸易经济、投资学、经济与金融、金融数学、国民经济管理、能源经济、保险学、经济统计、税收学、资源与环境经济学、商务经济学等专业。学科的概念体现着一个研究领域，而专业则明显是一个育人的概念范畴，一般来说，教师隶属于学科而学生就学于专业。

（2）各学科专业特点简析

一般而言，对于研究生，我们会关心他（她）属于哪个学科，对于本科生，我们会关心他（她）属于哪个专业。而专业和学科有近似的对应关系，专业更重视基础知识训练，学科更重视研究能力培养，专业和学科在知识体系上是一脉相承的。在本部分的讨论中，我们不做严格区分，学科或专业代表相同的含义。

了解各学科之间的差异，这对我们的个人定位和职业规划有重要意义。首先，根据各学科知识更新换代速度的差异，可以将学科分为变化很快的、变化较慢的、变化居中的三种类型。分工的不断细化使得学科分类也越来越细，学科之间的差异非常大，对从事学科学习的要求也完全不同。总的来说，“变”与“不变”是理解学科差异的一个重要标准。有的学科知识结构是在不断变化的，而有的学科知识结构变化则较小，了解各学科的特点，根据自身比较优势选择合适的专业，这对于个人和家庭都非常重要。英特尔的创始人摩尔曾经指出，现代社会，当价格不变时，集成电路上可容纳元器件的数量，每隔18~24个月增加一倍，仪器的性能也相应提升1倍。这个例子就很好地体现了信息时代的技术更新速度。对应到具体的学科，我们可以看到，像计算机信息科学、生命科学这一类的学科，知识更新换代非常快。如果一位高中生大学就读信息科学专业，8~10年后，当他从该学科博士毕业时，他进入大学时学到的知识很多很可能已经更新换代了。由此可见，学会学习的重要性以及学科之间巨大的差异。也存在有的学科基本知识和框架在不同的时期变化非常小的情况，比如语言类、文学类，甚至数学等基础性学科，千百年来，很多基本的东西变化比较小，学科节奏相对比较慢一些，需要有更为淡定的心态。还有一些学科介于“变”与“不变”之间，比如经济管理类学科，基本的原理几百年以来都没有太大变化，但表现形式时刻在发生变化。经济学的理论研究到现在也没有跳出18世纪亚当·斯密《国富论》的框架，但现实经济发展却是热闹非凡。由此可见，社会分工越来越细，学科差异越来越大，个人对自身学科知识的掌握程度，就决定个人在市场中的相对价值。对于个人，切忌经过接受长时期教育后，成为边际价值非常低的标准件，而应该成为稀缺性程度非常高的、掌握了某一细分领域内特有知识的人才。

其次，根据各学科在各领域应用的广泛程度，可以将学科分为基础学科和应用学科。这是一种常见的分类方法，从大的领域来看，理科专业一般偏基础学科，比如数学、物理；工学、农学、医学等专业一般属于应用学科。文科专业也可大概分为两类，即人文学科和社会科学，人文学科更重基础，社会科学更偏应用。不过，这种分类也不是绝对的，要根据不同的层次做适度的调整。比如经管类学科，从大的角度来看属于应用学科，但如果在经管类学科内部，经济学又属于基础学科，金融类和管理类又属于应用性更强的学科。即使在经济学这个学科，又有不同的分支，有些属于基础性研究领域，有些偏应用。基础学科和应用学科的主要差异在于，基础学科更偏重理论知识学习，学习周期更长，学科知识可以更为广泛地应用到其他学科，调整弹性较大。相对而言，应用学科更偏重前沿知识学习，更强调专业性和应用性，但扩展性较弱，将来转换专业的难度较大。

4. 各专业未来发展趋势简析

整体而言，随着社会进步，学科范围会越来越大，结构也在不断发生变化，大学学科从中世纪时3~4大学科门类发展到现在的十几个学科门类，知识扩张的速度非常快。我们预判，未来学科发展的趋势也是围绕这一点，新技术、新学科会不断出现，学科交叉与融合会越来越重要。

首先，专业化分工与技术进步推动新技术新学科不断出现。经济社会发展潜力的挖掘来源于两个方面，绝对技术进步和资源配置效率改善，这刚好对应了技术进步和专业化分工两个维度。随着经济的不断发展，人工智能、机器学习、基因工程、通信、材料等新领域的发展速度非常快，这将催生一批新的学科。以智能科学为例，从进入 21 世纪以来，智能一词就变得非常火爆，AI、VR、人工智能这些词经常性出现在国人的日常生活中。似乎最近这两年人工智能的发展非常快。虽然人工智能的发展并没有达到一个很高的水准，却说明社会各行业对人工智能的需求日益迫切。而需求又决定了生产的方向，所以未来几年内，人工智能必将成为一个异常火爆的领域，而此专业为这一学科而生，所以发展前景自然是非常好的。

其次，分工虽然越来越细化，但学科交叉融合现象也会越来越突出，各学科之间合作的重要性会不断上升。交叉学科是指不同学科之间相互交叉、融合、渗透而出现的新兴学科。交叉学科可以是自然科学与人文社会科学之间的交叉而形成的新兴学科，也可以是自然科学和人文社会科学内部不同分支学科的交叉而形成的新兴学科，还可以是技术科学和人文社会科学内部不同分支学科的交叉而形成的新兴学科。近代科学发展特别是科学上的重大发现，国计民生中的重大社会问题的解决等，常常涉及不同学科之间的相互交叉和相互渗透。随着分工的细化，知识越来越专业化，单一学科专业已经难以独立解决较为复杂的问题，这就必然要求各学科之间不断交叉融合，合作解决问题。在普通高等院校，交叉学科招生一般从研究生阶段开始，比如生物医学工程，可以招收本科为化学、生物学、医学、计算机科学、电子学、物理学、力学等专业的学生；纳米科学与技术可以从电子学、物理学、化学、材料科学、微电子学、计算机科学等专业招收研究生。还有一些交叉学科从本科阶段就开始合作融合，比如化学和考古等。

面对新学科、新知识不断涌现，学科交叉融合现象越来越突出，对于大学生的专业选择，我们认为应该在综合自身比较优势的前提下，更加重视基础学科，以不变应万变，为未来发展预留选择空间。

（二）学业规划与选科设置

综合改革之后的新高考，给了高中学生更多的选择自主权，如自选高考三门科目、自选上课、自选升学路径、自选考试次数与考试时间、自选高校与专业等。这些教育自主权的赋予，体现了国家在人才培养、育人模式、教育公平等方面的新理念、新举措。同时，也对高中学生如何使用好这些选择权、做好三年学业规划和未来职业生涯规划提出了更高的要求。

1. 职业生涯规划何以重要

（1）什么是职业生涯规划

职业生涯规划（career planning）也叫“职业规划”“生涯规划”“职业生涯设计”，是指确定最佳的职业目标，并为实现这一目标做出有效的计划与安排。具体而言，是指个人与组织相结合，在对一个人职业生涯的主客观条件进行测定、分析、总结的基础上，对自己的兴趣、爱好、能力、特点进行综合分析与权衡，结合时代特点，根据自己的职业倾向，确定最佳的职业奋斗目标，并为实现这一目标做出行之有效的安排。

生涯规划落实在高中阶段，就是“高中学业规划”。因为高中的所有规划都是围绕学业展开，高中三年学业规划是高中阶段生涯规划的核心。高中学业规划，是指高中生为了促进人生发展、实现人生目标，而对其高中阶段学习和生活所进行的筹划和安排。

（2）职业生涯规划何以重要

中学生是人生发展的重要阶段，是人生观、世界观、价值观逐步形成的关键时期，也是未来职业成功所需要的知识、能力、综合素质等积累、养成的重要阶段。高中阶段学生开始思考今后走什么道路，向哪个方向发展，但同时又处于困惑的状态。因此，在这个时期进行生涯规划教育，对于使他们认清自我，认清发展前景，帮助他们确定人生目标，增强责任感，制定行动措施，提高学习的动力，从而科学、合理、高效地度过高中三年学习和生活等至关重要。

哈佛大学曾做过一个关于“目标规划对人生影响”的调查，该调查具有非常广泛的影响力。调查对象是一群智力、学历、生活环境等条件都差不多的年轻人。结果发现：3%的人有清晰且长期的目标规划，10%的人有清晰但比较短期的目标规划，60%的人目标规划模糊，27%的人没有目标规划（见图23）。

25年以后，课题组对这些调查对象再次进行调查，前后结果对比，结论

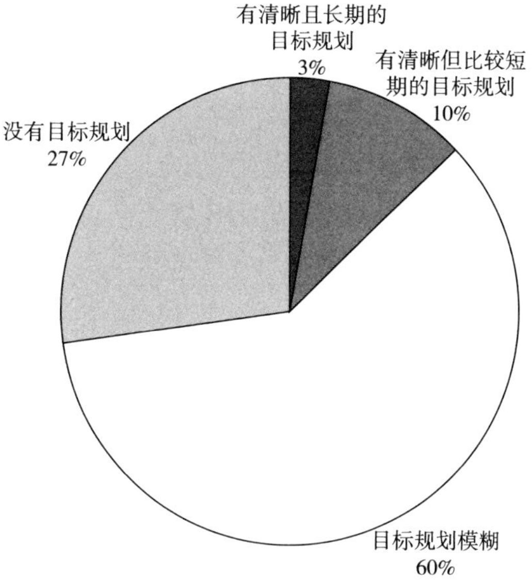

图 23　制定目标规划情况

非常清晰：占比 3% 有清晰且长期目标规划的人，在 25 年来从来不曾动摇过自己的人生目标，并朝着同一个方向努力，几乎都成为社会各界的顶尖成功人士；占比 10% 有短期目标规划的人，大都生活在社会的中上层；占比 60% 的人他们的那些短期目标不断实现，生活状态稳步上升，成为各行各业的不可缺少的专业人士；占比 27% 的那些人 25 年来都没有确定目标规划，他们几乎都生活在社会的最底层，生活不如意，且常常抱怨他人、抱怨社会①。

由此可见，职业生涯规划对人的职业成功、幸福生活的重要性。

《礼记・中庸》：凡事预则立，不预则废。也就是说，不论做什么事，事先有准备，就有可能取得成功，不然就会失败。人生需要设计，职业需要规划。有规划的人生未必成功，无规划的人生注定平庸。

2. 制定职业生涯规划的五个步骤

生涯规划并不神秘，也非高不可及。期待期末考试成绩处在年级什么水平？兴趣爱好是什么？有什么优势？心中向往的高校是哪几所？毕业以后想做

① https：//www. sohu. com/a/231326533_ 497714.

什么样的工作？未来想过什么样的生活？当学生有意识地去思考、解决这些问题的时候，就已经在主动规划自己高中生活和未来生涯规划了。

制定生涯规划包括五大步骤，即：知己、知彼、抉择、目标、执行。这五大步骤也是高中生涯规划的五个方面内容。

（1）第一步：知己，即认清自己

认清自己，是制定生涯规划和学业规划的基础。“认识你自己”，这是镌刻在古希腊德尔斐阿波罗神庙的金顶上的一句箴言，说明先哲们早就在探索这一深刻却又貌似浅显的哲学命题、人生命题，也说明了这个命题的历久弥新而富有挑战。最难的是认识自己，因此这一步具有一定的难度和挑战性。认清自己，包括认清自己哪些方面的特点，通过什么途径、借助什么工具来认清自己。

第一，认清什么。

高中生对自己的认识包括以下方面：性格特征、人格特质、兴趣爱好、能力、优缺点、优势学科、弱势学科、价值观等。关于人格特质，有不同的理论流派和分类，有4种、5种、9种、16种之分。不同的性格特质，适合从事相应的行业与工作岗位。

行为管理学家东尼·亚历山卓（Tony Alessandra）和麦可·欧康诺（Michael J. O’Conor）则把人格特质分为4种：指挥者、社交者、协调者、思考者。每一种人格特质都具有不同的行为特征。“指挥者”类型的人果敢、坚定、充满自信，重视效率、喜欢竞争、勇于接受挑战和冒险，在工作上会努力达成目标，重最后的结果，是天生的领袖和行动者，但是比较霸道，没有耐性，常常直话直说，容易得罪人，而且无法容忍别人的能力不足。“社交者”类型的人乐观、活跃、积极、热心，喜欢表现、爱说话、爱表达意见，具有创意、直觉力强、人际关系很好，但是注意力无法持久，容易感到无聊，要不断寻找刺激，做事冲动，不注意细节。“协调者”类型的人友善、随和、愉快，谦虚、有礼，乐于和别人合作，关心别人、宽容别人，但比较谨慎小心、不敢冒险，喜欢照章行事、难有突破、不轻易改变。“思考者”类型的人理性、细心、深思熟虑，注重逻辑、善于分析，做事有条理、有规律，重视细节，但比较保守、内向，有时过于吹毛求疵、要求过高，讨厌不讲理的人。

卡特尔16种人格，从乐群性、冒险性、情绪稳定性、独立性等角度进行分类；MBTI（Myers-Briggs Type Indicator）分为外倾－内倾性、感知－直觉性、理智－感情性、判断－观察性四个维度。

第二，途径与工具。

对性格特质、人格特质的了解，可以借助一些专业性的测试工具，如国际最为流行的职业人格评估工具——MBTI 性格测试、霍兰德职业兴趣测试。兴趣相对较为容易了解，很多人的兴趣都比较明显，也可以借助专业的工具比如霍兰德职业兴趣测评。对自我的了解最重要，除了借用上述专业测试工具，也可以多与家人、老师、同学沟通，了解别人对自己的看法。对自身能力的了解，可以通过对自己经历的成功、失败的事件进行行为事件分析，能对自己的性格、能力等有深入了解。对于优势学科、弱势学科的了解，自己应该最为清楚，也可以请教相关学科的教师。价值观方面，对高中阶段学生而言，有些难度，毕竟高中阶段价值观尚在形成过程中，尚未定型。可以初步了解自己未来想做的工作是什么样的，对社会、他人拟做出什么样的益处等。

对上述内容的认知、了解，并不是相互孤立的，而是有内在关联的。如思维特征会影响学科成绩，如抽样思维发展得较好的学生，其数学、物理学科成绩会较好，从而形成自己的优势学科。不同性格特点、人格特质也会影响未来的职业选择，进而影响高中阶段的学科学习。性格特点与兴趣特长之间也有明显的相关性。

（2）第二步：知彼，即了解环境

《孙子兵法》曰："知己知彼，百战不殆；不知彼而知己，一胜一负；不知彼不知己，每战必败。"客观了解外部大环境，也是职业生涯规划、学业规划的必要一环。对外部大环境，都了解什么？通过什么方法、途径去了解？

第一，了解什么。

了解经济社会发展趋势、职业特征（背景、职业技能需求、职业发展方向薪资水平等）、高校专业（区位、社会声誉、人才培养目标、课程设置、发展方向、就业方向等）、所在高中学校的情况（在区域内的水平、优势学科、师资情况、历年高考录取情况等）、自己的家庭背景（社会资本）等。

第二，途径与工具。

对宏观经济社会形势的了解，可以通过政府官方网站、专业性的行业发展报告（如社会科学文献出版社的蓝皮书系列）、权威媒体、相关专业人士等去了解。对某些行业、职业特征的了解，可以通过相关单位、公司每年的招聘通报中的职责要求、学校举办的优秀毕业生报告、相关任职的亲友，以及职业体验等获取可靠信息。对心仪的高校与相关专业的了解，可以借助于高校的网站中对专业的介绍、高考招生简章，以及在该校、该专业就读的学生的讲述等，并对不同高校的情况进行比较分析。对自己就读的高中学校以及存在竞争关系的高中学校的了解，渠道就更多了。家庭背景、社会关系在一定程度上会影响着学生的职业选择，从而出现了一些医学世家、教师世家、金融世家等。

（3）第三步：抉择，即确定职业目标

在科学、全面的知己、知彼的基础上，通过综合分析，结合自身需求，就会逐步明确未来所要从事的行业和职业，并以其设定为自己的奋斗目标。对职业目标的抉择是生涯规划中的核心组成部分，在职业生涯规划五大内容中，起着承上启下的功能，是核心，是灵魂。

选择职业目标时，要考虑以下几个方面的因素和内容。

一是选择自己喜欢的。高中生在设计职业生涯，确定职业目标时，一定要考虑自己兴趣与爱好，选择自己所喜欢的职业。从事一项自己喜欢的工作，工作本身就能带来一种满足感。而且，兴趣是成功路上最好的助力器和加速器，爱好兴趣与成功概率有着明显的正相关性。

二是选择自己擅长的。任何职业都要求从业者掌握一定的技能和具有一定的能力水平。而一个人一生中不可能将所有技能都全部掌握。所以在进行职业选择时务必选择自己擅长的，这样有利于发挥优势，扬长避短。建议高中学生运用比较优势的原理充分分析自己与其他人的优劣势，选择符合自己专长的行业与职业。

三是选择社会需要的。社会需要，是一个行业、职业存在的基础与前提。社会变化无常，日新月异，社会需求也在不断变化之中，职业的此消彼长、新旧更替在所难免。所以高中生选择职业时，一定要分析经济社会发展对该职业的未来需求，选择社会需要的行业与职业。要有战略眼光，努力预测未来行业或者职业发展方向，再做出选择。

四是考虑预期收益。职业是个人谋生的手段，是安身立命之本，其目的在于追求个人和家庭幸福。每个人在择业时，首先考虑的是自己的预期收益——个人幸福最大化。明智的选择是在由收入、社会地位、成就感和工作付出等变量组成的函数中找出一个最大值。这也是选择职业生涯中的收益最大化原则。

（4）第四步：目标，即制订目标体系

目标是通过努力想要达到的理想状态。高中生确定目标后，需要分析现状与目标之间的差距，通过目标倒推手法，将奋斗目标进行拆分，形成若干个小目标、阶段性目标（中期目标、短期目标、年度目标、学期目标等），每个小目标都是最终奋斗目标的有机体，相互关联、相互影响，从而形成有机的目标体系。如此方能确保小目标、阶段性目标的逐级实现，最终达成终极目标的实现。

制订目标时，要遵循 SMART 法则。S 代表具体的（Specific），指目标要切中特定的指标，要具体，不能笼统；M 代表可测量的（Measurable），指目标是可以测量的、量化的，验证这些目标的数据或者信息是可以获得的；A 代表可实现的（Attainable），指目标在付出努力的情况下可以实现，避免设立过高或过低的目标；R 代表相关性（Relevant），目标是与工作的其他目标是相关联的，是与本职工作相关联的；T 代表有时限（Time - bound），注重完成目标的特定期限。

目标体系的实现，依赖于规划、计划和具体安排的制定与执行。因此，必须制订与目标体系相一致的计划体系，计划为了实现目标，而做出的筹划与安排。

（5）第五步：执行，即执行目标与计划体系

生涯规划的最后一步是对目标体系和计划体系的执行与落实。计划的执行，是有逻辑顺序的，先从短期计划着手，如月计划、学期计划、学年计划等，然后逐渐积聚效能，实现三五年的中期计划，直至十年及以上的长期规划。在执行过程中，高中生可能会遇到很多不确定因素，具体可根据实际进行适当调整。但既定的目标一定要坚定下去，坚持稳定性与灵活性相结合。

3. 制定高中三年学业规划

简单而言，高中三年学习与生活的目标是升入理想的大学、攻读心仪的专业。这是进行高中三年学业规划的逻辑起点。

（1）职业—专业—学科

职业生涯规划，具体到高中阶段，就是高中三年学业规划。在职业目标确

定的前提下，学科选择就成为学业规划的核心内容。选考学科的选择，要遵循“职业—专业—学科”逻辑顺序，即，将来所从事的职业，需要什么样的大学专业和相应的专业素养才能胜任；大学对高中生报考该专业提出了什么样的选考科目要求。

新高考背景下，大学的本科专业都对考生的选考科目提出了不同要求，同一个专业，不同的大学其要求也可能是不同的。这些要求分为几类：三选一、三选二、二选一、一必选、不做要求。2018 年 3 月初，教育部颁发《普通高校本科招生专业选考科目要求指引（试行）》文件，对高校招生专业选考科目提出指导，并要求计划于 2020 年在上海、浙江、北京、天津、山东、海南 6 个试点省份招生的所有本科院校，在规定时间内提出各个专业对选考科目的要求。

特别需要注意的是，具体的选科要求，一定要以所在省份的官方机构以及选报的大学公布的选考科目为准。表 15 所示的两所高校 A 和 B，都是“制药工程”专业，选考科目范围也都是“物理和化学”，但是由于具体选考科目要求不同，所以四位学生是否可以报考就不太一样了。

表 15　不同高校同一专业的选考科目比较

高校	A 校	B 校
专业	制药工程	制药工程
选考科目要求	物理、化学 （考生均需选考方可报考）	物理、化学 （考生选考其中 1 门即可报考）
学生 A： 物理、化学、生物	可以报考	可以报考
学生 B： 物理、生物、历史	不可报考	可以报考
专业	制药工程	制药工程
选考科目要求	物理、化学 （考生均需选考方可报考）	物理、化学 （考生选考其中 1 门即可报考）
学生 C： 生物、地理、历史	不可报考	不可报考
学生 D： 化学、政治、历史	不可报考	可以报考

（2）选科组合与报考专业

自2014年启动高考综合改革以来，考生选科考试经历了由“3+3”模式向“3+1+2”模式的转变。

①“3+3”模式

新高考实行“3+3”“6选3”模式，即语文、数学、外语3科是统一高考考试科目，另从物理、化学、生物、历史、政治、地理6科中任选3科作为高考选考科目。“6选3”模式，共有20种组合（浙江省7选3模式共有35种组合）。结合当前我国大学本科92个专业对高考选考科目的要求，经过大数据分析，每一种组合能报考的专业范围与比例是不同的（见表16）。

表16 “6选3”模式不同选科组合所能报考的专业范围与比例

单位：%

序号	三科组合	可报专业比例	序号	三科组合	可报专业比例
1	物理+化学+历史	99.9	11	化学+生物+历史	88.7
2	物理+化学+地理	99.4	12	化学+政治+历史	88.6
3	物理+生物+历史	99.3	13	化学+生物+政治	88.1
4	物理+政治+历史	99.3	14	化学+政治+地理	88.1
5	物理+地理+历史	99.3	15	化学+历史+地理	88.6
6	物理+生物+政治	99.0	16	化学+生物+地理	87.4
7	物理+生物+地理	99.0	17	生物+历史+地理	77.8
8	物理+政治+地理	99.0	18	生物+政治+地理	76.1
9	物理+化学+政治	98.9	19	生物+政治+历史	75.3
10	物理+化学+生物	97.4	20	政治+历史+地理	52.9

②“3+1+2”模式

2019年5月，教育部办公厅印发了《普通高校本科招生专业选考科目要求指引（3+1+2模式）》文件（以下简称《指引3+1+2模式》）。文件指出，根据2018年进入高考综合改革的8个省（市）高考综合改革方案，决定考生选考实行“3+1+2”模式。

“3+1+2”模式是指：

“3”为全国统考科目语文、数学、外语，所有学生必考；

“1”为首选科目，考生须在高中学业水平考试的物理、历史科目中选择1科；

“2”为再选科目，考生可在化学、生物、思想政治（以下简称政治）、地理4个科目中选择2科。

省级招生考试机构将按选考物理、选考历史两个类别分别公布招生计划、分别划线、分别进行投档录取。

《指引3+1+2模式》以本科专业类为单位设定首选科目要求、再选科目及再选科目要求。首选科目要求包括仅物理、仅历史、物理或历史均可3种，再选科目包括政治、地理、化学、生物4科，根据再选科目数量，选考要求分为“考生必须选考该科目方可报考”（1科）、“考生均须选考方可报考”（2科）、“考生选考其中1门即可报考”（2科）和“不提再选科目要求”。以该模式下某大学部分本科专业（类）选考要求为例进行说明，见表18。

首选科目要求。高校各专业根据本校培养实际对于考生的物理或历史科目提出要求：

“仅物理”，表示首选科目为物理的考生才可报考，且相关专业只在物理类别下安排招生计划；

“仅历史”，表示首选科目为历史的考生才可报考，且相关专业只在历史类别下安排招生计划；

“物理或历史均可”，表示首选科目为物理或历史的考生均可报考，且高校要统筹相关专业在物理、历史类别下安排招生计划。

再选科目及要求。高校各专业要根据实际从再选科目中选择1科、2科或“不提再选科目要求”。选择2科的，再选科目要求分为“考生均须选考方可报考”以及“考生选考其中1门即可报考”。选择“不提再选科目要求”的，不能同时再提1科或2科要求，考生选考科目符合高校提出的首选科目要求即可报考。①

以5所高校哲学类的哲学专业选考要求为例进行说明，见表17。

---

① 《教育部办公厅关于印发〈普通高校本科招生专业选考科目要求指引（3+1+2模式）〉的通知》。

表 17　5 所高校哲学类的哲学专业的选考要求

高校	专业	首选科目要求	再选科目要求	学生选考基本要求
A	哲学	仅历史	政治	考生必须选考“历史”和“政治”2 科方可报考
B		物理或历史均可	政治	考生必须选考“物理”“政治”2 科或“历史”“政治”2 科方可报考
C		物理或历史均可	政治、地理 2 科（考生选考其中 1 门即可报考）	考生首选科目中有“物理”或“历史”，再选科目中有“政治”或“地理”1 科即可报考
D		仅历史	不提科目要求	考生选考科目中有“历史”即可报考
E		物理或历史均可	不提科目要求	考生在“物理”“历史”中选择 1 科，在“政治、地理、化学、生物”中选择 2 科即可报考

表 18　“3 +1 +2”模式下某大学部分本科专业（类）选考要求

序号	学科门类	本科专业类	专业名称	首选科目要求	再选科目	再选科目选考要求
1	工学	交通运输类	交通运输	●仅物理 ○物理或历史均可	■化学	●1 门科目，考生必须选考该科目方可报考
2	管理学	物流管理与工程类	物流管理	●仅物理 ○仅历史 ○物理或历史均可	□政治 □地理 □化学 □生物	○1 门科目，考生必须选考该科目方可报考 ○2 门科目，考生均须选考方可报考 ○2 门科目，考生选考其中 1 门即可报考 ●不提再选科目要求
3	工学	电气类	电气工程及其自动化	●仅物理	□化学	○1 门科目，考生必须选考该科目方可报考 ●不提再选科目要求
4	工学	交通运输类	轮机工程	●仅物理 ○物理或历史均可	■化学	●1 门科目，考生必须选考该科目方可报考

续表

序号	学科门类	本科专业类	专业名称	首选科目要求	再选科目	再选科目选考要求
5	农学	动物生产类	动物科学	●仅物理	■生物 ■化学	○1 门科目,考生必须选考该科目方可报考 ○2 门科目,考生均须选考方可报考 ●2 门科目,考生选考其中 1 门即可报考 ○不提再选科目要求
6	工学	环境科学与工程类	环境工程	●仅物理	■化学 □生物	●1 门科目,考生必须选考该科目方可报考 ○2 门科目,考生均须选考方可报考 ○2 门科目,考生选考其中 1 门即可报考 ○不提再选科目要求
7	教育学	体育学类	体育教育	○仅物理 ○仅历史 ●物理或历史均可	□生物	○1 门科目,考生必须选考该科目方可报考 ●不提再选科目要求
8	经济学	经济学类	经济学	○仅物理 ○仅历史 ●物理或历史均可	□政治 □地理 □化学 □生物	○1 门科目,考生必须选考该科目方可报考 ○2 门科目,考生均须选考方可报考 ○2 门科目,考生选考其中 1 门即可报考 ●不提再选科目要求
9	管理学	电子商务类	电子商务	●仅物理 ○仅历史 ○物理或历史均可	□政治 □地理 □化学 □生物	○1 门科目,考生必须选考该科目方可报考 ○2 门科目,考生均须选考方可报考 ○2 门科目,考生选考其中 1 门即可报考 ●不提再选科目要求

续表

序号	学科门类	本科专业类	专业名称	首选科目要求	再选科目	再选科目选考要求
10	艺术学	音乐与舞蹈学类	音乐学	○仅物理 ○仅历史 ●物理或历史均可	□政治 □地理 □化学 □生物	○1门科目，考生必须选考该科目方可报考 ○2门科目，考生均须选考方可报考 ○2门科目，考生选考其中1门即可报考 ●不提再选科目要求

（3）选科需要考虑的因素

高中学生在进行“6选3”选科时，应该充分关注自己的兴趣与爱好、能力与优势、个人愿景与未来社会发展需求等要素。

第一，选自己喜欢、感兴趣的学科。“选己所爱，爱己所选”。只有选择、学习自己有兴趣学的学科，才有可能倾情投入，获得良好的学习成绩。

第二，选自己有优势的学科。有些学科，是自己的优势学科，具有扎实的学习基础，可能自己并不需要投入太多的时间和精力，就能获得好成绩，这些学科是自己选择时的重点考虑对象。如果这些学科又恰好是自己感兴趣喜欢的，则必定成为自己的最佳选科科目。

第三，考虑所在高中学校的优势学科。如果自己对6门学科均没有特别的兴趣和爱好，那么可以考虑选择学校的优势学科。优势学科的师资力量强，教学水平高，学校也会高度重视，就会考出较好的成绩。

第四，想报考的专业和高校。如前所述，大学专业对考生的选考科目有不同要求，决定着自己可以报考的覆盖面、范围大小不同，这一点考生必须了解清楚。在专业倾向上，除了按目标专业对学科的要求来选，还要考虑专业覆盖面积，选择路径较宽的学科。至于将来拟报考的高校，高校的特点也应该考虑进去。如对于理工类的学校或理学、工学类、医学类的专业，更需要选物理、化学、地理、生物等学科；如果选择文综类高校，或文学、哲学、历史学等专业，就需要选历史、政治类学科。

第五，未来想从事的职业。在很大程度上，职业决定专业，专业决定学科。如对计算机、大数据感兴趣的，就需要选物理等理科类的学科。而对新闻、主持感兴趣的，可以选历史、政治等学科。

第六，经济社会发展趋势和需求。经济社会发展趋势、改革发展中长期规划等，都影响着职业、专业和科目选择。如第四次工业革命、中国制造 2025、大数据、人工智能，以及国家对教育的重视，如双一流学科建设的实施等，都是未来的发展趋势和发展重点。

（三）报名程序与填报技巧

招生和考试是两个不同的系统，家长和学生对此要有清晰的认识，在紧张的备考、应考之际，仍要合理安排时间，提早了解升学相关政策，加深对国内外大学办学实力和专业发展情况的认知，避免填报志愿出现临时抱佛脚、一问三不知的情况。

1. 招生管理机制与升学类型介绍

当下填报志愿的诸多指导书，往往基于各省的特定情况，对省情、中学介绍很多，对于全国招生管理机制、大学教育等介绍和认识不够，出现只管眼前、只看省内的狭隘眼光。

（1）三级管理体制

自 1977 年以来，历经 40 余年的发展，我国招生录取终于建成透明公开、公正和谐的工作体系，在技术手段上实现了远程录取、平台管理的信息化体系；在招生内容上建成学校负责、招办监督的管理体制；在学校信息公开上实现“阳光高考”、依法招生的公示制度；“阳光工程”实施 10 余年来，我国招生考试工作在信息的集中处理与快速公开方面，赢得了广大考生和家长的高度信任，取得了社会的良好声誉，获得了人民群众较高的满意度。

具体来说，我国招生管理体制施行三级管理体制，即学校为执行主体，地方招办为监督主体，教育部为主管部门，实施学校负责、招办监督的三级招生录取体系得以建立，依法治招成为招生工作发展的主旋律。

根据招生三级管理机制，对于家长和学生来说，必须及时掌握和了解三大窗口的最新内容，为招生志愿的填报做好最好的信息准备。一是要关注教育部的权威信息发布平台，如教育部“阳光高考”平台（gaokao. chsi. com. cn），教育部门户网站（http：//www. moe. gov. cn），教育部公众号（微言教育）等。二是重点关注地方教育考试招生部门，这是直接管理各省招生工作，及时发布该省考试、招生权威信息的重要部门。如湖南考生关注湖南招生考试信息港（https：//www.hneeb.cn）、湖北考生关注湖北信息招生网（http：//zsxx.e21.cn），广东考生关注广东省教育考试院官方网站（http：//www.eeagd.edu.cn），等等。三是要有选择性地关注目标高校，对于参与自主招生、特殊性升学的考生，要将对应、对口的高校院校和专业作为主攻对象，一般考生也要关注自己心仪的高校和专业，提前了解信息，做好信息储备工作。

（2）四大升学渠道

目前我国高中生升学主要有四大渠道，即统一招生、自主招生、职业招生和特殊型招生，广大家长和考生要对号入座，提前准备。

第一，统一招生。对于绝大多数高中学生来说，要参与全国统一招生；对于家长和考生来说，要特别关注全国高校在各省份的招生计划及其最近变化。自 2006 年教育部整顿招生来源计划管理，出台相关办法以来，“全国普通高校招生来源计划网上管理系统”建成，教育部要求各省份在该系统内编制招生来源计划。至 2019 年，全国招生来源计划始终遵循高校制定，招办审定，教育部决定的三级计划管理体制，至今效果良好。自 2017 年以来，高校招生录取工作继续发扬“阳光高考”精神，在构建公开透明、公正和谐的招生工作体系中取得诸多成绩，继续完善和拓展高校信息公开制度；健全国家、省级、高校、中学四级信息公开制度，严格落实招生信息“十公开”要求，坚持“学校负责、招办监督”的管理原则，对报名、审核、公示等环节进行了规范严密管理；自主招生、保送生等特殊类型招生等信息及时通过教育部“阳光高考”平台公示；为了确保招生工作的规范合理，教育部要求各地严格执行“30 个不得”，包括各地招办不得出台违规“点招”录取，不得超越职权制定招生办法或照顾优惠政策，等等。

第二，自主招生。对于少部分学习成绩优秀，具有学科潜质的学生，可以积极参加高校举办的自主招生考试。2019 年的高校自主招生考试发展的重要趋势如下所示。一是自主招生的稳定格局将得到有力延续。全国各大著名高校，拥有自主招生合法权益，必须充分利用政策优势，发挥学校特色，稳定生源优势；进一步打通大学跟中学衔接渠道，积极扩大社会声誉，赢得学校发展的更高机遇。北京大学博雅计划、清华大学的领军计划、南开大学的公能英才计划和复旦大学的望道计划等，势必得到更加规范、更加阳光地执行。二是实施自主招生的各大高校势必延续或加大国家专项招生计划的支持，加强特殊专业人才的培养，加强国家扶贫专项计划的支持，加强定向培养的自我管理，在最大的能力范围内，实现我国招生区域差异幅度的缩小，实现教育的区域协调与整体公平。三是各大实施自主招生的著名高校将继续适应高考改革的步骤，持续推出面对新高考省份的专项计划，以及出台特定的招生方案。清华大学配合浙江省“三位一体”招生改革，推出上海市“领军计划”，复旦大学配合浙江省“三位一体”招生改革等。每一个考生，依据自己学科特长和创新潜质，规划自己需要的人生，选择自己倾心的高校，高校自主招生为考生与高校建立最为简便、最为快捷的人生成长通道。参与自主招生考试的家长和学生要重点关注自己报考的学校，要细化到专业、导师和未来前景等方面。

第三，职业招生。对于一部分有志于技术学习，提早就业分流的学生来说，职业教育迎来新型的发展机遇。2019 年职业教育发展仍将延续良好的发展态势。高职院校的分类考试将监理更加完善，逐渐成为高职招生的主渠道，独立的招生、考试和录取体系将更加完善。春季高考作为高职院校的重要试点考试形式，将引起更多社会关注。高职院校的分类考试将给教育综合改革、高考纵深改革带来巨大的动力，因为分类考试目标直指人才分流，也将提前实现人才的分级分流，使得更多的人选择最适合自己发展的培养体系，势必减轻学生的过重负担，使得学生的学习竞争进入良性规定，实现职业教育与普通教育的协调发展。选择职业教育的家长和学生要更加切实看到专业的特性，要重视专业与未来就业的衔接。

第四，特殊型招生。对于极少数具备一定专业特长、文化成绩不错的学生，参与特殊型招生是个人升学难得的机遇。2019 年特殊类型招生仍是我国招生工作整个格局中极富活力的有机部分。目前的特殊类型招生主要是指普通高校艺术类专业、高水平艺术团、高水平运动队、保送生四类特殊招生。整体来看，未来特殊类型招生要求会不断提高，优惠政策逐年收紧。作为家长和学生一方面要抓紧相关特长发展，另一方面也要及时掌握相关专业招生信息。

2. 报名程序与填报技巧

填报志愿是一个技术活，关键在于各个细节的把握。由于负责各省份报名和类录取的具体工作是各省份招办，家长和考生对于一般的报名程序要做到烂熟于胸。

（1）填报流程

填报志愿在各省份招办指导下进行，各省份根据自身省情，有所差异，但大体包括以下几个环节。

一是政策了解环节。学生要填报志愿前，要认真学习和阅读各省份招办为2019年填报志愿准备的相关文件和资料，重点了解平行志愿的实施范围、投档录取模式及顺序志愿（非平行志愿）投档录取模式的批次、志愿填报、投档原则及顺序等内容。整个填报期间，学生和家长，尤其是家长要密切关注所在省份的省招办官方信息权威发布渠道，如广东省学生和家长关注广东省教育考试院官方网站（http：//www. eeagd. edu. cn）和省教育考试院官微（gdsksy）公布的相关信息。要记牢填报开始和截止时间，在规定时间内完成所有动作。

二是判断高校和专业相关信息。关于高校，学生和家长要特别关注教育部阳光平台（gaokao. chsi. com. cn）以及自己心仪的高校网站，对于特定学校招生专业的特别录取规则，以及对考生身体条件等特殊要求的相关规定和说明要牢记于心，认真核对，仔细判断。关于专业，学生和家长要认真查阅该省公布的当年招生专业目录，然后根据本人高考成绩、排位以及分数段人数情况，核对比较省招办公布的相关招生专业目录及其相关指导资料，分科类、分批次选择适合自己的专业。选择专业和高校以及求学地点要综合考虑，不要简单化处理。

三是自我评估与自我对照环节。学生和家长在填报志愿时期要真正做到一丝不苟，特别是家长要扮演好朋友、监督者的角色。对于考生所填报专业的限制条件，以及自己是否符合相关条件，要做到准确无误，避免无效填报，丧失大好机会。特别是对于学校所要求的特殊规定，如身高、外语等。各省份学生要自己评估自己的学习兴趣、职业规划、学科潜力和专业特长等各种因素，做到心中有数，有的放矢。

四是填报信息与核对志愿环节。各个省份的考试院为了辅导学生顺利填写志愿，大都准备了志愿草稿表，考生上网填报志愿之前，一定要仔细练习，包括自己可以先行复印表格，多练几次，然后在家集合家长、朋友意见，确定志愿内容。分数公布后，学生应该在规定时段内，按照各省份招生志愿填报系统相关要求，准确填写，及时提交，认真核对。对于志愿信息的保存以及确认，要做到不厌其烦，准确无误。

（2）填报技巧

对于学生和家长来说，最大的挑战就是怎样填报志愿，尤其是在熟悉和了解志愿填报规则的基础上。

对于各省份考生来说，大家都施行平行志愿的填报，有的省份甚至包括所有批次。所谓平行志愿就是指在某个录取批次的学校中，考生可填报若干个平行的学校志愿，然后按“分数优先、遵循志愿”的原则进行投档录取，它改变了过去“志愿优先”的投档规则。对一个批次的一个平行志愿而言，每个考生只有一次投档机会，即假如考生上了一个平行志愿中的多个高校的投档线，但投档后因某种原因被退回，则该生不能再投同一平行志愿中的其他学校了，只能参加下一批次或下一轮次的投档了。

所谓“考生分数优先，遵从志愿顺序”，通俗来说，就是先排队，再投档。各省份网上招生系统，按照所有科类，将该省全部具有投档资格的考生，按考生投档成绩，从高到低排序，使每个考生都确定排序位置。录取过程中，系统按照分数优先的原则，对排好序的考生，依次检索其平行志愿填报的院校进行投档。考生分数优先，就是指按同科类考生排序，从高分到低分投档，考生分数越高，投档就越在前面。遵循志愿顺序，就是网上录取系统检索到该考生投档时，按照考生在平行志愿中填报的志愿依次检索，当检索到有计划空缺的学校时，就投到该院校。

以三个同学为例子，王同学2019年考分700分，吴同学670分，李同学630分；他们三个人填报的六个志愿完全相同，即北京大学、复旦大学、同济大学、中山大学、吉林大学、中南大学。当网上录取系统按照分数高低，先投王同学的档案，检索到北京大学时，计划有空缺，可以投档，王同学档案自动投到北京大学，其余志愿就不再检索。网上系统按照全省分数继续往后投档，当轮到吴同学投档时，检索到北京大学，已经投满，没有计划；于是按照志愿顺序，依次往后检索，复旦大学也已经投满，无法投递；检索到同济大学有计划空缺，于是吴同学档案自动投到同济大学，后面的志愿就不再检索。当网上系统检索到李同学时候，前面六个大学均已经投满，无法投档，李同学档案无法投出，只能投递下一个批次。

平行志愿的核心概念是同一批次中所有学校和考生都是一次性投档，互相选择，没有重复机会。也就是说，在同一个批次中，不存在重复投档，一档多投的事情。往往一个批次投递后，绝大部分学校都会投满，即使出现空缺，也要全部公开，面向考生重新公开征集志愿。平行志愿减少了人为因素，但是也加剧了分数的利害性，使得填报志愿的技术性和利害性需要更加重视。

填报平行志愿的关键环节有以下几个方面。

一是精选目标。

一般来说，考生档案能否投档成功，很大程度上取决于高考成绩是否达到学校的调档线。预估学校调档线，对于提高填报志愿成功率十分重要。各省份考试院为考生做了大量工作，如很多考试院及时向社会公布一分一段成绩表，或者考生在全省分数的排位顺序，或往年各批次学校的投档线，以及录取情况统计表，考生应该首先了解自己的高考成绩在全省的排位，根据排位再选择学校。对填报的学校要综合考虑，尤其是学校近三年的分数投档线、该分数在全省的排位，以及在各省份招生计划的变化情况。学生和家长需要了解的是，尽管有的省份提供九个志愿，每个志愿六个专业的选择，但实质上首选学校和专业才是最重要的。精选目标是考生志愿填报的核心环节。

二是梯度配置。

从多年的填报志愿经验及其反馈来看，填报平行志愿的组合中，要注意一定的梯度，大体分为三类：一是冲一冲，相比自己的成绩，和往年的排位，可以选择略高于自己实力的学校或者专业；二是稳一稳，相比自己的成绩，选择类似上年的相同志愿，主要是从稳妥的角度出发，不准备做冒险，选择跟自己比较匹配的学校和专业；三是保一保，选择略低于或者有较大把握的学校，采取相对保守的计划。一般省份提供的六个志愿（有的是九个志愿），可以选择各类型的两到三个，形成合理的组合，切忌都填写同一层次的学校，尽量保证所填报的志愿有一定的梯度，增大成功的概率，避免好的机会白白浪费。选择两到三个学校冲一冲，是自己够得着的学校；选择两到三个学校在中间，做到稳一稳，填报跟自己高考成绩门当户对的学校，做到最佳匹配；选择两个学校在后面，做到保一保，做到录取概率有较大的学校。

三是优先排序。

从往年的填报经验来看，平行志愿各个志愿填报平行，但是投档顺序还是有先后。平行各个志愿的先后排序就是网上系统检索的顺序。如果考虑高考成绩，考生在批次中有多个机会，但是网上录取系统只会选择第一个学校，一旦投档成功，不会考虑后面的学校。志愿学校顺序最好按照自己最想上学的学校依次排序，靠前排列。对于有分类投档志愿的考生，还要考虑专业排序。

四是全面接受。

从往年的填报经验来看，要填满所有志愿学校和专业，争取最大录取机会。一般建议考生将所有志愿和专业填满，少填一个志愿，就失去一次投档机会。同时填好后续批次的志愿，避免落选。文理类考生可以填写提前批志愿和本科第一第二批，及文理类高职高专志愿，艺术类和体育类考生还可以填报文理类志愿。从往年录取数据看，有的考生分数达到一本分数线，就只填报一本志愿，不填报后面批次的志愿，一旦因分数低退档或者档案没有投出去，就失去了参与其他批次录取的机会。还有考生只填报一个志愿，或者在专业中只选择一个，这实际上减少了投档录取的机会。

五是冷热搭配。

从往年的填报经验来看，学生要特别注意专业冷热搭配，最好选择专业服从调剂；实行平行志愿后，很多学校录取志愿的最高分和最低分缩小，热门专业和优势专业可能出现爆棚现象，建议同一所院校的六个专业，一定要冷热、高低合理搭配，拉开专业差距。如果首选学校，就要适当降低专业要求；如果首选专业，择要适当降低对学校的要求。在每个志愿学校中，都有一个专业服从调剂选项，用以表明学生在没有被自己所填专业录取时，是否愿意调剂到这所学校的其他专业，如果考生不选择服从专业调剂，就表明学生不愿意调配到未填报的专业，当考生填报的所有专业都不能录取时，一般会被高校退档。在2018～2019年的一本考生退档中，绝大部分都是因为不服从专业调剂退档。

六是自我对照。

从往年的填报经验来看，认真阅读高校《招生章程》，尤其要仔细了解院校的录取要求，查漏补缺，很有必要。要了解学校是否有特别要求，比如部分学校对考生的身体条件、性别、外语口试和单科成绩等有特殊要求，如艺术考试招生，使用全省统考成绩的考生越来越多，部分学校对学生的全省统考成绩或英语成绩提出要求，网上录取系统是严格按照系统要求投档，如果填了不合要求的志愿就是一次无效填报，相当于失去了一次重要的机会。

七是心态平和。

平行志愿也存在一定的填报风险，学生要理性对待，尽量不失误。平行志愿减轻了学生填报志愿的压力，增加了考生的录取机会，同时也存在一定的风险。一是定位不准，考生成绩达不到填报院校的调档线，档案投不出去；二是考生专业成绩达不到填报专业的录取线，而且又不服从专业调剂，所以被退档；三是填报不符合考生自己条件的院校和专业，档案投出去后被退档。如果退档，考生只能参加计划未完成院校征集志愿或下一次批次录取，录取的满意度会大大降低。

（3）关键提示

填报志愿看似简单，但实际涉水很深。学生和家长为了提高效率，尽量做到准确无误，还需要把握一下几个关键点。

一是养成信息收集和积累的良好习惯。教育部“阳光高考”平台、各大高校网站，省招办特定的招生网站，对于有用的相关信息，无论是招生政策、专业信息、会议报道要有专门的收集和积累。对于一些省份提供的附加渠道，如短信服务平台，也要尽量保持信息渠道畅通。信息致胜是未来社会发展的趋势所在。

二是配备特定的招生信息时刻表和路线图。各省份公布分数控制线时间不一，大都是高考后两周左右，对于学生和家长要充分利用这段时间，多了解高校和专业，提前打好草稿，制订多种对策方案。如一本方案、二本方案、高职方案等，尽量做到胸有成竹。要注意填报的截止时间，要尽量提前准备各类信息。如在分数控制线公布前，对于自己喜欢的学校、专业有一个基本的估计和排序。对批次等概念也有一个提前的知识准备。如湖北省将本科第一批规定的招生高校为中央部委直属院校，经省招委同意的办学实力较强、具有硕士授予权且生源较好的省属院校的本科专业；第二批录取的院校为一般本科院校、民办院校和独立学院的本科专业。

三是要学习好填报志愿的相关方法，根据各省份的情况具体问题具体分析。如历史数据法，如果各省份提供了全省排位，特别是前三年的排位专业录取分数，志愿填报可以借鉴往年类似考生的经验。如分差考量法，即关注分数线跟学校最后录取分数之间的差距，也可以结合大小年的因素（一年高、一年低的状况）。如分类考量法，分数高的重在选专业；分数一般的重在选学校。对于基本方法的掌握，又不过分迷信，尤其是注意跟自己实际情况的切合，这样就能做到理性抉择。

四是要处理好学生的心态以及家庭关系。高考成绩可能离家长和学生的预期存在一定距离，或超常发挥，或失常表现。在这个情况下，无论是家长还是学生都要及时调整心理状态，如果是超常发挥，就要勇敢抉择，尽量做到利益最大；假若不如预期，也要迅速调整，尽量止损。此外，家长和学生之间要有和谐、通畅的沟通，学生要理解家长心情，家长也要尊重学生的选择。

影 响 篇

Impact

B.14

高考、人才战略与经济社会发展

——1977～2020年高考社会影响实证分析

《中国高考报告》课题组

摘　要： 高考是推动新中国成立70年来中国经济社会巨变的关键动力，在促进国民素质提升和优秀人才选拔上发挥了关键作用。高考和教育对产业和经济结构转型有很强的促进作用，关系未来以制度和创新为核心竞争力的社会发展。良好的教育制度，丰富而优质的人力资本积累，往往能够促进经济发展；而社会经济的快速发展和家庭财富的增长，又促使人们将更多的资源投入教育和人才培养中，形成了良性循环。教育是实现阶层跃迁的最根本推动因素，教育也是回报率非常高的人生投资。

关键词： 人才战略　科技创新　教育公平　教育回报率

高考从来都不是一家一姓的小事，而是关系千百万家庭幸福、亿万优秀人才成长、中华民族伟大复兴的大事。改革开放40年以来，高考为中国改革开放、教育发展、经济腾飞做出了历史性贡献。正因为高考太重要了，就不得不将其置于古今中外的大场域中进行理性考察。探析高考承接千百年来中国历史重视教育、选拔人才的优良传统，阐释高考为国民素质提升和优秀人才选拔所起的关键作用，前瞻高考提高未来人民美好生活质量的突出贡献，均成为本部分的主旨所在。

一　高考、教育与人才选拔

教育制度与人才选拔机制是关系一个社会能否长治久安的重要因素。作为一个有几千年文明历史的大国，中国历朝历代基本上都非常重视教育和人才选拔，“中兴以人才为本”“得人者昌，失贤者亡”。按照现代国家治理理念，教育制度设计主要解决两个问题：提升国民素质和选拔优秀人才参与社会治理。高考制度的设计实际上兼顾了这两个方面，通过这种以统一高考为主、其他多种考核方式并存的制度，引导社会大众重视教育，也服务于不同类型、不同层次的人才选拔，几十年以来为中国改革开放和经济发展提供了很好的支撑。新时期，政府决策和社会各界都在思考如何完善高考制度使之能更好地服务于我国社会经济发展这一重要问题。

新中国刚成立时，百废待兴，高等教育招生培养选拔制度基本都沿袭民国旧制，由各大高校自主招生，并没有全国统一的招生考试。这是一种较为典型的精英教育，与当时的社会经济发展相匹配。20世纪上半叶持续的战争对社会生产力造成了极大的破坏，高等教育的使命注定只能是瞄准少数精英阶层，高等院校的招生规模非常小。1936年，全国高校招生人数大概为3万人，随着战事不断升级，招生人数也不断下降。在这种背景下，没有条件组织全国统一的高考，只能是各高校自主命题，学生可以选择报考多所大学，也可以被多所大学同时录取，和现在美国等国的招生制度有些类似。这种制度的好处是招生很灵活，教育和考核方式多元化，有利于培养不同特质的学生。坏处也是显然的，比如，容易滋生腐败；考生压力非常大，疲于应付不同学校的考试；没有统一标准，容易造成不公平；教育成为精英阶层的教育，路径依赖强，不利于普通百姓的阶层跨越等。

（一）新中国成立后人才培养规模扩大

1949 年，全国高等学校毕业人数只有 2.1 万人，高层次人才极度缺乏。经过几年的过渡，到 1952 年开始实行全国统一高考，当年录取新生 6.64 万人，由此开启了新中国高等教育的新篇章。1952～1965 年，中国高等教育在不断探索中前行，由于受“大跃进”等时代印记的影响，每年招收人数波动非常大，从 10 万人到 30 万人不等，招生人数最多的 1960 年有 32.3 万人，而 1965 年的招生规模仅为 16.4 万人，14 年间共招收大学生 220 万人，这为新中国社会主义建设储备了宝贵的人才（见表 1）。

表 1　1952～2019 年我国高考报名和录取情况

单位：万人，%

年份	报考人数	录取人数	录取率	招生方式	备注
1952	7.3	6.64	90.96	统一高考	—
1953	9	7	77.78	统一高考	—
1954	13.4	9.38	70.00	统一高考	—
1955	17.7	9.8	55.37	统一高考	—
1956	35	18.5	52.86	统一高考	—
1957	25.2	10.6	42.06	统一高考	—
1958	21.9	26.5	121.00	统一高考	—
1959	33	27.4	83.03	统一高考	—
1960	29	32.3	111.38	统一高考	—
1961	21.4	16.9	78.97	统一高考	—
1962	44.1	10.7	24.26	统一高考	—
1963	53.1	13.3	25.05	统一高考	—
1964	44.9	14.7	32.74	统一高考	—
1965	36	16.4	45.56	统一高考	—
1966	—	—	—	停止招生	高校停止招生
1967	—	—	—	停止招生	—
1968	—	—	—	停止招生	—
1969	—	—	—	停止招生	—
1970	—	9	—	推荐制	高校开始推荐制招生
1971	—	—	—	没有招生	—
1972	—	13	—	推荐制	—
1973	—	15.3	—	推荐制	—

续表

年份	报考人数	录取人数	录取率	招生方式	备注
1974	—	16.5	—	推荐制	—
1975	—	19	—	推荐制	—
1976	—	21.7	—	推荐制	—
1977	570	27	4.74	统一高考	恢复全国统一高考
1978	610	40.2	6.59	统一高考	—
1979	468	28	5.98	统一高考	—
1980	333	28	8.41	统一高考	—
1981	259	28	10.81	统一高考	—
1982	187	32	17.11	统一高考	—
1983	167	39	23.35	统一高考	大学生毕业包分配
1984	164	48	29.27	统一高考	—
1985	176	62	35.23	统一高考	—
1986	191	57	29.84	统一高考	—
1987	228	62	27.19	统一高考	—
1988	272	67	24.63	统一高考	—
1989	266	60	22.56	统一高考	—
1990	283	61	21.55	统一高考	全国统一9科目标准考试
1991	296	62	20.95	统一高考	—
1992	303	75	24.75	统一高考	—
1993	286	98	34.27	统一高考	—
1994	251	90	35.86	统一高考	大学教育开始收学费，并轨招生，自费上学，双向选择
1995	253	93	36.76	统一高考	—
1996	241	97	40.25	统一高考	大学毕业取消分配
1997	278	100	35.97	统一高考	—
1998	320	108	33.75	统一高考	—
1999	288	160	55.56	统一高考	高等教育大规模扩招；广东试行“3+X”
2000	375	221	58.93	统一高考	—
2001	454	268	59.03	统一高考	取消年龄和婚姻限制
2002	510	321	62.94	统一高考	—
2003	613	382	62.32	统一高考	—
2004	729	447	61.32	统一高考	—
2005	877	504	57.47	统一高考	—
2006	950	546	57.47	统一高考	—

续表

年份	报考人数	录取人数	录取率	招生方式	备注
2007	1010	566	56.04	统一高考	—
2008	1050	599	57.05	统一高考	—
2009	1020	629	61.67	统一高考	—
2010	946	657	69.45	统一高考	—
2011	933	675	72.35	统一高考	—
2012	915	685	74.86	统一高考	—
2013	912	684	75	统一高考	—
2014	939	698	74.33	统一高考	高考改革，上海、浙江试点
2015	942	700	74.31	统一高考	
2016	940	772	82.13	统一高考	26个省份统一试卷，北京、上海、天津、江苏、浙江分省命题
2017	940	700	74.47	统一高考	上海、浙江“3+3”第一次开考
2018	975	791	81.13	统一高考	—
2019	1031	820	79.53	统一高考	—

资料来源：根据公开资料收集整理。

（二）高等教育制度不断完善

从1977年恢复高考到现在，是我国高等教育制度不断完善和发展的黄金时期。我们可以粗略地将这40年分为三个阶段。第一阶段（1977～1993年）为不断探索与稳步发展时期。改革开放初期，我国进入了一个全新的发展时期，几十年高等教育的缺位，使得全社会人才积累非常少，尤其是高层次人才极度缺乏。1977年10月，《人民日报》头版头条发表《高等学校招生进行重大改革》，宣布恢复高考，自此许多人的命运因为高考而改变。七八十年代的高考，家庭给孩子施加压力的比例很小。除了少数知识分子家庭的父母会希望孩子考大学外，大部分的普通家庭都是考上最好，考不上找个工厂上班也不错。那时候考上大学，家庭的负担很小，毕业有铁饭碗。当时高考的录取率非常低，很多人愿意选择中专，那时中专学历很吃香，反而是高中学历含金量很低。如果没考上大学，高中三年就浪费了。这样很多学生在初中毕业就开始分流，他们不敢一搏高考。

第二阶段（1994～2013年）为快速扩张时期。这时候的大学开始自费。从1994年开始，大学施行并轨，不再按国家任务招生计划和调节性招生计划形式分别划定两条录取分数线，而是按总的招生计划划定一条分数线进行录取，在同一省份实行同一录取标准。上大学对于一个普通家庭或者一个农家来说，都开始成为一种经济压力。但是这个阶段的父母，只要孩子能上大学，节衣缩食，咬紧牙关也会把孩子供到大学毕业。这个时代，很多考生的家长压力开始变大，对于很多家庭而言，孩子考上大学，未来的规划之路会走得容易很多。而如果孩子没能考上大学，许多家长就会特别的茫然。于是家长们都拼了命的一定要让孩子上大学，全家齐上阵，做好各种后勤保障，以帮助孩子顺利考上大学。随着招生规模越来越大，高考录取率也越来越高，这就使得几乎所有的高中毕业生都有考上大学的希望，家人和自己的期望值上升，学生上学的压力变得越来越大，家庭对教育的投入也越来越大。随着高校招生规模的大幅度扩张，大学生在校人数和毕业人数大规模增加，相对稀缺性大幅度下降，这使得大学教育的相对回报率和就业前景均比1980年代相差甚远，考上大学不再是捧上“金饭碗”的代名词。高考的意义也逐渐由父辈们所赋予的“知识改变命运”转变为人生所要经历的一个阶段，命运是否能得到改变还会受其他很多因素影响。

第三阶段（2014年至今）为进一步深化改革时期。我国高等教育经过30多年发展，无论是规模还是质量都有了非常大的提高，为我国社会经济发展做出了巨大的贡献。最近几年，关于以高考为重要载体的考试制度的完善和提高成为全社会高度关注的重要问题。高考改变了无数人，接下来也许需要改变高考本身。国家之兴衰系于教育，实现中华民族伟大复兴需要教育。改革仍然在路上，今天的你我，是高考受益者，当前更需要做的是未来转变教育观念的践行者。教育改革是深刻而复杂的系统性转变。改革不仅需要国家的努力，更需要每一个人从教育观念的转变做起。唯有形成合力，政府、社会、学校、家庭共同努力方可实现教育的终极目标。经过改革开放40年，“高考改变命运”这个事情，早就从“一个人的游戏”变成“全家人的游戏”，现在更是有变成“几代人的游戏”的趋势。高考最初的目的是通过设定一个知识框架，然后在这个框架里筛选学习能力和接受能力相对较好的人。所以，考什么其实不重要，所有人都要去考才重要。发展到最后自然脱离了“检验学习成果”的意义，成为一个筛选手段。因此，无论从社会发展还是家庭决策的角度，高考被赋予的含义都和前面几个阶段有了很大的区别。

回顾高考这段波澜壮阔的历史，翘首未来的期待，我们莫不产生巨大的压力，深感任重道远。通过对于高考制度的全面研究，希望能对未来的制度改革与完善提供一些有意义的参考。

（三）高考呈现蓬勃发展

2019 年，全国普通高考报考人数约 1031 万人，时隔 10 年后，再次超过千万，预计录取约 820 万人，录取率约 79%。宏观统计数字背后，每一位考生背后都是一个甚至几个家庭，高考制度的完善关系千千万万的普通百姓，牵一发而动全身。

第一，高考受关注的程度越来越高。显然，一项选拔性考试与参加的人数及通过的人数密切相关，如果通过率非常低，大家会觉得反正希望很小，关注度就会比较小。1980 年代到 1990 年代中期以前，高考录取率是非常低的，高考能改变命运，但要通过高考非常难。在这样的背景下，一部分考生初中就会开始分流，比如考中专、直接就业，还有一部分人读高中的目的就是读高中，有高中文凭也可以增加就业市场的竞争力，只有少部分的目的是瞄准大学，关注高考，这时候，高考在全社会的关注度就比较低。从图 1 可以看到，1999 年高校扩招之前，除了刚恢复高考的几年，高校录取人数和高考报名人数都是比较稳定的，录取人数基本稳定在每年 30 万 ~40 万人。1999 年以后，报考人数和录取人数急剧上升，录取率由 30% 左右上升到现在的 80% 左右，这大大提升了高考的关注度。高考的相关动向和制度设计变化都会引起人们的广泛关注。

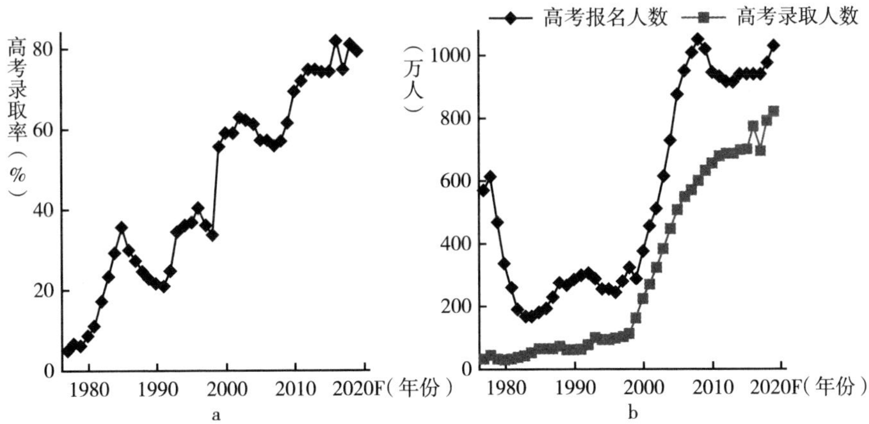

图 1　历年高考录取情况（1977 ~2020）

资料来源：根据公开资料收集整理。

第二，高考的地区差异越来越引起大家的关注。中国经济发展的地区差异很大，中国高校的质量和声誉差异比地区差异更大，这两个差异都汇聚到高考这一招生选拔制度上来，成为大家广泛关注的问题。我国的普通高校基本为官办，学校的办学质量很大程度上取决于政府投入，而政府投入在很大程度上又会取决于各地区的经济发展水平以及管理部门对于高校的等级划分。现有的分省招生制度就是一种多方角力博弈的结果。除了教育部直属的100所左右的高校，其余2000多所高校的绝大部分办学经费都来自各省份的统筹，要使得政府有动力加大投入，那自然就会要求各高校加大在本省份的招生规模，尤其是一流高校。教育部直属高校的经费虽然大部分由教育部拨付，但也有相当一部分来自高校所在地的地方政府，从而也会在一定程度上重视地方诉求。地方政府根据财力投入高等教育领域中，希望能提高本地考生的录取率，尤其是一流高校的录取率。这又衍生出异地高考的问题。由于户籍制度限制，我国现有流动人口、常住人口都无法完全享有户籍人口的社保、教育等权利，地方政府的激励体系中，对外来人口的受教育权等也没有足够的动力。这些问题聚集到一起，使得大家对高考和高等教育的地区差异问题越来越关注。

为了更好地描述高考录取的地区差异，我们选择了全国约1200所高校，将2003～2015年每个高校在每个省份的文理科录取情况全部收集汇总，所有数据以新浪高考频道为准。我们的样本高校录取总人数大约占全国高考录取总人数的1/3，具有非常好的代表性。我们将在每个省份招生的高校分为985高校、非985的211高校、一般高校三种类型，分别加总每种类型的高校在各省份的录取人数。图2是2015年的录取情况，其中a图是985高校的录取率，b图是非985的211高校的录取率。表2进一步列出了2005年、2010年、2015年各省份各种类型高校录取的详细人数和比例。从这些数据可以看到，每个省份的不同类型高校录取率差异还是非常大的。比如，2015年，985高校录取率超过7%的6个省份为北京、天津、青海、吉林、上海、广东，具体录取率分别为9.20%、8.96%、8.52%、7.58%、7.26%、7.18%，985高校录取率低于4%的5个省份是河南、贵州、云南、安徽、广西，具体录取率分别为3.27%、3.51%、3.65%、3.74%、3.97%。此外，非985的211高校录取率超过15%的6个省份是青海、新疆、宁夏、北京、海南、上海，具体录取率分别为21.69%、19.10%、16.33%、16.04%、15.47%、15.00%，非985的

211 高校录取率低于 8% 的 4 个省份分别是山东、广东、湖南、河北，具体录取率分别为 6.24%、6.55%、7.04%、7.27%，只有录取率最高的青海省的 1/3。

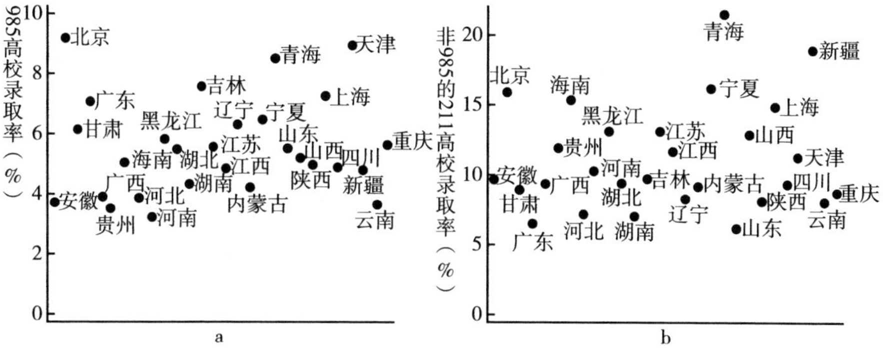

图 2　2015 年分省份分学校档次录取情况

资料来源：根据新浪高考数据整理。

表 2　分省份分学校档次录取情况

单位：人，%

年份	省份	录取总人数	一般高校录取人数	985 高校录取人数	非 985 的 211 高校录取人数	一般高校录取率	985 高校录取率	非 985 的 211 高校录取率
2005	安　徽	72543	57779	3976	10788	79.65	5.48	14.87
	北　京	33333	22065	4058	7210	66.20	12.17	21.63
	福　建	44735	33553	4111	7071	75.00	9.19	15.81
	甘　肃	28540	22439	3282	2819	78.62	11.50	9.88
	广　东	94695	78163	10207	6325	82.54	10.78	6.68
	广　西	34825	27629	2621	4575	79.34	7.53	13.14
	贵　州	23576	14722	2137	6717	62.44	9.06	28.49
	海　南	12066	8384	1119	2563	69.48	9.27	21.24
	河　北	60605	46348	4682	9575	76.48	7.73	15.80
	河　南	77437	60408	5278	11751	78.01	6.82	15.17
	黑龙江	56858	44177	4079	8602	77.70	7.17	15.13
	湖　北	70428	46767	10257	13404	66.40	14.56	19.03
	湖　南	37962	25538	4800	7624	67.27	12.64	20.08
	吉　林	44910	33922	4992	5996	75.53	11.12	13.35
	江　苏	93774	64663	8686	20425	68.96	9.26	21.78

续表

年份	省份	录取总人数	一般高校录取人数	985 高校录取人数	非 985 的 211 高校录取人数	一般高校录取率	985 高校录取率	非 985 的 211 高校录取率
2005	江　西	36568	26886	3477	6205	73.52	9.51	16.97
	辽　宁	137830	106375	13425	18030	77.18	9.74	13.08
	内蒙古	27746	20902	2265	4579	75.33	8.16	16.50
	宁　夏	7726	3869	1111	2746	50.08	14.38	35.54
	青　海	7737	4563	1052	2122	58.98	13.60	27.43
	山　东	115820	94098	11172	10550	81.25	9.65	9.11
	山　西	38816	28782	3322	6712	74.15	8.56	17.29
	陕　西	62599	46499	5925	10175	74.28	9.47	16.25
	上　海	39477	23842	6594	9041	60.39	16.70	22.90
	四　川	71647	51673	8341	11633	72.12	11.64	16.24
	天　津	25817	17588	3843	4386	68.13	14.89	16.99
	西　藏	2165	1277	154	734	58.98	7.11	33.90
	新　疆	18644	10789	2032	5823	57.87	10.90	31.23
	云　南	24196	17821	2112	4263	73.65	8.73	17.62
	浙　江	67931	54292	6898	6741	79.92	10.15	9.92
	重　庆	33129	23562	5225	4342	71.12	15.77	13.11
2010	安　徽	150761	133228	4695	12838	88.37	3.11	8.52
	北　京	34464	24548	3756	6160	71.23	10.90	17.87
	福　建	83931	71561	4416	7954	85.26	5.26	9.48
	甘　肃	64761	57211	3449	4101	88.34	5.33	6.33
	广　东	161909	144728	9269	7912	89.39	5.72	4.89
	广　西	68997	59672	2825	6500	86.48	4.09	9.42
	贵　州	60465	50282	2538	7645	83.16	4.20	12.64
	海　南	21150	16613	1100	3437	78.55	5.20	16.25
	河　北	135580	119514	5702	10364	88.15	4.21	7.64
	河　南	198400	168328	6448	23624	84.84	3.25	11.91
	黑龙江	92868	79016	4257	9595	85.08	4.58	10.33
	湖　北	109648	90125	7984	11539	82.19	7.28	10.52
	湖　南	55407	43550	4886	6971	78.60	8.82	12.58
	吉　林	65317	54284	5183	5850	83.11	7.94	8.96
	江　西	87764	74109	3746	9909	84.44	4.27	11.29
	辽　宁	91450	77178	5767	8505	84.39	6.31	9.30
	内蒙古	53661	45308	2646	5707	84.43	4.93	10.64

续表

年份	省份	录取总人数	一般高校录取人数	985 高校录取人数	非 985 的 211 高校录取人数	一般高校录取率	985 高校录取率	非 985 的 211 高校录取率
2010	宁　夏	12776	8929	1240	2607	69. 89	9. 71	20. 41
	青　海	10978	7015	1041	2922	63. 90	9. 48	26. 62
	山　东	158040	134699	12296	11045	85. 23	7. 78	6. 99
	山　西	83473	72047	3681	7745	86. 31	4. 41	9. 28
	陕　西	114764	97783	6252	10729	85. 20	5. 45	9. 35
	上　海	32017	24813	2149	5055	77. 50	6. 71	15. 79
	四　川	130537	108621	8257	13659	83. 21	6. 33	10. 46
	天　津	38653	29823	4135	4695	77. 16	10. 70	12. 15
	西　藏	1154	688	108	358	59. 62	9. 36	31. 02
	新　疆	32989	22961	2443	7585	69. 60	7. 41	22. 99
	云　南	57505	49655	2539	5311	86. 35	4. 42	9. 24
	浙　江	129016	115067	6532	7417	89. 19	5. 06	5. 75
	重　庆	60997	49812	4951	6234	81. 66	8. 12	10. 22
2015	安　徽	135094	116816	5046	13232	86. 47	3. 74	9. 79
	北　京	33516	25058	3083	5375	74. 76	9. 20	16. 04
	甘　肃	56459	47836	3516	5107	84. 73	6. 23	9. 05
	广　东	145182	125248	10422	9512	86. 27	7. 18	6. 55
	广　西	98544	85315	3912	9317	86. 58	3. 97	9. 45
	贵　州	81415	68765	2858	9792	84. 46	3. 51	12. 03
	海　南	21917	17426	1100	3391	79. 51	5. 02	15. 47
	河　北	154873	137404	6203	11266	88. 72	4. 01	7. 27
	河　南	236712	204450	7743	24519	86. 37	3. 27	10. 36
	黑龙江	68550	55479	4019	9052	80. 93	5. 86	13. 20
	湖　北	126863	107891	6946	12026	85. 05	5. 48	9. 48
	湖　南	115762	102597	5014	8151	88. 63	4. 33	7. 04
	吉　林	65158	53864	4941	6353	82. 67	7. 58	9. 75
	江　苏	106488	86414	5983	14091	81. 15	5. 62	13. 23
	江　西	85566	71287	4201	10078	83. 31	4. 91	11. 78
	辽　宁	91347	77983	5725	7639	85. 37	6. 27	8. 36
	内蒙古	63410	54849	2684	5877	86. 50	4. 23	9. 27
	宁　夏	40654	31356	2660	6638	77. 13	6. 54	16. 33
	青　海	12371	8634	1054	2683	69. 79	8. 52	21. 69
	山　东	181271	159960	9994	11317	88. 24	5. 51	6. 24
	山　西	86710	70967	4467	11276	81. 84	5. 15	13. 00
	陕　西	120924	104906	6133	9885	86. 75	5. 07	8. 17
	上　海	26325	20465	1912	3948	77. 74	7. 26	15. 00

续表

年份	省份	录取总人数	一般高校录取人数	985 高校录取人数	非 985 的 211 高校录取人数	一般高校录取率	985 高校录取率	非 985 的 211 高校录取率
2015	四　川	149834	128386	7325	14123	85.69	4.89	9.43
	天　津	38844	30943	3480	4421	79.66	8.96	11.38
	新　疆	50009	38044	2411	9554	76.07	4.82	19.10
	云　南	76377	67375	2791	6211	88.21	3.65	8.13
	重　庆	88443	75623	5013	7807	85.50	5.67	8.83

资料来源：根据新浪高考数据整理。

第三，高考考试内容越来越由知识考查向能力考查转型。在知识爆炸的时代，限于人脑特定时间内有限的接受能力，人们越来越意识到学习能力的重要性。这和整个社会的发展变迁也是密切相关的。恢复高考前期，人才缺口非常大，知识的回报率非常高，这个时候，只要掌握了知识，就掌握了稀缺资源，也就能够获得高回报。当大学教育越来越普及，一般性知识的回报率自然就开始下降，而能力的回报率开始上升，谁具有更强的解决问题的能力、不断获得新知识的能力，就能获得更高的回报。从社会角度来看，随着社会经济发展，挖掘资源配置效率改善的潜力越来越难，从而也会扩大对能力型人才的需求。无论是个人还是社会的需求的变化，都会推动高考考试内容从知识型向能力型过渡。

第四，高考由单一考试体系向多元化考查转型。随着社会经济的发展，对人才的需求越来越向多元化转变，人才培养也相应地向多元化转变，完全单一的高考模式越来越难以满足需求。在这一背景下，高考招生开始不断探索多种模式，比如保送、自主招生、夏令营等，一些一流高校有相对更好的条件保障公平公正，这种招生模式占比越来越高。例如，北京大学这几年通过自主招生招收的考生数量几乎占到所有招生人数的一半，占比非常之高。这一“指挥棒”的变化也相应地传导到家庭和社会教育的培养模式，知识的接受不再是唯一的目的，素质教育、能力培养越来越重要。

对比古今中外，我国高等教育发展到今天，已经算是取得了巨大的成功，为我国国民素质的提升和社会经济发展做出了巨大的贡献。但是，社会发展的速度越来越快，全球竞争异常激烈，社会和家庭都赋予教育以更为重大的责任。联系我国教育发展的实际情况，在未来的高考改革中，我们至少有如下几个问题需要深入思考。一是人的培养问题。教育的本质还是人的培养、人的基本素质的提升。高考作为我国导向性最强的全国统一考试，在人才培养导向方面的作用是非常强的。二是教育导向与社会需求匹配问题。社会需求是多元化的，是能力导向的，而考试，尤其是大规模统一考试，无可避免要以知识考查为主，如何在知识考查中融入能力考查，加强能力导向，这是今后改革的重要方向。三是教育公平问题。经过几十年的发展，一般意义上而言，我国现代教育已经跳出了贵族教育、精英教育的窠臼，进入国民普及教育阶段，全国人民都有受教育的权利和义务。但是，中国幅员辽阔，人口众多，地区经济发展很不平衡，由此产生的教育公平问题也需要引起我们高度重视。作为一项全国性的统一考试，高考制度已经在最大程度上保证了基本的教育公平，但出于各种各样的原因，更出于教育本身的多元化要求，我们形成了现有的统一考试、分省份招生与自主招生相结合的模式，由此也面临着教育公平问题的挑战，需要在后续改革中不断完善。

二　高考、教育与社会经济发展

本部分我们将从经济发展、社会阶层变迁、产业升级、科技创新等四个方面讨论高考及教育对社会经济发展的影响。

（一）教育与经济发展

经济发展是现代社会关注的一个重要问题，而我们可能不太了解的是，工业革命之前，其实不存在所谓经济增长问题。从公元元年到1800年左右，世界各国的人均国内生产总值（GDP）基本保持不变，几乎没有增长，各国之间的差异也比较小。各经济体之间的综合国力很大程度上取决于人口规模，这就可以理解为什么中国几千年以来都是世界上非常重要的国家了。由于人口规模庞大，我国国内生产总值占全世界国内生产总值的比重一直非常高，秦汉时期大约为25%，隋朝时约为70%，唐朝时约为60%，宋朝时约为80%，元朝以后这个比例迅速下降，但一直到鸦片战争时期，中国的GDP还是占全世界的约1/3，由此可以想象，古代中国为什么会有那么强烈的自信了。新中国成立以来，经济建设历经磨难，GDP占全世界的比例在1950年大约为4.5%，由于在一定程度上错过了1950~1960年代全球经济发展的又一黄金时期，到1980年时，我国GDP占全球的比例大约为2%，这一占比持续了十多年，到2000年时上升为3.65%，之后这一比例快速上升，2017年中国的GDP占全球GDP的比例大约为15%，同期，美国的GDP占全球GDP的比例大约为24%。虽然存在数据质量和数据可比性等诸多问题，但这些数据很好地体现了全球经济发展中波澜壮阔的一面。为什么有的国家很贫穷，而有的国家很富裕？为什么工业革命以后各国之间经济增长的差异如此之大？

如果说工业革命之前各国之间是“共同贫穷”，国家实力很大程度上取决于人口规模，那工业革命以后，人均国内生产总值持续增长的原因到底是什么呢？这正是经济学学科研究的核心内容。自从亚当·斯密发现工业革命给英国经济带来了翻天覆地的变化，从而写成《国富论》一书，开创经济学这门学科以来，经济学家从更多方面开始思考经济增长的动力。18世纪以前，虽然有基本的生产要素，但要素流动和信息流动的成本非常高，技术交流速度也非常缓慢，形成的是低水平传统农业社会经济发展的均衡，经济发展水平很低，人均产出基本保持不变。工业革命以来，人均产出开始持续增长，这完全突破了原有的农业社会低水平均衡，使得人们开始从理论上思考经济持续增长的原因。$Y=AF(K, L)$是现代经济增长理论和实践的精髓，Y表示最终产出，K表示资本，L表示劳动，A表示以技术为核心的全要素生产率。200多年来，经济学理论一直以这一基本的宏观经济核算解释和指导经济发展实践。资本、劳动和以技术为核心的全要素生产率构成现代经济增长的基本要素。经济学研究的基本结论表明，18~20世纪后期，全球经济增长最重要的根源在于资本和劳动，在于资本和劳动本身的价值创造以及相关的资源配置效率改善，而最近几十年，全球经济增长越来越依靠全要素生产率，全要素生产率的核心就是技术进步和人力资本，与教育密切相关！

为了更直观地理解教育与经济发展的关系，我们参考一些跨国经济发展的数据。图3是各国人力资本存量与经济发展水平的相关关系图。由图3可以看到，人力资本存量越高的经济体，人均国内生产总值也越高。如果我们将两个变量做一条拟合直线，这条线的斜率就反映了两个变量之间关系的强弱，当然，这种关系是否稳定还需要参考其他指标判断。还有一个很有意思的初步结论是，拟合直线上方的基本都是大国，而拟合直线下方的很多都是小国，这说明，人力资本不但能带来经济增长，而且存在外部性，有溢出效应。给定人力资本水平，人口规模越大的国家，能够更好地发挥外溢效应，从而有更好的经济发展水平。拟合直线上方很明显的几个国家，比如美国、中国、印度、俄罗斯等，中国是相对偏离拟合直线最远的国家，印度次之，美国再次之，其他国家的偏离程度均没有这三个大国的偏离程度高。这就表明，和相同人力资本水平的国家比较，中国的人口规模使得我们更能发挥人力资本的外部性，从而有更高的经济发展水平。

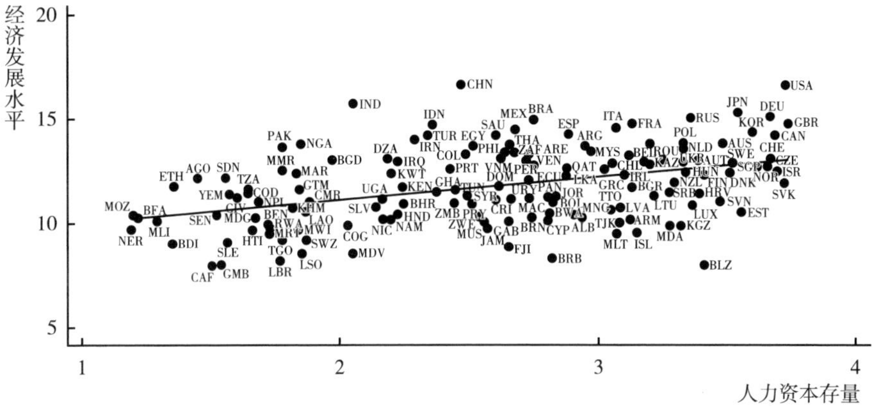

图3　人力资本与经济发展

注：图中国别代码：南非 ZAF、阿尔及利亚 DZA、摩洛哥 MAR、突尼斯 TUN、埃及 EGY、喀麦隆 CMR、中非共和国 CAF、乍得 TCD、刚果 COG、加蓬 GAB、安哥拉 AGO、布隆迪 BDI、刚果（金）ZAR、贝宁 BEN、赤道几内亚 GNQ、埃塞俄比亚 ETH、冈比亚 GMB、加纳 GHA、几内亚 GIN、科特迪瓦 CIV、肯尼亚 KEN、马达加斯加 MDG、马拉维 MWI、马里 MLI、毛里塔尼亚 MRT、毛里求斯 MUS、莫桑比克 MOZ、尼日尔 NER、尼日利亚 NGA、几内亚比绍共和国 GNB、卢旺达 RWA、塞内加尔 SEN、塞舌尔 SYC、塞拉利昂 SLE、津巴布韦 ZWE、多哥 TGO、乌干达 UGA、坦桑尼亚 TZA、布基纳法索 BFA、赞比亚 ZMB、加拿大 CAN、美国 USA、阿根廷 ARG、玻利维亚 BOL、巴西 BRA、智利 CHL、哥伦比亚 COL、厄瓜多尔 ECU、墨西哥 MEX、巴拉圭 PRY、秘鲁 PER、乌拉圭 URY、委内瑞拉 VEN、哥斯达黎加 CRI、萨尔瓦多 SLV、危地马拉 GTM、洪都拉斯 HND、尼加拉瓜 NIC、巴巴多斯 BRB、多米尼加 DOM、海地 HTI、牙买加 JAM、特立尼达 TTO、圭亚那 GUY、巴拿马 PAN、以色列 ISR、日本 JPN、塞浦路斯 CYP、伊朗 IRN、约旦 JOR、叙利亚 SYR、土耳其 TUR、孟加拉国 BGD、斯里兰卡 LKA、印度 IND、印度尼西亚 IDN、韩国 KOR、马来西亚 MYS、尼泊尔 NPL、巴基斯坦 PAK、菲律宾 PHL、新加坡 SGP、泰国 THA、中国 CHN、比利时 BEL、丹麦 DNK、法国 FRA、德国 GER、希腊 GRC、冰岛 ISL、意大利 ITA、荷兰 NLD、葡萄牙 PRT、西班牙 ESP、英国 GBR、奥地利 AUT、芬兰 FIN、爱尔兰 IRL、挪威 NOR、瑞典 SWE、瑞士 CHE、匈牙利 HUN、波兰 POL、罗马尼亚 ROM、俄罗斯 RUS、乌克兰 UKR、澳大利亚 AUS、新西兰 NZL、斐济 FJI、巴布亚 PNG。下同。

资料来源：Penn World Table 9.0。

图4研究人力资本水平与全要素生产率的关系。经济学将经济增长的根源分为资本 K、劳动 L 全要素生产率 A，凡是资本和劳动不能解释的部分都归结于 A。由此可见，全要素生产率包含的内容非常丰富，比如制度质量、技术进步、人力资本、管理水平等，教育对于提升全要素生产率有非常重要的意义，国民素质的提升、精英人才的培养对于制度建设、技术进步、企业管理等都是非常有好处的。图4从跨国数据层面简单考察二者的关系，从图中可以看到，人力资本存量越高的国家，全要素生产率水平越高。同样我们可以拟合一条直线反映二者之间的相关程度，各个国家离拟合直线的距离可以反映出人力资本在促进全要素生产率方面发挥作用的程度。除去一些资源型国家（这些国家的资本存量相对较少，经济增长很大程度上依赖资源，而资源对于经济增长的贡献在核算中被归为全要素生产率，这和我们一般意义上理解的全要素生产率概念存在差异，属于特例），美国、德国、法国等发达国家处于直线上方，而中国处于下方，这表明，相对于和各自相同人力资本存量的国家，美国等发达国家拥有更高的全要素生产率，而中国则因为资源配置效率较低等原因，全要素生产率还较为落后。这也提醒我们一个非常重要的事实。资源配置效率的视角对我国现阶段相关政策的制定有非常重要的现实意义。最近10多年来，经济结构调整和转型一直是政学两界关注的焦点。但是，我们认为现有政策制定对于结构转型的理解是存在偏差的。简单而言，经济结构转型是要实现从现有低技术低附加值低效率发展模式向高技术高附加值高效率发展模式升级。为达到这个目标，政府热衷于制定方方面面的产业政策，比如，制定新兴产业目录、扶持高新技术产业等，希望由政府引导实现产业升级和结构转型。这种模式试图用不断地加大投入来实现企业或产业的绝对技术进步，达到结构升级的目的。然而，资源总是有限的，要维持这种高投入的代价是非常高的——政府规模会越来越庞大，经济效率也很可能会越来越低。我们认为，从资源配置效率的角度来看，政府在经济结构转型过程中，最重要的任务是在关注市场失灵的同时，致力于营造良好的市场竞争环境，让资源能够在企业间、产业间、区域间自由流动，让市场在资源配置中发挥决定性作用。这样，就能够实现由于资源配置效率改善带来的整体生产率水平提高，这对于我国现阶段的经济结构转型至关重要。

根据前面的分析，人力资本水平是一个经济体能够取得成功的重要原因。

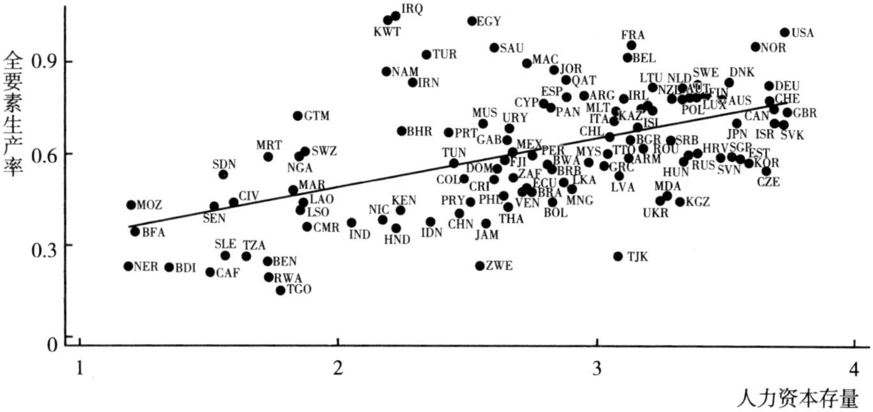

图 4　人力资本与全要素生产率

资料来源：Penn World Table 9.0。

图 5 是 1950 年以来的各主要国家人力资本存量，由图 5 中可以看到，人力资本与经济发展绩效是密切相关的，美国人力资本存量最高，日本次之，中国自 1960 年代以来都高于印度。中国和印度的发展是学术研究非常关注的一个话题，两国有很多类似之处，但发展模式却存在较大的差异。很多研究认为，中国的劳动力成本和人力资本是非常大的优势，这使得我们具备成为世界工厂的基本条件，从而在过去的几十年成为世界制造中心。

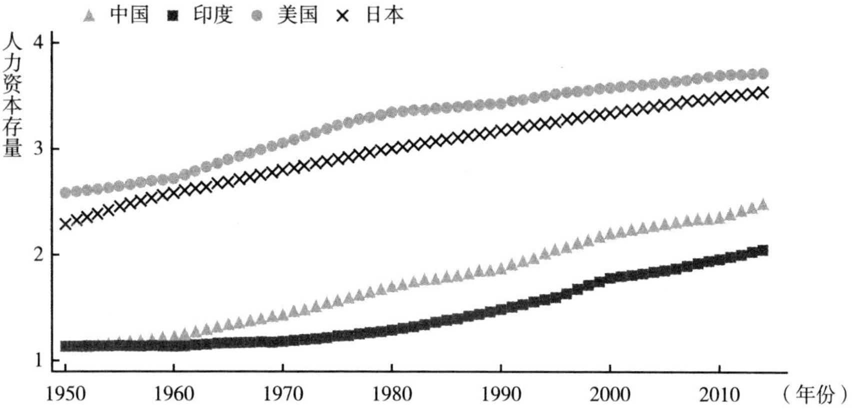

图 5　各国人力资本存量

资料来源：Penn World Table 9.0。

跨国数据显示，高的人力资本积累能带来好的经济增长绩效，且人力资本存在外部性，人口规模大的国家、人力资本存量高的国家越能够发挥这种外部性，带来经济更快速地增长。我国作为一个幅员辽阔、地区差异较大的国家，人力资本对于不同地区的发展有什么差异化的影响呢？图6是我国各省份之间的人力资本投资与人均GDP水平关系图，从图6中可以看到人力资本投资越多的地方，人均国内生产总值就越高，和跨国数据显示的一致。同理，结合拟合直线的分析可以看到，位于直线上方的省份基本上都是人口大省或者人口密集的省份，比如北京、天津、上海、江苏、浙江等，这也表明，人力资本存在较强的外部性，人口规模较大、人口聚居的区域更能够发挥人力资本的作用，促进经济增长。

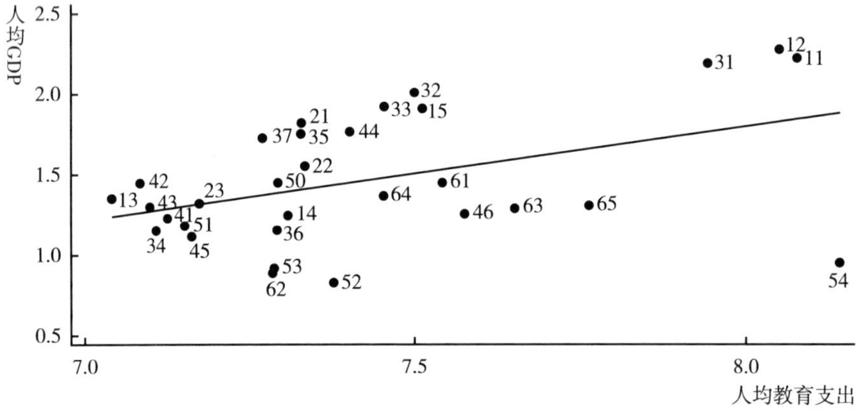

图6　我国各地区人力资本投资与人均GDP水平

注：省份代码为北京11，天津12，上海31，重庆50，河北13，河南41，云南53，辽宁21，黑龙江23，湖南43，安徽34，山东37，新疆65，江苏32，浙江33，江西36，湖北42，广西45，甘肃62，山西14，内蒙古15，陕西61，吉林22，福建35，贵州52，广东44，青海63，西藏54，四川51，宁夏64，海南46。下同。

资料来源：Penn World Table 9.0。

无论是跨国经济增长，还是国内各地区之间的经济增长，人力资本都发挥了重要的作用，不但能直接促进经济增长，还有外部溢出效应，人力资本的集聚可以带来更大程度的经济增长。我们接下来简要讨论我国人力资本发展的现状。图7是基于2015年人口普查数据分析各年龄段人口的受教育情况（以高等教育人数占比表示）。从 1925 年出生人口开始，按照 18 岁上大学计算，这些人 1943 年开始上大学，这时候接受高等教育的人口比例非常低，但之后逐年增长，一直到 1940 年左右出生的人口，即大约 1960 年左右接受高等教育，这一比例达到相对阶段高值，之后受“文化大革命”影响，比例略有下降，维持低水平。改革开放以后，恢复高考，大规模发展高等教育，很明显，从 1960 年出生的人口开始，高等教育人口占比快速上升，从 1960 年出生人口的 5% 迅速上升到 1990 年出生人口的接近 30%，堪称世界奇迹！一个人口 14 亿的大国，适龄人口中有超过 1/3 的人接受高等教育，这无疑是我国教育发展的巨大成就。还一个很值得注意的是，高等教育中的性别差异逐渐消失，1980 年之前出生的人口中，男性接受高等教育比例相对要高于女性，而 1980 年以后出生的人口中，已经不存在男女在接受高等教育方面的差异了，不过最近几年，出现女性的占比要高于男性占比的趋势，也需要引起我们的重视。表 3 列出了各年龄段的具体受教育情况，我们将受教育程度分为未上过学、小学、初中、高中、大学专科、大学本科、研究生 7 个等级，根据人口普查数据统计了各个年龄段每类受教育程度人口的数量。从表 3 中可以详细讨论我国现有人口中受教育情况、老龄化情况，以及历年来教育发展的基本情况。

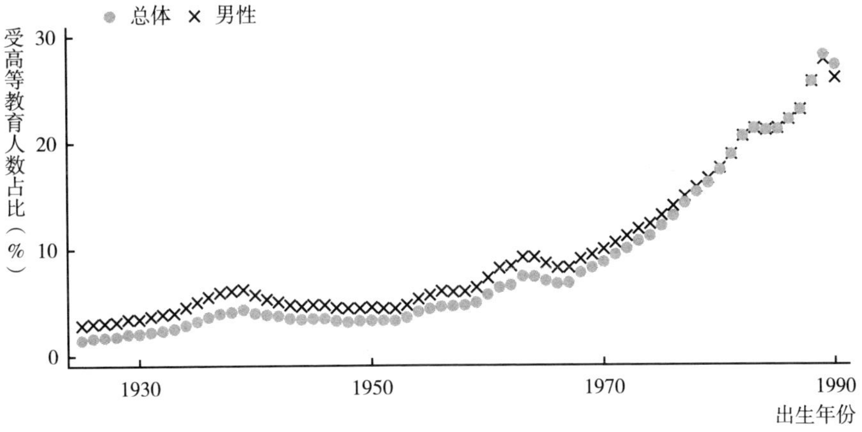

图 7　我国高等教育发展的现状

资料来源：第六次人口普查。

表3　不同年龄段人口受教育程度

单位：岁，人

年龄	人口数量	未上过学	小学	初中	高中	大学专科	大学本科	研究生
15	18024484	93908	1463835	11476731	4867683	109767	11510	1050
16	18790521	88817	1196112	8544541	8703430	224946	31772	903
17	20775369	92063	1226762	8152054	10652208	472134	178826	1322
18	20755274	93260	1266932	8173998	8884537	1331816	1002727	2004
19	21543466	97405	1366216	8798785	6488797	2646852	2141809	3602
20	28026954	129600	1839967	11846355	6584116	4202415	3413737	10764
21	26556649	130517	1658506	11690857	5594506	3972334	3467865	42064
22	24474192	132226	1658560	11460655	4935702	3295292	2847327	144430
23	25695955	145088	1820705	12765367	5049579	3273259	2361624	280333
24	22658768	141322	1711686	11579269	4241312	2798256	1883109	303814
25	19933683	141932	1606631	10412367	3553489	2336006	1625829	257429
26	19709177	142530	1618540	10358322	3429861	2239978	1675322	244624
27	19480836	147421	1623547	10124290	3454055	2187558	1702360	241605
28	22322147	170115	1928173	11561193	4074271	2434773	1884429	269193
29	19568009	164951	1868668	10254766	3594818	1986007	1479060	219739
30	18928369	185214	2029822	9934149	3499835	1822461	1267512	189376
31	19866458	193575	2307746	10496582	3651530	1823229	1212188	181608
32	19474874	210747	2489333	10320188	3471236	1728036	1099239	156095
33	18179478	206776	2542513	9745318	3088007	1521166	949084	126614
34	20689024	249293	3130183	11254148	3349978	1612864	971823	120735
35	21186516	272618	3454257	11593331	3298255	1553146	905930	108979
36	22906980	308109	3980487	12636905	3424047	1557121	894510	105801
37	23990208	339691	4296957	13216697	3562836	1559233	905784	109010
38	24730460	369186	4642679	13641371	3602308	1504429	870419	100068
39	25211795	386225	4981643	13871844	3595343	1438746	845198	92796
40	27397219	462120	5747417	14942821	3845482	1467248	844991	87140
41	24956297	457839	5753595	13383853	3312532	1232435	741800	74243
42	27032542	522494	6472785	14487647	3456106	1252887	765845	74778
43	21355748	455285	5409206	11530545	2505322	865977	537635	51778
44	24012158	521742	6054427	12926156	2877891	967449	602428	62065
45	23962574	533479	5839295	12649792	3257435	1016036	599481	67056
46	23355778	541012	5518497	11861918	3708611	1067093	590445	68202
47	26972157	616454	6139760	13226071	4994681	1260879	659345	74967
48	20075084	555025	4921429	9306788	3973094	857147	417966	43635
49	11228960	354014	2863460	4835086	2461674	472321	221621	20784

续表

年龄	人口数量	未上过学	小学	初中	高中	大学专科	大学本科	研究生
50	14097008	474674	3788643	5887457	3140577	550904	234073	20680
51	12838832	511786	3864507	5134231	2683752	453840	174712	16004
52	16617709	767730	5475448	6498730	3092943	561794	202218	18846
53	18351980	943184	6507017	7024294	3025108	609872	221724	20781
54	16847642	962017	6379476	6285805	2440671	557695	204760	17218
55	17610528	1099766	7143828	6399014	2197115	554495	200977	15333
56	17738127	1223106	7653860	6243840	1883638	532129	188961	12593
57	16093888	1245966	7424517	5432734	1406980	425796	148990	8905
58	16167933	1370446	7805423	5253818	1200291	395240	135605	7110
59	13701998	1223531	6756831	4325028	940000	335318	115494	5796
60	13618204	1312970	6865158	4057350	925399	337169	115035	5123
61	13029125	1387605	6874015	3426767	910985	318863	106403	4487
62	11276853	1301588	6061931	2743153	806680	272938	87280	3283
63	10791633	1298501	5788919	2591046	758643	257093	94179	3252
64	9951467	1276659	5235227	2434372	654863	221295	125309	3742
65	9073411	1276966	4691641	2199163	587232	192199	122678	3532
66	8640965	1331970	4444934	1989284	578957	179189	113600	3031
67	7942141	1339308	4030070	1721233	572295	170672	106121	2442
68	7740868	1381597	3893571	1595477	580476	174178	113404	2165
69	7715897	1503355	3924624	1448509	541645	169692	126037	2035
70	7389412	1574921	3734529	1289851	490579	164839	132731	1962
71	6265718	1479104	3180416	952164	382203	142395	127678	1758
72	6893225	1759436	3495454	967442	387114	149761	132024	1994
73	6343869	1728065	3200927	830940	332209	133191	116609	1928
74	6080173	1760273	3048860	754277	295775	118779	100381	1828
75	5632477	1761888	2771378	663095	252310	100823	81287	1696
76	5175500	1725133	2505586	580837	214213	82994	65180	1557
77	5082383	1796120	2413253	545540	197538	71621	56579	1732
78	4254858	1591112	1977707	426912	156796	55356	45435	1540
79	3706915	1432244	1689261	367398	133589	45188	37843	1392
80	3737259	1527460	1654508	349380	127694	41371	35609	1237
81	2816693	1231437	1204123	236748	87336	28545	27612	892
82	2757918	1248539	1159203	219679	80316	25221	24181	779
83	2237138	1031424	929144	174340	63062	19248	19311	609
84	1824190	870823	738967	135638	48493	14466	15332	471
85 +	7616148	4025279	2792234	503726	180097	53330	59271	2211

资料来源：第六次人口普查。

再进一步对我国不同地区的教育发展水平进行讨论。地区经济发展差异较大是我国经济发展过程中面临的一个非常重要的问题，与之相伴随的是高等教育发展巨大的地区差异，在社会上高度关注的39所985高校、112所211高校中，地区分布就极度不平衡，北京、上海、天津、南京、西安、武汉、长沙等几个城市集中了绝大部分的知名高校。表4列出了这些高校所在的省份，也可以看到高等教育资源地区分布的不平衡。还需要指出的是，我国高等教育现在的格局是典型的官办教育，从经济学的角度来看，官办教育是正确的选择，因为教育是一个具有强烈外部性的行业，如果按照市场机制，会低估教育收益率，从而高估高等教育的进入成本，使得很多人无法接受高等教育。不过，官办教育也会产生单一化、僵化等问题，难以满足越来越差异化的市场需求，需要有妥善的解决办法。到2019年，中国共有接近3000所高等学校，普通高等学校也超过2500所，如何形成差异化、特色化的培养模式，满足不同层次和类型的社会需求，是我们今后需要深入思考的重要问题。

高校资源分布和级别的差异，可以反映出各地区高等教育发展的差别，还一个很重要的问题是，高等教育人才培养的能力并不一定会转化为对人才的吸引力。一些地区虽然有很好的高等教育资源，也培养了大批高质量毕业生，但地方经济发展并没有真正吸纳这些资源，很多毕业生都会选择去其他地方就业。高校的人才培养和当地的经济发展是否能够真正融合起来，这是很多地区非常关心的问题。图8显示的是各地区总人口中受过高等教育的人口的比例，差距非常明显，北京的比例高达33%，而绝大部分省份都不足10%，还有一些省份在5%以下。表5进一步更详细地描述了各省份不同受教育程度人口的情况，同样将受教育程度分为未上过学、小学、初中、高中、大学专科、大学本科、研究生等7个等级，可以看到各个地方每类受教育程度人口的详细数据和比例。

表4　一流高等院校的地区分布

单位：所

省份	211高校数量	985 高校数量	省份	211高校数量	985 高校数量
北　京	24	8	河　南	1	0
上　海	9	4	内蒙古	1	0
天　津	3	2	山　西	1	0

续表

省份	211 高校数量	985 高校数量	省份	211 高校数量	985 高校数量
江　苏	11	2	河　北	1	0
四　川	5	2	江　西	1	0
重　庆	2	1	广　西	1	0
陕　西	7	3	云　南	1	0
山　东	2	2	贵　州	1	0
湖　南	3	2	新　疆	2	0
湖　北	7	2	海　南	1	0
广　东	4	2	宁　夏	1	0
浙　江	1	1	西　藏	1	—
安　徽	3	1	青　海	1	—
吉　林	3	1	—	—	—
福　建	2	1	—	—	—
黑龙江	4	1	—	—	—
辽　宁	4	2	—	—	—
甘　肃	1	1	—	—	—

注：211 学校共 112 所，其中有 3 所属于军事系统；985 高校共 39 所，其中有 1 所属于军事系统。教育部 2014 年全国普通高等学校名单不将其归类于各个省份。

资料来源：根据教育部公开数据收集整理。

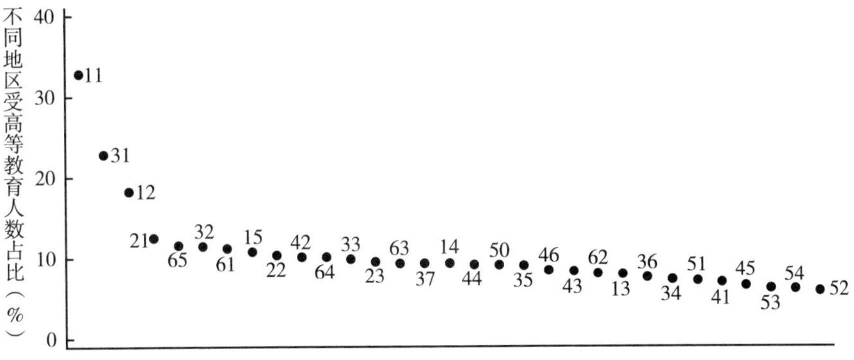

图 8　我国高等教育发展的地区差异

注：数字代码含义见图 6。

资料来源：第六次人口普查。

表 5　不同地区人口受教育程度

单位：人

地区	人口总数	未上过学	小学	初中	高中	大学专科	大学本科	研究生
全　国	1242546122	62136405	357211733	518176222	186646865	68610519	45625793	4138585
北　京	18813279	363770	1952619	6157444	4161674	2377944	3109069	690759
天　津	12388491	312312	2205954	4936137	2672387	1089221	1069485	102995
河　北	66150575	2153698	17719711	31902985	9131670	3329231	1813264	100016
山　西	33521349	868223	7804836	16115283	5618618	1999192	1055226	59971
内蒙古	23362679	1131271	6278818	9689532	3740299	1602849	875760	44150
辽　宁	41873047	975536	9364681	19829444	6469305	2817201	2233535	183345
吉　林	26136514	637242	6604755	11549212	4630133	1416006	1216386	82780
黑龙江	36619463	913586	9211366	17245267	5756969	1995107	1413428	83740
上　海	22085668	694616	3121808	8406458	4823221	2216495	2401283	421787
江　苏	74119475	3448220	19033077	30423013	12703757	4899462	3298133	313813
浙　江	51484414	3372461	15687367	19961827	7384253	2808016	2098829	171661
安　徽	55103738	5158856	16518988	22969845	6449846	2457181	1446936	102086
福　建	34366573	1190153	10994768	13977601	5119371	1737607	1263231	83842
江　西	40413800	1682257	13399357	16787837	5488361	1937740	1057732	60516
山　东	89358154	5326632	23912234	38468023	13322584	4933489	3161869	233323
河　南	85563558	4529564	22669174	39925272	12423541	4034524	1858760	122723
湖　北	53724341	2994419	13092079	22677927	9503078	3180279	2077526	199033
湖　南	60715957	2012174	17600932	25977062	10133885	3196149	1680612	115143
广　东	97649498	2611734	23788746	44075971	18267539	5294533	3287295	323680
广　西	41837842	1587939	14579571	17840416	5078715	1733473	955852	61876
海　南	7949791	390150	1958821	3642423	1288237	415159	242323	12678
重　庆	26962605	1348719	9707595	9646397	3814455	1374449	989687	81303
四　川	75277913	4960433	27846551	28058292	9045928	3247880	1962005	156824
贵　州	31837765	3313944	13546008	10506809	2617659	1134876	689649	28820
云　南	42475720	3392628	20042984	12591002	3813068	1574493	1002321	59224
西　藏	2705849	925237	1098468	385793	131027	93704	68266	3354
陕　西	35187233	1636786	8740957	14981471	5887718	2364637	1438244	137420
甘　肃	23912906	2448945	8313301	7982874	3244504	1171858	705613	45811
青　海	5184022	700487	1984288	1427740	586713	293579	183274	7941
宁　夏	5798346	419166	1868716	2130699	792711	359428	218374	9252
新　疆	19965557	635247	6563203	7906166	2545639	1524757	751826	38719

资料来源：第六次人口普查。

经济的发展和教育密切相关，良好的教育制度，丰富的人力资本积累，往往都伴随着很好的经济发展绩效。而快速的经济增长，使得政府和家庭会有更多的资源投入教育和人才培养中，从而带来更快更好的经济发展绩效，形成良性循环。本部分的研究给我们如下几点重要的启示。第一，教育是经济增长非常重要的根源。人类文明几千年的发展历史告诉我们，以教育和人才培养为基础的技术进步是国民财富持续增长的最重要根源。而全球200多个经济体的发展经验也告诉我们，教育的差异很大程度上会体现在经济增长的绩效差异上，中国不同地区之间的发展绩效差异也体现了这一点。第二，教育有很强的正外部性。和一般的物质资本和普通劳动投入不同，教育的一个非常重要的特点就是具有正外部性。两个人力资本都为1的人在一起，可能会产生3个单位人力资本的生产效率。从宏观上来看，这体现在人均人力资本存量相同的国家中，人口规模更大的国家增长绩效更好；在人均资本存量相同的不同省份中，人口更多的省份经济增长绩效更好。正是因为存在正向外部性，教育无法以正常的市场机制来提供，那样会大幅度低估教育的社会价值，市场会失灵。这就提示我们在教育的发展过程中政府要发挥更为重要的作用。

（二）教育与社会阶层流动

阶层流动是反映社会经济发展水平的重要指标，包括收入的流动、职业的流动、代际流动等诸多方面，一般认为，收入流动是阶层流动最为核心的指标，我们首先对收入流动及其与教育的关系做简要阐述。改革开放以来，我国经济发展取得了很大的成绩。不过，市场效率大幅提升的同时，也伴随着收入差距大幅度上升等问题。根据国家统计局的数据，相对于改革开放之前的“共同贫穷”，2008年我国基尼系数已经达到0.491，其后虽然逐年回落，但仍然维持高位，2017年为0.467。基于这一背景，党的十九大报告指出“我国社会主要矛盾已经转化为人民日益增长的美好生活需要和不平衡不充分的发展之间的矛盾”。收入差距和收入分配等相关问题成为学术界和政府决策层高度关注的重要问题。关于如何看待收入差距扩大问题，理论上有两个研究方向。一些人认为收入差距扩大是一个非常严重的问题，直接关乎公平、关乎民生。还有一些人认为收入差距本身并不是问题，关键是要研究清楚是什么原因导致了收入差距，这一机制是否符合公平正义，这样才能制定合适的政策在确保基本社会保障的前提下提高经济运行效率。正是在这一逻辑体系下，产生了收入流动的相关讨论。收入流动是指同一个人或家庭的收入在不同时点所处阶层的差异，可衡量收入差距的动态变化。一般而言，我们讨论收入分配都是指截面差异，即在同一个时点个体之间的收入差距，而收入流动则是研究这种收入差距的动态演变。比如，在一个由两个人组成的群体中，第一年的收入分布为（1，0），第二年的收入分布为（0，1），独立来看，每年的收入差距都非常大，一个人获得所有收入，另一个人一无所获。但如果动态地看，这个分配是非常平均的。由此可见，收入流动同样是研究收入分配的一个非常重要的方面。如果收入差距非常大，但是收入流动性非常好，处于收入底层的家户有上升通道，那较大的收入差距并不一定会带来太大的问题；如果收入差距大，收入流动性也差，阶层固化非常严重，这种收入结构将对低收入群体非常不利，他们很难通过不断努力实现阶层跃迁，社会矛盾将会不断被激发。

由于缺乏全国层面的微观家户数据，我们以我国农村 1986 ~ 2017 年的家户调查数据为基础，对收入流动问题做探讨。与收入流动密切相关的一个问题是收入分配。收入分配反映收入的静态分布，而收入流动反映这种分布的动态演变，收入流动性的研究本身就是相对收入分配而言的。图 9 的 a 图是几个指标反映的收入分配动态演变，b 图是分地区计算的基尼系数。总体来看，收入分配情况可以分为两个阶段，以基尼系数为例，从 1986 年的 0.37 缓慢上升到 2000 年的峰值 0.42，再逐步下降到 2017 年的 0.33。GE 指数（a = 0）和泰尔指数也表现出基本相同的趋势。分地区看，东部、中部、西部地区的基尼系数跨期变化趋势基本相同，但数值上还是存在显著差异，中部地区收入差距最小，东部地区收入差距在 2002 年之前较大，2002 年之后下降很快。接下来看收入流动。收入流动性强会平滑短期的高收入差距，降低长期收入差距；反之，收入流动性弱时，即使短期收入差距较小，在长期也会被不断放大。改革开放 40 年来，收入差距问题一直都引起学术界和政府决策层的高度关注，基尼系数的微小变化都会在社会上产生较大的影响。但是，由于缺乏数据等各方面原因，我们对收入流动性的关注严重不足。研究收入流动性的前提是要有面板跟踪数据，由于流动性是个相对长期的问题，最好就要有长期面板跟踪数据，这对于中国研究而言是非常稀缺的。固定观察点数据的数据结构和问卷设计为我们研究收入流动提供了非常好的基础。

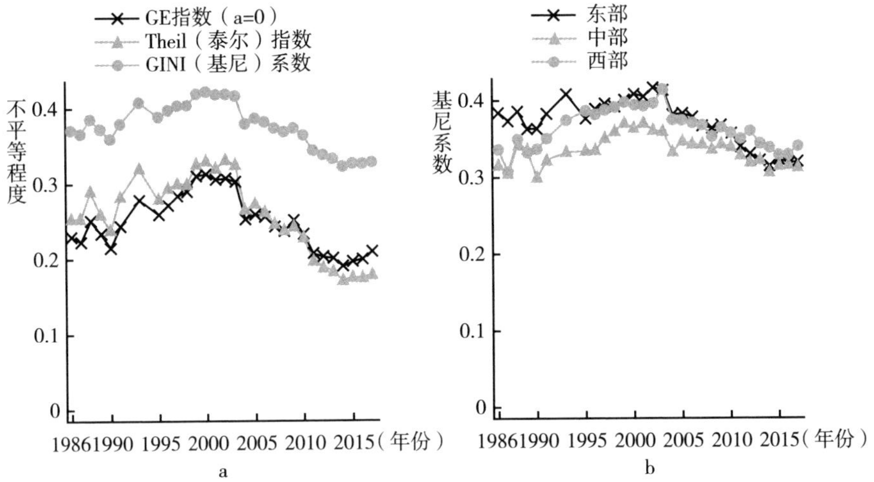

图 9　收入分配动态演变

资料来源：农业农村部农村经济研究中心 1986～2017 年固定观察点调查。

收入转换矩阵是研究收入流动的最重要工具，我们首先计算 1986 年以来的收入转换矩阵。将每一期样本按照家庭人均纯收入等分为五个组（各占 20% 样本，分别称为低收入组、较低收入组、中等收入组、较高收入组、高收入组），从而得到每个家户所处的收入分组，再来考察下一期该家户所处收入分组的变化。为提高各阶段收入流动的可比性，将 1986～2017 年按照基本相同的时间间距分为五个组，即 1986～1991 年、1993～1999 年、2000～2005 年、2006～2011 年、2012～2017 年。表 6 列出了各个时间段的农户收入流动矩阵，同时列出了样本数量和样本比例。以 1986～1991 年时间段为例，1986 年处于低收入组的农户中，到 1991 年，仍有 43% 的农户处于低收入组，有 26% 跃迁到较低收入组，有 16% 跃迁到中等收入组，有 10% 跃迁到较高收入组，有 4% 跃迁到高收入组。同理可以解释其他各时间段的收入转换矩阵。从前面五组 5 年间隔时间段的转换矩阵来看，收入流动性还是略有不足，存在一定的阶层固化问题。首先看对角线的阶层不变比例，低收入组中 41%～49% 的家庭在 5 年以后仍然位于低收入组，高收入组中 45%～53% 的家庭在 5 年后仍然位于高收入组，中间三个组的阶层不变家庭大约占比为25%。再从分组看，低收入组的流动性是最差的，五个时间段数据均显示，低收入组农户在5年后有约70%的家庭仍然处于低收入组或较低收入组，只有30%的家庭实现了向更高收入组的跃迁。由此可见，农村反贫困问题的确是一个需要长期关注的重要问题。与之相对应，高收入组的向下流动概率也非常小，约75%的家庭在5年后仍然处于高收入组或较高收入组。中间三个收入组的流动性则较强。最后，从1986~2017年时间段的超长时期内的收入流动性数据可以看到，长期收入流动性要远远高于短期流动性，但同时也揭示了一个非常重要的长期贫困问题——1986年的低收入组农户中有34%的家庭到2017年仍然处于低收入组。

表6 主要年份收入流动矩阵

单位：%

类目	序号	各收入位置家庭占比				
		1	2	3	4	5
		1991年收入位置				
1986年收入位置	1	0.43	0.26	0.16	0.10	0.04
	2	0.23	0.28	0.23	0.17	0.09
	3	0.14	0.22	0.25	0.25	0.15
	4	0.10	0.15	0.22	0.27	0.26
	5	0.06	0.07	0.13	0.22	0.51
		1999年收入位置				
1993年收入位置	1	0.41	0.28	0.17	0.09	0.04
	2	0.24	0.28	0.24	0.17	0.07
	3	0.16	0.22	0.25	0.25	0.13
	4	0.11	0.15	0.22	0.28	0.24
	5	0.06	0.07	0.12	0.23	0.52
		2005年收入位置				
2000年收入位置	1	0.46	0.23	0.15	0.10	0.05
	2	0.26	0.28	0.23	0.14	0.08
	3	0.16	0.24	0.26	0.22	0.13
	4	0.09	0.17	0.24	0.29	0.21
	5	0.04	0.07	0.12	0.24	0.53

续表

类目	序号	各收入位置家庭占比				
		1	2	3	4	5
		2011 年收入位置				
2006 年收入位置	1	0.46	0.23	0.16	0.10	0.06
	2	0.24	0.29	0.22	0.16	0.08
	3	0.15	0.23	0.26	0.22	0.14
	4	0.09	0.16	0.24	0.27	0.23
	5	0.05	0.07	0.13	0.25	0.50
		2017 年收入位置				
2012 年收入位置	1	0.49	0.24	0.13	0.09	0.05
	2	0.25	0.31	0.24	0.14	0.06
	3	0.16	0.23	0.27	0.23	0.11
	4	0.09	0.16	0.23	0.31	0.21
	5	0.06	0.07	0.13	0.30	0.45
		2017 年收入位置				
1986 年收入位置	1	0.34	0.23	0.18	0.16	0.08
	2	0.24	0.22	0.22	0.19	0.13
	3	0.19	0.20	0.22	0.23	0.16
	4	0.16	0.16	0.20	0.25	0.23
	5	0.12	0.15	0.16	0.26	0.31

注：1 低收入组，2 较低收入组，3 中等收入组，4 较高收入组，5 高收入组。
资料来源：农业农村部农村经济研究中心 1986～2017 年固定观察点调查。

以收入转换矩阵为基础，还有一些其他指标可以更简练的体现收入流动情况。比较常用的包括 Shorrocks 指数和平均流动指数。我们按照 3 年一段的方式将所有年份分为 15 段，即 1986～1990 年、1990～1993 年，以此类推到 2015～2017 年，再计算每年的收入转换矩阵和收入流动指数。图 10 显示了 2 个指数的计算结果，30 多年来，以 Shorrocks 指数衡量的收入流动程度由 0.77 下降到 0.66，下降幅度为 14%，以平均流动指数衡量的收入程度由 4.67 下降到 3.68，下降幅度为 21%。我国农村家庭收入的基尼系数在经历前期的上升后一直在缓慢回落，但与此同时却发现收入流动性也在不断下降。收入差距虽然在缩小，但低收入农户处于持续贫困的概率却在上升，相对于收入差距，这个问题也应该引起我们的高度关注。

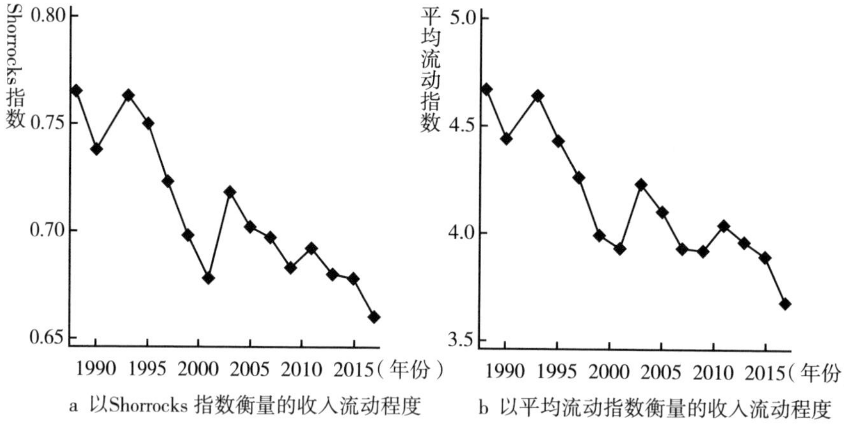

图 10　收入流动程度

资料来源：农业农村部农村经济研究中心 1986～2017 年固定观察点调查。

收入流动与收入分配密切相关，高收入流动性会缓解收入不平等，反之，低收入流动性会加剧收入不平等。图 11 考察了 200 等份收入组 1986～2001 年和 2002～2017 年两个时间段的长期收入增长情况。a 图的分组依据 1986～2001 年的平均收入，b 图的分组依据是 2001～2017 年的平均收入，纵轴为收入的对数差。从图 11 中可以看到，在 2002 年之前，长期收入增长是更强烈的偏向高收入阶层，收入越高的阶层收入增长速度也越快，这显然会扩大收入差距。2002 年之后，这种情况略有改善，相对而言，高收入阶层的收入增长速度在下降。2002 年之前收入差距在扩大，2002 年之后收入差距有所缩小。图 11 再次提醒我们的另一个重要问题是，最低收入阶层一直都是收入增长速度较慢的。

收入流动性对于一个社会的平稳发展有着极为重要的意义，那接下来非常重要的问题就是研究清楚到底是什么因素在影响收入流动。很多研究从教育、年龄、人口结构、社会保障、机会公平等多方面讨论了收入流动的影响因素。我们将影响收入流动的因素分为 4 个维度：政府补贴、家庭禀赋（包括劳动和土地）、教育（包括正规学校教育和专业技术培训）、社会资本（包括党员身份和干部身份），发现教育对于社会阶层流动的影响最大。我们进一步将教育分为两类：受教育程度和专业技能。受教育程度主要是指接受学校教育的年

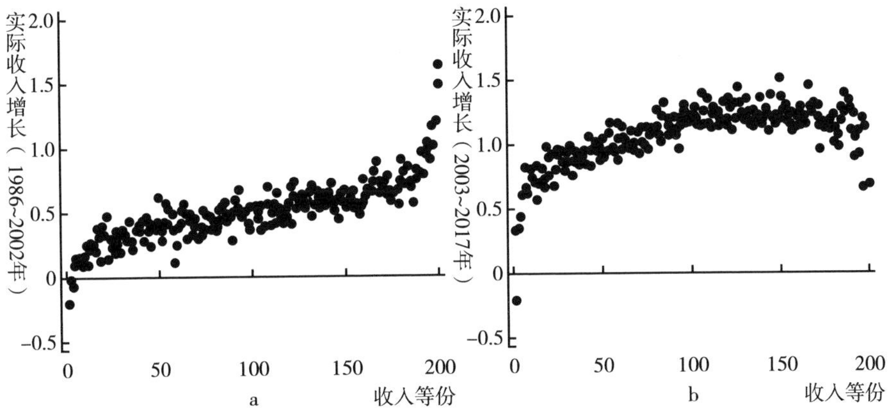

图 11　不同收入阶层的收入增长

资料来源：农业农村部农村经济研究中心 1986～2017 年固定观察点调查。

限，重点是知识型教育；专业技能主要是指劳动力的学习能力以及掌握的谋生技能，重点是能力型教育。图 12 的 a、b 两图是两种不同类型教育对于阶层跃迁的影响，值越大表示教育对阶层跃迁的影响越大。从图 12 可以看到，知识型教育的回报率从 1980 年代开始逐渐上升，大约在 2002 年左右达到顶峰，此后开始下降，而能力型教育的回报率一直在上升。这种现象其实也是很好理解的。改革开放初期，我国各条战线的人才非常缺乏，而经济发展水平较低又使得教育成为奢侈品，受教育人数非常少，教育的回报率非常高。随着经济的不断发展，人们对教育越来越重视，接受正规教育的人口也越来越多，教育的稀缺性下降，从而回报率也开始下降。与之相对应的是，知识型教育的普及使得能力型教育成为可能，而能力型教育的回报率在不断上升，这也提示了我们教育改革非常重要的方向，即如何由单纯的知识传授向素质教育、能力培养过渡。

另一个与阶层流动密切相关的问题是代际流动。随着我国经济社会阶层固化现象的日益显现，代际流动性问题受到了越来越广泛的关注。代际流动包含代际收入流动、代际职业流动、代际社会阶层流动等多方面的内容。代际收入流动是代际流动的最直接的体现，也是近年来被广泛使用的一个度量收入分配和社会公平的动态指标，主要通过考察父代收入与子代收入之间的相关性，来反映子代在多大程度上能通过自身能力而非家庭因素实现收入的

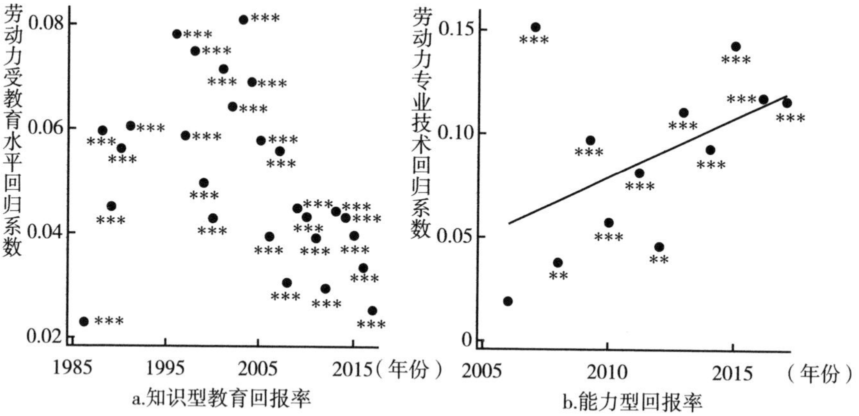

图 12　不同类型教育对于阶层跃迁的影响

注：***、**、*分别表示 1%、5%、10% 的显著性水平。

资料来源：农业农村部农村经济研究中心 1986~2017 年固定观察点调查。

向上流动，代际收入弹性是用来测度代际收入流动的主要方法。代际收入弹性越大说明父代收入对子代收入的影响越强，代际收入流动越差，反之，代际收入流动越强。其后大量研究试图通过测度代际收入弹性来了解一国的收入流动程度，以及社会公平状况。主流研究认为，比较来看，美国的代际流动性较弱，除美国以外的发达国家代际流动性较强，尤其是一些北欧国家社会流动程度较高，而发展中国家普遍阶层固化比较严重。在关于中国的研究中，我们发现，代际流动的弹性系数值约为 0.34，我国居民代际收入流动性不强，存在一定的阶层固化现象。而教育是提高代际流动性、提高代际阶层跃迁概率的最核心因素。

总结本部分的研究，有如下几点重要结论：第一，教育有利于促进社会阶层流动，缓解长期不平等；第二，随着教育的稀缺性程度下降，知识型教育的回报在下降，从而教育在促进阶层流动、缓解长期不平等方面的作用在不断下降；第三，能力型教育的回报在上升，这也提示出教育理念的进一步发展。

（三）教育与产业升级

产业升级是我们非常关注的一个问题，每个经济体都希望能有更为高端、高附加值的产业形态。但是，我们应该明白的是，不能就产业谈产业，产业升级需要有相关的配套资源和措施。教育就是非常重要的方面，每个产业都会有其特定的知识含量和知识密集度，举例而言，在一个高等教育比例非常低的经济体系里要发展高技术含量的航天航空产业，成功概率肯定是非常低的。有什么样的教育，就会有什么样的产业结构。图 13 的 a、b 两图是基本的教育与产业结构的关系图，其中，a 图是教育发展水平与第一产业占 GDP 的比重，b 图是教育发展水平与第二产业占 GDP 的比重。可以看到，教育发展水平与产业结构是密切相关的，教育发展越好，第一产业的占比越低，第二产业的占比越高。需要指出的是，所谓产业结构升级在不同时代有不同的含义。在经济发展的初期，我们会致力于提高第二产业的占比；而一旦经济发展到一定程度，我们又会追求由第二产业向第三产业转型，由工业向服务业转型。服务业的知识含量和技术含量较为复杂，简单而言，可以分为低端服务业和高端服务业，不同行业的服务业之间的差别非常大，比如酒店餐饮服务业和金融业等。如果单一的以第三产业占比高位目标，而忽视制造业的重要作用，显然会带来很多其他问题，过早服务业化是需要引起我们关注的重要问题。

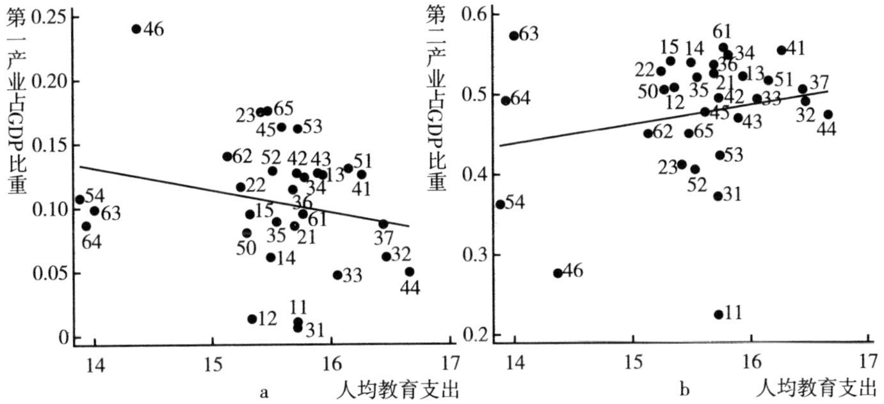

图 13　教育与产业结构

资料来源：根据历年各省份统计年鉴收集整理。

以我国 600 多万家企业数据为基础，我们根据每个企业的员工信息，计算了每个行业的知识含量和技术含量，这对我们理解教育和产业结构升级非常有好处。表 7 和表 8 是分产业、分行业的计算结果，表 7 按照国民经济行业两位数分类，表 8 按照行业大类分类。员工教育结构方面，我们采用三个标准：学历、专业技术职称、技术等级。按学历可以分为研究生、本专科生、高中生、初中及以下；按专业技术职称可以分为高级职称、中级职称和初期职称；按技术等级可以分为高级技师、技师、高级工、中低级工。表 7 中列出了每个行业按照不同分类的员工数量所占百分比。比如代码为 06 的煤炭开采和洗选业，按照受教育程度分，本行业所有员工中，研究生、本专科生、高中生的占比分别为 0.05%、7.50%、25.66%，其余员工为初中及以下学历；按照专业技术职称分，高级职称员工和中级职称员工的占比分别为 0.82%、3.30%，绝大部分为初级职称；按照技术等级分，高级技师、技师、高级工员工占比分别为 0.08%、0.62%、2.78%，其余为中低级工。其他行业也可以按照类似的方法推算其员工队伍的受教育程度。从表 7 中可以看到，在制造业中，烟草、医药、化学、通信、仪器仪表、通用设备、专业设备、石油加工等行业的技术含量较高，对员工的教育水平要求更高。

表 7　不同产业的员工教育结构

单位：%

行业名称	行业代码	学历			专业技术职称		技术等级		
		研究生	本专科生	高中生	高级	中级	高级技师	技师	高级工
煤炭开采和洗选业	06	0.05	7.50	25.66	0.82	3.30	0.08	0.62	2.78
石油和天然气开采业	07	0.46	27.80	49.85	2.67	10.66	0.17	1.08	16.9
黑色金属矿采选业	08	0.22	7.09	28.89	0.61	2.61	0.16	0.62	2.66
有色金属矿采选业	09	0.11	7.96	30.82	0.75	3.22	0.16	0.70	2.24
非金属矿采选业	10	0.08	4.49	23.41	0.29	1.43	0.09	0.34	1.30
其他采矿业	11	0.50	5.33	27.3	0.70	3.44	0.24	0.53	0.93
农副食品加工业	13	0.20	9.37	32.55	0.55	2.38	0.22	0.71	1.15
食品制造业	14	0.30	12.19	33.69	0.67	2.58	0.24	0.70	1.25
饮料制造业	15	0.24	14.08	37.94	0.78	3.40	0.30	1.00	1.61
烟草制品业	16	0.57	22.54	39.47	0.21	5.11	0.06	0.87	8.34
纺织业	17	0.05	5.16	28.81	0.35	1.51	0.11	0.50	1.01
纺织服装、鞋、帽制造业	18	0.05	4.77	25.37	0.21	0.94	0.09	0.36	0.70

续表

行业名称	行业代码	学历			专业技术职称		技术等级		
		研究生	本专科生	高中生	高级	中级	高级技师	技师	高级工
皮革、毛皮、羽毛(绒)及其制品业	19	0.05	4.05	23.64	0.19	0.87	0.11	0.33	0.71
木材加工及木、竹、藤、棕、草制品业	20	0.08	5.47	26.83	0.36	1.62	0.14	0.51	0.93
家具制造业	21	0.09	6.66	28.17	0.39	1.53	0.19	0.57	1.09
造纸及纸制品业	22	0.10	7.97	32.77	0.48	2.03	0.16	0.65	1.37
印刷业和记录媒介的复制	23	0.16	10.69	38.18	0.64	2.78	0.26	0.90	2.86
文教体育用品制造业	24	0.07	5.32	24.15	0.26	1.01	0.15	0.33	0.58
石油加工、炼焦及核燃料加工业	25	0.36	18.17	40.46	1.50	5.92	0.23	1.04	6.46
化学原料及化学制品制造业	26	0.40	14.51	36.76	1.25	4.40	0.27	0.91	3.34
医药制造业	27	0.96	26.18	42.43	1.89	6.54	0.42	1.33	3.37
化学纤维制造业	28	0.2	12.42	38.89	0.83	3.28	0.17	0.68	2.52
橡胶制品业	29	0.17	8.07	33.01	0.59	2.12	0.19	0.63	1.62
塑料制品业	30	0.13	8.01	31.04	0.50	2.00	0.20	0.56	1.03
非金属矿物制品业	31	0.10	5.66	26.85	0.46	1.90	0.16	0.53	1.25
黑色金属冶炼及压延加工业	32	0.22	15.05	38.66	1.27	4.72	0.33	1.22	8.61
有色金属冶炼及压延加工业	33	0.22	14.33	35.57	1.27	4.85	0.31	1.27	5.16
金属制品业	34	0.16	8.82	31.12	0.74	2.64	0.28	0.84	1.66
通用设备制造业	35	0.23	12.43	34.71	1.28	4.23	0.39	1.31	3.71
专业设备制造业	36	0.46	16.42	38.51	1.71	5.33	0.51	1.56	4.49
交通运输设备制造业	37	0.33	16.92	39.91	1.77	5.57	0.43	1.48	5.36
电气机械及器材制造业	39	0.37	13.6	35.86	1.17	3.46	0.48	0.99	2.20
通信设备、计算机及其他电子设备制造业	40	1.03	16.98	41.70	1.28	3.56	0.28	0.76	1.46
仪器仪表及文化、办公用机械制造业	41	0.82	19.15	36.69	1.90	5.04	0.40	1.17	2.80
工艺品及其他制造业	42	0.08	6.00	26.91	0.40	1.45	0.13	0.44	1.32

续表

行业名称	行业代码	学历			专业技术职称		技术等级		
		研究生	本专科生	高中生	高级	中级	高级技师	技师	高级工
废弃资源和废旧材料回收加工业	43	0. 18	7. 68	27. 11	0. 40	1. 64	0. 12	0. 34	0. 72
电力、热力的生产和供应业	44	0. 46	27. 97	43. 27	2. 32	7. 96	0. 22	1. 71	9. 26
燃气生产和供应业	45	0. 31	25. 94	44. 10	1. 63	6. 91	0. 20	1. 17	8. 22
水的生产和供应业	46	0. 22	21. 44	44. 13	0. 94	5. 36	0. 13	1. 13	7. 13
房屋和土木工程建筑业	47	0. 24	13. 62	28. 19	0. 99	5. 07	0. 47	1. 61	3. 73
建筑安装业	48	0. 52	23. 77	32. 56	1. 72	6. 89	0. 59	1. 94	4. 59
建筑装饰业	49	0. 61	25. 98	32. 11	1. 52	6. 54	0. 55	1. 59	2. 30
其他建筑业	50	0. 49	17. 87	29. 12	1. 56	5. 84	0. 51	1. 64	3. 62
铁路运输业	51	0. 35	29. 62	46. 60	0. 69	3. 60	0. 11	1. 27	10. 36
道路运输业	52	0. 34	20. 51	42. 49	0. 68	2. 71	0. 24	1. 06	3. 70
城市公共交通业	53	0. 21	13. 04	50. 40	0. 41	1. 80	0. 17	0. 61	3. 83
水上运输业	54	0. 64	26. 66	37. 56	1. 23	6. 23	0. 32	1. 07	3. 49
航空运输业	55	1. 51	64. 26	22. 80	0. 70	5. 67	0. 25	0. 84	3. 21
管道运输业	56	1. 37	51. 53	28. 84	3. 00	9. 79	0. 19	1. 58	16. 89
装卸搬运和其他运输服务业	57	0. 96	33. 07	32. 21	0. 46	2. 26	0. 13	0. 37	0. 88
仓储业	58	0. 68	28. 43	39. 14	0. 88	3. 76	0. 30	0. 76	2. 31
邮政业	59	0. 67	33. 87	47. 67	0. 77	2. 73	0. 21	0. 71	6. 84
电信和其他信息传输服务业	60	3. 10	62. 85	27. 48	2. 19	8. 56	0. 30	0. 87	3. 85
计算机服务业	61	4. 41	51. 28	30. 93	2. 02	5. 20	0. 38	0. 67	0. 72
软件业	62	10. 52	78. 52	8. 75	3. 52	9. 57	0. 97	1. 30	0. 93
批发业	63	1. 30	37. 92	37. 88	1. 03	3. 77	0. 28	0. 53	0. 89
零售业	65	0. 61	29. 56	45. 35	0. 75	2. 75	0. 30	0. 72	1. 06
住宿业	66	0. 37	20. 83	43. 29	0. 65	2. 27	0. 35	0. 99	2. 11
餐饮业	67	0. 30	15. 54	41. 28	0. 58	1. 79	0. 38	0. 86	0. 88
银行业	68	5. 09	76. 30	14. 84	3. 56	38. 41	0. 17	0. 84	1. 29
证券业	69	21. 91	66. 38	10. 67	3. 77	12. 52	1. 21	1. 25	1. 39
保险业	70	6. 65	63. 21	27. 54	1. 82	6. 36	0. 19	0. 52	0. 35

续表

行业名称	行业代码	学历			专业技术职称		技术等级		
		研究生	本专科生	高中生	高级	中级	高级技师	技师	高级工
其他金融活动	71	4.53	63.49	25.71	2.64	8.81	0.32	0.50	0.45
房地产业	72	0.95	50.32	34.67	1.52	9.43	0.24	0.73	4.67
租赁业	73	1.22	30.10	39.72	1.14	3.35	0.35	0.76	1.20
商务服务业	74	2.78	43.90	30.16	1.88	5.32	0.25	0.59	1.41
研究与试验发展	75	15.30	56.27	18.05	15.02	17.54	0.60	1.74	6.32
专业技术服务业	76	5.34	67.69	19.30	10.64	19.73	0.59	1.13	2.89
科技交流和推广服务业	77	4.73	50.60	27.61	5.38	12.27	0.60	1.11	2.71
地质勘查业	78	2.62	44.19	32.57	7.52	14.46	0.42	2.32	13.25
水利管理业	79	0.96	40.21	34.87	3.09	9.95	0.46	2.21	13.83
环境管理业	80	0.60	19.15	25.89	0.93	2.40	0.13	0.82	5.51
公共设施管理业	81	0.97	33.68	33.98	1.62	5.66	0.46	1.68	10.11
居民服务业	82	0.48	22.56	41.51	0.97	2.63	0.66	2.25	1.69
其他服务业	83	0.63	22.41	35.99	1.35	3.70	0.59	1.40	2.29
教育	84	4.89	74.69	16.03	9.87	31.72	0.31	0.50	1.67
卫生	85	2.96	56.01	32.25	6.57	21.12	0.39	0.83	2.77
社会保障业	86	1.42	53.81	39.96	1.36	8.22	0.17	0.55	2.07
社会福利业	87	0.90	30.92	31.31	0.87	3.31	0.22	1.06	4.13
新闻出版业	88	7.65	67.98	15.58	8.60	14.51	0.20	0.72	3.03
广播、电视、电影和音像业	89	2.29	62.91	26.14	4.56	13.14	0.33	1.22	4.84
文化艺术业	90	2.19	52.20	30.15	6.47	15.73	0.30	0.73	3.55
体育	91	2.36	54.53	27.41	3.94	8.21	0.27	0.89	3.54
娱乐业	92	0.60	23.41	42.61	0.50	1.53	0.23	0.77	0.76
中国共产党机关	93	6.23	80.60	10.35	0.88	2.18	0.26	1.11	2.75
国家机构	94	2.50	71.26	19.73	1.63	6.68	0.21	0.72	3.16
人民政协和民主党派	95	5.53	77.79	13.05	1.71	2.81	0.30	1.70	4.30
群众团体、社会团体和宗教组织	96	2.19	36.98	25.98	2.50	4.91	0.22	0.43	0.85
基层群众自治组织	97	0.10	11.21	39.78	0.17	0.72	0.04	0.08	0.07

资料来源：根据第二次和第三次全国经济普查数据整理。

不过，相对于制造业，服务业对员工教育水平的要求要高出很多，从表8可以看到，金融、教育等几个行业的员工中，本专科生及以上学历要占到70%以上，而制造业只占不到11%，服务业对员工素质的要求也较高。从表7与表8的比较可以非常明显地看到，不同的行业对员工教育水平的要求差异非常大，要实现产业升级，首先要求有很好的教育体系，能培养出足够符合行业发展的人才。

表8　不同行业的员工教育结构

单位：%

行业名称	行业代码	学历			专业技术职称		技术等级		
		研究生	本专科生	高中生	高级	中级	高级技师	技师	高级工
采矿业	B	0.12	9.39	28.64	0.94	3.83	0.10	0.64	4.13
制造业	C	0.26	10.5	32.76	0.84	2.96	0.25	0.81	2.35
电力、燃气及水的生产和供应业	D	0.41	26.80	43.45	2.06	7.48	0.20	1.59	8.86
建筑业	E	0.29	15.21	28.78	1.10	5.32	0.49	1.64	3.73
交通运输、仓储和邮政业	F	0.51	24.58	41.77	0.68	3.01	0.22	0.84	3.62
信息传输、计算机服务和软件业	G	5.49	64.49	23.05	2.52	8.04	0.51	0.94	2.29
批发和零售业	H	1.00	34.22	41.19	0.91	3.32	0.29	0.61	0.97
住宿和餐饮业	I	0.33	17.96	42.2	0.61	2.01	0.37	0.92	1.45
金融业	J	5.17	68.32	21.44	2.97	19.82	0.27	0.64	0.78
房地产业	K	0.95	50.32	34.67	1.52	9.43	0.24	0.73	4.67
租赁和商务服务业	L	2.73	43.50	30.43	1.86	5.26	0.25	0.60	1.40
科学研究、技术服务和地质勘查业	M	6.69	59.72	22.16	9.93	17.18	0.58	1.34	4.37
水利、环境和公共设施管理业	N	0.82	29.44	31.03	1.67	5.31	0.33	1.46	9.12
居民服务和其他服务业	O	0.56	22.48	38.66	1.17	3.18	0.62	1.81	2.00
教育	P	4.89	74.69	16.03	9.87	31.72	0.31	0.50	1.67
卫生、社会保障和社会福利业	Q	2.84	55.02	32.44	6.21	20.09	0.38	0.83	2.80
文化、体育和娱乐业	R	2.84	50.99	29.30	4.80	10.99	0.27	0.87	3.11
公共管理和社会组织	S	2.11	55.88	24.09	1.42	5.17	0.18	0.58	2.29

资料来源：根据第二次和第三次全国经济普查数据整理。

总结而言，第一，不同的产业会面临不同的人才需求，每个产业都会有其特有的知识含量和特定技能含量，产业升级与特定技能教育发展密切相关。第二，中国现有的产业结构还亟待转型，向高附加值行业转变，但这种转变绝非一朝一夕之功，完善的教育体系，多元化的人才培养是基础、是根本。根据前面的表格，我们简单测算，工业企业员工平均受教育年限 11 年，服务业员工平均受教育年限 14 年，如果我们要达到美国 80% 的国内生产总值由服务业创造，我国人均受教育水平至少要再提高 1 ~2 年。这是个什么概念呢？从 1998 年高校扩招到 2019 年的约 20 年时间里，我们的人均受教育年限大概提高了 1 年，这还不考虑教育质量、边际收益递减等问题。由此可见，产业结构调整与升级是一个长期的过程，教育是个基础性的准备，首先要把教育办好，才有可能实现产业升级。

（四）教育与科技创新

科技创新实际上可以归为产业升级的一部分，前文关于产业升级的讨论很好地体现了教育的重要作用，科技创新相对产业升级是更为尖端、更为基础的工作，对教育、对人才的依赖程度只会更高。图 14 的 a、b 两图是省际教育发展水平与专利申请和授权情况，a 图是省际人均教育支出与人均专利申请数量的关系，b 图是省际人均教育支出与人均专利授权数量的关系。从图 14 中可以看到，教育发展水平越高的地方，专利申请和授权数量会越高。和人力资本的作用类似，教育支出同样有溢出效应，基于相同的教育发展水平，如果一个地区人口规模更大、人口密度更大，则会有相对更多的专利申请数量和授权数量。比如北京、天津、上海、浙江、广东等地，科技创新活动会更为活跃，教育能够发挥更大的作用。

专利可以分为不同类型，包括发明专利、外观专利、实用新型专利三种，不同的专利类型对于科技创新的价值和意义完全不同。对于前沿科技发展而言，最为重要的是发明专利，这类专利能在更大程度上体现科学的原创性。表 9 列出了 2013 ~2015 年各省份不同类型的专利申请数量。从总量来看，江苏、浙江、广东、北京、安徽是专利申请的大省份，均超过 10 万件；按申请密度来看，北京、上海、浙江等省份领先。发明专利方面也有类似的情形，仍然是江苏、广东、北京、安徽、浙江、山东、上海等省份领先。和经济发展类似，各地区之间专利申请差异极度不平衡，江苏、浙江、广东、北京、安徽 5 个省份的专利申请总数都超过 10 万件，而同时有内蒙古、吉林、海南、西藏、甘肃等省份各自的申请总数还不到 5000 件，差距巨大。

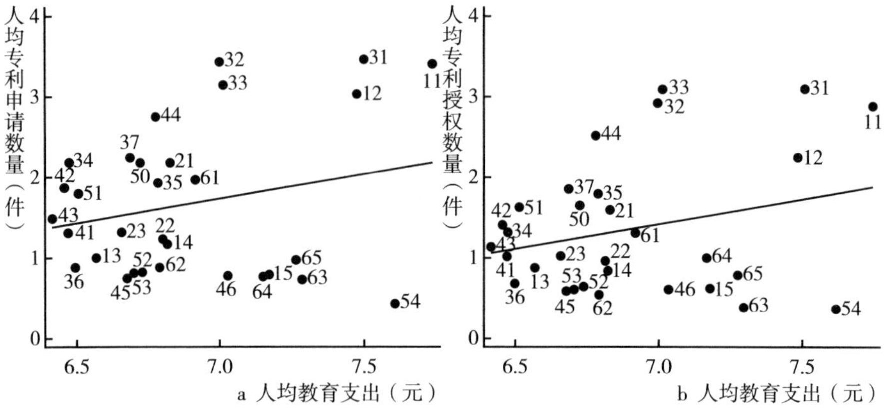

图 14　省际教育发展水平与专利申请和授权情况

资料来源：根据历年各省份统计年鉴收集整理。

表 9　2013 ~ 2015 年各省份不同类型专利申请数量

单位：件

省份	省份代码	发明专利申请数	外观专利申请数	实用新型专利申请数	专利申请总数
北　京	11	52901	4556	58379	115836
天　津	12	13146	2466	19361	34973
河　北	13	6089	2504	13170	21763
山　西	14	3434	860	6251	10545
内蒙古	15	1355	390	2177	3922
辽　宁	21	7630	1094	11330	20054
吉　林	22	1466	363	2290	4119
黑龙江	23	3637	999	5395	10031
上　海	31	20829	5817	28481	55127
江　苏	32	91885	70255	109503	271643
浙　江	33	42877	87372	121604	251853
安　徽	34	43960	7358	49081	100399
福　建	35	8954	14498	20881	44333
江　西	36	3379	2248	9445	15072
山　东	37	34388	8800	47061	90249
河　南	41	10457	4932	25427	40816
湖　北	42	11343	2749	19353	33445
湖　南	43	11427	5009	17708	34144

续表

省份	省份代码	发明专利申请数	外观专利申请数	实用新型专利申请数	专利申请总数
广　东	44	59034	34840	79629	173503
广　西	45	10185	1322	8160	19667
海　南	46	545	127	551	1223
重　庆	50	11402	6346	18751	36499
四　川	51	16294	17856	23158	57308
贵　州	52	3488	1654	4566	9708
云　南	53	2649	912	5113	8674
西　藏	54	15	15	3	33
陕　西	61	4894	1426	7771	14091
甘　肃	62	1403	297	2663	4363
青　海	63	276	91	427	794
宁　夏	64	1344	143	1146	2633
新　疆	65	1304	242	3888	5434

资料来源：中国专利数据库。

需要指出的是，本部分我们希望讨论教育对于科技创新的影响，但从量化的角度而言，我们很难准确对科技创新进行分析，从而选择了专利这一常见指标，发现教育发展对于专利申请与授权有重要意义。但是，在科技创新的整个流程中，到专利申请授权这一步实际上只是刚刚开始，后面还有很长的路要走。所谓“研发”（R&D，Research and Development），按照发达国家的经验，当10%的资源配置在研究、90%的资源配置在开发时，将会有一个比较理想的技术转换效率，即科学技术前沿成果能够真正有效转化为产品和生产。而我们国家由于各方面的原因，重研究、轻开发，重论文成果、轻转化成果，资源配比还远远没有达到9∶1的比例，大量的科研成果还没有进行转化，也有大量的科研成果根本就没有转化价值。学校教育只能有助于科研创新，有助于研究，开发的确是一个系统性工程，与教育体制、产权制度、金融支持等各方面都密切相关，需要通盘考虑。

简要总结本部分的讨论：第一，信息时代，知识的积累速度非常快，根据不同类别的科技创新，对教育、对人才有不同的要求；第二，原创性的科技创新是对新领域的探索，要求有以能力培养为基础的教育理念；第三，我国的专利申请和授权数量已经是全球第一，但成果转化率还比较低，这需要有更好更完善的措施来促进成果转化。

（五）教育与未来社会经济发展展望

从经济发展的角度来看，进入文明时代后的人类社会的演变主要经历了三个阶段，并正在迈向第四个阶段。第一阶段是1800年之前的2000年间，第二阶段是从工业革命到第二次世界大战结束，第三阶段从1950年代到现在，第四阶段是指我们对于未来的预判。第一阶段是典型的农业社会，经济个体规模很小，自给自足，交通落后、市场狭窄，人们只能在一个很小的范围内交换资源，资源配置效率非常低，人们的生活水平变化不大，基本处于马尔萨斯低水平均衡。源于大航海时代的到来，使经济个体能够接触的范围大幅度扩张，这种市场扩大和需求拉动带来了革命性的变化，需求创造了供给，大规模的需求扩张带来了技术的革命性突破。16世纪以来的经济发展实践表明，资源配置效率的改善成为经济增长的核心，要素、技术和信息的组合构成现代经济增长的源泉。在信息流动和完善的基础上，要素开始流动，与特定的技术结合，形成最终产出。三者互动合作，互相促进和加强，缺一不可。18世纪以前，虽然有基本的生产要素，但要素流动和信息流动的成本非常高，技术交流速度也非常缓慢，形成的是低水平传统农业社会经济发展的均衡，经济发展水平很低，人均产出基本保持不变。工业革命以来的第二阶段，人均产出开始持续增长，这完全突破了原有的农业社会低水平均衡，使得人们开始从理论上思考经济持续增长的原因。$Y=AF(K, L)$ 是现代经济增长理论和实践的精髓，Y 表示最终产出，K 表示资本，L 表示劳动，A 表示以技术为核心的全要素生产率。18世纪以后，经济学理论一直以这一基本的宏观经济核算解释和指导经济发展实践。资本、劳动和以技术为核心的全要素生产率构成现代经济增长的基本要素。从全球范围来看，经济发展是分区域、分阶段的，首先在部分国家之间进行贸易和资源交换，这部分国家先成为发达国家，这个格局到第二次世界大战时基本已经奠定。第二次世界大战结束到现在，我们认为是全球经济发展的第三阶段，经济发展开始向发展中国家扩散，按照经济学的解释，符合新古典经济学的基本框架，各国经济存在条件收敛，发展水平较低的国家增长速度会较快，发展水平较高的国家增长速度会较慢，最终所有的国家会收敛到几乎同一个经济发展水平。当然，这种趋同的存在是有条件，从“华盛顿共识”到“北京共识”等，都是在讨论如何促进经济增长的基本原则。此外，收敛的时间跨度也是一个大问题，并没有一定之规。在第三阶段中，发展中国家和发达国家的交流大幅度增加，很多国际组织开始建立，如联合国、世界银行、国际货币基金组织、世界贸易组织等，这对维持市场经济政治基本秩序、促进经济增长起到了很大的作用。由此，很多发展中经济体开始兴起，新加坡、韩国、东南亚、中国、印度，再到后来的东欧国家等。相对而言，这是世界历史上难得的一段整体和平时期，全球经济得到了很大的发展，人民的生活水平、科技发展水平等都有了大幅度的提升。

总结而言，第一阶段的经济发展以自给自足为主，从经济增长的角度看，教育的作用无论对于个人还是社会，作用都较为有限；第二阶段的经济发展以资源的跨区域配置、产品流动和要素流动为核心，资源配置效率的改善带来了经济效率的大幅度提升，分工是经济增长最重要的动力；第三阶段在分工的基础上发挥规模经济的作用，规模经济成为经济增长的核心动力。在第二和第三阶段，教育、人才的作用都至关重要，正如前文所述，如果没有与之匹配的教育体系和人才培养体系，就没有相应的产业结构和创新能力，就不可能发挥出比较优势和规模经济的巨大威力。但仍然需要强调的是，在第二、第三两个阶段中，经济增长最核心的动力还是来自分工和规模经济。关于未来，随着技术的不断进步，当分工和规模经济促进经济增长的潜力越来越小时，人力成本的进一步上升会催生资本对劳动的迅速替代，这会是一个根本性的格局变化。现有国际分工体系基本上是以各国禀赋为基础的，一些国家提供资源，一些资源提供劳动力，一些国家提供研发等，共同形成产品生产，再通过贸易来实现资源的全球配置。一旦资本能在更大程度上替代劳动，那发达国家对于发展中国家的依赖程度将大幅度下降，世界将可能由单峰模式转向双峰模式，文明的冲突离我们也许并没有那么遥远。我们研判，第四阶段的发展将是以制度和创新为核心竞争力的模式，一旦资本能够不断替代劳动，而要素的直接流动成本又非常低，那全球产业布局就在很大程度上由制度质量与公共服务质量来决定。而在普遍性的制度竞争、成本竞争之外，创新水平将成为决定一个经济体综合实力的最重要因素，教育将发挥人类发展史上最为重要的作用。

三　高考与家庭、个人发展

一项教育制度的完善和发展，最终的目标都是为了实现人的发展，以人为本是教育的本质和真谛。

（一）高考政策调整的关键举措

作为整个教育制度设计的重要组成部分——高考，尤其需要得到政府、社会和家庭的共同关注，制度设计合理，教育可以在实现人的发展的同时，带来社会经济的繁荣与发展，如果设计不合理，则有可能会造成资源错配，损失效率。结合前面的研究，我们认为政府决策和社会研究应该从如下几个方面做深入的研究和讨论，并以此为依据对相关政策进行适度调整，完善现有教育制度、高考制度，服务于社会经济发展与人的成长。

第一，结构转型非一日之功，办好教育，夯实基础。社会经济的发展经常会困惑于长期目标和短期目标的权衡。在我们以往的很多认识中，总认为教育的发展、人民素质的提升等是个长期的事情，需要有长远规划，但经济增长却更多的是个短期的事情。这就使得很多时候的决策会出现长期目标让位于短期目标，先保增长，再办教育，从而出现教育经费投入不足，劳动力素质较低，经济增长乏力的恶性循环。如何看待这样一个问题呢？如果我们将经济增长理解为简单的投资和劳动力的组合形成产出的过程，那确实这种经济增长没有太高的技术含量。但是，经济增长，尤其是长期的经济增长绝对不是简单的资本与劳动的简单组合，经济增长的质量存在很大的差异。即使最简单的经济学模型，也认为经济增长至少包括三个方面的贡献：资本、劳动和全要素生产率。而全要素生产率中非常重要的因素就是技术和人力资本等与教育发展密切相关的元素。应该说，长期以来，各国政策都观察到了经济增长质量的差异，都希望致力于经济结构转型升级。最近十多年，我国一直在推动经济发展模式转变，就是希望改变原有的投资拉动型模式，转向内生经济增长模式。在这里，我们需要特别表明的是，根据我们前面的研究，我们认为经济增长目标和国民教育目标是完全相辅相成的。长期而言，经济增长的唯一动力只有技术进步，而只有高水平的教育、高素质的劳动力才有可能带来技术进步。举一个最简单的例子，根据现有的研究，不同产业存在不同的知识密集度，假设第一、第二、第三产业的知识密集度分别为6年、8年、10年，如果一个经济希望由第一和第二产业各占50%转型升级到第二和第三产业各占50%，也就意味着该经济体的劳动者人均受教育程度必须由7年上升到9年。经济结构转型，依赖的是教育先行，没有教育的大发展，就不可能有真正的结构转型，只有办好了教育，培养了高水平的劳动者，才能带来经济发展质量的提升。因此，经济发展与教育发展是相辅相成，互相促进的。

第二，加强基础教育。教育是社会公平的底线，教育是阶层流动最重要的堡垒。以人为本的发展方式和理念，要求我们必须为每个人的成长提供相对公平的机会。对于全体民众而言，也许没有哪一项其他投资会比教育更为公平了。接受教育在一定程度上对家庭拥有的其他禀赋的差异依赖程度较低，从而教育就可以成为一项大家普遍受益的公共品。在现代国家治理领域，政府一个非常重要的功能就是促进普遍发展、保障基本发展。这就涉及政府用什么样的方式来实现这一目标，任何的政策和措施都会有一定的受众，而受众的差异性和公平性是评价一项政策的重要标准之一。比如，基础设施建设、交通网络的发展和投资会带来经济更快的发展，这的确会使得全体国民共享发展成果，但这种共享并不是完全公平的，不同群体的受益程度差别非常大。类似的例子还有很多，而教育与一般公共支出项目的差异就在于会使得不同群体都有相对公平的受益程度，而且促进普遍发展，也能保障基本发展，对现代国家治理而言，是一项最有价值的公共品投资。此外，还需要特别强调的是，随着社会经济的不断发展，社会对教育的需求不再局限于公平，也对教育质量、教育多元化等提出了更高的要求。分工的细化要求有更多专业化技能人才，政府作为教育的主要提供方，必须认真考虑这一社会需求，以更为开放包容的心态办好多元化教育，服务社会发展。

第三，高度重视产学研结合，尤其是技能教育密切相关的成果转化。教育很重要，经济发展也很重要，二者的关系相辅相成。但是，高水平的教育、高水平的研究要转化为生产力，还是一个漫长的过程，需要有大量相关的配套政策和措施。基本教育保障基本公平，更高层次的教育则要担起科技创新的重任。几十年来，我们基础教育和高等教育的普及程度大幅度上升，但是，教育科研的成果转化方面还起步不久，做得还很不够。成果转化是一个系统工程，需要有产权保护、金融支持、公共服务等诸多方面的政策配套。首先，发挥高新区科技成果转化试验田的作用，考虑开展科技成果所有权混合所有制改革。受我国目前专利法等法律限制，企业、科研院所和高等学校在开展产学研合作时面临尚不清晰明朗的利益分配问题，可能直接影响到校－地合作的实质成效和可持续性。高新区作为科研机构和高等院校科研成果转化的重要平台，要敢于先行先试，积极探索科技成果所有权混合所有制改革。2018 年的《专利法》修订可能会对这方面做进一步的明确，这将对我国科研成果转化带来积极影响。其次，加强高新区孵化器市场化运作力度。成立孵化器管理企业，建立孵化器联盟，用市场化手段整合孵化资源，以中介、服务、投资、受托管理等多种市场形式，支持和参与科技成果的商品转化和相关产品产业化成长的经营运作，加速企业的技术创新过程。此外，各科技企业孵化器可以出台统一的孵化器政策，推动各孵化器之间开展广泛的业务合作，加强产学研互动结合，实现联盟企业间的资源共享、人才互补以及技术、资金和产品的合作，提升科技企业孵化器的整体服务水平。尝试建立以孵化器管理公司和创业投资公司为市场服务手段，以孵化器孵化项目评价管理体系为依托，构建企业孵化投融资网络，最终形成由政府、风险投资机构、投资管理机构、投资人、金融机构、担保及其他中介机构组成的多元化投融资体系，对孵化企业提供从无偿资助到种子基金、风险投资和担保融资的全过程、多方位的金融服务，保证孵化企业的持续发展。发达国家的发展经历告诉我们，一项研究要转化为生产力要有相当长期的过程，也需要有各方面的配套措施，单就从经费投入来看，研究与开发的费用比例为 1∶9 时最有利于科研成果转化，我国在这方面的发展还任重道远，后续需继续加强。

第四，以科技创新引领未来全球竞争。人是社会的动物，人更是时代的动物。那现在是什么样的时代呢？这是一个科技革新风起云涌的时代。大数据分析、人工智能、机器人……，这些技术创新将推动要素流动成本快速下降，要素替代程度不断上升，全球的生产和贸易格局将发生重大变革，一旦劳动越来越容易被资本替代，全球竞争的重点将转向制度和公共服务，也将转向科技创新。这就要求我们在人才培养和科技创新方面要做得更好。首先，要以批判思维培养独立和自由思考能力，这是科技创新的基础。劳动会不断被替代，但人永远不会。奈特说，面对不确定性的世界，思想（idea）和判断力（judgement）比知识（knowledge）更重要。康德说，如果一切都可知，自由就是不可能的；正因为不可知，自由才成为可能。正因为未知世界的存在，批判精神、自由思考才显得如此重要。制度和文明竞争的本质是理念和思想的竞争，如果没有批判的精神、自由的思考，就不可能有先进的理念和创造性的思想。我们学习这么多年的目的就是学会学习、学会思考，具备独立思考和研究问题的能力。作为社会动物，社会规范会框定人的行动范围，但保持一份自由思考的能力，保持自己一份应变能力，对个人发展和社会发展都非常重要。其次，要有配套的教育与科技政策支撑创新。简单地说，教育要包容，要多元化，要尊重不同的学生各自的兴趣爱好和发展潜力，重视通识教育的同时也要重视专业知识培养。此外，科技创新是最高层次的产业转化，对产业转化的政策、环境会有更高的要求，这个也需要我们从各方面进一步完善。

（二）教育与家庭决策、人的成长

对于家庭和个人而言，顺应历史潮流，依托社会规范，根据自我的禀赋、兴趣等，做好教育和职业规划，实现人生价值，这就是我们最为中心的任务。由此，我们认为，在家庭决策与个人成长过程中，也需要特别重点注意如下几点内容。

第一，与时俱进，较为全面地了解各行业、各专业的人才结构和人才需求，了解不同学科发展情况，做到知己知彼，搜寻适合自己的发展路径。教育选择和职业选择是人生中两个非常重要的事情，这对个人成长、家庭发展都有着重要的意义。如何用合适的方法接受教育，如何找到适合自己的行业和职业发展路径，这对我们的成长至关重要。

首先，教育过程注重能力训练。在人类历史的很长时期内，教育的主要职能都会被定义为知识接受。以我国的科举取士为例，科举类似于当代的高考，但考试内容变化很小，虽然关注的问题也会赋予时代特点，但一千多年来考核的基本内容几乎都没有变化，解决问题的首要办法也是历史依据、祖宗成法，可以开拓的空间非常有限。在这种稳态的社会中，教育显然最重要的就是知识的传授，记忆型教育。

但是，随着时代的进步，社会经济的不断发展，这种理念越来越不符合与时俱进的原则。当今时代，是典型的知识爆炸时代，知识更新换代非常快，更重要的是，社会经济变迁速度非常快，新问题、新现象层出不穷，过去的经验已经不足以给我们足够准确的判断，解决现实的问题。由此，我们的教育就不能再局限于知识的传授，而在于学会学习，要教会受教育者在纷繁复杂的世界中不断提高分析问题、解决问题的能力。前文的研究很清楚地表明，知识传授型教育的回报率在不断下降，而能力型教育的回报率在不断上升。对社会如此，对家庭和个人尤其如此，重视能力训练，终身学习，时时处处皆学习，只有这样，才能在激烈的社会竞争中脱颖而出。

其次，尊重和服从教育的多元化。大航海时代开启了现代经济发展的新模式，这种新模式最重要的特点就是建立在地区联通、产品交换、要素流动基础上的社会生产分工，社会发展越快，分工越细致，对知识和技能的专业化程度要求就越高。只有掌握了专业化的知识和技能，才具备与市场进行交换的能力，才具备在所属领域内创新发展的能力。在这一背景下，我们对知识和教育的理解就需要进行拓展，除了一般性的基础知识，还有非常重要的专业技能，多元化的教育是未来社会发展的基本特点，我们只有认同和接受，才有可能引领未来。尊重和接受教育的多元化并不是一件简单的事情，千百年来，我们都已习惯了整齐划一的教育模式，统一学习，统一考核，统一标准，真正要转化为对教育多元化的认可，还有相当长的路要走。对每一个人，我们都应当在夯实基础的前提下谋求个性化的发展，提高自有分工的相对价格，在市场竞争中争取优势地位。

再次，了解各个学科的不同特点。教育是一个比较宽泛的概念，对应到家庭和个人发展，我们可能更关心不同学科之间的差异，这对我们的个人定位和职业规划有重要意义。分工的不断细化使得学科分类也越来越细，学科之间的差异非常大，对从事学科学习的要求也完全不同。总的来说，“变”与“不变”是理解学科差异的一个重要标准。有的学科知识结构是在不断变化的。

英特尔的创始人摩尔曾经指出，现代社会，当价格不变时，集成电路上可容纳元器件的数量，每隔 18～24 个月增加一倍，仪器的性能也相应提升 1 倍。这个例子就很好地体现了信息时代的技术更新速度。对应到具体的学科，我们可以看到，像计算机信息科学、生命科学这一类的学科，知识更新换代非常快。如果一位高中生大学就读信息科学专业，8～10 年后，当他从该学科博士毕业时，他进入大学时学到的知识很多很可能已经更新换代了。由此可见，学会学习的重要性以及学科之间巨大的差异。也存在有的学科基本知识和框架在不同的时期变化非常小的情况，比如语言类、文学类，甚至数学等基础性学科，千百年来，很多基本的东西变化比较小，学科节奏相对比较慢一些，需要有更为淡定的心态。还有一些学科介于“变”与“不变”之间，比如经济管理类学科，基本的原理几百年以来都没有太大变化，但表现形式时刻在发生变化。经济学的理论研究到现在也没有跳出 18 世纪亚当·斯密《国富论》的框架，但现实经济发展却是热闹非凡。最后，以兴趣为基础，制定适合自己的教育和职业规划。社会分工越来越细，学科差异越来越大，个人对自身学科知识的掌握程度，就决定个人在市场中的相对价值。对于个人，切忌经过接受长时期教育后，成为边际价值非常低的标准件，而应该成为稀缺性程度非常高的、掌握了某一细分领域内特有知识的人才。

第二，教育是实现阶层跃迁的最根本推动因素，教育是回报率非常高的人生投资。最近几十年，国内外大量研究都表明，对于改变个人和家庭命运，实现阶层跃迁而言，教育是回报率最高的投资。对英国、美国等发达国家几十年的跨代跟踪数据的研究也显示，家庭对人力资本的投资是相对最优效率的。教育对于改变个人和家庭命运主要受两个因素的影响。

首先，相对于物质资本，人力资本不会贬值，这在知识更新换代非常快的现代社会显得尤为重要。一项投资的收益率取决于这项投资的相对稀缺程度。比较而言，随着社会经济发展，社会物资会越来越丰富，物质资本投资的未来收益率面临较大的不确定性。而人力资本投资，一个人的学习能力，是随着社会进步而同步发展的，人是社会的动物，人力资本投资也是和社会经济发展联动的。而且，随着社会分工越来越细，专业化的技能回报率会越来越高。此外，还有一个很重要的因素使得人力资本投资对一般家庭而言成为最优投资选择，那就是家庭的资源禀赋。物质资本投资需要一定的原始资本积累，这对一般家庭而言是很难企及的，尤其对于希望能实现阶层跃迁的贫困阶层来说，更是如此。而人力资本投资的物化资本需求非常少，更多依靠人的努力和勤奋，对普通家庭而言是相对丰裕的禀赋，从而选择人力资本投资会面临更小的约束、更小的风险，也有更高的回报。

其次，教育有很强的正外部性，随着社会整体的受教育程度越来越高，个人的教育越来越能够从社会发展过程中获得更好的回报。物质资本回报率完全取决于所拥有资本的稀缺程度。人力资本投资与其他投资的最重要的区别是，教育具有正的外部性，这使得人力资本回报在取决于相对稀缺性的同时，也会受益于整体人力资本水平的提升，这种溢价就来自人力资本相对于其他资本的回报。由此可见，对于一般家庭和个人而言，投资人力资本是获得未来超额收益的最好方式。

评 价 篇

Evaluation

B.15
中国高考评价体系及解读

《中国高考报告》课题组

摘 要： 高考评价体系明确了高考内容改革的方向、着力点和要求，是制定命题标准的重要依据，是评价试卷、考生水平和考试目标达成度的量尺。高考评价体系是深化新时代高考内容改革的基础工程、理论支撑和实践指南，对发展素质教育、推进教育公平、实现教育现代化、建设教育强国、办好人民满意的教育具有重要意义；对实现学生健康成长、国家科学选才、社会公平公正的有机统一及协调推进教育领域综合改革，都将发挥重要作用。

关键词： 高考评价体系 “一核四层四翼” 立德树人 关键能力 科学素养

一　中国高考评价体系[①]

（一）总纲

2014 年，国务院出台《关于深化考试招生制度改革的实施意见》，对加强高考内容改革顶层设计提出要求，明确指出要依据高校人才选拔要求和国家课程标准，科学设计命题内容。2018 年，习近平总书记在全国教育大会上指出，要努力构建德智体美劳全面培养的教育体系，形成更高水平的人才培养体系；要深化教育体制改革，健全立德树人落实机制，扭转不科学的教育评价导向，坚决克服“唯分数、唯升学、唯文凭、唯论文、唯帽子”的顽瘴痼疾，从根本上解决教育评价“指挥棒”问题。考试招生制度是我国的基本教育制度，是立德树人落实机制的关键组成部分，必须维护和增强全国统一高考在人才选拔培养中的核心地位。为全面贯彻落实全国教育大会精神，2019 年，教育部明确提出要立足全面发展育人目标，构建包括“核心价值、学科素养、关键能力、必备知识”在内的考查内容体系。这对科学构建中国高考评价体系提出了明确目标，提供了基本遵循。

中国高考评价体系是根据新时代党的教育方针与国家教育改革相关政策文件构建的、符合素质教育全面发展要求的、用于指导高考内容改革和命题工作的测评体系，主要包括高考的核心功能、考查内容、考查要求和考查载体等。中国高考评价体系通过解决高考“为什么考、考什么、怎么考”的问题，从高考层面对“培养什么人、怎样培养人、为谁培养人”这一教育根本问题给出了答案。中国高考评价体系的科学构建，是从根本上解决教育评价“指挥棒”问题的重大举措，也是健全立德树人落实机制、实现德智体美劳全面发展育人目标的必经之路。

1. 高考评价体系构建的意义和原则

高考评价体系是深化新时代高考内容改革的基础工程、理论支撑和实践指南，对发展素质教育、推进教育公平、实现教育现代化、建设教育强国、办好

① 教育部考试中心：《中国高考评价体系》，人民教育出版社，2019。

人民满意的教育具有重要意义；对实现学生健康成长、国家科学选才、社会公平公正的有机统一以及协调推进教育领域综合改革，都将发挥重要作用。

第一，高考评价体系是落实立德树人根本任务、发展素质教育的科学系统。它依托现代测评理论和技术，科学设定核心功能，精心设计考查内容、考查要求和考查载体，创造性地将立德树人根本任务融入考试评价过程，以实现高考评价目标与素质教育目标的内在统一，切实将高考打造成为立德树人的重要载体和素质教育的关键环节，成为德智体美劳全面培养的教育体系的有机组成部分。

第二，高考评价体系是发挥高考正向“指挥棒”作用的坚实基础。它将国家和高校的选才需求与素质教育育人目标有机联通，是实现“招－考－教－学”全流程各个环节无缝衔接、良性互动的关键。高考评价体系通过创新评价方式、优化评价手段、深化命题实践改革，全面、客观、准确地测量和评价学生的综合素质，为打破“唯分数”的单一评价模式、构建多元评价体系创造条件。

第三，高考评价体系是教育公平的强力助推器。它奠定了坚实的命题理论基础，构建了科学严谨的学科命题标准，为确保高考的考试质量提供了充分的技术保障与体系支撑，有利于发挥考试对教育公平的促进作用。同时，高考评价体系提供的大量科学评价数据，还能为基础教育资源的公平配置和高等教育入学机会的公平分配提供科学依据，从而进一步促进教育公平的实现。

第四，高考评价体系是高考内容改革持续深化和教育领域综合改革纵深推进的重要保障。通过构建具有中国特色的高考评价体系，形成深化高考内容改革、持续指导命题实践的长效机制，能够更好地发挥高考评价在科学区分学生综合素质及选拔人才等方面的功能，为推进高考综合改革、优化高校招生综合评价机制奠定坚实基础。

此外，高考评价体系高度契合高中课程改革理念，可以积极促进素质教育的正面导向作用，为高中育人方式改革提供有力支撑。

构建具有中国特色的高考评价体系，要重点把握以下五个基本原则。

第一，突出方向性。构建高考评价体系，始终坚持以习近平新时代中国特色社会主义思想为指导，全面贯彻党的教育方针，落实立德树人根本任务；坚持高考改革要有利于更好地为人民服务、为中国共产党治国理政服务、为巩固和发展中国特色社会主义制度服务、为改革开放和社会主义现代化建设服务；紧密围绕“培养什么人”这一教育首要问题，将培养德智体美劳全面发展的社会主义建设者和接班人作为根本任务。

第二，坚持科学性。高考评价体系从科教兴国战略和人才强国战略出发，依据高校人才选拔要求和国家课程标准，体现各类高校选拔人才的共性需求，科学把握教育教学、学生成长和人才选拔的规律，有效提升高考选才的效度。高考评价体系的研制过程严谨规范，坚持理论研究与实证分析相结合，在政策文件、基础理论、国际文献比较、基础教育课程方案和课程标准、高校人才培养方案、高校人才选拔需求分析等多个方面都进行了深入的研究，以确保体系内容的科学性。

第三，反映时代性。当今时代是知识经济时代，综合国力的竞争归根结底是人才的竞争。随着中国特色社会主义进入新时代，中华民族正加速迈向伟大复兴，人民群众对更高质量、更加公平、更具个性的教育的需求也更为迫切，这都对我国加快推进教育现代化、提升全民教育水平方面提出了更高的要求。高考改革事关教育现代化发展全局，要通过构建理念先进、面向未来的高考评价体系，更好地服务于新时代人才培养需求，促进人的全面发展，推动社会全面进步，助力实现《中国教育现代化 2035》的规划目标。

第四，体现民族性。我国历史悠久绵长、文化博大精深，在长期的教育和考试发展历程中，形成了以德为先、注重公平、尊重知识等独具特色的人才培养和选拔观念。高考评价体系大力弘扬社会主义核心价值观和以爱国主义为核心的民族精神，契合我国注重教育、尊重人才的文化传统，突出重视伦理道德的教育思想和德才兼备的人才观，有助于培育能担当民族复兴大任的时代新人。

第五，凸显公共性。高考是大规模高利害考试，又因社会环境和考试文化等因素而具有高度的复杂性和敏感性。面对多元化的现实期待和利益诉求，高考评价体系的设计坚持统筹兼顾，既要实现改革任务要求，又要满足人民群众的公平性诉求，确保选拔的科学性，避免应试教育的不良导向，进而服务于国家的人才储备战略和现代化建设。作为人才选拔培养的核心环节，高考尤其注重与基础教育教学关系的处理。高考评价体系与高中课程改革的理念充分衔接契合，与高中育人方式改革同向同行，将进一步发挥素质教育的正向“指挥棒”的作用。

2. 高考评价体系的内容与性质

中国高考评价体系主要由“一核”“四层”“四翼”三部分内容组成（见图1）。其中，“一核”为核心功能，即“立德树人、服务选才、引导教学”，是对素质教育中高考核心功能的概括，回答“为什么考”的问题；“四层”为考查内容，即“核心价值、学科素养、关键能力、必备知识”，是素质教育目标在高考中的提炼，回答“考什么”的问题；“四翼”为考查要求，即“基础性、综合性、应用性、创新性”，是素质教育的评价维度在高考中的体现，回答“怎么考”的问题。同时，高考评价体系还规定了高考的考查载体——情境，以此来承载考查内容，实现考查要求。

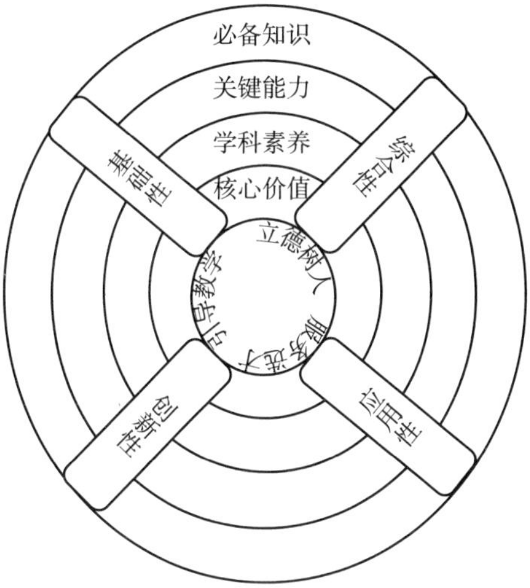

图1　中国高考评价体系

高考评价体系是“一体两面”的综合体系。首先，它是评价考生素质的理论体系。以“四层”为考查内容，评价考生素质内涵；以“四翼”为考查要求，评价学生素质达成度。其构建始于对教育根本问题的思考和回答，是素质教育要求在高考中的理论呈现。其次，它是指导和评价高考命题的实践体系。“四层”规定命题内容，“四翼”保障命题水平，中国高考评价体系将大力促进高考内容改革和命题质量的提升。

高考评价体系是对中国特色教育评价理论的丰富和发展，其将持续推进我国高考内容改革的深化。它将在今后的高考实践中接受检验并不断完善，为更好落实立德树人根本任务、培养德智体美劳全面发展的社会主义建设者和接班人提供坚实保障。

高考评价体系是高考命题、评价与改革的理论基础和实践指南，主要供高考命题人员、高考研究人员、教育考试管理人员以及广大师生学习参考使用。

（二）一核——高考核心功能

中国特色社会主义进入新时代，社会主要矛盾的新变化、党和国家事业的新发展、人民群众对优质教育的新向往，都对高考提出了新任务、新要求。高考是国家选拔人才的重要途径，不仅承载选拔和评价的功能，而且是实现立德树人的重要载体和素质教育的关键环节。

高考评价体系的核心目标，即坚持以习近平新时代中国特色社会主义思想为指导，落实立德树人根本任务，充分发挥考试的引导作用，切实体现高考的育人功能，形成人才选拔、考试评价、教育引导和教学反拨的一体化的新格局。

高考“立德树人、服务选才、引导教学”的核心功能，紧紧围绕“培养什么人、怎样培养人、为谁培养人”这一教育根本问题，全方位、系统化地阐释了“为什么考”的问题。“一核”既是对素质教育中高考核心功能的高度概括，又是使高考内容改革始终坚持正确方向、不断巩固和提升高考为国选才育人水平的根本和前提保障。

1. 立德树人

高考必须坚持立德树人。习近平总书记在全国教育大会上指出，要把立德树人融入思想道德教育、文化知识教育、社会实践教育各环节，贯穿基础教育、高等教育等各领域，教学体系也要围绕这个目标来设计。高考作为联结基础教育和高等教育的关键环节，必须以习近平新时代中国特色社会主义思想为指导，全面贯彻党的教育方针和全国教育大会精神，强化理想信念、爱国主义情怀、品德修养、知识见识、奋斗精神、综合素质等方面的考查要求，引导学生培育和践行社会主义核心价值观，弘扬中华优秀传统文化、革命文化和社会主义先进文化，树立正确的历史观、民族观、国家观、文化观，切实增强中国特色社会主义道路自信、理论自信、制度自信、文化自信，从而全面彰显高考的育人功能。

2. 服务选才

高考必须坚持服务选才。立足于服务国家、服务高校选才这一基本点，高考要为国家和高校选拔出符合要求的人才。因此，高考要紧密围绕科学选才、提高质量、促进公平的目标，进一步探索和完善评价人才的方法，使人才选拔标准更全面、方式更科学；要保证较高的信度和效度，保证适宜的考试区分度，促进人才合理分流、配置，更好地适应国家经济社会发展对多样化、高素质人才的需求，为建设人力资源强国提供有力保障。

3. 引导教学

高考必须坚持引导教学。作为大规模高利害考试，高考客观上对高中教学起到重要的引导作用。高考结果直接影响学生获得的教育资源和将来的发展，甚至影响对地方教育发展的成效评价和资源投入。因此，高考对基础教育教学的引导作用具有很较强的现实动能和社会根基。

高考评价体系将“引导教学”纳入核心功能，有利于理顺教考关系，增强“以考促学”的主动意识。通过考试改革，紧密对接高中育人方式改革，进一步健全立德树人落实机制，完善德智体美劳全面培养的育人体系，着力扭转教育的简单功利化倾向，提升教育评价水平并发挥正向积极的导向作用；通过高考改革与基础教育、高等教育改革的协调推进，在实现高校人才选拔目标的同时，高度契合高中课程改革的培养目标和评价目标，从而达到理顺教考关系、实现“以考促教、以考促学”的目的，促进立德树人根本任务的落实，共同形成更高水平的全面培养体系。

高考评价体系以党的教育方针、国家发展需求、高校选才要求为方向，实现正确引导；充分考虑国家课程标准内容、教学实际情况，实现科学引导；重点关注教考关系，灵活调整引导方法和手段，实现有效引导。

立德树人是教育的根本任务，在教育改革中发挥着统领作用，决定着高考的前行方向和价值取向。服务选才和引导教学既各有侧重又相互关联，是高考落实立德树人根本任务的两个基本手段。“立德树人、服务选才、引导教学”构成整体的功能机制，体现了高考在人才选拔中的核心地位和关键作用。

（三）四层——高考考查内容

根据高校人才选拔要求和国家课程标准，遵循考试评价的规律，中国高考评价体系将应考查的素质教育目标凝练为“核心价值、学科素养、关键能力、必备知识”的“四层”考查内容。在“四层”的构建中，“核心价值”指明立德树人根本任务，起到方向引领作用；“学科素养”承接核心价值的方向引导，统摄关键能力与必备知识；“关键能力”是支撑和体现学科素养要求的能力表征；“必备知识”是培养能力、达成素养的基础。“四层”紧密联系，构成有机整体，使素质教育目标在高考中得到系统的体现。

1. 核心价值

核心价值是指即将进入高等学校的学习者应当具备的良好政治素质、道德品质和科学思想方法的综合，是在各学科中起着价值引领作用的思想观念体系，是学生面对现实的问题情境时应当表现出来的正确的情感态度和价值观的综合。核心价值旨在通过学校教育和社会实践等多种途径，将学生培养成为拥护中国共产党领导和社会主义制度、立志为中国特色社会主义奋斗终身的建设者和接班人。

培养学生良好的政治素质、道德品质和科学思想方法，是解决“培养什么人、怎样培养人、为谁培养人”这一教育根本问题的关键。核心价值集中反映党的教育方针和立德树人根本任务，体现德智体美劳全面发展的育人目标，在高考评价体系的考查内容中居于首要位置，引领其他三项考查内容。

核心价值主要包含“政治立场和思想观念、世界观和方法论、道德品质和综合素质”3 个一级指标和 10 个二级指标（见表 1）。

“政治立场和思想观念”是指即将进入高等学校的学习者应当具备的正确政治立场、态度和基本观念，包含理想信念、爱国主义情怀、以人民为中心的思想和法治意识等方面的基本要求。

“世界观和方法论”是指即将进入高等学校的学习者应当掌握的马克思主义世界观和方法论，包含辩证唯物论、唯物辩证法和唯物史观的基本观点和方法论要求，属于科学思想方法的范畴。

“道德品质和综合素质”是指即将进入高等学校的学习者应当具备的社会主义道德情操、意志品质和精神情怀，包含品德修养、奋斗精神、责任担当、健康情感和劳动精神等方面的基本要求。

表1　核心价值指标体系

一级指标	二级指标	指标内涵
政治立场和思想观念	理想信念	学习领会马克思主义，特别是习近平新时代中国特色社会主义思想。树立共产主义远大理想和中国特色社会主义共同理想，增强中国特色社会主义道路自信、理论自信、制度自信、文化自信，立志肩负起实现中华民族伟大复兴中国梦的时代重任
	爱国主义情怀	热爱和拥护中国共产党。认同中华人民共和国，认同中华民族，厚植爱国主义情怀，自觉维护民族团结和国家统一，维护国家尊严与利益。认同中华文化，弘扬中华优秀传统文化，继承革命文化，发展社会主义先进文化
	以人民为中心的思想	理解人民群众是历史的创造者，是决定党和国家前途命运的根本力量。树立为人民服务的思想，立志扎根人民、奉献祖国
	法治意识	树立宪法法律至上、法律面前人人平等的法治理念。理解全面推进依法治国必须坚持党的领导、人民当家作主、依法治国的有机统一。能够尊法学法守法用法，自觉参加社会主义法治国家、法治社会建设。能够依法行使权利、履行义务，维护公平正义，做中国特色社会主义法治的忠实崇尚者、自觉遵守者、坚定捍卫者
世界观和方法论	正确的世界观和方法论	坚持辩证唯物主义，坚持无神论，反对唯心主义。一切从实际出发，实事求是，尊重客观规律。相信科学，尊重事实，追求和传播真理。坚持唯物辩证法，反对形而上学，坚持用联系、发展、矛盾的观点观察和分析问题，善于透过现象看本质。坚持理论联系实际，在实践中检验真理、修正错误。坚持历史唯物主义，反对历史虚无主义。能够运用历史唯物主义的观点、方法观察分析社会历史现象，正确认识社会发展规律，顺应改革发展潮流
道德品质和综合素质	品德修养	培育并践行社会主义核心价值观，有大爱大德大情怀。遵守社会公德和职业道德，崇尚家庭美德，培育个人品德。理性面对当代社会经济、文化、科技、环境等方面的伦理问题与伦理冲突，自尊自信、意志坚强
	奋斗精神	树立高远志向，认同奋斗成就幸福、奋斗者最幸福的观念。历练不懈奋斗的精神，具有勇于奋斗的精神状态、乐观向上的人生态度，做到刚健有为、自强不息
	责任担当	具有社会责任感，积极承担社会责任、履行义务。具有集体主义精神，以国家利益和集体利益为先。积极维护公共利益，关注并参与人类命运共同体的构建。有序参与社会公共事务，行使人民当家作主的政治权利

续表

一级指标	二级指标	指标内涵
道德品质和综合素质	健康情感	具有健康意识,注重增强体质、健全人格、锤炼意志,珍爱生命,热爱生活。具有高雅的审美情趣和良好的审美意识,在生活中能够感受美、鉴赏美、创造美
	劳动精神	崇尚劳动、尊重劳动,认同劳动最光荣、劳动最崇高、劳动最伟大、劳动最美丽的观念。坚持以辛勤劳动、诚实劳动、创造性劳动实现自己的人生价值,愿意为国家富强、社会进步和人民幸福而辛勤工作

2. 学科素养

学科素养是进入高等学校的学习者在面对生活实践或学习探索问题情境时，能够在正确的思想价值观念指导下，合理运用科学的思维方法，有效整合学科相关知识，运用学科相关能力，高质量地认识问题、分析问题、解决问题的综合品质，学科素养通过基础教育阶段的学科教学培养形成，既是基础教育培养目标的要求，也是高校人才选拔的要求。

学科素养融会国家课程标准中的核心素养要求和高校人才选拔要求中的素养内涵，基于理论逻辑分析与实证调研结果，构建出适合在考试评价中表达和测量的指标体系。学科素养包括“学习掌握、实践探索、思维方法”3个一级指标和9个二级指标（见图2、表2）。

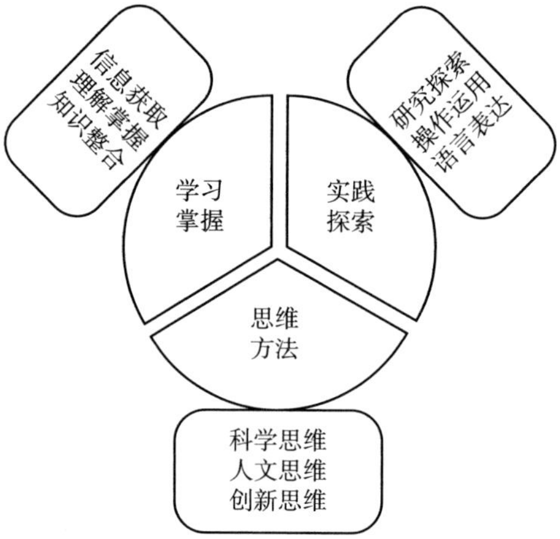

图2　学科素养指标体系

表2　学科素养指标体系

一级指标	二级指标	指标表现
学习掌握	信息获取	适应社会信息化趋势，通过各种方式与渠道获取信息，根据应对问题情境的需要，合理地组织、调动各种相关知识与能力，完成信息获取活动
	理解掌握	根据应对问题情境的需要，合理地组织、调动各种相关知识与能力，系统化、多层面、多角度地对新信息进行加工处理，融会贯通地把握新信息的实质，把握新旧信息的联系，形成对新信息的准确判断、分析与评价
	知识整合	根据应对问题情境的需要，合理组织各种相关的知识与能力，对获得的学科知识和相关信息进行概括整合，形成与生活实践情境或学习探索问题情境相应的产生式系统，能够将新获得的知识纳入已有知识结构或知识体系中，将原有的知识结构做合理的调整
实践探索	研究探索	根据应对新的问题情境的需要，合理地组织、调动各种相关的知识与能力，实施调研、探究或实验活动。分析结果，提出新观点或发现新问题，寻求有效的问题解决方法
	操作运用	根据应对问题情境的需要，合理地组织、调动各种相关的知识与能力，运用实验等动手操作方法，探究所要解决的生活实践情境或学习探索情境中的各种问题。综合各种技术方法进行组合创新，将创意或方案转化为有形物品或对已有物品进行改进与优化，创新性地解决现实情境问题
	语言表达	根据应对问题情境的需要，合理地组织、调动各种相关的知识与能力，准确传达信息并进行交流沟通。能够根据具体情境的不同，选用口语、书面语等不同语体并灵活转换。熟练运用图像、图表、图片表达思维、观点，借助口语、书面语或绘图等方式表达抽象的概念。灵活运用各种文本形式准确表达个人的情感、思维和观点。能够根据情境需要，运用外语进行交流
思维方法	科学思维	采用严谨求真的、实证性的逻辑思维方式应对各种问题。能够根据对问题情境的分析，运用实证数据分析事物的内部结构和问题的内在联系，以抽象的概念来反映客观事物的本质特征和内在联系。运用抽象与联想、归纳与概括、推演与计算、模型与建模等思维方法来组织、调动相关的知识与能力，解决生活实践情境或学习探索情境的各种问题
	人文思维	运用历史的、辩证的、审美的、系统的思维方式应对问题。能够根据对问题情境的分析，从多元性、情境性、关联性、层次结构性、动态平衡性、开放性和时序性等方面把握问题与事物的本质。综合运用联想、类比、引申等思维方法，组织、调动相关的知识与能力，解决生活实践情境或学习探索情境的各种问题
	创新思维	运用开放性、创新性的思维方式应对问题情境，组织相关的知识与能力，注重独立性、批判性、发散性的思考。综合运用直觉的、顿悟的、灵感的、形象的、逻辑的方法，提出新视角、新观点、新方法、新设想，创新性地解决生活实践情境中或学习探索情境的各种问题

“学习掌握”是指学习者在面对生活实践或学习探索问题情境时，能进行有效输入、编码、储存各种形式的信息的综合品质。从人类学习的认知机制来看，“学习掌握”是认知加工和行动输出的前提和基础。在信息时代，新知识、新方法、新技术不断涌现，个体必须能够通过各种渠道获得所需要的信息，能够在原有的知识基础上理解新信息并将其纳入学科的基本知识结构中，能够根据已接收的新信息与解决问题的需要建立各种知识组合。“学习掌握”包含3个二级指标：信息获取、理解掌握、知识整合。

“实践探索”是指学习者在面对生活实践或学习探索问题情境时，组织整合相应的知识与能力、运用不同的技术方法进行各种操作活动以解决问题的综合品质。“实践探索”包括认知操作和行动操作两个方面，是个体改造世界的核心品质。“实践探索”是信息输入和认知加工之后的必然结果，是完成认知学习和实践的关键环节。“实践探索”包含3个二级指标：研究探索、操作运用、语言表达。

“思维方法”是指学习者在面对生活实践或学习探索问题情境时，能进行独立思考和探索创新的内在认知品质。“思维方法”是思维的品质、方式和能力的综合，是个体高质量地解决好实践或学习探索情境中的各种问题的基础。“思维方法”是认知加工的关键构件，是个体在信息时代所必须具备的核心认知品质，也是未来社会人才培养所需要的终身素养。“思维方法”包含3个二级指标：科学思维、人文思维、创新思维。

高考评价体系的学科素养，是进入高等学校的学习者在学科方面应该具备的关键的综合品质，是通过基础教育阶段学科的教学培养形成的。它既是基础教育培养目标的要求，也是高校人才选拔的要求。学生的学科素养是通过生活实践与学习探索问题情境中的活动表现出来的，可以在高考中进行评价。“学科素养”作为关键链接层，在“核心价值”的引领下，充分发挥素质考查的导向作用，并统摄“关键能力”和“必备知识”。

3. 关键能力

关键能力是指即将进入高等学校的学习者在面对与学科相关的生活实践或学习探索问题情境时，高质量地认识问题、分析问题、解决问题所必须具备的能力。它是符合高水平人才培养体系所必须、适应时代要求并支撑其终身发展的能力，是培育核心价值、发展学科素养所必须具备的能力基础。

基于学科素养导向，承接学科素养要求，并结合学生认知发展实际，高考评价体系确立了符合考试评价规律的三个方面的关键能力群：第一方面是以认识世界为核心的知识获取能力群；第二方面是以解决实际问题为核心的实践操作能力群；第三方面是涵盖了各种关键思维能力的思维认知能力群。根据高考的特征，高考评价体系将对这三个方面关键能力发展水平的测评作为考查内容，以区分学生综合能力水平的高低，引导基础教育对学生综合能力的培养。

（1）知识获取能力群

“知识获取能力”是指学习者在面对与本学科相关的生活实践和学习探索问题情境时能够客观描述世界、科学解释世界的稳定的个性心理特征，是个体认识世界、学会学习所必须具备的关键能力。主要包括：语言解码能力、符号理解能力、阅读理解能力、信息搜索能力、信息整理能力，等等。

经过素质教育的培养，知识获取能力强的学习者应当能够阅读和理解本学科的主要文本、基本符号，能够客观全面地获取相关信息，能够从情境中提取有效信息；能够准确概括和描述本学科所涉及的基本现象的特征及其相互关系，并从中发现问题；能够透过现象看到本质，发现隐含的规律或原理；能够运用学科语言准确表达自己的发现或结论；能够对学科基本知识进行结构化理解，形成学科知识网络。

（2）实践操作能力群

“实践操作能力”是指学习者在面对生活实践和学习探索问题情境时进行学以致用的学科认知操作和行动操作中表现出来的稳定的个性心理特征，是理论联系实际所必须具备的能力基础。主要包括：实验设计能力、数据处理能力、信息转化能力、动手操作能力、应用写作能力、语言表达能力，等等。

经过素质教育的培养，实践操作能力强的学习者应当能够根据实验目的和要求，设计合理的实验方案，进行正确的实验操作，科学收集和处理、解释实验数据；能够根据行为目标和面临的客观条件，设计和选择解决问题的最佳方案；能够对问题解决方案的合理性、可行性进行基于事实和逻辑的论证；能够根据方案的实践结果不断修正和改进方案；能够运用口头语言和书面语言进行沟通交流，准确表达自己的看法，以合作解决问题。

（3）思维认知能力群

“思维认知能力”是指学习者在面对生活实践和学习探索问题情境时进行

学科认知加工的、稳定的个性心理特征，是学习者在秉持科学态度，运用严谨的理性思维和丰富的感性思维，发现新问题、运用新方法、解决新问题、获得新结论的过程中表现出来的思维能力，是激发个体好奇心、想象力、塑造创新人格所必须具备的能力基础。主要包括：形象思维能力、抽象思维能力、归纳概括能力、演绎推理能力、批判性思维能力、辩证思维能力，等等。

经过素质教育的培养，思维认知能力强的学习者应当能够独立思考，通过自己的逻辑思辨，发表独立的、有创造性的看法；能够从多个视角观察、思考同一个问题；能够灵活地、创造性地运用不同方法，发散地、逆向地解决问题；具有敏锐的洞察能力，能够发现复杂、新颖情境中的关键事实特征和有价值的新问题；能够将所学知识迁移到新情境，解决新问题，获得新知识，并且能够科学地反思和验证自己的新结论，以确保新结论的可靠性。

4. 必备知识

必备知识指即将进入高等学校的学习者在面对与学科相关的生活实践或学习探索问题情境时，高质量地认识问题、分析问题、解决问题所必须具备的知识。它是由人文社会科学和自然科学各学科的基本事实、基本概念、基本技术与基本原理组成的基本知识体系。这一知识体系由陈述性知识和程序性知识构成，是应对情境所必须具备的各种复杂的产生式系统。学科必备知识与学科关键能力一样，是学科素养的基础支撑。

基于学科素养导向的原则，对于经过高中阶段学习、即将进入高等学校的学习者而言，在知识领域方面的要求是：理解并掌握人文社科的基本问题、基本原理与基本思想，尤其是人文思想的正确立场、观点与方法；理解并掌握基本的科学知识与技术、科学精神与思维方法；掌握运用语言或其他符号形式进行表达的知识。对知识组织方式的要求是：掌握并形成人文社科和自然科学各学科的基本知识结构，包括整体知识框架以及基本事实、基本概念、基本原理、基本技术与方法，其中整体知识框架与基本事实以陈述性知识形态掌握并形成知识结构，基本概念、基本原理、基本技术与方法以程序性知识形态掌握并保持；语言或符号表达的知识以程序性知识形态掌握并保持。

（四）四翼——高考考查要求

高考评价体系的“四翼”考查要求立足于素质教育应达成的内容表现与

形式表现，是在高考中对素质教育进行评价的基本维度。它既回答了在德智体美劳全面培养的素质教育体系下高考“怎么考”的问题，也回答了在高考这一素质教育的关键环节中如何科学评价学生综合素质的问题。“四翼”考查要求一方面体现了高校在人才选拔中对学生素质进行评价的要求，另一方面也对普通高中学业质量达标水平、学生核心素养达成水平以及高中素质教育发展水平在高考评价中做出了解读。因此，“四翼”既是落实高考“服务选才”功能的着力点，又是发挥高考“引导教学”功能的抓手。

在高考命题的实施过程中，“四翼”是联结“四层”高考考查内容与高考命题实践的纽带。高考评价体系通过“四翼”实现对学生“四层”的有效考查，也通过“四翼”实现对高考试题质量的有效评价。因此，“四翼”不仅是评价学生素质高低的基本维度，也是评价试题质量优劣的基本指标。

1. 基础性

素质教育各个阶段的教育教学目标具有一定的连续性，这主要体现在前一阶段学习成果是后一阶段学习成果的基础。扎实牢靠的学习成果是学生求真理、悟道理、明事理的坚实基础。对于即将进入高等学校的学习者来说，应该为继续学习和终身发展打下坚固的基础。基础扎实的学习者能够在广阔的学科领域中准确理解并熟练掌握主干内容，具备应对生活实践情境或学习探索问题情境的基本知识、基本能力与基本素养，具备进入高等学校进行专业学习和终身发展所需要的必备知识、关键能力和学科素养。

基础性包括学科内容的基本性、通用性以及情境的典型性。它要求以生活实践或学习探索中最基本的情境作为任务创设和基本知识能力运用的载体，对即将进入高等学校的学习者应掌握的学科基本概念、原理、技能和思维方法进行测量与评价。

2. 综合性

综合素质的培养是德智体美劳全面培养教育体系的基本要求。具备良好综合素质的学习者能够综合运用科学的思维方法，组织、调动不同学科的相关知识与能力，高质量地应对生活实践或学习探索中的复杂问题情境。能够触类旁通、举一反三，甚至融会贯通。具体而言，对同一层面的知识、能力、素养能够横向融会贯通，形成完整的知识结构、能力结构网络；对不同层面的知识、能力、素养能够纵向融会贯通，了解必备知识与核心价值、学科素养、关键能力之间是紧密相连、具备内在逻辑联系的整体。

综合性不仅针对学科内容，还包括情境的复杂性。从学科内容选择的角度看，综合性要求以多项相互关联的活动组成的复杂情境作为载体，能够反映学科知识、能力内部的整合及其综合运用，体现对即将进入高等学校的学习者知识、能力、素养之间的纵向整合能力以及综合运用水平的测量与评价。

3. 应用性

素质教育的根本任务在于培养社会主义建设者和接班人，培养能够扎根人民、奉献国家、肩负民族复兴使命的时代新人。素质教育培养出的合格人才应该能够学以致用，能够探索并解决日常生活、学术科研、国家发展乃至人类社会所面临的各种问题。在应用性方面表现出色的学生善于观察各种现象，能够主动灵活地应用所学知识分析并解决社会生活实践中的问题，高度关注与国家经济社会发展、科学技术进步、生产生活实际等紧密相关的内容与问题，具备良好的实际问题解决能力。

应用性要求以贴近时代、贴近社会、贴近生活的生活实践或学习探索问题情境为载体，将陈述性知识与程序性知识的有机整合和运用作为考查对象，设计生产生活中的实际问题，体现对即将进入高等学校的学习者迁移课堂所学内容、理论联系实际水平的测量与评价。

4. 创新性

素质教育的突出特征是创新性。德智体美劳全面培养的教育体系突出对创新思维的培养，国家科教兴国和人才强国战略也将创新性人才培养作为重要方向。发散思维、逆向思维、批判思维等思维品质是创新思维的重要特征。具备良好创新思维的学生能够摆脱思维定式的束缚，独立思考，大胆创新创造。他们具备敏锐发现旧事物缺陷、捕捉新事物萌芽的能力，具备推测、设想并周密论证的能力，具备探索新方法、积极主动解决问题的能力。

创新性要求创设合理情境，设置新颖的试题呈现方式和设问方式，要求对即将进入高等学校的学习者在新颖或陌生的情境中主动思考，完成开放性或探究性的任务，发现新问题、找到新规律、得出新结论的水平进行测量和评价。

二 中国高考评价体系解读

2019 年 12 月，教育部考试中心正式发布《中国高考评价体系》，这是中国考试战线推动学科命题标准化、科学化，实现考试现代化的里程碑式举措，必将在考试内容创新、学科测量变革方面产生深远的影响，给未来高考、教学带来极大冲击。2019 年 6 月，国务院发文，实施普通高中新课程的省份不再制订考试大纲，这意味着考试大纲在未来几年将被逐步取消，《中国高考评价体系》将成为新时代高考内容改革和命题工作的理论支撑和实践指南。

2014 年，国务院发布《关于深化考试招生制度改革的实施意见》（以下简称《实施意见》）指出，“依据高校人才选拔要求和国家课程标准，科学设计命题内容，增强基础性、综合性，着重考查学生独立思考和运用所学知识分析问题、解决问题的能力”①。

教育部考试中心在 2015 年就根据中央精神和教育部党组的要求，提出了加强“一点四面”考查的改革重点，即“以立德树人为核心，加强对社会主义核心价值观、依法治国理念、中华优秀传统文化与创新能力的考查，不断强化高考的育人功能和积极导向作用”②。在“一点四面”的基础上，2016 年，教育部考试中心提出了“一体四层四翼”的高考评价体系，“高考评价体系作为高考人才选拔的核心体系，既为高考命题提供科学的标准，又有力引导中学推进素质教育，将成为落实立德树人根本任务的新途径和助推器”。③ 正是在前期工作的基础上，教育部考试中心于 2017 年正式启动了构建具有中国特色的高考评价体系的研究工作。首先成立了高考考试内容改革专家工作委员会。“专家工作委员会是高考考试内容改革的智囊团、思想库，是专业化、高层

---

① 《国务院关于深化考试招生制度改革的实施意见》，中国政府网，http：//www. gov. cn/zhengce/content/2014 -09/04/content_ 9065. htm，访问时间：2019 年 11 月 10 日。

② 《扎实推进高考内容改革　助力提高教育质量——访教育部考试中心主任姜钢》，《中国考试》2017 年第 1 期。

③ 《扎实推进高考内容改革　助力提高教育质量——访教育部考试中心主任姜钢》，《中国考试》2017 年第 1 期。

次、开放式的工作平台，承担着跟踪国际国内理论实践前沿、汇聚各方思想经验智慧、引领和推动改革的重任。专家工作委员会由具有一定社会影响、专业造诣高的高考命题、教育教学、测量评价等多领域专家组成”。[①] 高考考试内容改革专家工作委员会提出了“一核四层四翼”的高考评价体系框架，把握和谋划好高考内容改革的整体布局，一体规划和解决好高考“为什么考”“考什么”“怎么考”的问题。[②] 2018 年 9 月 10 日，习近平总书记在全国教育大会上进一步强调：要努力构建德智体美劳全面培养的教育体系，形成更高水平的人才培养体系；要把立德树人融入教育各环节，贯穿教育各领域；要深化教育体制改革，健全立德树人的落实机制，扭转不科学的教育评价导向；坚决克服“唯分数、唯升学、唯文凭、唯论文、唯帽子”的顽瘴痼疾，从根本上解决教育评价“指挥棒”问题。在全面落实全国教育大会精神的基础上，经过多年的探索和实践，2019 年 12 月，教育部考试中心发布了具有权威性、科学性和实用性的高考评价体系。

高考评价体系实质是全新的科学测评体系，核心测评目标是高校人才选拔和基础教育质量引领，力争打破“唯分数”的单一考试招生模式，实现“招－考－教－学”全流程的良性互动，从而高效沟通国家和高校的选才需求及基础教育的育人功能，发挥高考正向“指挥棒”作用。测量体系的深层内核可以解读为品德金线与思维银线的汇合，其中“一核”是品德金线贯穿始终；能力和素养取向的银线，随着研究的深入和实践的探索，常做常新；情境作为考查载体，是“金线”和“银线”的串连线，落实“四翼”目标的落地。高考评价体系是深化新时代高考内容改革的基础工程、理论支撑和实践指南，是当下指导全国和各省命题工作的标准测评体系。

（一）“一核”“金线”将贯穿始终

中国高考评价体系的最显著特征是鲜明体现时代性、突出方向性，创造性地将立德树人的育人根本任务贯穿考试过程，在高考试题中落地。围绕立德树

① 《扎实推进高考内容改革　助力提高教育质量——访教育部考试中心主任姜钢》，《中国考试》2017 年第 1 期。

② 于涵：《不忘初心　推进新高考改革　面向未来　构筑现代化考试》，《中国高教研究》2018 年第 3 期。

人的“金线”进行考查是未来高考命题实践的重要发展方向。

高考评价体系的重要内涵是以科学化的测量为立德树人提供切实可行的操作方案与行动保障。“它依托现代测评理论和技术，科学设定核心功能，精心设计考查内容、考查形式和考查载体，创造性地将立德树人的育人根本任务融入考试评价过程，实现高考评价目标与素质教育目标的内在统一，切实将高考打造成为立德树人的重要载体和素质教育的关键环节，使之成为德智体美劳全面培养教育体系的有机组成部分”。[①] 简单地说，此前考试中更多的是在政治学科、语文学科、历史学科等几个学科中考查立德树人，今后考试对立德树人的考查将是覆盖所有学科，可能涉及所有题目，这无疑是一个新旧考试的重要改变。立德树人在高考中的落实力度和效果，不仅直接关系教育评价的导向，也关系教育根本目标、根本任务的实现。

高考命题中对“立德树人”的考查，在内容上落实在核心价值方面。具体说来，核心价值主要包含“政治立场和思想观念、世界观和方法论、道德品质和综合素质”3 个一级指标和 10 个二级指标。核心价值是对语文、数学、英语、物理、化学、生物、政治、历史、地理九大学科的共性要求，是需要着力实现的考查目标。

核心价值的考查需要学科化，怎样在语文等学科中体现，一直有着较为成熟的命题经验。如 2019 年全国Ⅰ卷高考语文的作文试题就以劳动为题，考查立德树人。命题积极贯彻习近平总书记关于劳动教育的讲话精神，意在引导青少年学生热爱劳动。习总书记在全国教育大会上的讲话中强调“要在学生中弘扬劳动精神，教育引导学生崇尚劳动、尊重劳动，懂得劳动最光荣、劳动最崇高、劳动最伟大、劳动最美丽的道理，长大后能够辛勤劳动、诚实劳动、创造性劳动”，并提出“要努力构建德智体美劳全面培养的教育体系”的要求。命题着眼于对习近平总书记讲话精神的贯彻与落实。“这则作文材料既着眼于思想的历史溯源，也关注问题的现实呈现，以中国传统文化中关于劳动的箴言、警句和习近平总书记对新时代劳动精神的深刻阐释作为总领，将中华民族热爱劳动的优秀传统与当下社会一些对劳动的偏差认识、错误态度进行对比，

① 于涵、郑益慧、程力、任子朝：《高考评价体系的实践功能探析》，《中国考试》2019 年第 12 期。

引导青少年学生对这一现象及劳动本身进行深入思考，自觉弘扬劳动精神，以期在全国青少年乃至全社会中形成热爱劳动、崇尚劳动、尊重劳动、参与劳动的良好风气，充分发挥了高考作文在推动劳动教育方面的导向功能。”① 鉴于高考作文题对于社会的巨大影响力，怎样考查立德树人、怎样考查劳动教育，都成为未来命题实践的重要研究对象。

在传统理科中怎么考查立德树人，怎么在命题中贯穿立德树人，事实上也取得了很多创造性突破，值得学人重视。2019 年数学学科命题实践中，在情境设计中注意融入立德树人，培养学生的爱国情感和民族自信心。如全国Ⅱ卷理科数学第 13 题以高铁列车等我国科技发展成果为情境；全国Ⅱ卷文科数学第 5 题以“一带一路”知识测试为情境；全国Ⅱ卷理科数学第 4 题以“嫦娥四号”探测器实现人类历史首次月球背面软着陆为情境。试题让学生在真实情境中迁移数学知识，提升数学能力，进而培养学生的民族自信心和自豪感。2019 年物理学科命题实践强调对体育和劳动的考查，在情境设计中融入立德树人，引导学生热爱运动、热爱体育，如全国Ⅰ卷理科综合第 18 题，利用篮球运动员原地起跳扣篮的情境，考查学生对竖直上抛运动规律的理解能力和应用数学知识处理物理问题的能力；全国Ⅱ卷理科综合第 19 题以冬奥会中的跳台滑雪项目为背景设计试题情境，考查学生对运动相关概念与图像中不同元素的物理意义的理解等。

“一核”中的“服务选才”，是高考的基本功能。高考是我国人才选拔的重要途径和方式，高考选拔功能的强弱、水平的高低直接影响我国高等学校教育的质量和我国拔尖创新人才培育的质量。实际上，2017 年高考，上海和浙江高考改革试点平稳落地，基于服务高校选才的需要，教育部考试中心又大幅修订了当年的考试大纲。如果说之前的高考主要是检验基础教育水平，那么这一轮的新高考改革，则主要是着眼于选拔什么样的人才，这点是需要注意的地方。

“引导教学”实际上一直是高考的核心功能，是基础教育对高考的现实要求。在引导教学方面，孙春兰副总理特别指出，我们的国情决定了高考将继续

① 教育部考试中心：《健全立德树人 促进全面发展——2019 年高考语文试题评析》，《中国考试》2019 年第 7 期。

发挥着“指挥棒”作用，要深化考试内容改革。教育评价对学校办学、教师从教具有导向作用，要突出素质教育评价，坚决克服“唯分数、唯升学、唯文凭、唯论文、唯帽子”的顽瘴痼疾，引导学校将治校办学的重点放到立德树人上来。① 教育部考试中心于涵认为，引导教学是高考对于基础教育的现实功能。高考对基础教育具有客观存在的反拨作用，既能通过“考什么教什么”“怎么考怎么教”来促进基础教育，又会因为“不考什么就不教什么”以及固化的考查方式引来诟病。高考的各个环节，包括前端的内容设计、素材选择、试题命制和后期的评分流程、评分方式，均要将促进学生健康成长、全面发展作为出发点和落脚点，与基础教育改革同心同向。②

（二）能力和素养“银线”常做常新

高考评价体系提出的“核心价值、学科素养、关键能力、必备知识”的“四层”考查内容，以国家课程标准为基础，结合了高校人才选拔要求，使高考内容改革以这四个方面为着力点，集中发力，层层递进，逐渐深入，这是能力和素养取向的“银线”，随着研究的深入和实践的探索，常做常新。“四层”考查内容之间的界限较为清晰。“其中，必备知识和核心价值与关键能力、学科素养的区别比较明显，必备知识主要以陈述性知识的形态呈现，核心价值属于思想观念。关键能力与学科素养的共性较多。学科素养是连接必备知识、关键能力和核心价值的重要层面，但是它与关键能力也有区别：一是学科素养必须有正确的思想观念方法和健康的情感态度，也就是核心价值的指导；二是学科素养主要是在复杂情境中解决复杂问题时需要的；三是学科素养的综合性强。以司机开车类比，司机必须要了解道路安全法规、驾车基本理论、车辆基本构造等基本内容，这些属于必备知识；一个合格的司机，能够熟练开车上路，平安行驶，可以说具备了关键能力；一个高水平的司机，能够在复杂的路况中应对棘手问题，能够完成较为困难的驾驶任务，可以说具备了学科素养。”③

---

① 孙春兰：《深入学习贯彻习近平总书记关于教育的重要论述　奋力开创新时代教育工作新局面》，《求是》2018 年第 19 期。

② 于涵：《新时代的高考定位与内容改革实施路径》，《中国考试》2019 年第 1 期。

③ 于涵：《新时代的高考定位与内容改革实施路径》，《中国考试》2019 年第 1 期。

高考评价体系的学科素养主要参考了《普通高中课程标准（2017 年版)》中的核心素养，但在此基础上，各学科又有创新。如“《数学课程标准》提出数学抽象、逻辑推理、数学建模、直观想象、数学运算、数据分析 6 类数学学科核心素养。在高考评价体系和《数学课程标准》的基础上，将高考数学考查的学科素养提炼为理性思维、数学应用、数学探索和数学文化”①。

以数学文化来说，实际上 2017～2019 年的高考中一直在实践。如 2019 年全国 I 卷理科数学试题第 6 题以我国古代典籍《周易》中的“重卦”为背景，设计了一个古典概率的计算问题，考查了学生的数学文化素养，引导考生热爱中国传统文化。

再以历史学科为例。在学科素养中，历史学科考试内容对《历史课程标准》有所继承，在保留了唯物史观、时空观念、史料实证、历史解释为学科素养的同时，又增加了“历史理解”和“历史价值观”两个学科素养，其中“历史价值观”的内容大体是《历史课程标准》中“家国情怀”的内容。尤为引人注意的是，“历史理解”这一学科素养的增加，主要是根据高校选才需要和历史学科特点而决定的。“历史理解是指对历史事物的准确把握，是认识历史的基础，考查学生概述历史事物，提炼历史叙述的要点，了解历史文本中历史事件、现象或人物的相互关系，知道历史文本与作者的关系，了解历史文本所述历史事物与其所处特定历史环境的关系。”② 对历史理解学科素养的考查，2019 年高考试题也有实践。如 2019 年全国Ⅱ卷文科综合第 42 题，考查了历史理解、时空观念、历史解释、唯物史观等多个学科素养。考生首先要理解这道题，再对材料中的历史认识提出自己的见解。如考生在人文进程中，发现没有中华人民共和国成立这一重大历史事件，可提出应该补充中华人民共和国成立这一历史事件。中华人民共和国的成立，是人类历史上的重大事件，占人类总数 1/4 的中国人从此站立起来了，极大地改变了世界政治力量的对比；推动了世界被压迫民族和人民争取解放的斗争；增强了世界和平民主和社会主义阵营的力量，深刻影响了 20 世纪世界历史的进程。

---

① 任子朝、赵轩：《基于高考评价体系的数学科考试内容改革实施路径》，《中国考试》2019 年第 12 期。

② 徐奉先：《基于高考评价体系的历史科考试内容改革实施路径》，《中国考试》2019 年第 12 期。

（三）“四翼”：“金线”和“银线”的串连线

高考评价体系确定的“基础性、综合性、应用性、创新性”的考查要求，是高考内容改革的要求，也是人才培养的基本要求。“在高考命题的实施过程中，‘四翼’是联结‘四层’高考考查内容与高考命题实践的纽带。高考评价体系通过‘四翼’实现对学生‘四层’的有效考查，也通过‘四翼’实现对高考试题质量的有效评价。”① “四翼”在高考命题实践中，既是情境设计的基准，也是“金线”和“银线”考查的串连线。

我们看到，“四翼”考查是通过情境来实现的。“基础性”包括学科内容的基本性、通用性以及情境的典型性。它要求以生活实践与学习探索中最基本的问题情境作为任务创设和基本知识能力运用考查的载体，对即将进入高等学校的学习者应掌握的学科基本概念、原理、技能和思维方法进行测量与评价。“综合性”不仅针对学科内容，还包括情境的复杂性。从学科内容选择的角度看，“综合性”要求以多项相互关联的活动组成的复杂情境作为载体，能够反映学科知识、能力内部的整合及其综合运用，体现对即将进入高等学校的学习者知识、能力、素养之间的纵向整合能力以及综合运用水平的测量与评价。“应用性”要求以贴近时代、贴近社会、贴近生活的生活实践或学习探索问题情境为载体，将陈述性知识与程序性知识的有机整合和运用作为考查目标，设计生产生活中的实际问题，体现对即将进入高等学校的学习者迁移课堂所学内容、理论联系实际水平的测量与评价。“创新性”要求创设合理情境，设置新颖的试题呈现方式和设问方式，要求对即将进入高等学校的学习者在新颖或陌生的情境中主动思考，完成开放性或探究性的任务，发现新问题、找到新规律、得出新结论的水平进行测量与评价。②

情境是每个学科考查的载体，在各个学科中，情境设计并不一致。如地理学科分为生活实践情境和学习探索情境；历史学科分为简单情境、综合情境和复杂情境；思想政治学科分为简单情境、一般情境、复杂情境；生物学科分为生活、学习和实践情境，科学实验和探究情境，生命科学史情境；化学学科分

① 教育部考试中心：《中国高考评价体系》，人民教育出版社，2019，第28页。

② 教育部考试中心：《中国高考评价体系》，人民教育出版社，2019，第29～32页。

为日常生活情境、生产环保情境、学术探索情境、实验探索情境和化学史料情境；物理学科分为生活实践问题情境和学习探索问题情境；英语学科分为人与自我、人与社会、人与自然情境；数学学科分为课程学习情境、探索创新情境、生活实践情境；语文学科分为个人体验情境、学科认知情境、社会生活情境。

2019 年的高考命题比较注重情境设计。如物理试题，“情境化试题是考查学生物理学科素养的重要载体。高考物理命题一直注重理论联系实际，结合生产生活、现代社会及科技发展设计试题情境，反映当代科学技术发展的重要成果和科学思想，考查学生学以致用的能力，凸显物理学科在解决实际问题特别是重大科技问题中的应用价值。2019 年高考物理除了有意识地加强与体育运动和生产劳动的结合之外，继续加强紧密联系科学技术进步和日常生活实践的试题情境设计，考查学生灵活运用所学物理知识解决实际问题的能力，特别是在实际问题情境中考查学生通过抽象概括提取关键信息、建构物理模型的能力，同时也能促进学生培养正确的情感态度与价值观，从而有效促进学生学科素养的发展。我国的航空航天技术快速发展，最近，我国为‘长征九号’研制的大推力新型火箭发动机联试成功，这标志着我国重型运载火箭的研发取得突破性进展。理科综合全国Ⅰ卷第 16 题以此重大事件为背景，要求学生计算发动机在单位时间内喷射的气体质量，考查学生对动量定理、牛顿第三定律等重要物理规律的理解和应用。”① 再如化学学科，精心设计化学史料情境，“我们的祖先在创造新物质或加工天然物质和认识自然界方面取得了巨大的成就，如陶瓷、青铜、硝、矾等。这些新材料、新发现或者新产品极大地改善了当时人类的生产和生活条件，有力地推动了社会发展的过程。全国高考化学试题自觉地传承科学文化，注重挖掘中华民族优秀文化中的工匠精神和技术创新思想，选取我国古代陶瓷制造、物质鉴别等化学技术方面的成果设置情境，展示了中华优秀科技成果对人类发展和社会进步的贡献，厚植爱国主义情怀，激发学生为中华民族伟大复兴而奋斗的责任感和使命感。理科综合全国Ⅰ卷第 7 题和全国Ⅱ卷第 12 题以陶瓷及无机颜料性质为载体，考查不同材质硅酸盐及化

---

① 教育部考试中心：《注重理论联系实际　加强物理学科素养考查——2019 年高考物理试题评析》，《中国考试》2019 年第 7 期。

学颜料的物理化学性质。试题对‘雨过天晴云破处’所描述的瓷器青色的考查，既考查学生对中华优秀传统文化中化学知识的了解，又考查学生对常见化合物性质的掌握情况。”①

总之，高考评价体系是高考内容改革的指南针，“一核”作为“金线”将贯穿始终；能力和素养取向的“银线”，随着研究的深入和实践的探索，常做常新；而“四翼”，则以情境作为考查载体，是“金线”和“银线”的串连线。高考评价体系还是制定学科命题标准的“指挥棒”，在高考评价体系确定的“一核四层四翼”整体框架下制定的学科标准明确了考试的性质与功能，规定了考试的内容与形式，是指导命题的规范性文件，也是学生复习备考的重要参考。高考评价体系也是考试评价的准绳和量尺，为考试评价建立了全面的评价标准，可以检测试题是否全面涵盖了考试目标，可以检测考试目标实现的程度以及考试要求达成的程度。我们要有“金线”和“银线”思维，全面理解和把握高考评价体系。2019 年 12 月，山东、海南等省份举行了一次适应性考试，试题主要依据高考评价体系的指标命制，试题结构和内容等变化很大，向全国传递了一个信号，即从 2020 年开始，无论是全国卷，还是各省份命制的试卷，都将全面对标高考评价体系。高考评价体系的发布，必将对高校优秀人才的选拔以及基础教育的改革起到积极的导向作用和推进作用。

① 教育部考试中心：《精选试题情境素材　深化高考内容改革——2019 年高考化学试题分析》，《中国考试》2019 年第 7 期。

附　　录

Appendix

B.16

附录一
高考综合改革大事记（2014～2019）

1. 2014年9月3日，国务院出台《关于深化考试招生制度改革的实施意见》，宣布2014年启动考试招生制度改革试点，2017年全面推进，到2020年基本建立中国特色现代教育考试招生制度，形成分类考试、综合评价、多元录取的考试招生模式，健全促进公平、科学选才、监督有力的体制机制，构建衔接沟通各级各类教育、认可多种学习成果的终身学习“立交桥”。上海市和浙江省率先启动高考综合改革试点工作。

2. 2014年9月4日，浙江省教育厅办公室发布《关于及时组织学习宣传贯彻国务院〈关于深化考试招生制度改革的实施意见〉的通知》。

3. 2014年9月9日，浙江省出台《浙江省深化高校考试招生制度综合改革试点方案》，要求全面深化统一高考招生改革，进一步完善高职提前招生、单独考试招生和“三位一体”招生改革，加快建立多类型、多元化考试招生制度。

4. 2014年9月19日，浙江省教育厅出台《关于适应高考招生改革变化统筹安排普通高中课程教学的指导意见》和《关于适当调整浙江省普通高中学科教学指导意见》。

5. 2014年11月7日，浙江省教育厅发布《关于印发浙江省普通高中学业水平考试实施办法和浙江省普通高校招生选考科目考试实施办法的通知》。

6. 2014年12月10日，教育部出台《关于普通高中学业水平考试的实施意见》《关于加强和改进普通高中学生综合素质评价的意见》系列配套文件，对于高中的综合素质评价的内容和程序进行规范指导。

7. 2015年5月4日，国务院办公厅出台《关于深化高等学校创新创业教育改革的实施意见》，提出到2020年建立健全课堂教学、自主学习、结合实践、指导帮扶、文化引领融为一体的高校创新创业教育体系。

8. 2015年8月11日，国务院出台《关于加快发展民族教育的决定》，旨在加快推进少数民族和民族地区教育发展，提出到2020年，民族地区教育整体发展水平及主要指标接近或达到全国平均水平，逐步实现基本公共教育服务均等化。

9. 2015年9月15日，国务院办公厅发布《关于全面加强和改进学校美育工作的意见》，提出到2020年，初步形成大中小幼美育相互衔接、课堂教学和课外活动相互结合、普及教育与专业教育相互促进、学校美育和社会家庭美育相互联系的具有中国特色的现代化美育体系。

10. 2015年10月24日，国务院发布《关于印发统筹推进世界一流大学和一流学科建设总体方案的通知》，强调加快建成一批世界一流大学和一流学科，提升我国高等教育综合实力和国际竞争力。

11. 2016年2月25日，国务院办公厅发布《关于印发全民科学素质行动计划纲要实施方案（2016～2020年）》，提出到2020年，科技教育、传播与普及长足发展，建成适应创新型国家建设需求的现代公民科学素质组织实施、基础设施、条件保障、监测评估等体系。

12. 2016年4月21日，国务院办公厅出台《关于强化学校体育促进学生身心健康全面发展的意见》，提出到2020年，学校体育办学条件总体达到国家标准，基本形成体系健全、制度完善、充满活力、注重实效的中国特色学校体育发展格局。

13. 2016年5月11日，国务院办公厅出台《关于加快中西部教育发展的指导意见》，要求统筹现有政策、措施和项目，全面提升中西部教育发展水平。

14. 2016 年 7 月 2 日，国务院出台《关于统筹推进县域内城乡义务教育一体化改革发展的若干意见》，要求着力解决“乡村弱”和“城镇挤”问题，巩固和均衡发展九年义务教育，加快缩小县域内城乡教育差距。

15. 2016 年 9 月 18 日，教育部出台《关于进一步推进高中阶段学校考试招生制度改革的指导意见》，进一步明确主要任务，推行初中学业水平考试，完善综合素质评价，扩大综合改革试点，完善自主招生政策，加强考试管理。

16. 2016 年 12 月 29 日，国务院出台《关于鼓励社会力量兴办教育促进民办教育健康发展的若干意见》，肯定民办教育为推动教育现代化、促进经济社会发展做出了积极贡献，已经成为社会主义教育事业的重要组成部分。

17. 2017 年 1 月 10 日，国务院发布《关于印发国家教育事业发展“十三五”规划的通知》，要求深化考试招生制度改革，加大高校考试招生制度改革实施力度；积极创造条件，稳妥推进普通高校考试招生制度综合改革试点，逐步在全国推广实施高考综合改革方案，探索基于统一高考和高中学业水平考试成绩、参考综合素质评价的多元录取机制；完善高中学业水平考试，规范高中学生综合素质评价，深化考试内容改革；大幅减少并严格控制考试加分项目，规范并公开自主招生办法、考核程序和录取结果，创造条件淡化并逐步取消录取批次，推进并完善平行志愿投档方式；深入实施高校招生阳光工程，健全分级负责、规范有效的信息公开制度；推进高职院校分类考试，突出“文化素质 + 职业技能”评价方式，等等。

18. 2017 年 1 月 19 日，教育部出台印发《义务教育小学科学课程标准》的通知，要求各地落实发展核心素养的要求，依据课程标准教学。

19. 2017 年 1 月 22 日，教育部印发《教育部 2017 年工作要点》，要求各地落实《关于进一步推进高中阶段学校考试招生制度改革的指导意见》，积极稳妥推进中考改革，完善高等职业教育考试招生制度，密切跟踪指导高考综合改革试点工作；进一步指导上海、浙江完善录取工作方案和相关措施，确保 2017 年上海、浙江探索基于“两依据、一参考”的录取模式顺利实施。指导 2017 年启动高考综合改革的北京、天津、山东、海南制订高考综合改革方案。

20. 2017 年 3 月 1 日，浙江省教育考试院发布《关于做好 2017 年三位一体综合评价招生试点工作的通知》，要求各地持之以恒完善招生标准、评价方式和招生程序，使每个环节有章可循、有据可依。

21. 2017 年 3 月 16 日，浙江省教育考试院发布《关于做好 2017 年单独考试招生工作的通知》，要求各地做好考生服务工作。

22. 2017 年 3 月 31 日，教育部等五部门出台《教育部等五部门关于深化高等教育领域简政放权放管结合优化服务改革的若干意见》，强调破除束缚高等教育改革发展的体制机制障碍，进一步向地方和高校放权，给高校松绑减负、简除烦苛，让学校拥有更大办学自主权。

23. 2017 年 5 月 31 日，国务院办公厅发布《关于印发对省级人民政府履行教育职责的评价办法的通知》，强调推动省级人民政府切实履行教育工作相关职责，提高教育质量，促进教育公平，提升教育服务经济社会发展能力。

24. 2017 年 6 月 26 日，教育部办公厅发布《教育部办公厅关于 2017 年义务教育道德与法治、语文、历史和小学科学教学用书有关事项的通知》，推进统编教材的统一使用。

25. 2017 年 7 月 3 日，国务院办公厅发布《关于成立国家教材委员会的通知》，宣布国家教材委员会相关工作职能。

26. 2017 年 7 月 7 日，教育部等十四部门印发《中央有关部门贯彻实施〈国务院关于鼓励社会力量兴办教育促进民办教育健康发展的若干意见〉任务分工方案》的通知，指出国家积极鼓励和大力支持社会力量举办非营利性民办学校。

27. 2017 年 7 月 28 日，国务院办公厅发布《关于进一步加强控辍保学提高义务教育巩固水平的通知》，要求各单位切实解决义务教育学生失学辍学问题，确保实现到 2020 年全国九年义务教育巩固率达到 95% 的目标。

28. 2017 年 8 月 5 日，国务院办公厅公布《关于同意建立民办教育工作部际联席会议制度的函》，同意建立联席会议制度，强调在国务院领导下，统筹协调推进民办教育改革发展相关工作，健全社会力量兴办教育的政策制度。

29. 2017 年 9 月 24 日，中共中央办公厅、国务院办公厅印发《关于深化教育体制机制改革的意见》。

30. 2017 年 9 月 25 日，教育部印发《中小学综合实践活动课程指导纲要》。

31. 2017 年 11 月 28 日，浙江省出台《浙江省人民政府关于进一步深化高考综合改革试点的若干意见》，发布《浙江省教育厅关于完善学考选考工作的通知》。

32. 2017 年 12 月 4 日，教育部印发《义务教育学校管理标准》的通知，要求各地教育行政部门高度重视，认真组织所有义务教育学校对标研判、依标整改，切实做到“一校一案”，全面改进和加强义务教育学校管理工作。

33. 2017 年 12 月 5 日，国务院办公厅出台《关于深化产教融合的若干意见》，要求逐步提高行业企业参与办学程度，健全多元化办学体制，全面推行校企协同育人，用 10 年左右时间，教育和产业统筹融合、良性互动的发展格局总体形成，需求导向的人才培养模式健全完善，人才教育供给与产业需求重大结构性矛盾基本解决，职业教育、高等教育对经济发展和产业升级的贡献显著增强。

34. 2017 年 12 月 4 日中共教育部党组印发《高校思想政治工作质量提升工程实施纲要》的通知，要求各高校充分发挥课程、科研、实践、文化、网络、心理、管理、服务、资助、组织等方面工作的育人功能，挖掘育人要素，完善育人机制，优化评价激励，强化实施保障，切实构建“十大”育人体系。

35. 2017 年 12 月 14 日，浙江省教育厅出台《关于进一步推进高中阶段学校考试招生制度改革的实施意见》，要求完善初中学业水平考试制度，加强初中学生综合素质评价。

36. 2017 年 12 月 29 日，教育部出台《关于推动高校形成就业与招生计划人才培养联动机制的指导意见》，提出加强高等教育招生计划宏观调控，完善中央、地方两级管理体制，完善国家招生计划编制办法，增强招生计划编制的科学性、规范性。要求探索基于统一高考和高中学业水平考试成绩、参考综合素质评价的多元录取机制。要按照统筹规划、试点先行、分步实施、有序推进的原则，积极稳妥实施高考综合改革，增强高考与高中学习、高校专业培养的关联性。

37. 2017 年 12 月 29 日，教育部印发《普通高中课程方案和语文等学科课程标准（2017 年版）》，要强化课程实施管理与指导，加大条件保障力度，确保课程开齐开足、开设到位。要全面加强教研工作，创新教研方式，创造条件，激励教师开展教研的积极性，促进课程有效实施。要注重普通高中课程改革与高考综合改革统筹衔接，推动“教”“考”“招”形成育人合力，促进学生全面而有个性的发展。

38. 2018年1月19日，国务院出台《关于全面加强基础科学研究的若干意见》，要求各界进一步加强基础科学研究，大幅提升原始创新能力，夯实建设创新型国家和世界科技强国的基础。

39. 2018年1月30日，教育部召开新闻发布会，发布《普通高等学校本科专业类教学质量国家标准》，标志着中国高等教育领域首个教学质量“国标”正式出台。

40. 2018年1月31日，教育部印发《教育部2018年工作要点》，旨在落实教育“奋进之笔”，具体分为7类41项。关于高考改革，要求积极稳妥推进考试招生制度改革。指导上海、浙江落实高考综合改革试点完善方案。指导北京、天津、山东、海南等第二批试点省份制订出台高考综合改革试点方案。

41. 2018年2月26日，中共中央办公厅、国务院办公厅印发《关于分类推进人才评价机制改革的指导意见》，要求建立科学的人才分类评价机制。

42. 2018年3月1日，教育部发布《关于做好2018年普通高校招生工作的通知》，坚持稳中求进工作总基调，全面落实《国务院关于深化考试招生制度改革的实施意见》，发展素质教育，促进教育公平，科学选拔人才，确保高校考试招生公平公正和规范有序。积极推动高考改革，强调上海市、浙江省要深入总结完善高考综合改革试点经验，不断研究解决改革过程中遇到的新情况、新问题。北京市、天津市、山东省、海南省要积极借鉴试点经验，坚持从本地实际出发，精心组织、平稳实施好改革试点。积极推进实施高中学业水平考试和综合素质评价等专项改革，为实施高考综合改革打下扎实基础。

43. 2018年4月13日，教育部印发《教育信息化2.0行动计划》，要求各地结合工作实际，认真贯彻执行。基本目标是到2022年基本实现“三全两高一大”的发展目标，即教学应用覆盖全体教师、学习应用覆盖全体适龄学生、数字校园建设覆盖全体学校，信息化应用水平和师生信息素养普遍提高，建成“互联网+教育”大平台，推动从教育专用资源向教育大资源转变、从提升师生信息技术应用能力向全面提升其信息素养转变、从融合应用向创新发展转变，努力构建“互联网+”条件下的人才培养新模式、发展基于互联网的教育服务新模式、探索信息时代教育治理新模式。

44. 2018年3月27日，海南省公布《海南省深化高等学校考试招生综合改革试点方案》，山东省公布《山东省深化高等学校考试招生综合改革试点方案》，宣布2017年启动普通高等学校考试招生制度综合改革。

45. 2018年4月12日，教育部办公厅印发《中国英语能力等级量表》，指出教育部考试中心起草的《中国英语能力等级量表》，经国家语言文字工作委员会规范标准审定委员会审定，规定了中国英语学习者和使用者的英语能力等级，描述了各等级的能力表现特征，适用于英语测试，可供英语教学、学习及其他参考。

46. 2018年4月25日，国务院办公厅发布《关于全面加强乡村小规模学校和乡镇寄宿制学校建设的指导意见》，强调办好两类学校，是实施科教兴国战略、加快教育现代化的重要任务，是实施乡村振兴战略、推进城乡基本公共服务均等化的基本要求，是打赢教育脱贫攻坚战、全面建成小康社会的有力举措。

47. 2018年5月2日，习近平总书记在北京大学师生座谈会上发表重要讲话，指出要培养德智体美全面发展的社会主义建设者和接班人，高校迈向世界一流大学关键是要形成更高水平的人才培养体系。

48. 2018年5月15日，教育部办公厅发布《关于召开校外培训机构专项治理暨基础教育工程项目推进会的通知》，要求各地方教育部门就校外培训机构专项治理、做好课后服务、基础教育工程项目、化解大班额等工作进行形势研判和专题部署。

49. 2018年5月18日，教育部办公厅发布《关于开展“三全育人”综合改革试点工作的通知》，决定委托部分省（区、市）、高校和院（系）开展改革试点工作，力争推动实施高校思想政治工作质量提升工程，强化基础、突出重点、建立规范、落实责任，一体化构建内容完善、标准健全、运行科学、保障有力、成效显著的高校思想政治工作体系，形成全员全过程全方位育人格局。

50. 2018年5月25日，教育部办公厅发布《关于开展2018年“少年传承中华传统美德”系列教育活动的通知》，此举旨在贯彻落实立德树人根本任务，推动落实《中小学德育工作指南》，深入开展理想信念教育、中华优秀传统文化教育和社会主义核心价值观教育。

51. 2018 年 5 月 30 日，中共中央办公厅、国务院办公厅印发《关于进一步加强科研诚信建设的若干意见》，着力深化科研评价制度改革，推进项目评审、人才评价、机构评估改革，建立以科技创新质量、贡献、绩效为导向的分类评价制度，将科研诚信状况作为各类评价的重要指标，提倡严谨治学，反对急功近利。

52. 2018 年 6 月 7 日至 9 日，全国顺利举行 2018 年普通高等学校招生全国统一考试。

53. 2018 年 8 月 6 日，国务院办公厅出台《关于规范校外培训机构发展的意见》，要求各地以建立健全校外培训机构监管机制为着力点，努力构建校外培训机构规范有序发展的长效机制，切实解决人民群众反映强烈的中小学生课外负担过重问题，形成校内外协同育人的良好局面。

54. 2018 年 8 月 15 日，教育部出台《关于做好普通高中新课程新教材实施工作的指导意见》，要求各地按照实事求是、积极稳妥、分步实施、自主申请的原则，从 2019 年秋季学期起，分步实施新课程、使用新教材。

55. 2018 年 8 月 22 日，北京市教育委员会出台《北京市深化高等学校考试招生制度综合改革实施方案》，确定目标为 2017 年启动高等学校考试招生综合改革，建立普通高中学业水平考试制度，完善高中学生综合素质评价制度；到 2020 年，初步建立符合首都教育实际的现代高等学校考试招生制度，形成分类考试、综合评价、多元录取、公平公正的高等学校考试招生模式。

56. 2018 年 8 月 31 日，中共教育部党组发布《关于学习贯彻习近平总书记给中央美术学院老教授重要回信精神的通知》，要求推进新时代教育改革发展，落实立德树人根本任务，加强和改进学校美育工作，培养德智体美全面发展的社会主义建设者和接班人。

57. 2018 年 9 月 10 日，全国教育大会在北京召开。中共中央总书记、国家主席、中央军委主席习近平出席会议并发表重要讲话。强调坚持党对教育事业的全面领导，坚持把立德树人作为根本任务，坚持优先发展教育事业，坚持社会主义办学方向，坚持扎根中国大地办教育，坚持以人民为中心发展教育，坚持深化教育改革创新，坚持把服务中华民族伟大复兴作为教育的重要使命，坚持把教师队伍建设作为基础工作。

58. 2018 年 9 月 13 日，教育部办公厅印发《关于面向中小学生的全国性竞赛活动管理办法（试行）》的通知，坚决治理各类违规竞赛活动，切实减轻中小学生过重的课外负担。

59. 2018 年 9 月 14 日，中共教育部党组发布《关于认真学习贯彻全国教育大会精神的通知》。

60. 2018 年 9 月 17 日，教育部发布《关于实施卓越教师培养计划 2.0 的意见》通知，力图经过五年时间，培养造就一批教育情怀深厚、专业基础扎实、勇于创新教学、善于综合育人和具有终身学习发展能力的高素质专业化创新型中小学教师。同日，教育部等六部门发布《关于实施基础学科拔尖学生培养计划 2.0 的意见》，力图建设一批国家青年英才培养基地，强化使命驱动、注重大师引领、创新学习方式、促进科教融合、深化国际合作，选拔培养一批基础学科拔尖人才，为新时代自然科学和哲学社会科学发展播种火种，为把我国建设成为世界主要科学中心和思想高地奠定人才基础。

61. 2018 年 9 月 25 日，教育部、国家语委印发《中华经典诵读工程实施方案》，落实中共中央办公厅、国务院办公厅印发的《关于实施中华优秀传统文化传承发展工程的意见》，组织实施中华经典诵读工程，通过开展经典诵读、书写、讲解等文化实践活动，挖掘与诠释中华经典文化的内涵及现实意义，引领社会大众特别是广大青少年更好地熟悉诗词歌赋、亲近中华经典，更加广泛深入地领悟中华思想理念、传承中华传统美德、弘扬中华人文精神。

62. 2018 年 9 月 25 日，教育部部长陈宝生在《光明日报》撰文《认真学习贯彻全国教育大会精神　开启加快教育现代化、建设教育强国新征程》，强调教育系统要认真学习宣传贯彻习近平总书记重要讲话精神和大会要求，切实增强责任感、使命感，努力开创新时代教育改革发展新局面。

63. 2018 年 9 月 30 日，孙春兰副总理在《求是》撰文《深入学习贯彻习近平总书记关于教育的重要论述　奋力开创新时代教育工作新局面》，强调学习贯彻全国教育大会精神，最重要的是全面学习把握习近平总书记关于教育的重要论述的科学内涵和精神实质，更好地武装头脑、指导实践、推动工作。

64. 2018 年 10 月 19 日至 27 日，教育部副部长朱之文、孙尧、杜占元、田学军、林蕙青等在《中国教育报》发表《牢牢把握正确办学方向　大力推进基础教育公平优质发展》《努力建设新时代高素质教师队伍》《深入学习贯彻全国教育大会精神　加快推进“双一流”建设》《认真学习贯彻全国教育大

会精神　努力开创教育改革发展新局面》《努力实现新时代高校人才培养新作为》《切实履行监督职责　深入推进全国教育大会精神贯彻落实》系列文章，深入解读全国教育大会精神，具体落实基础教育、教师管理、高等教育、人才选拔等领域相关工作。

65. 2018 年 10 月 10 日，鉴于山东菏泽事件，教育部办公厅发布《关于严禁商业广告、商业活动进入中小学校和幼儿园的紧急通知》，强调各地教育行政部门要会同相关部门，严格按照广告法等相关法律规定，杜绝企业以任何形式发布不利于中小学生和幼儿身心健康的商业广告，引导全社会形成关心爱护广大中小学生和幼儿健康成长的良好氛围。

66. 2018 年 10 月 15 日，教育部办公厅印发《教育课程教材改革与质量标准工作专项资金管理办法》。

67. 2018 年 10 月 17 日，教育部、共青团中央、全国少工委发布《关于严肃规范红领巾等少先队标志标识使用的通知》，要求全国各地进一步加强少先队组织工作，规范红领巾等少先队标志标识使用，提高少先队组织建设科学化水平。

68. 2018 年 10 月 24 日，教育部、国家语委印发《国家语言文字工作委员会语言文字规范标准管理办法（2018 年修订）》。

69. 2018 年 10 月 30 日，教育部、财政部、民政部、人力资源社会保障部、国务院扶贫办和中国残联六部门发布《关于做好家庭经济困难学生认定工作的指导意见》，希望健全学生资助制度，进一步提高学生资助精准度。

70. 2018 年 10 月 31 日，教育部办公厅公布 2018 年全国中小学生研学实践教育基地、营地名单，命名中国人民解放军海军南海舰队军史馆等 377 个单位为“全国中小学生研学实践教育基地”，北京市自动化工程学校等 26 个单位为“全国中小学生研学实践教育营地”。

71. 2018 年 11 月 7 日，中共中央、国务院出台《关于学前教育深化改革规范发展的若干意见》，强调严格落实立德树人根本任务，遵循学前教育规律，牢牢把握学前教育正确发展方向，完善学前教育体制机制，健全学前教育政策保障体系，推进学前教育普及普惠安全优质发展。分步实现系列目标：到 2020 年，全国学前三年毛入园率达到 85%，普惠性幼儿园覆盖率（公办园和普惠性民办园在园幼儿占比）达到 80%。到 2020 年，基本形成以本专科为主体的幼儿园教师培养体系，本专科学前教育专业毕业生规模达到 20 万人以上；建立幼儿园教师专业成长机制，健全培训课程标准，分层分类培训 150 万名左右幼儿园园长、教师；到 2035 年，全面普及学前三年教育，建成覆盖城乡、布局合理的学前教育公共服务体系，形成完善的学前教育管理体制、办园体制和政策保障体系。

72. 2018 年 11 月 8 日，教育部发布《关于完善教育标准化工作的指导意见》，强化标准对加快教育现代化、建设教育强国、办好人民满意的教育支撑和引领作用。

73. 2018 年 11 月 8 日，教育部制定并印发《新时代高校教师职业行为十项准则》《新时代中小学教师职业行为十项准则》《新时代幼儿园教师职业行为十项准则》，同时出台《关于高校教师师德失范行为处理的指导意见》，印发《中小学教师违反职业道德行为处理办法（2018 年修订）》和《幼儿园教师违反职业道德行为处理办法》，旨在深入贯彻落实全国教育大会精神，扎实推进《中共中央、国务院关于全面深化新时代教师队伍建设改革的意见》的实施，进一步加强师德师风建设。

74. 2018 年 11 月 23 日，教育部办公厅、国家发展改革委办公厅、财政部办公厅、人力资源社会保障部办公厅发布关于推动落实《国务院办公厅关于进一步调整优化结构提高教育经费使用效益的意见》的通知。

75. 2018 年 11 月 20 日，教育部办公厅、国家市场监管总局办公厅、应急管理部办公厅发布《关于健全校外培训机构专项治理整改若干工作机制》的通知，要求年底前确保完成校外培训机构的专项治理。

76. 2018 年 11 月 21 日，教育部、中共中央宣传部发布《关于加强中小学影视教育的指导意见》，落实全国教育大会精神，充分发挥优秀影片在促进中小学生德智体美劳全面发展中的重要作用。力争用 3～5 年时间，实现全国中小学影视教育基本普及，形式多样、资源丰富、常态开展的中小学影视教育工作机制基本建立。

77. 2018 年 11 月 23 日，教育部办公厅印发《2019 年面向香港、澳门、台湾地区招收研究生工作管理办法》，加强对面向香港、澳门、台湾地区招收研究生（以下简称面向港澳台研究生招生）工作的管理，保证面向港澳台研究生招生工作的顺利进行。

78. 2018年11月27日，教育部发布《关于做好2019届全国普通高等学校毕业生就业创业工作的通知》，全面贯彻落实全国教育大会精神，把“稳就业”放在更加突出的位置，努力实现高校毕业生更高质量和更充分就业。

79. 2018年11月29日，教育部部长陈宝生在全国教育法治工作会议上，发表讲话《全面推进依法治教　为加快教育现代化、建设教育强国提供坚实保障》，强调会议的主要任务是，以习近平新时代中国特色社会主义思想为指导，深入贯彻党的十九大和十九届二中、三中全会精神，深入学习贯彻习近平总书记关于教育的重要论述和全国教育大会精神，贯彻落实中央全面依法治国委员会第一次会议精神，研究部署新时代教育法治建设任务，为加快推进教育现代化、建设教育强国、办好人民满意的教育提供坚实的法治保障。

80. 2018年11月30日，陈宝生部长在《光明日报》上发表《优先发展儿童教育　阻断贫困代际传递》，强调要继续把贫困儿童教育工作摆在优先发展的位置，继续加大城乡教育资源均衡配置力度，加快建立健全全民覆盖、普惠共享、城乡一体的基本公共教育服务体系，通过发展教育阻断贫困代际传递，促进社会公平正义。

81. 2018年12月12日，教育部发布《关于加强网络学习空间建设与应用的指导意见》，深入贯彻党的十九大和全国教育大会精神，落实立德树人根本任务，发展素质教育，以国家数字教育资源公共服务体系为依托，以促进信息技术与教育教学实践深度融合为核心，以应用驱动和机制创新为动力，全面加强空间建设与应用，加快推进教育信息化转段升级，推动教与学变革，构建“互联网+教育”新生态。到2022年，建成面向各级各类教育、全体教师和适龄学生，全面普及绿色安全、可管可控、功能完备、特色鲜明的实名制空间。

82. 2018年12月13日，教育部部长陈宝生在《光明日报》撰文《教育：改革开放的先行者、受益者、助力者》，回顾40年波澜壮阔的改革开放历史进程，教育在其中发挥了重要的作用。教育既是改革开放的先行者，又是改革开放的受益者，更是改革开放的助力者。

83. 2018年12月17日，教育部部长陈宝生在《人民日报》撰文《中国教育：波澜壮阔四十年》，改革开放40年，我们始终坚持党对教育工作的领导，牢固确立并坚定不移地把教育放在优先发展战略地位，走出了一条中国特色社会主义教育发展道路。40 年来，中国教育取得了历史性成就、发生了历史性变革，13 亿多中国人民的思想道德素质和科学文化素质全面提升，教育总体发展水平跃居世界中上行列，成为全世界规模最大、发展速度最快、发展潜力最大、特色最为鲜明的教育。

84. 2018 年 12 月 18 日，习近平总书记《在庆祝改革开放 40 周年大会上的讲话》，强调改革开放 40 年积累的宝贵经验是党和人民弥足珍贵的精神财富，对新时代坚持和发展中国特色社会主义有着极为重要的指导意义，必须倍加珍惜、长期坚持，在实践中不断丰富和发展。

85. 2018 年 12 月 20 日，教育部办公厅印发《教育部高等学校教学指导委员会章程》，做好 2018 ~2022 年教育部高等学校教学指导委员会各项工作，建立科学合理、规范有效的工作机制。

86. 2018 年 12 月 25 日，教育部办公厅发布《关于严禁有害 APP 进入中小学校园的通知》，要求各地采取有效措施，营造良好的“互联网 + 教育”育人环境，保障中小学生健康成长，坚决防止有害 APP 进入校园。

87. 2018 年 12 月 27 日，教育部办公厅发布《关于做好 2019 年普通高等学校部分特殊类型招生工作的通知》，强调 2019 年普通高校特殊类型招生工作深入贯彻落实全国教育大会精神，要坚持明晰定位、规范管理、择优选拔、分类指导的原则，进一步完善制度、严格规范、加强监督，切实提高特殊类型人才选拔质量。

88. 2018 年 12 月 28 日，教育部等九部门印发《中小学生减负措施的通知》，强调各地要以习近平新时代中国特色社会主义思想为指导，深入学习贯彻党的十九大精神，落实全国教育大会部署，全面贯彻党的教育方针，坚持社会主义办学方向，遵循教育规律，落实立德树人根本任务，坚持政府主导、各方参与、综合施策、标本兼治的基本原则，加强统一部署、统一行动，进一步明确并强化政府、学校、校外培训机构、家庭等各方责任，推进育人方式改革，发展素质教育，规范学校办学行为和校外培训机构发展，扭转不科学的教育评价导向，引导全社会树立科学教育质量观和人才培养观，切实减轻违背教育教学规律、有损中小学生身心健康的过重学业负担，促进中小学生健康成长，培养德智体美劳全面发展的社会主义建设者和接班人。

89. 2018 年 12 月 29 日，教育部办公厅发布《关于做好 2019 年高校自主招生工作的通知》，要求各高校全面贯彻全国教育大会精神，深化考试招生制度改革，健全立德树人落实机制，建立科学的教育评价导向，进一步增强高校选才的科学性和公平性，严格规范自主招生各项政策。

90. 2018 年 12 月 29 日，教育部印发《高等学校乡村振兴科技创新行动计划（2018～2022 年）》，全面落实全国教育大会精神，组织和引导高等学校深入服务乡村振兴战略，发挥高等学校在人才培养、科学研究、社会服务、文化传承创新和国际交流合作等方面的重要作用，以适应乡村振兴战略实施需求为目标，通过五年时间，逐步完善高校科技创新体系布局，强化高校科技和人才支撑体系，高校服务乡村振兴的创新能力和质量显著提升，培养造就一支懂农业、爱农村、爱农民的人才队伍，使高校成为乡村振兴战略科技创新和成果供给的重要力量、高层次人才培养集聚的高地、体制机制改革的试验田、政策咨询研究的高端智库。

91. 2019 年 1 月 9 日，国务院办公厅发布《关于开展城镇小区配套幼儿园治理工作的通知》，要求各地切实落实《关于学前教育深化改革规范发展的若干意见》的相关要求，落实全国教育大会部署，坚持以人民为中心的发展思想，认真履行政府责任，依法落实城镇公共服务设施建设规定，着力构建以普惠性资源为主体的学前教育公共服务体系，聚焦小区配套幼儿园规划、建设、移交、办园等环节存在的突出问题开展治理，进一步提高学前教育公益普惠水平，切实办好学前教育，满足人民群众对幼有所育的期盼。

92. 2019 年 1 月 10 日，教育部办公厅发布《关于进一步加强高校教学实验室安全检查工作的通知》，旨在深入贯彻落实国务院领导同志关于北京交通大学“12. 26”实验室爆炸事故重要指示批示精神，深刻吸取事故教训，有效防范类似事故发生，确保高校师生安全和校园稳定。

93. 2019 年 1 月 11 日，教育部、中央军委国防动员部印发《普通高等学校军事课教学大纲》，旨在适应立德树人根本任务和强军目标根本要求，服务军民融合发展战略实施和国防后备力量建设，增强学生国防观念、国家安全意识和忧患危机意识，提高学生综合国防素质。

94. 2019 年 1 月 18 日，教育部部长陈宝生在全国教育工作上发表《落实 落实 再落实——在 2019 年全国教育工作会议上的讲话》，强调全国教育大会召开之后，“深入抓、抓深入”是当前和今后一个时期的重大任务，是教育系统全部工作的基本要求。2019 年全国教育工作会议的关键词就是两个字“落实”，通过狠抓落实，为教育新发展新跨越开好局、起好步、奠好基。

95. 2019 年 1 月 18 日，国内第一本有关高考评价行业报告考试蓝皮书《中国高考报告（2019）》在京正式发布。

96. 2019 年 1 月 24 日，国务院发布《关于印发国家职业教育改革实施方案》的通知，方案总目标是，坚持以习近平新时代中国特色社会主义思想为指导，把职业教育摆在教育改革创新和经济社会发展中更加突出的位置。牢固树立新发展理念，服务建设现代化经济体系和实现更高质量更充分就业需要，对接科技发展趋势和市场需求，完善职业教育和培训体系，优化学校、专业布局，深化办学体制改革和育人机制改革，以促进就业和适应产业发展需求为导向，鼓励和支持社会各界特别是企业积极支持职业教育，着力培养高素质劳动者和技术技能人才。经过 5 ~ 10 年左右时间，职业教育基本完成由政府举办为主向政府统筹管理、社会多元办学的格局转变，由追求规模扩张向提高质量转变，由参照普通教育办学模式向企业社会参与、专业特色鲜明的类型教育转变，大幅提升新时代职业教育现代化水平，为促进经济社会发展和提高国家竞争力提供优质人才资源支撑。具体目标是，到 2022 年，职业院校教学条件基本达标，一大批普通本科高等学校向应用型转变，建设 50 所高水平高等职业学校和 150 个骨干专业（群）。建成覆盖大部分行业领域、具有国际先进水平的中国职业教育标准体系。企业参与职业教育的积极性有较大提升，培育数以万计的产教融合型企业，打造一批优秀职业教育培训评价组织，推动建设 300 个具有辐射引领作用的高水平专业化产教融合实训基地。职业院校实践性教学课时原则上占总课时一半以上，顶岗实习时间一般为 6 个月。“双师型”教师（同时具备理论教学和实践教学能力的教师）占专业课教师总数超过一半，分专业建设一批国家级职业教育教师教学创新团队。从 2019 年开始，在职业院校、应用型本科高校启动“学历证书 + 若干职业技能等级证书”制度试点（以下称 1 + X 证书制度试点）工作。

97. 2019 年 2 月 20 日，教育部、国家市场监督管理总局、国家卫生健康委员会印发《学校食品安全与营养健康管理规定》。

98. 2019 年 2 月 23 日，中共中央、国务院印发《中国教育现代化 2035》和《加快推进教育现代化实施方案（2018 ~ 2022 年）》（简称《实施方案》），要求各地各部门结合实际认真贯彻落实。《中国教育现代化 2035》提出，推进教育现代化的总体目标是：到 2020 年，全面实现“十三五”发展目标，教育总体实力和国际影响力显著增强，劳动年龄人口平均受教育年限明显增加，教育现代化取得重要进展，为全面建成小康社会作出重要贡献。在此基础上，再经过 15 年努力，到 2035 年，总体实现教育现代化，迈入教育强国行列，推动我国成为学习大国、人力资源强国和人才强国，为到本世纪中叶建成富强民主文明和谐美丽的社会主义现代化强国奠定坚实基础。《中国教育现代化 2035》提出了推进教育现代化的八大基本理念：更加注重以德为先，更加注重全面发展，更加注重面向人人，更加注重终身学习，更加注重因材施教，更加注重知行合一，更加注重融合发展，更加注重共建共享。明确了推进教育现代化的基本原则：坚持党的领导、坚持中国特色、坚持优先发展、坚持服务人民、坚持改革创新、坚持依法治教、坚持统筹推进。《中国教育现代化 2035》聚焦教育发展的突出问题和薄弱环节，立足当前，着眼长远，重点部署了面向教育现代化的十大战略任务，包括学习习近平新时代中国特色社会主义思想、发展中国特色世界先进水平的优质教育等核心内容。《实施方案》指出，今后 5 年加快推进教育现代化的指导思想是：以习近平新时代中国特色社会主义思想为指导，全面贯彻党的十九大和十九届二中、三中全会精神，以培养社会主义建设者和接班人为根本任务，以全面加强党对教育工作的领导为根本保证，以促进公平和提高质量为时代主题，围绕加快推进教育现代化这一主线，聚焦教育发展的战略性问题、紧迫性问题和人民群众关心的问题，统筹实施各类工程项目和行动计划，着力深化改革、激发活力，着力补齐短板、优化结构，更好发挥教育服务国计民生的作用，确保完成决胜全面建成小康社会教育目标任务，为推动高质量发展、实现 2035 年奋斗目标夯实基础。《实施方案》提出了加快推进教育现代化的实施原则：立足当前，着眼长远；聚焦重点，带动全局；问题导向，改革创新；分区规划，分类推进。总体目标是：经过 5 年努力，全面实现各级各类教育普及目标，全面构建现代化教育制度体系，教育总体实力和国际影响力大幅提升。实现更高水平、更有质量的普及，教育改革发展成果更公平地惠及全体人民，教育服务经济社会发展的能力显著提高，社会关注的教育热点难点问题得到有效缓解，多样化可选择的优质教育资源更加丰富，人民群众受教育机会进一步扩大，学习大国建设取得重要进展。《实施方案》强调要深化重点领域教育综合改革。加快重点领域和关键环节改革步伐，为加快推进教育现代化提供制度支撑。积极稳妥推进考试招生制度改革，坚定高考改革方向，完善普通高中学业水平考试制度，进一步推进学术学位与专业学位硕士研究生分类考试，完善博士研究生“申请－考核”和直接攻博等选拔机制。

99. 2019年2月26日，教育部办公厅发布《关于进一步规范和加强研究生考试招生工作的通知》，要求各招生单位深入贯彻落实全国教育大会精神，始终把立德树人成效作为检验研究生考试招生工作的根本标准，牢固树立“考试招生也是育人”的理念，坚持“择优录取、宁缺毋滥”原则，进一步提高考试招生治理体系和治理能力现代化水平，确保研究生考试招生工作科学规范、公平公正。

100. 2019年2月27日，教育部办公厅印发《2019年教育信息化和网络安全工作要点》，深入落实《教育信息化“十三五”规划》和《教育信息化2.0行动计划》，实施好教育信息化“奋进之笔”，加快推动教育信息化转段升级，积极推进“互联网＋教育”，坚持高质量发展，以教育信息化支撑和引领教育现代化。

101. 2019年2月28日，教育部等五部门公布第四批国家级农村职业教育和成人教育示范县名单。在各地自愿申报、省级评估、入围创建、省级复检的基础上，经教育部等相关部门商定，确定天津市宝坻区等43个单位为第四批国家级农村职业教育和成人教育示范县创建合格单位。

102. 2019年3月5日，国务院总理李克强在《政府工作报告》宣布，2019年将改革完善高职院校考试招生办法，鼓励更多应届高中毕业生和退役军人、下岗职工、农民工等报考，大规模扩招100万人。

103. 2019年3月13日，教育部发布《关于做好2019年普通高校招生工作的通知》，全面落实《国务院关于深化考试招生制度改革的实施意见》，按照稳中求进的工作总基调，进一步推动改革创新，加强规范管理，提升工作精细化水平，确保高校考试招生工作公平公正、规范有序，同时公布《2019年普通高等学校招生工作规定》，具体落实全年各项招生工作部署。

104. 2019年3月14日，全国青少年校园足球工作领导小组发布《关于做好2019年校园足球工作的通知》。

105. 2019年3月20日，教育部办公厅发布《关于做好2019年普通中小学招生入学工作的通知》，要求各地落实全国教育大会部署，进一步巩固成果、深化改革，促进教育公平，提高教育质量，有效缓解“择校热”，规范教育秩序、营造良好教育生态，稳步推进普通中小学招生入学改革。

106. 2019 年 3 月 20 日，教育部印发《职业教育改革成效明显的省（区、市）激励措施实施办法》，充分调动各地推进职业教育改革发展的积极性、主动性和创造性。同日，教育部发布《关于实施全国中小学教师信息技术应用能力提升工程 2.0 的意见》，强调到 2022 年，构建以校为本、基于课堂、应用驱动、注重创新、精准测评的教师信息素养发展新机制，通过示范项目带动各地开展教师信息技术应用能力培训（每人 5 年不少于 50 学时，其中实践应用学时不少于 50%），基本实现“三提升一全面”的总体发展目标：校长信息化领导力、教师信息化教学能力、培训团队信息化指导能力显著提升，全面促进信息技术与教育教学融合创新发展。

107. 2019 年 3 月 21 日，教育部公布 2018 年度普通高等学校本科专业备案和审批结果。

108. 2019 年 3 月 26 日，教育部办公厅发布《关于做好 2019 年重点高校招收农村和贫困地区学生工作的通知》，要求各高校认真落实《国务院关于深化考试招生制度改革的实施意见》，继续实施国家专项计划、地方专项计划和高校专项计划（以下统称为专项计划），完善长效机制，进一步促进教育公平。

109. 2019 年 3 月 29 日，教育部发布《关于切实加强新时代高等学校美育工作的意见》，目标为，到 2022 年，高校美育取得突破性进展，美育教育教学改革成效显著，师资队伍建设和场馆设施明显加强，推进机制和评价体系日益完善，高校学生的审美和人文素养显著提升。到 2035 年，形成多样化高质量具有中国特色的社会主义现代化高等学校美育体系。同日，教育部、财政部发布《关于实施中国特色高水平高职学校和专业建设计划的意见》，总体目标包括：围绕办好新时代职业教育的新要求，集中力量建设 50 所左右高水平高职学校和 150 个左右高水平专业群，打造技术技能人才培养高地和技术技能创新服务平台，支撑国家重点产业、区域支柱产业发展，引领新时代职业教育实现高质量发展。

110. 2019 年 4 月 4 日，按照全国教育大会部署和落实《国家职业教育改革实施方案》要求，教育部会同国家发展改革委、财政部、市场监管总局制定了《关于在院校实施“学历证书 + 若干职业技能等级证书”制度试点方案》，启动“学历证书 + 若干职业技能等级证书”制度试点工作。自 2019 年开始，全国重点围绕服务国家需要、市场需求、学生就业能力提升，从 10 个左右领域做起，启动 1 + X 证书制度试点工作。

111. 2019 年 4 月 10 日，教育部办公厅公布 2019 年度面向中小学生的全国性竞赛活动，按照《教育部办公厅印发〈关于面向中小学生的全国性竞赛活动管理办法（试行）〉的通知》要求，经自主申报、专家评审和公示等程序，确定“全国青少年科技创新大赛”等 29 项竞赛活动为 2019 年度面向中小学生开展的全国性竞赛活动。

112. 2019 年 4 月 17 日，教育部发布《关于做好新时期直属高校定点扶贫工作的意见》，积极探索高校扶贫的有效方式和途径，把高校特色优势与定点扶贫县需求相结合，推动脱贫攻坚体制机制不断创新，形成高校扶贫的“中国方案”。

113. 2019 年 4 月 30 日，习近平总书记在纪念五四运动 100 周年大会上发表重要讲话。指出新时代中国青年要继续发扬五四精神，以实现中华民族伟大复兴为己任，不辜负党的期望、人民期待、民族重托，不辜负我们这个伟大时代。同日，教育部等部门发布《关于进一步健全农村留守儿童和困境儿童关爱服务体系的意见》。

114. 2019 年 5 月 5 日，中共教育部党组发布《关于教育系统认真学习贯彻习近平总书记在纪念五四运动 100 周年大会上重要讲话精神的通知》。

115. 2019 年 5 月 6 日，教育部发布《关于深入学习贯彻〈国家职业教育改革实施方案〉的通知》。

116. 2019 年 5 月 7 日，教育部办公厅发布《关于做好 2019 年高职扩招专项考试招生工作的通知》，贯彻落实 2019 年《政府工作报告》和 2019 年 4 月 30 日国务院常务会议精神，做好 2019 年高职扩招专项考试招生工作，落实高职扩招百万的重大部署。

117. 2019 年 5 月 7 日，教育部部长陈宝生在《光明日报》撰文《做好新时代学校美育工作》，强调要深刻认识学校美育的战略地位，要从提升全体国民素质、汇聚民族共识、凝聚伟大复兴最深厚力量的高度，重视和加强学校美育。

118. 2019年5月13日，教育部印发《全国职业院校教师教学创新团队建设方案》，全面贯彻落实全国教育大会精神，根据《国家职业教育改革实施方案》决策部署，打造一批高水平职业院校教师教学创新团队，示范引领高素质“双师型”教师队伍建设，深化职业院校教师、教材、教法“三教”改革，经过3年左右的培育和建设，打造360个满足职业教育教学和培训实际需要的高水平、结构化的国家级团队。

119. 2019年5月14日，教育部办公厅发布《关于全面推进现代学徒制工作的通知》，总结现代学徒制试点经验，全面推广现代学徒制。同日，教育部办公厅印发2019年中小学教学用书目录。

120. 2019年5月18日，国务院办公厅发布《关于印发职业技能提升行动方案（2019～2021年）的通知》，提出目标，2019年至2021年，持续开展职业技能提升行动，提高培训针对性实效性，全面提升劳动者职业技能水平和就业创业能力。三年共开展各类补贴性职业技能培训5000万人次以上，其中2019年培训1500万人次以上；经过努力，到2021年底技能劳动者占就业人员总量的比例达到25%以上，高技能人才占技能劳动者的比例达到30%以上。

121. 2019年5月20日，教育部等四部门发布《关于加快推进全国青少年冰雪运动进校园的指导意见》，要求到2022年，校园冰雪运动教学、训练、竞赛和管理体系基本健全，冰雪运动特色学校示范引领作用更加强劲，学校冰雪运动场地设施和师资队伍等条件保障更加有力，冬季奥林匹克教育深入人心，参与冰雪运动的学生显著增多，青少年冰雪运动水平稳步提升，学校、家庭和社会促进冰雪运动发展的融合机制更加完善，政府引导、部门协作、社会参与的校园冰雪运动推进机制基本形成，积极为2022年北京冬奥会和冬残奥会营造浓厚的教育氛围。

122. 2019年5月21日，教育部办公厅发布《关于严格规范大中小学招生秩序的紧急通知》，要求各级招生依法依规、公平公正。

123. 2019年5月22日，教育部发布《关于加强高校实验室安全工作的意见》，深刻吸取事故教训，切实增强高校实验室安全管理能力和水平，保障校园安全稳定和师生生命安全。

124. 2019年6月4日，教育部办公厅印发《义务教育领域基层政务公开标准指引》，切实推进义务教育领域基层政务公开标准化规范化，不断提高教育透明度和公开水平。

125. 2019 年 6 月 5 日，教育部发布《关于职业院校专业人才培养方案制订与实施工作的指导意见》，推进国家教学标准落地实施，提升职业教育质量。

126. 2019 年 6 月 10 日，教育部印发《幼儿园责任督学挂牌督导办法》，要求各要结合实际，制定本地幼儿园责任督学挂牌督导实施办法，于 2019 年底前实现本行政区域内所有经审批注册的幼儿园（含民办）责任督学挂牌督导全覆盖。

127. 2019 年 6 月 10 日，教育部成立课题组，编辑出版《深入学习习近平关于教育的重要论述》一书，教育部部长陈宝生在出版座谈会上发表重要讲话。

128. 2019 年 6 月 11 日，国务院办公厅发布《关于新时代推进普通高中育人方式改革的指导意见》，要求各地全面贯彻党的教育方针，落实立德树人根本任务，发展素质教育，遵循教育规律，围绕凝聚人心、完善人格、开发人力、培育人才、造福人民的工作目标，深化育人关键环节和重点领域改革，坚决扭转片面应试教育倾向，切实提高育人水平，为学生适应社会生活、接受高等教育和未来职业发展打好基础，努力培养德智体美劳全面发展的社会主义建设者和接班人。改革目标为：到 2022 年，德智体美劳全面培养体系进一步完善，立德树人落实机制进一步健全。普通高中新课程新教材全面实施，适应学生全面而有个性发展的教育教学改革深入推进，选课走班教学管理机制基本完善，科学的教育评价和考试招生制度基本建立，师资和办学条件得到有效保障，普通高中多样化有特色发展的格局基本形成。

129. 2019 年 6 月 21 日，国务院教育督导委员会办公室印发《2019 年对省级人民政府履行教育职责评价方案》，推动省级人民政府切实履行教育工作相关职责。

130. 2019 年 6 月 23 日，中共中央、国务院出台《关于深化教育教学改革全面提高义务教育质量的意见》，深入贯彻党的十九大精神和全国教育大会部署，加快推进教育现代化，建设教育强国，办好人民满意的教育，深化教育教学改革、全面提高义务教育质量。

131. 2019年7月8日，教育部公布2019年高等学历继续教育拟招生专业备案结果，2019年，经各类高校依规自主设置、省级教育行政部门统筹提交、教育部汇总公布的高等学历继续教育拟招生专业共852个（其中，本科专业336个、专科专业516个），招生专业点共35128个（其中，本科专业点18413个、专科专业点16715个）。

132. 2019年7月10日，教育部印发《国家级大学生创新创业训练计划管理办法》，各地各高校秉承“兴趣驱动、自主实践、重在过程”的原则，深化高校创新创业教育教学改革，加强大学生创新创业能力培养，全面提高人才培养质量。

133. 2019年7月12日，教育部等六部门发布《关于规范校外线上培训的实施意见》，要求各地各校进一步规范面向中小学生、利用互联网技术实施的学科类校外线上培训活动，促进其健康有序发展，切实减轻中小学生过重课外负担。争取2019年12月底前完成对全国校外线上培训及机构的备案排查；2020年12月底前基本建立全国统一、部门协同、上下联动的监管体系，基本形成政府科学监管、培训有序开展、学生自主选择的格局。

134. 2019年7月17日，教育部办公厅发布《关于进一步支持高校校园实体书店发展的指导意见》。

135. 2019年7月19日，教育部、中央网信办、公安部三部门联合治理非法仿冒省级招生考试机构网站和公众号，同时公布全国31省招办社交平台账号。

136. 2019年7月24日，教育部发布《2018年全国教育事业发展统计公报》。

137. 2019年7月26日，教育部在京召开2019年“书写奋进之笔　建设奋进之部”年中推进会，教育部党组书记、部长陈宝生主持会议并讲话。

138. 2019年7月28日，国务院副总理孙春兰在教育部调研时强调，深入学习贯彻习近平总书记关于教育的重要论述，全面落实全国教育大会精神，认真践行教育为了人民的初心和使命，着力研究解决教育领域突出问题，切实办好人民满意的教育。

139. 2019年7月29日，国务院召开全国基础教育工作会议。国务院总理李克强日前就基础教育改革发展作出重要批示。批示指出：基础教育关系到每一个人，是提高国民素质、实现国家富强的基础性工程。要坚持以习近平新时代中国特色社会主义思想为指导，贯彻党中央、国务院决策部署，着力在提高质量、促进公平上下功夫，努力办好人民群众满意的基础教育。国务院副总理孙春兰出席会议并讲话。她强调，要深入贯彻习近平总书记关于教育的重要论述，认真落实李克强总理批示要求，把立德树人融入基础教育各环节，在巩固提高普及水平的基础上，实现高质量发展。

140. 2019年8月10日，国务院办公厅关于印发体育强国建设纲要的通知，进一步明确体育强国建设的目标、任务及措施，充分发挥体育在全面建设社会主义现代化国家新征程中的重要作用。到2020年，建立与全面建成小康社会相适应的体育发展新机制，体育领域创新发展取得新成果，全民族身体素养和健康水平持续提高，公共体育服务体系初步建立，竞技体育综合实力进一步增强，体育产业在实现高质量发展上取得新进展。到2035年，形成政府主导有力、社会规范有序、市场充满活力、人民积极参与、社会组织健康发展、公共服务完善、与基本实现现代化相适应的体育发展新格局，体育治理体系和治理能力实现现代化。到2050年，全面建成社会主义现代化体育强国。

141. 2019年8月14日，中共中央办公厅、国务院办公厅印发《关于深化新时代学校思想政治理论课改革创新的若干意见》，贯彻落实习近平总书记关于教育的重要论述，特别是在学校思想政治理论课教师座谈会上的重要讲话精神，全面贯彻党的教育方针，解决好培养什么人、怎样培养人、为谁培养人这个根本问题，坚持不懈用习近平新时代中国特色社会主义思想铸魂育人，深化新时代学校思想政治理论课改革创新。

142. 2019年8月28日，联合国教科文组织正式发布《北京共识——人工智能与教育》，这是联合国教科文组织首个为利用人工智能技术实现2030年教育议程提供指导和建议的重要文件。

143. 2019年8月29日，教育部、国务院扶贫办联合印发了《关于解决建档立卡贫困家庭适龄子女义务教育有保障突出问题的工作方案》，加大保障力度，加快补齐短板，确保完成义务教育有保障重大任务，推动教育脱贫攻坚目标任务全面实现。

144. 2019年9月9日，人力资源社会保障部、教育部印发《关于深化中等职业学校教师职称制度改革的指导意见》（以下简称《意见》），部署中等职业学校教师职称制度改革工作。

145. 2019年9月29日，教育部发布《关于深化本科教育教学改革全面提高人才培养质量的意见》，深入贯彻全国教育大会精神和《中国教育现代化2035》，全面落实新时代全国高等学校本科教育工作会议和直属高校工作咨询委员会第二十八次全体会议精神，坚持立德树人，围绕学生忙起来、教师强起来、管理严起来、效果实起来，深化本科教育教学改革，培养德智体美劳全面发展的社会主义建设者和接班人。

146. 2019 年 10 月 11 日，经国务院同意，国家发展改革委、教育部等 6 部门印发《国家产教融合建设试点实施方案》，通过 5 年左右的努力，试点布局 50 个左右产教融合型城市，在全国建设培育 1 万家以上的产教融合型企业，建立产教融合型企业制度和组合式激励政策体系。

B.17
附录二
高考综合改革经典文献目录

1. 中共中央关于教育体制改革的决定（1985 年 5 月 27 日）

2. 中国教育改革和发展纲要（1993 年 2 月 13 日）

3. 国务院关于《中国教育改革和发展纲要》的实施意见（1994 年 7 月 3 日）

4. 《中华人民共和国教育法》（1995 年 3 月 18 日，2016 年 3 月 9 日）

5. 全国教育事业“九五”计划和 2010 年发展规划（1996 年 4 月 10 日）

6. 中华人民共和国高等教育法（1998 年 8 月 29 日）

7. 面向 21 世纪教育振兴行动计划（1998 年 12 月 24 日）

8. 教育部关于进一步深化普通高等学校招生考试制度改革的意见（1999 年 2 月 13 日）

9. 中共中央国务院关于深化教育改革，全面推进素质教育的决定（1999 年 6 月 13 日）

10. 国家中长期教育改革和发展规划纲要（2010～2020 年）（2010 年 7 月 29 日）

11. 中共中央关于全面深化改革若干重大问题的决定（2013 年 11 月 12 日）

12. 国务院办公厅关于深化高等学校创新创业教育改革的实施意见（2015 年 5 月 4 日）

13. 国务院关于加快发展民族教育的决定（2015 年 8 月 11 日）

14. 国务院办公厅关于全面加强和改进学校美育工作的意见（2015 年 9 月 15 日）

15. 国务院关于印发统筹推进世界一流大学和一流学科建设总体方案的通知（2015 年 10 月 24 日）

16. 国务院办公厅关于印发全民科学素质行动计划纲要实施方案（2016～

2020年）（2016年2月25日）

17. 国务院关于印发上海系统推进全面创新改革试验加快建设具有全球影响力科技创新中心方案的通知（2016年4月12日）

18. 国务院办公厅关于强化学校体育促进学生身心健康全面发展的意见（2016年4月21日）

19. 国务院办公厅关于加快中西部教育发展的指导意见（2016年5月11日）

20. 国务院关于统筹推进县域内城乡义务教育一体化改革发展的若干意见（2016年7月2日）

21. 国务院办公厅关于印发老年教育发展规划（2016～2020年）的通知（2016年10月5日）

22. 国务院关于鼓励社会力量兴办教育促进民办教育健康发展的若干意见（2016年12月29日）

23. 国务院关于印发国家教育事业发展"十三五"规划的通知（2017年1月1日）

24. 国务院办公厅关于印发对省级人民政府履行教育职责的评价办法的通知（2017年5月31日）

25. 国务院办公厅关于成立国家教材委员会的通知（2017年7月3日）

26. 国务院办公厅关于进一步加强控辍保学提高义务教育巩固水平的通知（2017年7月18日）

27. 国务院办公厅关于进一步激发民间有效投资活力促进经济持续健康发展的指导意见（2017年9月1日）

28. 中共中央办公厅、国务院办公厅印发《关于深化教育体制机制改革的意见》（2017年9月24日）

29. 国务院办公厅关于深化产教融合的若干意见（2017年12月5日）

30. 国务院关于全面加强基础科学研究的若干意见（2018年1月19日）

31. 中共中央办公厅、国务院办公厅印发《关于分类推进人才评价机制改革的指导意见》（2018年2月26日）

32. 国务院办公厅关于印发科学数据管理办法的通知（2018年3月17日）

33. 国务院办公厅关于印发2018年政务公开工作要点的通知（2018年4

月 8 日）

34. 国务院办公厅关于全面加强乡村小规模学校和乡镇寄宿制学校建设的指导意见（2018 年 4 月 25 日）

35. 中共中央办公厅、国务院办公厅印发《关于进一步加强科研诚信建设的若干意见》（2018 年 5 月 30 日）

36. 国务院关于优化科研管理提升科研绩效若干措施的通知（2018 年 7 月 18 日）

37. 国务院办公厅关于规范校外培训机构发展的意见（2018 年 8 月 6 日）

38. 国务院办公厅关于进一步调整优化结构提高教育经费使用效益的意见（2018 年 8 月 17 日）

39. 2018 年 9 月 10 日，全国教育大会在北京召开，习近平总书记出席会议并发表重要讲话

40. 中共中央、国务院出台《关于学前教育深化改革规范发展的若干意见》（2018 年 11 月 7 日）

41. 习近平总书记《在庆祝改革开放 40 周年大会上的讲话》（2018 年 12 月 18 日）

42. 国务院发布《关于印发国家职业教育改革实施方案的通知》（2019 年 1 月 24 日）

43. 中共中央、国务院印发《中国教育现代化 2035》《加快推进教育现代化实施方案（2018 ~ 2022 年）》（2019 年 2 月 23 日）

44. 国务院办公厅发布《关于印发职业技能提升行动方案（2019 ~ 2021 年）的通知》（2019 年 5 月 18 日）

45. 国务院办公厅发布《关于新时代推进普通高中育人方式改革的指导意见》（2019 年 6 月 11 日）

46. 中共中央、国务院出台《关于深化教育教学改革全面提高义务教育质量的意见》（2019 年 6 月 23 日）

Abstract

The National College Entrance Examination (NCEE), is a basic education system in China and plays an important role in the overall development strategy of the party and the country. The new college entrance examination reform launched in 2014 focused on the panoramic reforms in the fields of teaching, examination and recruitment, and has explored a path to classified examinations, sunny enrollment, and multiple admission. The National Education Conference held on September 10, 2018 is an important milestone in the history of China's education development, marking that China's education has entered a new stage of modernization and started a new journey to accelerate the modernization of education. In December 2019, the Examination Center of the Ministry of Education released the "China College Entrance Examination Evaluation System", which provided a reliable theoretical support and practical guide for deepening the reform of the college entrance examination content and proposition work in the new era, indicating that the comprehensive reform of the college entrance examination has entered a new track. In the future, the new college entrance examination reform will conscientiously summarize the positive progress and results achieved in the college entrance examination reform since the Third Plenary Session of the Eighteenth Central Committee, fully implement the party's education policy, and highlight the requirements for the comprehensive development of students' moral, intellectual, and physical education. At the same time, the new reform will also include deepening the reform of the college entrance examination content and promoting the reform of the education method in senior high schools in accordance with the requirements for talent selection in universities and national curriculum standards.

The comprehensive reform of the college entrance examination in 2019 has gone through a pragmatic and arduous way forward. The top design of the three major areas of preschool education, high school education, and compulsory education has been quietly completed and fully exerted. Old exam in provinces implementing new college entrance examination reform has been abandoned, the subject evaluation system has been newly established, and the college entrance examination proposition standards have undergone profound changes. The academic examination has been standardized, the comprehensive quality evaluation has been improved, the importance of the comprehensive quality evaluation in the college entrance examination system has been improved as well, and the multi-faceted admission system has been upgraded. The vocational education has expanded by one million to help comprehensive reform of the college entrance examination. The future has come, and the new college entrance examination reform is steadily progressing on the road of China's education modernization.

2019 is the beginning of the implementation of the spirit of the National Education Conference into the field of education. The reform of the college entrance examination has also opened a new era. "Five qualities developed simultaneously", "six efforts" and "eight unifications" are the fundamental guidelines of the CPC's education work in the new era, and they are also the fundamental principles for the reform of the college entrance examination in 2019 and beyond. The college entrance examination in 2019 further deepens the examination requirements of enhancing morality and fostering talents, further strengthens the assessment and test from "knowledge test" to "ability test", and especially strengthens the test of the ability of innovation and critical thinking. In 2019, blockbuster education policies have been continuously released. Provinces that implement new high school curriculums no longer formulate examination outlines. The college entrance examination evaluation system marked with "one core, four layers and four wings" has been released, and the direction of future college entrance examination reform has been determined.

Positively guiding teaching and innovating education methods are the core goals of the comprehensive reform of the college entrance examination. The new college entrance examination reform has put forward new requirements and new goals for high school teaching. Educational philosophy, value orientation, teaching mode, and subject content are quietly changing. The introduction of new curriculum standards, "Guiding Opinions on Promoting the Educational Reform of General High Schools in the New Era," and other programmatic documents mark the entry into the new era of the development of education reforms in ordinary high schools. We closely focus on the background of the curriculum reform, the emphasis of the curriculum reform and the theme of the teaching reform in 2019 – 2020, show the good situation of China's senior high school education and teaching reform, explore the precious experience of teaching innovation, and face up to several problems in the reform in time to provide the future teaching development and education methods innovation with the necessary intellectual support and experience base.

The enrollment is one of the key links in this round of comprehensive reform of the new college entrance examination. The smooth and orderly enrollment is the focus of the comprehensive reform of the college entrance examination in 2019 – 2020. The enrollment work in 2019 is advancing steadily, the scale of admission shows a steady rise, and the admission work has been stable and orderly, breaking the bottleneck of talent training in a timely manner, realizing the pioneering work of expanding vocational education, continuing to expand the scope of "sunshine enrollment project", increasing the scope of information disclosure, improving the service level of candidates, and strictly regulating the special type of enrollment, further regulating the independent enrollment of colleges and universities, and implementing the autonomy of colleges and universities. Reforms in many areas have been in effect and effectively improved people's sense of gain. In the future enrollment reform, adhering to the leading position of the unified national enrollment policy, effectively implementing the fairness of the distribution of educational resources, vigorously developing vocational education, realizing vocational education diversion, effectively cooperating with the reform of college entrance examinations, steadily promoting the multiple admissions of college entrance examinations, and building a reasonable and scientific admissions system with multiple channels and paths will be an important development direction.

The college entrance examination is closely related to the country's talent strategy and economic and social development. The college entrance examination is connected to the fate of our country. The reform of the college entrance examination is not only the forerunner of reform and opening up, but also the beneficiary and the booster of it. Today, China has built the world's largest education system, and its overall level has leapt above the average line of the world. In the ranks of education development in all countries of the world, the scale and speed of China's education development is miraculous, matching its economic growth and national comprehensive strength. However, since education has a strong positive externality, education cannot provide and achieve an equilibrium through the general market mechanism, and it requires the government to coordinate it as a "big hand". There will be a new mode in the future that is based on the system and innovation as its core competitiveness. In addition to the universal institutional competition and cost competition, the level of innovation will become the most important factor that determines the overall strength of an economy. The college entrance examination levers education reform while education promotes innovation.

The college entrance examination evaluation system clarifies the direction, focus, and requirements for the reform of the college entrance examination content. It is an important basis for formulating proposition standards, and is a yardstick for evaluating the test papers, the level of candidates, and the achievement of the examination goals. The college entrance examination evaluation system is a basic project, theoretical support, and practical guide to deepen the reform of the college entrance examination content in the new era. This system is of great significance for the development of quality education, the promotion of educational equity, the realization of education modernization, the construction of a strong education country, and the pursuit of the education our people are satisfied with and it will also play important roles in the realization of students' healthy growth, the scientific selection of national talents, the organic unification of social fairness and justice, and the coordinated advancement of comprehensive reforms in education.

This report relies on domestic authoritative college entrance examination propositions and research institutions, and discusses the policy analysis, proposition practice, teaching reform, further education channels, social impact and evaluation of China's college entrance examination reform in 2019 from seven parts (including the general report and six special sections) to provide powerful intellectual support for the redesign and restart of the college entrance examination. The general report summarizes the three major contents of the college entrance examination reform in 2019, emphasizing the profound changes in the college entrance examination proposition standards.

The first section is the interpretation of the college entrance examination policy. It systematically elaborates the content innovation of the comprehensive reform of the new college entrance examination in 2019, and shows the basic principles, examination focus and future direction of the college entrance examination content reform.

The second section is the analysis of the college entrance examination propositions, which comprehensively interprets the macro-trends of the college entrance examination propositions and the prospects of subject measurement. It discusses the theoretical basis and practical experience of the college entrance examination propositions from the nine subjects respectively and provides a reference for teachers, students and parents to accurately grasp the essence and trends of college entrance examination propositions.

The third section is the teaching reform experience, emphasizing that the new college entrance examination reform puts forward new requirements and new goals for high school teaching, and education philosophy, value orientation, teaching models, and subject content are quietly changing, and it also focuses on demonstrating the good situation of China's senior high school education and teaching reform, discovering valuable experience in teaching innovation, and facing up to several problems in the reform in a timely manner.

The fourth section is the promotion and enrollment, fully affirming that the enrollment work in 2019 is advancing steadily, the scale of admission shows a steady rise, and the admission work is smooth and orderly. It also includes an emphasis on upholding the leading position of the country's unified enrollment policy, effectively implementing the fairness of the distribution of educational resources, vigorously developing vocational education, realizing vocational education diversion, effectively cooperating with the reform of college entrance examinations, improving examination services, and steadily promoting multiple admissions for college entrance examinations, and building a reasonable and scientific admission system with multi-channel and multi-path admission.

The fifth section is the social impact. Through standardized empirical analysis, it studies the tremendous changes that the college entrance examination has brought to China's economic and social development over the past 40 years. Empirical evidence shows that education based on the college entrance examination is the most important driving factor for China's brilliant achievements in reform and opening up.

The content of each chapter is closely related to the direction of reform policies, takes root in the practical experience of China's college entrance examination reform, and strives to provide an authoritative and professional research report on the college entrance examination reform in a mode of teamwork.

The sixth section is a professional interpretation of the Chinese college entrance examination evaluation system. It clarifies the direction, focus, and requirements of the reform of the college entrance examination content. It is an important basis for formulating proposition standards. It is a yardstick for evaluating the test papers, the level of candidates, and the achievement of the examination goals. It is a basic project, theoretical support and practical guide to deepen the reform of the college entrance examination content in the new era.

It is of great significance for the development of quality education, the promotion of educational equity, the realization of education modernization, the construction of a strong education country, and the realization of the education of people's satisfaction. It will play an important role in achieving the healthy growth of students, the national scientific selection of talents, the organic unification of social fairness and justice, and the coordinated promotion of comprehensive reform in the field of education.

Keywords: New College Entrance Examination Reform; Enhancing Morality and Fostering Talents; "Five Qualities Developed Simultaneously"; College Entrance Examination Evaluation System

Contents

Ⅰ General Report

Abstract: The comprehensive reform of the college entrance examination in 2019 has gone through a pragmatic and arduous way forward. The top design of the three major areas of preschool education, high school education, and compulsory education has been quietly completed and fully exerted. Old exam in provinces implementing new college entrance examination reform has been abandoned, the subject evaluation system has been newly established, and the college entrance examination proposition standards have undergone profound changes. The academic examination has been standardized, the comprehensive quality evaluation has been improved, the importance of the comprehensive quality evaluation in the college entrance examination system has been improved as well, and the multi-faceted admission system has been upgraded. The vocational education has expanded by one million to help comprehensive reform of the college entrance examination. The future has come, and the new college entrance examination reform is steadily progressing on the road of China's education modernization.

Keywords: Preschool Education; High School Education; Subject Evaluation System; Vocational Education; College Entrance Examination

Ⅱ Policy

Abstract: 2019 is the beginning of the implementation of the spirit of the National Education Conference into the field of education. The reform of the college entrance examination has also opened a new era. "Five qualities developed simultaneously", "six efforts" and "eight unifications" are the fundamental guidelines of the CPC's education work in the new era, and they are also the fundamental principles for the reform of the college entrance examination in 2019 and beyond. The college entrance examination in 2019 further deepens the examination requirements of enhancing morality and fostering talents, further strengthens the assessment and test from "knowledge test" to "ability test", and especially strengthens the test of the ability of innovation and critical thinking. In 2019, blockbuster education policies have been continuously released. Provinces that implement new high school curriculums no longer formulate examination outlines. The college entrance examination evaluation system marked with "one core, four layers and four wings" has been released, and the direction of future college entrance examination reform has been determined.

Keywords: College Entrance Examination Policy; "Five Qualities Developed Simultaneously"; "Six Efforts"; "Eight Unifications"

Ⅲ Examination

Ⅳ Teaching Reform

Abstract: Positively guiding teaching and innovating education methods are the core goals of the comprehensive reform of the college entrance examination. The new college entrance examination reform has put forward new requirements and new goals for high school teaching. Educational philosophy, value orientation, teaching mode, and subject content are quietly changing. The introduction of new curriculum standards, "Guiding Opinions on Promoting the Educational Reform of General High Schools in the New Era," and other programmatic documents mark the entry into the new era of the development of education reforms in ordinary high schools. We closely focus on the background of the curriculum reform, the emphasis of the curriculum reform and the theme of the teaching reform in 2019 -2020, show the good situation of China's senior high school education and teaching reform, explore the precious experience of teaching innovation, and face up to several problems in the reform in time to provide the future teaching development and education methods innovation with the necessary intellectual support and experience base.

Keywords: Guided Teaching; High School Teaching Reform; Curriculum Reform

V Progression

Abstract: The smooth and orderly enrollment is the focus of the comprehensive reform of the college entrance examination in 2019 -2020. The enrollment work in 2019 is advancing steadily, the scale of admission shows a steady rise, and the admission work has been stable and orderly, breaking the bottleneck of talent training in a timely manner, realizing the pioneering work of expanding vocational education, continuing to expand the scope of "sunshine enrollment project", increasing the scope of information disclosure, improving the service level of candidates, and strictly regulating the special type of enrollment, further regulating the independent enrollment of colleges and universities, and implementing the autonomy of colleges and universities. Reforms in many areas have been in effect and effectively improved people's sense of gain. In the future enrollment reform, adhering to the leading position of the unified national enrollment policy, effectively implementing the fairness of the distribution of educational resources, vigorously developing vocational education, realizing vocational education diversion, effectively cooperating with the reform of college entrance examinations, steadily promoting the multiple admissions of college entrance examinations, and building a reasonable and scientific admissions system with multiple channels and paths will be an important development direction.

Keywords: Vocational Education Diversion; Voluntary Reporting; Major Choice

Ⅵ Impact

B. 14 College Entrance Examination, Talent Strategy and Economic and Social Development

—An Empirical Analysis of the Social Impact of the College Entrance Examination from 1977 to 2020

Abstract: The college entrance examination is the key driving force for China's economic and social changes in the 70 years since the founding of the People's Republic of China. It has played a key role in promoting the improvement of national quality and the selection of outstanding talents. The college entrance examination and education have a strong role in promoting the transformation of industrial and economic structures, and are related to the future social development with institutions and innovation as the core competitiveness. A good education system, rich and high-quality human capital accumulation, will often promote economic development, and the rapid development of society and economy and the growth of family wealth will prompt people to invest more resources in education and personnel training, forming a virtuous circle. Education is the most fundamental driving factor for achieving class transition, and education is a life investment with a very high return.

Keywords: Talent Strategy; Scientific and Technological Innovation; Education Equity; Education Return Rate

Ⅶ Evaluation

Abstract: The college entrance examination evaluation system clarifies the direction, focus, and requirements for the reform of the college entrance examination content. It is an important basis for formulating proposition standards, and is a yardstick for evaluating the test papers, the level of candidates, and the achievement of the examination goals. The college entrance examination evaluation system is a basic project, theoretical support, and practical guide to deepen the reform of the college entrance examination content in the new era. This system is of great significance for the development of quality education, the promotion of educational equity, the realization of education modernization, the construction of a strong education country, and the pursuit of the education our people are satisfied with and it will also play important roles in the realization of students' healthy growth, the scientific selection of national talents, the organic unification of social fairness and justice, and the coordinated advancement of comprehensive reforms in education.

Keywords: College Entrance Examination Evaluation System; One Core; Four Layers and Four Wings; Enhancing Morality and Fostering Talents; Key Ability; Scientific Literacy

Ⅷ Appendix

皮书

智库报告的主要形式
同一主题智库报告的聚合

皮书定义

皮书是对中国与世界发展状况和热点问题进行年度监测，以专业的角度、专家的视野和实证研究方法，针对某一领域或区域现状与发展态势展开分析和预测，具备前沿性、原创性、实证性、连续性、时效性等特点的公开出版物，由一系列权威研究报告组成。

皮书作者

皮书系列报告作者以国内外一流研究机构、知名高校等重点智库的研究人员为主，多为相关领域一流专家学者，他们的观点代表了当下学界对中国与世界的现实和未来最高水平的解读与分析。截至 2020 年，皮书研创机构有近千家，报告作者累计超过 7 万人。

皮书荣誉

皮书系列已成为社会科学文献出版社的著名图书品牌和中国社会科学院的知名学术品牌。2016 年皮书系列正式列入“十三五”国家重点出版规划项目；2013~2020 年，重点皮书列入中国社会科学院承担的国家哲学社会科学创新工程项目。

中国皮书网

（网址：www.pishu.cn）

发布皮书研创资讯，传播皮书精彩内容

引领皮书出版潮流，打造皮书服务平台

栏目设置

◆ 关于皮书

何谓皮书、皮书分类、皮书大事记、

皮书荣誉、皮书出版第一人、皮书编辑部

◆ 最新资讯

通知公告、新闻动态、媒体聚焦、

网站专题、视频直播、下载专区

◆ 皮书研创

皮书规范、皮书选题、皮书出版、

皮书研究、研创团队

◆ 皮书评奖评价

指标体系、皮书评价、皮书评奖

◆ 互动专区

皮书说、社科数托邦、皮书微博、留言板

所获荣誉

◆ 2008 年、2011 年、2014 年，中国皮书网均在全国新闻出版业网站荣誉评选中获得“最具商业价值网站”称号；

◆ 2012 年，获得“出版业网站百强”称号。

网库合一

2014年，中国皮书网与皮书数据库端口合一，实现资源共享。

S 基本子库
SUB DATABASE

中国社会发展数据库（下设 12 个子库）

整合国内外中国社会发展研究成果，汇聚独家统计数据、深度分析报告，涉及社会、人口、政治、教育、法律等 12 个领域，为了解中国社会发展动态、跟踪社会核心热点、分析社会发展趋势提供一站式资源搜索和数据服务。

中国经济发展数据库（下设 12 个子库）

围绕国内外中国经济发展主题研究报告、学术资讯、基础数据等资料构建，内容涵盖宏观经济、农业经济、工业经济、产业经济等 12 个重点经济领域，为实时掌控经济运行态势、把握经济发展规律、洞察经济形势、进行经济决策提供参考和依据。

中国行业发展数据库（下设 17 个子库）

以中国国民经济行业分类为依据，覆盖金融业、旅游、医疗卫生、交通运输、能源矿产等 100 多个行业，跟踪分析国民经济相关行业市场运行状况和政策导向，汇集行业发展前沿资讯，为投资、从业及各种经济决策提供理论基础和实践指导。

中国区域发展数据库（下设 6 个子库）

对中国特定区域内的经济、社会、文化等领域现状与发展情况进行深度分析和预测，研究层级至县及县以下行政区，涉及地区、区域经济体、城市、农村等不同维度，为地方经济社会宏观态势研究、发展经验研究、案例分析提供数据服务。

中国文化传媒数据库（下设 18 个子库）

汇聚文化传媒领域专家观点、热点资讯，梳理国内外中国文化发展相关学术研究成果、一手统计数据，涵盖文化产业、新闻传播、电影娱乐、文学艺术、群众文化等 18 个重点研究领域。为文化传媒研究提供相关数据、研究报告和综合分析服务。

世界经济与国际关系数据库（下设 6 个子库）

立足“皮书系列”世界经济、国际关系相关学术资源，整合世界经济、国际政治、世界文化与科技、全球性问题、国际组织与国际法、区域研究 6 大领域研究成果，为世界经济与国际关系研究提供全方位数据分析，为决策和形势研判提供参考。